헨리 나우웬의 하나님 찾기

생명의 수레바퀴를 돌려라

TURNING THE WHEEL

조나단 뱅손 · 가브리엘 언쇼 엮음

박일준 옮김

東明社

TURNING THE WHEEL: Henri Nouwen And Our Search For God
edited by
Jonathan Bengtson and Gabrielle Ernshaw

This Korean edition was published by
Dong Myeong Sa in © 2011 by arrangement with Orbis Books
through KCC(Korea Copyright Center Inc.), Seoul.

헨리 나우웬의 하나님 찾기

:생명의 수레바퀴를 돌려라

조나단 뱅손(Jonathan Bengtson)
가브리엘 언쇼(Gabrielle Earnshaw)
엮음

박일준 옮김

에이코 윌스(Heiko Willms)에게 바칩니다.

〈목차〉

〈서문〉

나단 볼(Nathan Ball)

튼튼한 살들을 달고, 거대한 축을 돌아가는 넓찍한 크기의 이 마차 수레바퀴들은 언제나 나를 끄는 묘한 매력이 있다. 이 수레바퀴들은 중심으로부터 살아가는 삶의 중요성을 이해하도록 해준다. 내가 그 바퀴의 테두리를 따라 움직일 때는 바퀴 살을 하나씩 만나게 되지만, 내가 축 중심에 머무를 때는 바퀴살 모두를 한꺼번에 접하게 된다.

– 헨리 나우웬

이 추모학술회의를 태동시켰던 꿈은 친구들 간의 일상적 대화로부터 시작되었다: 헨리 나우웬 아키브와 연구물 센터의 보관소장인 가브리엘 언쇼(Gabrielle Earnshaw); 켈리 도서관(Kelly Library)의 수석 사서인 조나단 뱅손(Jonathan Bengtson); 그리고 헨리 나우웬 유산 관리위원회의 수 모스텔러(Sue Mosteller)와 나 자신. 우리들은 다음과 같은 물음들을 자문하고 있었다, "10주기를 맞아 헨리의 삶과 유산을 어떻게 감사하고 축하할 수 있을까? 헨리의 영적 가르침이 지속적인 적합성을 간직하려면 어떤 담론들을 육성해 나가야 할까?"

이 대화는 대규모 국제 학술회의라는 생각을 배태하였고, 불과 몇 분만에 가브리엘과 조나단은 세인트 미카엘 칼리지(St. Michael's College) 대학의 헨리 나우웬 아카이브 주관으로 3일 일정의 학술회의를 열 것을 간

곡히 제안하였다. 2006년 5월 18일-20일로 일정을 정하고, 계획을 실행에 옮겼다. 여러 협력자들이 열정적으로 동의의사를 표시해 주었다: 토론토 대학 신학부 산하 리지스 칼리지(Regis College); 헨리 나우웬이 생애 마지막 10년간을 보냈던 공동체 라르슈 데이브레이크(L'Arche Daybreak); 그리고 네덜란드와 미국과 캐나다의 헨리 나우웬 학회들. 꿈이 현실이 되었다!

아주 처음부터 우리는 헨리 나우웬이 생전에 씨름했었고 그리고 오늘날의 기독교인들에게도 여전히 유효한 주제들을 탐구함으로써 기독교인의 영적 삶 속에서 하나님을 찾는 학계와 교계의 사람들의 모임을 모색하는 학회를 원했다. 헨리도 생전에 느꼈던 것처럼, 우리는 거기 모인 학자들과 목회자들과 대학생들과 영적 구도자들 각자가 그 가운데서 각자의 역할을 감당하는 모임이라는 생각에 도전의식을 느꼈다. 우리는 학술회의의 주제를 결정하였다: "수레바퀴를 돌려라, 헨리 나우웬과 우리의 하나님 찾아가기."

발표할 글을 보내달라는 우리 요청에 대한 반응은 응답을 보낸 숫자와 제시된 주제 양면에서 놀랄만한 것이었다. 등록한 사람들은 모든 연령대의 남녀노소를 포괄했는데, 학생들, 성직자들과 평신도들, 교수들, 작가들, 박사과정 학생들 그리고 책을 통해 헨리를 영적 지도자로 모시게 되었다고 주장하는 사람들을 망라한다. 기독교 교단들의 대표자들 대부분이 참석하였다: 침례교, 로마 카톨릭, 영국 성공회, 장로교, 루터교, 그리스도 연합 교회(United Church of Christ)와 캐나다 연합 교회(United Church of Canada), 개신교, 복음주의, 그리스 정교회 외 등등. 사람들은 홍콩, 독일, 네덜란드, 캐나다, 미국, 컬럼비아, 영국 그리고 스코틀랜드 각지로부터 왔다. 이 참여자들의 다양성은 헨리의 삶과 저술이 미친 영향력의 광대한 범위를 우리에게 다시금 주지시켜주었다. 이 다양성은 참으로 하나님의 사람들을 대표하는 것이었다.

토론토 북쪽 헨리가 몸담았던 공동체 라르슈 데이브레이크(새벽이라는 뜻)의 '여명'(The Dayspring)이라는 이름의 아름다운 예배당에서 100명이 넘는 학술회의 참석자들을 환영하며 공동체 퇴수회 모임을 열면서, 행사는 시작되었다. 그 다음 헨리의 무덤을 방문하는 순서가 이어졌는데, 이때 헨리의 형제 폴의 이야기가 기도회 시간에 있었다. 토론토 중심가에 있는 대학으로 다시 돌아와, 235명의 사람들이 모여 이틀간 함께 듣고, 나누고, 노래하고, 기도하고, 웃고, 적고, 토론하고, 새 친구들을 만나는 시간들을 가졌다.

이 책에 실린 기조연설과 강연 그리고 웍샵 프리젠테이션들은 헨리 생전의 영감들이 담지한 폭과 깊이 뿐만 아니라 그가 남긴 매우 유용하고 그리고 계속 확장 중인 유산의 폭과 깊이를 여실히 보여준다. 그 발제들은 다양한 방식으로 도발적 정신을 촉구하고, 상상력을 자극하고 그리고 심금을 울렸다.

헨리는 누가의 엠마오로 가는 길의 이야기를 사랑했다. 글로바와 또 다른 한명의 제자는 예수의 십자가 처형이라는 충격적이고 낙망스런 경험을 겪은 이후 되돌아오는 중이었다. 오는 도중에 그들은 누구인지조차 알아보지도 못한 채 부활한 예수를 만났지만, 나중에 그와 식사를 나누면서 그들은 예수를 알아보게 되었다—그리고 예수는 사라졌다! 그들이 서로 말하기를, "길에서 우리에게 말씀하시고 우리에게 성경을 풀어 주실 때에 우리 속에서 마음이 뜨겁지 아니하더냐?" (눅24:32).

우리가 추모학술회의 중 헨리의 삶과 유산을 기릴 때, 우리 속에서 마음이 불타오르고 있었다는 것은 헨리가 우리에게 남긴 영적 선물들에 대한 가장 강력한 증언이다. 그러나 학문적이고 감동적인 발제들을 맡은 사람들이 그들의 연구와 평생 추구한 열매들을 우리에게 제공해 주었기 때문에 우리의 가슴은 또한 불타고 있었다. 45명이 넘었던 발제자들 각 사람에게 깊은 감사의 마음을 전한다.

전체 추모학술회의의 출중한 수준에 또한 깊이 감사한다. 가브리엘 언쇼와 조나단 뱅손은 자원봉사자들로 구성된 강력한 팀을 지휘하고 독려했는데, 그들 모두는 사소한 부분도 놓치지 않을 만큼 총명하고 유능했다. 콜렛 해퍼티(Colette Halferty)는 탁월한 학술회의 코디네이터였다. 이 행사는 이들의 헌신과 노고가 없었더라면 가능하지 못했을 것이다.

모든 사람 각자가 하나님의 사랑받는 사람으로서의 자신의 정체성에 대한 근원적인 인격적 지식으로부터 살아가는 것이 헨리의 지속적인 욕망이었다. 부디 이 책이 안에 담긴 많은 음성들과 더불어 당신을 그 고유하고 인격적인 바로 그 사랑의 음성으로 점점 더 가깝게 데려가기를 바란다.

추도문: 형을 추도하며

– 폴 나우웬(Paul Nouwen)

이 추도사는 2006년 5월 18일 캐나다 온타리오(Ontario) 킹 시티(King City)에 있는 헨리 나우웬의 묘지에서 낭독되었다

십년 전 우리는 많은 사람들, 가족과 동료들과 세계 각지로부터 찾아온 친구들과 특별히 라르슈 데이브레이크 공동체의 핵심구성원들과 더불어 여기서 형 헨리의 관 주위에 둘러섰음을 기억합니다. 우리는 그 모든 것이 마치 어제 일어난 일이었다는 느낌을 갖습니다. 그 일이 너무 감동적이고 강렬했기 때문입니다.

헨리는 1932년 네덜란드의 한 작은 마을에서 태어났습니다. 난 형보다 2년 늦게 태어났습니다. 제2차 세계대전이 발발하던 1940년까지 우리는 평화로운 가족들 속에서 자라났습니다. 우리 나라가 점령당하고, 우리는 어려운 때를 겪어야 했습니다. 전쟁이 끝나갈 무렵, 제 형제 로렌트(Laurent)와 여동생 로리엔(Laurien)이 태어났습니다.

8살 무렵 형 헨리는 사제가 되는 일에 큰 관심을 가지고 있었고 그래서 우리 집 안에 장난감처럼 만든 예배당에서 예배들을 수행하곤 했었는데, 그 장난감 예배당은 저희 아버지가 적 병사들의 수색을 피해 숨어 지내시던 방 바로 옆이었습니다.

부모님은 그때 하나님의 내적인 음성이 어떻게 헨리에게 강력하게 말씀하고 계신지 그리고 그의 사제 소명이 어떻게 일어나게 되었는지를 보

게 되었습니다.

형 헨리의 하나님을 향한 탐구, 즉 대부(great Father)를 찾으려는 부단한 노력이 시작되었습니다. 그것이 그로 하여금 네덜란드에서 그의 학업들을 가능케 했고, 미국의 여러 대학들에서 가르치도록 했으며 또한—남미로부터 우크라이나에 이르기까지—세계 도처의 여러 나라들을 방문토록 만들었습니다. 그때 하나님의 내적 음성이 다시금 말씀하셨고, 그 음성이 그를 여기서 목회사가 되도록 이끌어, 여기서 너무나 취약하지만 그럼에도 불구하고 여전히 하나님의 사랑하는 자녀들인 사람들을 돌보도록 하였습니다. 라르슈는 그의 집이 되었고, 여기서 그 자신 스스로 (하나님의) 사랑받는 사람이 되도록 노력하였습니다. 여전히 그는 여행 중에 있었습니다. 언제나처럼 그 (성스런) 아버지를 찾으려는 과정 중에 말입니다.

다행히 그는 전 세계 많은 사람들의 마음과 영혼을 울릴 글을 쓰고 설교할 시간을 가질 수 있었고, 그것은 심지어 지금 더 그러한 것 같습니다. 그는 진지한 학문의 언어가 아니라 단순소박한 언어로 말하고 써서, 우리 모두와 마찬가지로 연약한 사람들의 영혼을 감동시켰습니다. 그는 상처 입은 치유자였습니다. 그는 누구이든지 간에 상관없이 하나님의 사랑받는 자녀임을 우리가 믿기를 원했습니다.

그리고 탕자의 비유 속에서 헨리는 아버지로부터 용서받은 아들이 되기만을 바라지도 않았습니다. 결코 아니었습니다. 오히려 그는 마침내 아버지 자신처럼 되기로 결심했습니다.

네덜란드 병원에서 그가 소천한 이래 10년이 지난 지금 그는 아버지와 함께 있습니다. 그가 임종할 때, 우리 아버지와 자매들과 나는 헨리가 여기에 묻히기를 원한다는 것을 깨닫게 되었습니다. 자신이 사랑했고 그리고 목회했던 사람들 가까이에 말입니다. 그래서 그의 마지막 종착지는 온타리오의 킹 시티였습니다. 킹(King)은 저에게 하나님 나라를 떠올리게 합니다.

10년이 지난 지금 그의 삶은 생각만큼 짧지 않았다고 감히 말하고자 합니다. 왜냐하면 그 삶은 충만했고 그리고 그는 그의 책들과 기도들을 통해 (여전히) 살아 있기 때문입니다. 그는 하나님의 사랑을 찾고 있으면서도 정작 하나님이 누구이신지를 알지 못하는 이 세상 많은 사람들을 지지했습니다. 우리 모두를 향한 그의 메시지는 이것입니다: 당신이 하나님을 찾을 수 없다고 말하지 말고, 당신의 최선을 다함으로써 하나님이 당신을 찾으시도록 하십시오!

여기 오늘 이 특별한 날과 그리고 이어지는 일정들을 준비한 분들에게 진심으로 감사를 드립니다. 그리고 결실있는 삶과 (그리스도의) 종된 지도자로서 삶을 살아간 헨리에게도 또한 우리의 감사를 올립니다.

01 하나님이 자비로우시고 정의로우시니 우리는 약하고 강하다: 헨리 나우웬과 서구 문화 속에서 하나님을 향한 탐색

– 메리 조 레디(Mary Jo Leddy)

아래의 성찰들은 헨리 나우웬의 사상을 전공한 전문가의 것도 그를 개인적으로 아는 어떤 사람의 성찰도 아니다. 참석한 많은 사람들과 달리 필자는 여러분에게 들려줄 심지어 단 하나의 "헨리" 이야기도 없다. 그러나 필자는 그의 통찰들과 관심들에 매력을 느껴, 그것들의 중요성을 서구 문화의 최근 역사 속에서 하나님을 향한 탐색을 통해 숙고해 왔다.

사람 인격에 대한 이미지(image)와 하나님 이미지(image) 간의 상관성에 대한 기본적 사색 속에 나우웬의 저작들을 위치시켜 보자. 한편으로 우리 영성이 인간의 나약함에 대한 경험으로 형성될 때, 우리는 하나님을 자비롭고 긍휼히 여기시는(compassionate) 분으로 상상할 수 있다. 그래서 또한 우리를 긍휼히 여기시는 분으로 하나님의 이미지를 갖게 될 때, 우리는 인간 인격의 근본적인 나약함을 보다 쉽게 포용할 수 있다.

다른 한편으로 인간의 강인함에 대한 가능성과 명령을 경험할 때, 우리는 하나님을 정의로운 분으로—즉 우리의 능력에 책임감을 갖도록 하는 분으로—상상할 수 있다. 그래서 또한 우리가 정의로운 분으로 하나님의 이미지를 갖고 있을 때, 우리는 인간적 책임의 부담감을 보다 쉽사리 인정할 수 있다. 하나님이 자비롭고 긍휼히 여기시므로, 우리 인간 존재들은 약하고 강하다.[1)]

하나님 이미지와 인간 이미지 간의 이 상관성 속에 서구 문화를 배경으로 자라난 나우웬의 통찰들과 발전들을 위치시켜 보는 것이 유익하다고 생각한다.

근대의 문화와 하나님을 향한 탐색

서구에서 근대 문화는 인간 이성의 힘에 대한 믿음으로 형성되었다. 바로 이성이 새로운 기술들을 구축할 수 있었던 것처럼, 또한 마찬가지로 사회를 보다 낫게 개선하고 그리고 경제를 이해하고 향상시킬 수 있을 것이라고 확신하는 사람들이 계몽기 이래 점점 더 늘어갔다. 새로운 문화를 구축하기 시작하면서, 근대는 전통과 권위를 존중하며 공동체와 공익의 가치들에 기반하여 구축된 중세 문화를 파괴하기 시작했다.

근대의 도래와 더불어 양심과 이성에 근거하여 행위하게 된 자율적 개인은 실재 공동체들에 대한 애착과 충성의 구속력으로부터 풀려났다. 공동체란 합리적인 사람들이 함께 할 수 있는 분별력 있는 계약들과 사유들을 산출할 때에만 실현될 수 있는 이상으로 점점 되어갔다. 비록 근대 1세대 사유자들 중 다수는 실천적 기독교인들로 남아있었다 하더라도 이성의 힘에 대한 그들의 믿음은 종교적 신앙의 영역을 궁극적으로 축소하고 제약하였을 것이다. 인간 자유에 대한 강조는 불가피하게 전능하고 전지한 하나님의 다소 고전적인 이미지에 도전하였을 것이다. 이 하나님 이미지는 인간의 주도권을 위한 여지를 마련하기 위해 약화될 수 밖에 없었다.

이성이 스스로를 정치와 경제의 토대로 설정하면서, 신앙은 점차 느낌과 감정의 영역으로 좌천되었다. 주로 감정에 의지해 살아가던 사람들(여성들, 정신 지체자들, 교양 없는 자들)은 하등한 인간존재들로 정의되었다. 근대 문화를 통해 자라난 사람들은 더 이상 세계를 신의 성례전으로, 즉 경외와 신비의 자리로 바라보지 않았다. 세계는 당연시 되었다; 그 세계는 손 봐서 개선되어야 할 어떤 것이었다. 회고해보면, 이 근대적 자신감은 믿기 힘들만큼 놀라운 것이었다. 마치 인간들이 시계가 작동하는 방식을 이해하고 그리고 고장 났을 때 그것을 고칠 수 있는 방법을 이해할 수 있었던 것처럼, 또한 세계가 작동하는 방식과, 고장 났을 때, 고칠 수 있는 방식을 그들은 이해할 수 있었다고 믿었다. 이 오만은 심지어 인간의 인격에 까지 확장되었다: 사회과학자들은 사람들을 움직이게 만드는 것과 그들을 고칠 수 있는 방식과 개선할 수 있는 방식을 이해할 수 있다고 가정하였다. 전문가들(professionals)은 새로운 지배 계급이 되어 전문적인 지식을 통해 세계를 통제했다. 이성에 대한 근대의 신앙은 '*만일 당신이 단지 충분히 집중하여 생각하고 그리고 충분히 영리하게 일한다면, 매사가 나아질 것이다*'는 대중적 구호로 번역될 수 있을 보편적 태도가 되었다.

이 근대 세계관에 대한 가장 큰 위협은 알려지지 않았던 것, 이해할 수 없는 것, 개선될 수 없는 무엇으로부터 도래하였다. 일부 신학자들은 근대성이 담지한 이 한계들을 조사하기 보다는 오히려 신앙을 보다 합리적으로 만들려고 노력하였다. 다른 신학자들은 신앙을 특별한 느낌, 즉 특별한 앎의 방식으로 단언하였다. 결국에는 근대성에 대한 철학적 비판이 맑시즘, 프로이드식 심리학 그리고 실존주의라는 다양한 형식들로 등장하였다. 그러나 가장 크고 가상 선명한 비판들은 생명 그 자체로부터 도래하였다. 근대의 문명화된 유럽의 한 복판에서 분출된 전쟁과 야만성은 이성의 빛 위에 사망의 그림자를 드리웠다.

근대성에 대한 살아있는 비판은 또한 장 바니에(Jean Vanier)가 설립한 라르슈 공동체의 증언으로부터 도래한다고 생각한다. 이상적인 사람들이 아니라 바로 실제의 사람들에 대한, 즉 가장 합리적인 사람들이 아니라 덜 합리적인 사람들에 대한 이 공동체의 헌신을 통하여 근대적 가치들에 대한 비판이 선포되었다. 라르슈 공동체 안에서 인간 존재들은 이성에 근거해서가 아니라 신앙과 사랑의 눈을 통하여 소중하게 여겨진다. 이성이 아니라 지혜가 누가 가치 있고 무엇이 가치 있는지를 결정하는 안내자가 된다.

나우웬과 근대적 세계관

헨리 나우웬은 근대적 세계관으로부터 깊은 영향을 받았다고 생각한다. 그는 지적으로 그리고 정서적으로 그것을 이해하였고, 그래서 그는 그에 대한 아주 실속 있는 비판자였다. 그의 초기 저술들 속에서 우리는 심리학 류에 대한 그의 비판을 읽을 수 있는데, 심리학이 "임상 간격"(clinical distance)이라는 만트라를 쳐놓고 "의뢰인들"(clients)의 고통으로부터 스스로를 보호하려는 류의 상담가들을 통해 사람들을 "고치려고"(fix) 노력한다고 보았다. 그는 "자격증을 갖춘" 사람이 되려는 전문 목회자들의 노력을 기꺼워하지 않았다. 단적으로 그는 삶과 하나님을 관리할 수 있는 한계들 내에서 유지하려고 노력하는 근대의 사고 방식들(thought boxes)을 편안하게 받아들이지 않았다.

그의 성찰들 중 많은 것들이 목회자와 보살핌을 받는 사람 사이의 관계의 근거에 대한 물음을 선회하는 듯이 여겨진다. 그는 약한 사람을 섬기는 강한 목회자라는 모델을 거절하였다. 그는 또한 보다 전문적인 목회 모델들과 연관된 하나님의 이미지—고난과는 동떨어진, 즉 멀찍이 떨어져 있으면서 통제력을 발휘하는 분으로서 하나님 이미지—를 거절하였다. 나우웬의 관심들은 이미 양차 세계대전의 거대한 위기를 뒤따르던 신학자들에 의해 명확하게 표현된 바 있다. 나찌에 의해 교수형을 당하기 전, 독일 신학자 본회퍼(Dietrich Bonhoeffer)는 말하기를, "오직 고통당하시는 하나님만이 지금 우리를 구원하실수 있으시다." 심지어 일부 신학자들은 말하기를, 그러한 파괴적 힘에 대한 사회적 경험 후에는 오로지 힘없으신 하나님만이 신뢰할 만 하다고.

헨리 나우웬은 인간들 사이의 관계를 위한 진정한 기초로서 공유되는 약함과 취약함을 명확히 밝히기 시작했다. 그는 전문 목회자들이 스스로 "상처입은 치유자"(wounded healer)임을 깨닫도록 촉구했다. 목회자와 개인이 약할 수 있을 때, 바로 이것이 공동체를 위한 기반이 된다. 고통 중에 연대(solidarity)를 통해, 하나님의 자비와 긍휼(compassion)은 현재하게 된다. 목회자는 다른 사람과 더불어(with) 부름 받은 것이지, 다른 사람 위로(over) 세워지기 위해 부름 받은 것이 아니라고 나우웬은 말한다.

이는 근대적 세계관 속에서 특정 형태들의 억압을 경험했던 이들에게 상당히 해방적인 통찰이다. 모든 것을 강력하게 통제하지 않아도 된다는 것은 얼마나 다행인가. 세계와 다른 사람들을 그리고 심지어 자신조차도 고쳐야 한다는 부담을 느끼지 않아도 된다는 것은 얼마나 다행인가. 당신이 강하기 때문이 아니라, 당신 자신이기 때문에 당신은 사랑받는다는 사실을 경험하는 것은 얼마나 축복인가. 이 통찰은 헨리 나우웬에게 해방적이었고, 그리고 이것을 저술들과 대담들을 통해 나눌 수 있었기 때문에, 이 통찰은 무수히 많은 다른 사람들에게 해방적인 통찰이 되었다. 그는 이성의 우선순위들이 아니라 마음(heart)의 우선성에 대하여 말했고, 그리고 이는 그를 마음의 자리들과 사람들에게로 끌고 갔다. 그의 마음은 이상적인 공동체보다는 실재적인 공동체들로 그를 이끌고 갔다. 나우웬에 따르면, 마음은 비합리적인 것이 아니라, 이성을 그 있어야 할 본래의 자리에 위치시키는 보다 심층적인 앎의 방식이다.

자신의 나약함에 대하여 말함으로서 그는 하나님의 자비와 사랑을 증언하였다. 그는 자신의 하나님을 향한 탐색을 아주 개인적으로 상세히 기술하였다. 그가 자신에 대해 너무 많은 정보를 우리에게 제공했다고 어떤 이들은 말할지도 모른다. 하지만 그의 저술들이 간직한 바로 이 고유성이 그 저술들을 보편적으로 받아들일 수 있도록 만든다고 생각한다. 이점에서 그는 문학적 금언의 모범이다: 저술이 구체적이고 정확하면 할수록, 그 의미는 보다 더 보편적이 된다. 위대한 러시아의 소설들을 생각해보자. 그 눈과 하늘과 봄의 꽃들에 대한 상세한 기술들을 말이다. 비록 주인공들은 우리가 알 수 없는 이름들을 갖고, 우리가 결코 가본 적이 없는 풍경 속에서 살아간다 할지라도, 우리는 특정한 자리에 위치해서 그로부터 형성된 사람들을, 실재 이름들과 구체적인 고민거리들을 안고 살아가는 사람들을 거기서 알아볼 수 있다.

헨리 나우웬은 약함에 대한 생각을, 하나님의 자비에 대한 생각을 글로 적지 않았다. 그는 브로닌 왈라스(Bronwyn Wallace)가 "은혜의 완고한 구체성들"이라 불렀던 것을 기술하였고, 바로 이것이 그가 그 많은 사람들에게 이야기 했던 그리고 지금도 우리에게 이야기하는 이유이다. 그럼에도 불구하고 이러한 증언 형식에는 대가가 따른다. 이것은 대담하고 위험부담이 있는 모험이었고, 그를 자기-성찰이라는 부담으로 괴롭히는 것처럼 보인다. 이점에서 그는 토마스 머튼(Thomas Merton)과 유사한데, 머튼도 그 자신의 자기 인식이 제공하는 거울을 결코 탈출할 수 없었다. 나우웬과 머튼 모두 자아에 대한 경험으로 시작했다. 이점에서 그들은 비슷했고, 그리고 이점에서 그들은 근대의 자녀들이다. 이것이 바로 그들이 근대의 모든 발견들이 찾을 수 없었던 하나님을 향한 심오한 탐색을 말할 수 있었던 이유이다. 하지만, 그들은 다른 사람들, 즉 타자들을 관심의 대상이나 돌봄 혹은 경멸의 대상으로 환원시키는 제국주의적 자아(the imperial self)의 경험으로 시작하지 않았다. 그들은 하나의 이해되어지고 통제되어야 할 대상으로서 자아에 대한 경험으로 시작하지 않았다. 그들은 하나님을 우리의 사유 대상으로 삼는 자아의 경험으로 시작하지 않았다. 오히려 그들은 (나우웬처럼) 약하거나 (머튼이 기술하듯) 거짓된 자아에 대한 경험으로 시작하였다. 그들은 자신들의 통제력 너머에 있는 신비에 근거한 자아의 의미와 더불어 시작했다. 그들은 스스로를 초월하여 다른 사람들과 그리고 하나님과 교감을 나눌 수 있는 자아의 의미로부터 시작했다.

탈근대 문화 속에서 하나님을 향한 탐색

비록 단편적 형태로나마, 고대 혹은 중세의 세계관이 여전히 우리 안에 기존하는 것과 마찬가지로, 근대의 문화 역시 여전히 우리와 더불어 존재한다. 그러나 근대의 세계관 자체는 이제 위기에 처해있고, 그의 근본 가정들은 의문시되고 있다. 우리는 역사의 사이 시간들을 겪어 나가지만, 여전히 예비 단계에 머물러 있는데, 이 단계는 그저 이선에 지나갔던 시대와 다르다고만 표현될 수 있을 뿐이다. 근대에 대한 지적인 비판과 20세기의 사건들에 의해 제기되는 도전들은 너무나도 광범위해서, 이제 세계를 "고칠" 수 있는 인간의 능력에 대한 의심이 널리 공감되고 있다. 서구의 이성이 만들어낸 보편적 주장들에 대한 거절이 점증하고 있다.

인간 존재가 공통으로 담지하고 있는 것은 바로 이성이라고 근대는 가정하였다. 합리적이지 못한 사람은 교육시켜 교화시켜야 마땅하다; 교육받을 수 없는 사람은 인간으로 간주될 수 없었다. 오늘날 다른 문화권의 사람들은 자신들의 차이가 중요하고 가치 있다고 주장하고 있다. 그들은 서구적 이성의 동질화 과정과 서구 이성의 제국주의적인 주장들과 전체주의적인 성향들을 거절하고 있다. 인간 경험 상의 고유한 차이들에 대한 긍정은 현대 세계 속에서 하나님을 향한 탐색을 성찰하는데 중요하다. 더 이상 고난 속에서 연대를 말하는 것이 쉽지 않다. 필자는 세계 도처로부터 온 난민들과 더불어 한 집에서 나란히 공동체로 살았기 때문에 이 어려움을 아주 실제적인 방식으로 직면했었다. 고난들을 비교한다는 것은 불가능함을 알게 되었다. 각 사람은 다른 사람의 경험에 대조되거나 비교될 수 없는 고난과 고통을 안고 있다. 어떤 사람의 고난을 다른 사람의 것과 비교하여 많고 적음을 측정한다는 것 자체가 심각한 부정의이다. 고국이 붕괴되었지만 무사히 가족들과 같이 빠져나올 수 있었던 외교관이 르완다의 인종 학살로 가족의 대부분을 잃은 젊은 여인보다 훨씬 더 침울해 보이는 것이 나에겐 불가해할 뿐이다.

결코 내가 이해하지 못할 고난이 존재한다는 사실을 나는 인정하게 되었다. 한 밤중 나는 미쳐서 서두르는 한 엄마와 구토하는 딸을 차에 태워 병원 응급실로 데려 간 적이 있었다. 나는 치명적인 소화불량의 여러 가지 가능한 원인들에 대해 생각했다. 내가 미처 생각하지 못했던 것은 그 전날 그 엄마가 매월 말 언제나 그렇듯 (가난한 이들의 무료 급식을 위한) 푸드 뱅크에 가서, 거기 널려있는 주 항목들 중의 하나인 피넛 버터 잼 한 병을 집어 들었을 가능성이었다. 난 그 피넛 버터 잼이 변질됐고, 빈곤이란 심지어 당신이 집어 드는 작은 식품 한 가지도 부패했을 가능성의 상존을 의미한다는 사실을 고려해 보지 못했었다.

나는 또한 결코 고문을 온전히 이해하지 못할 것임을 안다. 다른 사람이 당신의 생명에 절대적인 힘을 행사하고 있어서, 전적으로 무기력하다는 것이 무엇을 의미하는지 나는 '감'이 없다. 다른 인간이 당신의 몸 뿐만 아니라 영혼까지도 죽일 수 있다는 생각을 자각하고 살아가는 것이 무엇을 의미하는지 나는 상상이 가질 않는다. 인간의 연대성(solidarity)을 다시 신뢰하는 일이 가능할까?

로메로 하우스에서의 경험은 탈근대 문화가 주장하는 "차이"의 실재에 대한 개인적 통찰을 나에게 가져다 주었다. 인간들은 매우 다른 나약함과 취약성들과 고난들을 갖고 있다. 이는 인간 관계들의 근거에 대해 다시 생각하도록 압박한다.

하나님의 정의와 인간의 힘

헨리 나우웬의 하나님을 향한 탐색이 어떻게 그를 인간의 나약함에 대한 경험과 하나님의 자비에 대한 경험 간의 상관성을 명확히 밝히도록 이끌어 갔는지 그리고 이것이 어떻게 근대의 지배 가치들과 연관하여 해방적이었는지를 성찰해 보았다. 글을 마치면서, 필자는 인간의 능력을 발휘하라는 요청들 속에서 하나님을 빌견할 수 있는 보완석 가능성을 제시해 보고자 한다.

이 가능성은 프랑스 사상가 임마누엘 레비나스(Emmanuel Levinas)가 호소력 있는 방식으로 철학적으로 표현한 바 있다. 그의 통찰들은 로메로 하우스에서 겪었던 나의 일상 경험의 상당 부분과 일치하는데, 다음과 같이 표현된 내 성찰들을 낳았다:

> 문 두드리는 소리가 있다. 한 얼굴이 보이고 주저한다.
> 그리곤 말하기를, "제발 도와주세요."
> 그때 당신은 얼굴을 마주하게 되었다. 당신에게 말이 건네졌다. 당신은 부름받았다.
> 그 얼굴은 당신과는 다른 누군가의 얼굴이다.
> 그는 당신을 눈으로 쳐다본다. 당신은 피하고 싶어한다.
> 이 사람은 이방인(stranger)이다. 당신은 그와 아무것도 공유하는게 없다.
> 당신은 문을 닫고 그를 내보낼 수 있지만, 당신은 그러지 못한다....
> 그는 누구인가?
> 당신은 당신이 누군지 거의 알지 못한다. 당신은 그를 안으로 들어오라고 부른다. 당신은 말하기 시작한다.
> "당신은 나를 도와주셔야만 합니다," 그는 다시 말한다.
> 바로 당신(YOU). 그 어떤 다른 이가 아니라. 바로 이 당신이 해야만

합니다.

당신은 이 "다른 사람"에게 반응하면서 당신이 누구인지를 발견하기 시작한다.

이 타자(this other).

그의 아내와 아이들을 이 나라로 데려오는 일이 얼마나 어려운지 당신은 알고 있다. 당신은 그 체재를 알고, 그것이 작동하는데 얼마나 무능하게 고안된 체재인지, 그리고 그것이 얼마나 느리게 움직이고, 생명을 분류하는지 알고 있다. 당신은 힘이 빠진다.

아마도 그는 이를 감지했을 것이다. "당신은 우리를 위해서라도 강해져야만 합니다."

그리고 당신은 강해진다.

당신은 강해지도록 요청받고 명령받았다.

당신은 약할 수 있는 형편이 아니다. 약함에는 대가가 따른다.......

이런 때에는.

그들은 당신의 힘을 일깨운다; 당신은 그들의 힘을 일깨운다.

우리는 서로를 든든히 여긴다.

우리는 서로에게 보증이 될 것이다.

왜냐하면 삶은 당연시 될 수 없기 때문이다.

당신의 삶은 중요해지고, 비중 있어지고, 영향력을 지니게 될 것이다.

인간 관계의 근거에 대한 물음의 핵심에는 힘에 대한 우리의 경험 실재가 있다. 오늘을 살아가는 세상의 많은 사람들에게 힘은 강압적이고, 지배적이고, 통제력을 발휘하는 실재로서 경험되어진다. 그것은 신앙의 사람들이 오랫동안 거절해 왔던 종류의 힘이다. 헨리 나우웬은 지식이 다른 사람들을 지배하고 통제하고 차별하는 방식으로 사용될 수 있는 방식들을 거절했다. 세계 도처에서 상속권을 박탈당하고 뿌리를 박탈당한 수많은 사람들의 외침은 우리로 하여금 또 다른 유형의 힘, 즉 생명을 주고 정의를 일으키고 세계를 대속할 수 있는 힘, 말하자면 보다 창조적인 형태의 힘을 고려하도록 요청한다.

모든 것은 우리가 힘을 누군가는 갖고 누군가는 갖지 못하는 어떤 것으로 보느냐에 달려있다. 힘에 대한 이러한 개념은 불가피하게 세계를 강자와 약자로 나누는 성/패 상황으로 몰아간다. 그러나 만일 우리가 힘을 사람들 사이의 상호작용들로부터 발생하는 에너지로서 이해한다면, 힘은 이 관계들의 속성이 보다 진정한 것이 되어가면서 성장해 나간다. 이 힘이 담지한 에너지는 우리가—세계가 치유되고 대속되기를 욕망하시는—하나님의 창조적인 힘과 관계할 때 보다 더 창조적으로 되어간다.

사람들이 용기와 힘을 가지고 행동하기 시작할 때, 그 행위들이 좋은 쪽으로든 나쁜 쪽으로든 귀결들을 갖게 된다는 것을 경험하기 시작할 것이다. 바로 이 경험 속에서 사람들은 정의로운 하나님을 상상할 수 있는데, 바로 그 하나님이 우리를 책임 있는 인간 존재들로 대우하시고 우리의 행위들과 그것들의 귀결들을 따져보시기 때문이다. 이것은 본래적으로 존엄한 깨달음이다. 하나님의 정의를 상상한다는 것은, 심지어 우리의 실패들 속에서도, 우리는 우리 삶의 귀결적 본성을 실현할 수 있다는 것을 인정하는 것이다.

결론적으로 나는 다음과 같은 질문들을 던져본다:

우리의 인간적 경험과 우리의 하나님 이미지 사이에 상관성이 있다면, 우리 모두는 우리의 약함과 강함을 모두 받아들여 우리의 하나님 이미지가 보다 더 전체적이 되도록 요청받는가?

혹은 각 사람은 특별한 소명, 즉 하나님의 은혜 혹은 정의를 증언하는 고유한 방식을 갖게 될 것인가?

혹은 우리가 삶의 다양한 단계에서 하나님의 자비나 정의에 대한 강조점을 반영할 것인가?

우리 삶의 상황들, 즉 우리가 살아가는 문화와 시대가 하나님의 자비나 정의를 증언하도록 우리를 부를 것인가?

이 물음들은 우리의 생각을 요청한다.

1) 현대 유대교 신학자이면서 필자의 스승인 랍비 에밀 팩켄하임(Emil Fackenheim)으로부터 이러한 통찰을 배웠음을 고백한다.

02 동방 기독교와 서방 기독교의 만남의 자리로서 헨리 나우웬의 활동

– 그레고리 젠센 목사(Rev. Gregory Jensen)

『상처입은 치유자』 뿐만 아니라 목회와 영성 분야의 다른 두 책들(『창조적 목회』 [*Creative Ministry*]와 『손 내밀기』 [*Reaching Out*]) 속에서 헨리 나우웬이 명시적으로 설명하고 있는 주제들은 동방 기독교인들이 무척이나 사랑하는 케노시스 영성에 대한 매우 흥미로운 관점을 독자들에게 상술하고 있다. 만일 교회 교부들이 우리에게 케노시스(kenosis)의 신학적 인간학을 제시하고자 한다면, 나우웬의 작품은 보다 경험적이고 보다 심리적인 성향을 드러내는 케노스시적 관점을 제시함으로써, 비록 그 한계들이 없는 것은 아니지만 그럼에도 불구하고, 교부들의 신학적 관점에 대한 훌륭한 보충이 될 것이라 생각된다.

케노시스에 대한 두 개의 다르지만 상보적인 관점들을 병치시키는 것은 아주 유익한데, "교리[즉 도그마]는 경험을 예측하지만, 비전과 신앙의 경험 속에서만 교리는 그의 완전함에 이르고 생명력을 얻게 되기" 때문이다.[1] 비록 문제점들이 없는 것은 아니지만, 내 자신과 내 전통을 다른 사람의 눈을 통해서 본다는 것은 내가 달리 알 길이 없던 내 자신에 대한 — 혹은 내 전통에 대한 — 것들을 나로 하여금 볼 수 있도록 해준다. 예를 들어, 나우웬은 "감성(sentimentality)과 폭력성" 간의 연관성을 볼 수 있도록 해주는데, 이 둘은 외견상 "불멸에 대한 인간의 환상 속에 뿌리내려온 .... 상당히 다른 행동 양식들"이다.[2] "우리의 삶이 우리에게 귀속되어 있다는 환상"을 인정하는 일이, 개인적으로 그리고 공동체적으로, 얼마나 솔깃한 것인지를 인식할 수 있게 되었다. 우리가 이러한 유혹에 굴복할 때 혹은 우리가 이 환상의 손아귀에 사로 잡힐 때, "인간 관계는 폭력과 파괴에 종속되어진다. ... 우리는 다른 사람들을 ... 받아들여야 할 선물로서가 아니라, 방어하거나 정복해야 할 재산으로서 ... 대우한다."[3]

나우웬의 작품을 읽을 때, 나는 내가 얼마나 동방 기독교의 형식들을 감상적으로 다루려는 성향을 지니고 있는지를 깨닫게 되는데, 서방의 기독교 작가들 속에서 찾아볼 수 있는 영적 삶에 대한 통찰들을, 당장에 거절하는 정도는 아니더라도, 저평가하도록 하는 방식으로 그러한 성향을 드러낸다. 그래서, 예를 들어, 나우웬이 말해야만 하는 것이 참인지 아닌지를 묻기 보다는 오히려 내 입맛에 대체로 시대에 뒤떨어지고 노골적으로 개인적인 그의 언어를 싫어하려하는 편이다.[4] 예를 들어, 그의 문구들 중 일부는 내가 보기에 어설프고 그리고영지주의적 색채를 띄고 있는 것으로 보여진다—사실상 그의 언어는 때로 너무 산만해서 나는 그의 가르침을 파악하는데 혹은 단어들이 가리키는 사람이 누구인지 알아보는 데 어려움을 겪곤한다.

게다가 필자는 동방 정교회 영성의 고전인 『필로칼리아』(*The Philokalia*)[5]나 성 요한 클리마코(St. John Climacus)의 『신적 상승의 사다리』(*The Ladder of Divine Ascent*)[6] 혹은 카톨릭이나 개신교를 위한 고전으로 불릴만한 (분명코 소수인 정교회 기독교인들을 위한 본문은 아니다) 19세기 러시아 정교회 주교 성 이그나티 브리안챠니노프(St. Ignatius Brianchaninov)의 『경기장』(*The Arena*)[7]보다 그의 언어가 실제로 더 시대에 뒤떨어지고 호감이 안 가는지 의아하지 않을 수 없다. 비록 내가 보기에 시대에 뒤떨어진 언어와 예들로 간주하는 것을 나우웬이 사용한다고 할지라도, 바로 그것이 그의 작품을 서방 기독교와 동방 기독교 간의 계속적인 대화에 매우 중요한 작품으로 만들 수도 있을 것이라는 점을 인정한다.

서구의 심리학적인 해설을 통해서이긴 하지만, 나우웬의 목회에 대한 비전은 동방 정교회 목양의 핵심인 케노시스의 영성과 근본적으로 양립한다. 이 (동서 기독교의) 합치는 동방교회 기독교인들에게 중요하다. 우리가 여러모로 (동방이든 서방이든) 기독교에 점점 적대적인 그래서 전적으로는 아닐지라도 어느 정도 죽음의 문화로 타당하게 기술되어질 수 있는 문화적 상황의 한 복판에서 우리 자신의 전통에 충실하고자 분투하고 있기 때문이다. 동방 기독교인이든 서방기독교인이든 간에, 스스로 역사에 뿌리를 둔 전통을 표상하고 그리고 어느 전통이든 기독교 전통에는 큰 가치부여를 하지 않는 문화 속에서 상징을 표상하는 일은 도전이다.[8]

나우웬과 동방 기독교 간의 이 합치는 비단 동방 정교회인들에게만 가치가 있는 것은 아니다. 『창조적 목회』의 결론을 잠시 참고하자면, 로마 카톨릭 성직자들과 개신교 목회자들이 자기비움의 목회(kenotic ministry)로의 성서적 부르심이 담지한 "함축성들을 온전히 파악하려면, 제도 교회 너머를 바라볼 수 있어야만" 할것이라는 사실을 나우웬은 예리하게 통찰하고 있었다. 그는 "수많은 젊은이들이 '집중,' '명상' 그리고 '관상'과 같은 말들"에 표출하는 엄청난 추앙"과 점증하는 관심을 지적한다. 그런데 기도와 영성과 신비주의에 대한 관심이 높아지고 있음에도 불구하고, 기독교 공동체와 목회자들은 대체로 (그러한 흐름의) "주변"에만 머물고 있어서, "비틀거리는 문명의 갱신을 위한 원천으로서 신비주의의 풍성한 전통을 제공"하지 못하고 있다.[9)]

정교회 기독교인들은—개인적으로 그리고 공동체적으로—"자의식, 거절에 대한 두려움 그리고 종파분쟁들에 대한 집착"이 가져다 주는 만신창이 귀결들에 분명히 남들만큼 취약한데, 그것들은 기독교인들이 "우리의 마음뿐만 아니라 정신까지도 새롭게 하실 초월적인 하나님의 영을 자유롭게 경험하지" 못하도록 만드는 것들이다.[10)] 우리 그리스도의 카톨릭과 개신교 형제자매들과 마찬가지로, 우리들 역시 "많은 명백한 잘못들, 실패들 그리고 불합리한 시험들"로 인해 고통 받는데, 그것들은 "[각 사람의 마음 속에] 새로운 통찰과 새로운 이해 그리고 무엇보다도 새로운 생명을 향한 심오한 욕망이 ... 있다"[11)]는 사실을 인지하지 못하도록 만든다. 만일 나우웬이 옳다면, 다시 말해서 만일 카톨릭과 개신교 기독교인들이 동방 교회가 유지해온 신비 전통과의 접점을 상실했다면, (작고한 알렉산더 쉬메만Alexander Schmemann 신부가 부단하게 지적했듯이) 동방교회 기독교인들도 바로 그 동일한 전통의 실천적이고 인간적인 함축성들과의 접점을 상실했다는 사실을 마찬가지로 인정해야만 할 것이다.[12)]

작고한 교황 요한 바오르 2세가 교회는 다시금 "두 폐"로 숨쉬는 법을 배워야만 한다고 주장한 점에서 맞다고 생각하는데, 두 폐란 신비적이고 금욕적이고 성례전적인 동방교회와 인간적이고 합리적이고 분석적인 서방교회를 가리킨다. 그러한 일방적인 주장이 신학적 한계들이 없지 않다는 점을 인정한다해도, 그러나 교회사에 대한—신실하고 겸손한 것은 말할 것도 없이—냉정하고 주의깊은 연구가 우리에게 무언가를 가르쳐 준다면, 그것은 바로 기독교인들을 곪게 만든 교리적인 불일치들과 분쟁들은 우리들 간의 소원(estrangement)의 근원이 아니라 그 징후들이라는 사실이다.[13] 무엇보다도, 기독교인들 사이의 분열은 인간 마음의 중심에서 일어난 분열을 반영한다. 예언자 아모스의 말로 바꾸어 표현한다면, 우리가 동의를 전제로 함께 걸어 나갈 수는 있지만, 이 동의는 우리 마음의 상처들을 신령한 은혜가 치유하도록 인정하는 한도 내에서만 가능할 뿐이다.

이를 염두에 두면서, 우리가 서방 기독교와 동방 기독교 간의 최소한의 작은 화해라도 불러일으킬 수 있을지를 살펴보며, 헨리 나우웬의 작업을 검토하는 자리에 독자 여러분을 초대하고자 한다.

케노시스: 상처입은 치유자

동방교회의 영성 속에서 삼위일체 신학과 기독론 그리고 구원론은 "한 통으로 짠 속옷"을 형성한다 (요 19:23); 거룩한 삼위일체의 제2격인 성자는 신성한 자기—비움(케노시스)의 행위를 통하여 우리의 육, 즉 그 모든 타락과 한계를 담지한 우리의 타락한 조건을 입고, "우리의 약함을 동정"하실 수 있는 "큰 대제사장"이 되셨다. 그는 "모든 일에 우리와 똑같이 시

험을 받으시되, 죄 없이" 받으셨기 때문이다(히 4:14-15).[14)]

이점을 너무 강박적으로 진술할 필요는 없을 것이다: 하나님은 예수 그리스도 안에 오셔서 우리의 창조자로서 위로부터가 아니라, 우리의 형제로서—우리들 중 하나로서—안으로부터 우리 삶을 아신다. 예수 그리스도 안에서 인간이 된다는 것이 무엇을 의미하는지 하나님은 단지 하나님으로서가 아니라 인간 공동체의 구성원으로서 아신다.

바로 이 성부의 케노시스 그리고 성육신의 신성한 고행이 담지한 전체성이 우리의 성화(deification), 즉 개인적 덕의 성장뿐만 아니라 인격적 거룩함의 성장을 가능케 만들어준다.[15)] 블라디미르 로스키(Vladimir Lossky)는 다음과 같이 적고 있다: "그리스도의 신적 인격의 하강은 인간 인격들이 성령 안에서 상승할 수 있게 만든다." 바로 이 "필연적이고 … [그리고] 자발적인 겸애," 이 "성자의 대속적 케노시스"가 타락한 인간으로 하여금 "신성화(theosis)의 사명을, 즉 자존적(uncreated) 은혜에 의한 피조된 존재들의 성화를 성취할 수 있도록" 해준다.[16)] 다른 말로 표현하자면, 성자(God the Son)가 성육신 속에서 스스로를 비우셔서, 그 안에서 인류는 영화롭게 될 수 있었다. 하시디즘의 영성으로부터 이미지를 차용하자면, 그리스도 안에 계신 하나님이 작아지셔서, 그 안에서 인류는 크게 될 수 있다—그러나 우리의 위대함은 마찬가지로 우리가 그리스도의 모범에 복종하여 타인들을 위해 작아질 때에만 이루어질 수 있다.[17)]

우리의 신성화(deification, 神成化)는 단순히 예수 그리스도에 대한 믿음만이 아니라 또한 금욕적인 노력들을 (예를 들어, 기도, 금식, 그리고 사회정의와 평화와 자비의 활동들에 대한 헌신들 같은 노력들을) 요구한다—이는 정확히 말하자면 인격적인 일이지, 자연적인 일이 아니기 때문이다(말하자면, 우리는 은혜로 신들(gods)이 되도록 부름 받은 것이지, 본성적으로 신들이 되는 것이 아니기 때문이라는 말이다).[18] 신앙과 금욕은 본질적이다: 그러나 그것들은 그 자체로 혹은 그것들을 통해서는 불충분하다. 영적 삶을 바라보는 동방 기독교의 관점으로부터 말하자면 우리는 우리 신앙과 금욕을 양육하고 완전케하는 성례전적 삶을 적극적으로 살아야만 한다.[19]

사도 바울의 말을 바꾸어 표현하여, 나우웬은 오직 예수 그리스도만이 "죽기까지, 심지어 십자가에서 죽기까지 하나님과 피조물에 복종하셨다"는 사실을 우리에게 주지시킨다. 그는 이어서, "바로 십자가 위에서야 예수는 온전한 의미에서 삶의 미사집전신부(the celebrant)가 되었다. 왜냐하면 바로 거기에서 죽음은 정복되었고 그리고 그 전적인 복종 행위 속에서 생명이 다시 얻어졌기 때문이다"고 언급한다.[20]

내가 읽었던 나우웬의 작품들 중, 비록 제일 처음 것은 아닐지라도, 처음 것들 중의 하나는 『상처입은 치유자』(*The Wounded Healer*)였다. 불안정하고 자주 의기소침했던 대학생 때 이것을 읽으면서 나는 수치와 의심으로 나를 짐스럽게 만들었던 내 인격의 측면들에 대해 공감하게 되었다. 수치심이 최악으로 나쁜 것은, 내 생각에, 바로 가장 움직임이 필요하고 그리고, 사도 바울의 말을 신뢰한다면, 그리스도의 힘과 은혜가 인간의 — 그리고 나의 — 약함 가운데서 "완전해지는" 곳, 바로 그곳에서 우리를 무력하게 만든다는 것이다. 그러나 (다시금 바울의 말과 함께 하자면) "이러므로 도리어 크게 기뻐함으로 나의 여러 약한 것들에 대하여 자랑하리니 이는 그리스도의 능력으로 내게 머물게 하려 함이라"(고후 12:9)라고 말할 수 있는 사람은 우리 중에 얼마나 적은가?

상처입은 치유자로서 목회자의 이미지 속에서 나우웬과 동방 기독교는 가장 명백하게 합치한다.[21] 슬기롭게도 나우웬은 융 학자들이 말하는 "원형을 나누려는" 유혹에 저항한다; 목회자 즉 사제는 상처받은 자 아니면 치유자가 되는 것이 아니며, 산산이 부서지지 않으면 전체로 하나를 이루거나하지 않으며, 우둔하지 않으면 지혜롭거나 하지 않으며, 오히려 둘 다이다. 성직자로든지 평신도로든지 간에, 강단에서 설교자로서 공직을 수행하든지 결혼생활이나 수도원 같은 보다 사적인 영역에서 자신의 사역을 감당하든지 간에, 목회활동에 대한 경험을 조금이라도 갖고 있는 사람은 누구나 목회자의 삶의 상당 부분을 차지하는 그 개인적이고 직업직인 외로움에 대한 나우웬의 기술에 대해 공감하지 않을 수 없다.[22)]

이러한 의미의 외로움에 대한 응답으로 그리스도는 "영적인 전시주의"(spiritual exhibitionism)가 아니라 "[우리] 자신의 고통과 고난을 [인간의] 보편 조건의 심연들로부터 도래하는 것으로 보려는 지속적인 의지"로 우리를 부르신다. 우리의 개인적 고통과 고난이 "집중"과 "공동체"를 통하여 자아와 타자들을 위한 치유의 근원으로 변형되어갈 수 있는가에 대한 나우웬의 토론은 그 자체로 가치 있는 것이긴 하지만, 동방정교회 기독교와 서방교회 기독교인들의 만남의 장소로서 나우웬의 작업을 조망하는 현재의 토론과는 밀접한 상관성이 없다.[23)]

중요한 것은 나우웬의 관찰들이 부활절 신비에 대한 심리학적이고 목회적인 섬세한 응용이라는 사실이다: "그리스도는 죽은 자로부터 일어나셨다! 죽음으로 그는 죽음을 정복하셨다! 그리고 무덤에 있는 자들에게 그는 생명을 부여하신다!" 기독교인은 심리학 혹은 사회학에서 말하는 인간적인 이유들 때문이 아니라, 기독론적인 이유 때문에 상처 입은 치유자가 될 수 있다. 그리스도 자신이 바로 상처 입은 치유자의 아이콘, 즉 우리의 상처들을 감당하시고 그리고 그의 휘장으로 우리를 치유하시는 그 슬픔의 사람의 아이콘이시다 (참조 사53).[24)]

봉사(service): 자비와 용서의 사역

목회에 제기되는 전문적인 도전들에 대한 나우웬의 관찰은, 안디옥의 성 이그나티우스의 말처럼, "단지 기독교인으로 부름 받는 것이 아니라, 참으로 그런 사람으로 보여지기를"(롬3) 바라는 여느 누구의 개인적 삶에도 마찬가지로 적용가능하다. 나우웬은 이렇게 적고 있다: "사람들의 삶의 중심을 접하기 원하는 목회자들이 도리어 스스로 주변에 머물며, (중심으로) 들어가기를 헛되이 애원하고 있다는 사실은 고통스런 역설이다." 때로 목회자와 사제로서 우리의 최선의 노력들에도 불구하고 우리는 "결코 그 행위가 이루어지는 자리, 계획들이 만들어지고 전략들이 토론되는 자리에 결코 함께 하지 못하는 듯 여겨진다." 슬프게도 우리는, 언제나 잘못된 시간에 잘못된 장소에 잘못된 사람들에 이끌려, 축제가 끝나서야 성문 밖에 이르는 것처럼 보인다."[25] 복음서의 목회자들은—필자는 복음의 도전들을 진지하게 수용하는 누구나를 의미한다—단지 심리학적이고 사회적인 외로움을 경험하는 것이 아니라, 아담의 범죄 이래로 인간의 운명인 우주적이고 존재론적인 외로움을 증언하도록 부름 받았다:

> 아담은 낙원의 반대편에 앉아, 자신의 벌거벗음을 탄식하면서, 울었다, "나는 저주받은 자로다! 사악한 속임수에 나는 설복당해 강탈당하고, 영광으로부터 멀리 추방당했다. 나는 저주받은 자로다! 내 순수한 모습으로 벌거벗겨진 지금 나는 궁핍하다. 그러나, 낙원아, 나는 더 이상 너의 기쁨을 향유하지 못할 것이다; 나는 더 이상 주 나의 하나님과 창조자를 우러러보지 못할 것이다. 내가 본래 취하여진 곳 즉 흙으로 내가 되돌아 왔기 때문이다. 자비롭고 자애로우신 주여, 내가 당신께 울부짖사오니, '타락한 나에게 자비를 베푸소서.'"[26]

낙원의 통로 바깥으로 쫓겨난 아담에게서처럼 외로움이 우리 운명의 전부는 아니다—거기에는 또한 약속이 있고, 그리고 보다 중요하게도, 하나님의 은혜로 우리에게 도래하는 은혜의 선물과 우리 자신의 자유에 의한 선택이 있다: "내게 회개의 통문들을 열어 주십시오, 생명의 수여자여. 나의 영혼은 아침 일찍 당신의 성스러운 신전으로 솟아올라, 모든 더렵혀진 육체의 사원을 감당합니다. 그러나 당신은 동정심이 가득하시니, 당신의 사애로운 자비로 씻어 주시기를 바랍니다."[27)]

"가르침과 설교와 개인적 목양 상담과 조직과 경축행사"[28)] 등과 같은 영역의 전문지식들과 전문 능력이 갖는 중요성을 부인하지는 않는다 하더라도, "전문가주의(professionalism) 너머에 무엇이 있는 것은 아닌지" 그리고 "목회가 남을 돕는 전문직업들 중에 단지 또 하나의 전문성에 불과한 것은 아닌지"[29)]를 숙고하도록 나우웬은 우리에게 요청한다. 그는 "목회와 영성은 결코 분리될 수 없음"을 우리에게 주지시킴으로써 자신의 질문들에 답한다. 왜? 왜냐하면 목회란 "다른 사람들이 보고 이해함으로써 해방의 가능성을 획득할 수 있는 삶의 방식"이기 때문이다. 그는 계속해서 진술하기를, 기도는 "사역을 위한 준비이거나 효과적인 목회를 위한 필수불가결한 조건이 아니다." 오히려 기도는 "삶이다; 기도와 목회는 … 결코 나누어질 수 없다. … [만일] 그것들이 나누어진다면, 목회자는 개조용 주택(fixer-upper)이 된다 … 말하자면 일상 삶의 고통들을 완화시켜주는 것에 불과한 사제들 … 그리고 겨우 성직자의 조작적 기술 형식에 불과한 전문가주의가 되고 만다."[30)] 그런데 우리가 제공하는 봉사(service)는, 비록 전문적 기술들과 분리될 수는 없겠지만, 세상에서 볼 수 있는 것과는 근본적으로 전혀 다른 체제의 봉사이다.

조지 플로로브스키(George Florovsky)가 적고 있듯이, 기독교인으로서 우리는 "단지 다른 사람들의 고통...에 의해 움직이지는 않는다." 신학적으로 보자면, 즉 그리스도 중심적으로 보자면, 인간의 "고난은 그리스도의 계속적인 고통으로서, 그는 지체들 중 하나인 그 사람 속에서 여전히 고통스러워하신다." 이것은 비록 "굴욕적"이지만 그럼에도 불구하고 "영광스러운" 그리스도의 현존으로서, 기독교회는 그 현존에 응답하도록 부름 받았다. 그리고 우리는 "이상 사회를 향한 정교한 도식들"이 아니라, 더 더군다나 "권위주의적 제도"로서가 아니라, "병자를 위한 병원으로서" 그리고 "비천하고 연약한자"를 위한 "영적 가정으로서" 응답하도록 부름받았다.[31]

"개별자에 심취했던 계몽기"와 달리, 교회란, 즉 성령의 능력에 의해 예수 그리스도의 이름 안에서 하나님 아버지의 영광에로 모인 신앙 공동체라는, 즉 "가장 중요한 윤리적 기초단위"라는 사실을 기독교인들은 언제나 숙지해 왔다. 결론적으로 말하자면, "모든 기독교 윤리는 사회 윤리이다. 왜냐하면 우리의 모든 윤리는 사회적이고, 공동체적이고, 정치적인 출발점을— 즉 교회를— 전제하기 때문이다." 오늘날 기독교인들이 마주하는 핵심적인 윤리적 도전은 기독교 공동체가 언제나 직면해 왔던 것과 동일한 윤리적 도전이다: 교회의 "가르침과 후원과 희생과 예배"를 통해 하나님의 은혜와 우리 자신의 노력으로 "전혀 평범한 사람들"을 "비범하고, 심지어 영웅적인," 기독교적 덕을 갖춘 사람들로 변화시켜내는 일이 가능한가? 다른 말로 표현하자면, 우리의 공동체들이 기독교적 덕을 갖춘 삶을 유지함으로써 "우리 자신의 생각들로 일구어 갈수 있던 것보다 더 나은 사람들"이 되려면 어떻게 해야 하겠는가?[32]

이제 이를 염두에 둘 때, 실존적으로 그리고 실천적으로 우리 복음 사역자들이 우리 공통의 삶의 증거로 동참하도록 초청하는 공동체적 삶이란 무엇인가?

교재(코이노니아): 환대하는 공동체

성만찬에서 신앙고백을 낭송하기 직전 부제(deacon)와 회중 간에 간략하지만 그러나 중요한 대화가 있다. 모인 회중을 향하여 부제는 노래한다, "서로 사랑합시다 그래서 한 마음으로 고백할 수 있도록...." 그리고 사람들이 노래로 화답한다, "삼위일체, 한 실체이시며 나뉨이 없으신 분." 이 형식적이고 교리적으로 함축적인 예식의 대화는 우리에게 서로를 향한 사랑이 기독교인으로서 우리의 신앙적 소명에 본질적인 부분이라는 사실을 주지시켜준다. 바로 이 상호적인 사랑이 세상에 복음의 증인이 되어야 하는 교회의 핵심에 놓여있다.[33] "자신을 넘겨주던 날 밤, 말하자면 그가 자신을 세상의 생명을 위해 내놓았을 때"(성 요한 크리소스톰St. John Chrysostom의 예식에서는 대용Anaphora), 와서 "우리을 위한 하나님의 계획을 완수했던" 예수는 제자들의 발을 씼겼다. 바로 그날 밤 예수는 우리 서로를 향한 사랑의 봉사를 기독교적 순종과 희생의 내용으로서 뿐만 아니라 또한 그 기쁨의 근원으로 동일시하였지만, 그러나 이 기쁨이 기독교인들 가운데 대체로 결여되어 있다 (참고 요 15:10-13).

동방교회 예전 신학자 알렉산더 쉬메만 신부(Fr. Alexander Schmemann)가 지적하듯이, "오직 교회가 기쁨이 될 때만이 세상에서 승리하고, 교회가 그 기쁨을 잃을 때, 세상을 잃고 그리고 그 기쁨을 전하는 증언으로서의 신뢰성을 상실한다." "기독교인들에게 반대하는 모든 비난들 중 가장 끔찍한 것을 말한 이는 니체인데, 그는 기독교인들이 기쁨이 없다고 비판했다"고 쉬메만 신부는 탄식을 계속한다.[34]

기독교인들이 누리는 기쁨의 근원인 사랑은 세상이 이해하는 사랑과 다르다. 왜냐하면 "이 세계에서 그리스도는 거절당했기" 때문이다.[35] 기독교인들은 서로를 위해 그리고 세상을 위해 삼위일체의 핵심에 놓여있는 그 동일한 사랑을 갖도록 부름 받았다. 우리의 사랑은 신적인 사랑, 즉 우리 자신의 사랑이 아니라 오직 우리가 받을 수 있는 사랑이어야 한다. 왜냐하면 그 사랑은 "위로부터"(요6:3)—(비록 책임이 없는 것은 아니지만) 대가 없이 자유롭게 주어지는—선물로서 우리에게 다가오기 때문이다.[36] 비록 우리가 하나님에게 우리와의 관계를 강요할 수 없고, 그 어떤 훈련과 노력 혹은 고행의 실천도 하나님을 우리에게 오셔서 우리 안에 머무시게 할 수는 없지만, 마찬가지로 "계속적이고 고단한 노력이 없이는"[37] 하나님과의 친밀감도 없는 것이 사실이다. 신적으로(in a divine fashion) 사랑한다는 것은 우리에게 금욕적인 노력을 요구하고, 이것이 케노시스의 핵심이다. 왜? 왜냐하면 바로 오직 금욕생활을 통해서만 우리는 "불멸에 대한 우리 환상의 가면을 벗겨내고, 죽음을 우리 인간의 운명으로 온전히 받아들이고, 그래서 우리 실존의 한계들을 넘어 하나님에 이르게 되기 때문인데, 그렇게 하나님과 친밀함으로부터 우리가 태어난다."[38]

기독교적 사랑은 단지 성부, 성자, 성령의 사랑에 대한 모방에 불과한 것은 아니다. 실상 우리가 단순하게 하나님을 모방하려고 노력한다면, 우린 우리 자신들과 다른 이들에게 "인간적 반응 이상을 요청"하게 되고 그리고 "[다른 사람들을] 우상으로 그리고 우리 자신들을 악마들로 만들어"[39] 버리게 된다. 기독교적 사랑은 모방이 아니라, 신성한 삶(the divine life) 자체에 대한 공동의 참여이다. 삼위일체의 공동체적 삶에 대한 이 참여가 바로 기독교 공동체의 삶의 토대이고, 수단이며 목표이다.

불속에 던져진 철이 불의 속성들을 (즉 열과 빛과 움직임을) 입고도 여전히 철로서 자신을 유지하듯이, 그리스도 안에 있는 인간의 인격도 여전히 인간적이지만 (즉 우연성, 한계성 그리고 가변성을 담지하지만) 또한 모든 신적 속성들을 (거룩함과 지혜와 영생을) 입게 된다.

『손 내밀기』(*Reaching Out*)에서 나우웬은 우리에게 이 자기-겸애적(kenotic) 공동체의 삶을 "환대"(hospitality)의 영 혹은 "자유 공간의 창조"로 특징 있게 기술해주고 있는데, 그 공간은 "이방인이 들어가 적 대신에 친구가 될 수 있는 공간"이다. 건전한 공동체의 핵심에는 환대의 제의 즉 코이노니아(koinonia)가, 말하자면 사람들이 필요한 공간과 자유의 제의가, 있고 그래서 "변화가 일어날 수 있다." 환대하는 공동체는 "경계선들에 의해 교란되지 않는 자유"의 느낌을 제공한다. 나우웬에게 온전한 의미에서 환대한다는 것은 "선택과 헌신의 재량 범위를 넓게 열어 놓는" 능력과 의지 모두를 우리에게 요구하는 일이었고, 그 열매는 바로 "두려워하는 마음들의 해방"으로서, 그때에서야 "자신들의 하나님과 자신들의 길을 찾을 수" 있게 된다. "환대(hospitality)의 역설은 환대는 텅빈 곳(emptiness)을 창출하는데, 이 텅빈 곳은 두려운 공허가 아니라 친근한 공허로서, 이방인들이 들어가 자신들의 자유로움을 찾게 되는 곳이다."40)

19세기 알래스카의 러시아 정교회 주교였던 성 티콘(St. Tikhon)은 나우웬이 우리 나눔의 삶의 핵심에 놓았던 용서를 실천하기가 "극도로 어렵다"는 사실을 주지시켜 주었다. 바로 우리의 그 죄악됨이 용서를 구하며 절규하는 동시에, 역설적으로 용서를 보류하고 하나님의 은혜를 거절하도록 만든다.

성 티콘은 이 갈등을 알고 있어서, 러시아 정교회의 또 다른 위대한 성인 코론스태트의 요한(John of Kronstadt)이 남겨준 조언을 우리에게 물려준다. 만일 우리가 우리의 이웃을 진정으로 용서하기 원하고, 만일 우리가 진정으로 다른 사람들의 구원에 필수적인 해방하는 텅빈 공간을 창출하기를 원한다면, 우리는 먼저 우리의 "무수한" 죄들을 "그려"야만 한다고 말한다. 다시 성 요한을 인용하면서, 심지어 "당신들이 당신의 이웃에게 가장 작은 실수마저도 용서하고자 하지 않을 때조차," 그리스도가 "우리들에게 얼마나 관대했었는지를 상상"하라고 성 티콘은 그의 독자들에게 권한다. 그런 후 그는 독자들에게 "당신의 우둔함을 비통해하고" 한탄하라고 말한다. "그러면 당신 안의 그 방해물이 연기처럼 사라질 것이고," 그리고 당신은 "보다 청명하게 생각"하기 시작할 것이고, "당신의 마음은 고요해 질 것이며, 그리고 그를 통해 당신 자신이 아니라 완전히 다른 어떤 사람 혹은 당신 자신의 그림자가 그 책망들과 모욕들을 들은 듯이 여기게 되면서, 선을 배우게 될 것이다"[41]고 말한다. 이 성인의 충고가 우리에게 주는 핵심은 바로 우리가 먼저 내면을 향해 나아가 우리 자신의 개인적이고 공동체적인 죄성을 인정하지 않는 한, 우리는 다른 사람들에게 이를 수 없다는 사실이다. 오직 그런 후에야 우리는 회개 속에서 그리스도를 향해 그리고 자비와 용서을 가지고 이웃을 향해 나아갈 수 있다.

슬프게도 나우웬이 기술하고 있는 환대(hospitality)는 대체로 현실 이상의 열망이다. 왜냐하면, 성 티콘이 말하듯, "우리는 우리의 죄들을 인정하고자 하지 않기" 때문이다. 비록 "사람이 그 자신의 자아와 그 자신의 영혼과 그의 부족함들을 아는 것이 자연스럽고 쉬운 일처럼 보일지" 모르지만, "현실적으로는 그렇지 못하다." 우리는 자신에 대한 앎과 회개가 역겹다고 생각하고, 그 자리에서 도리어 "호기심으로 다양한 것들"[42]에 대한 연구에 골몰한다. 타인들을 섬기고 심지어 타인들이 환대받는 공동체를 창조하려는 우리의 욕망은 우리의 영적인 관대함 뿐만 아니라 보다 어두운 동기들을 모두 반영할 수 있다: 고통스럽지만 그러나 비판적인 자기—지식과 자기—반성 작업을 벌이는 것에 대한 거절. 내가 만들어내는 거래는 이렇다: 하나님께 말씀드리기를, 친구들과 이방인 모두를 위한 공간을 창출하기 위해, 그리고 그들의 자기—발견과 실현을 위한 공간을 창출하기 위해 그들을 연구하게 하소서. 하지만 그 과정에서 내 자신의 죄성을 대면하라고 요청하지는 마소서. 내가 타인들에게 보이는 관대함은 너무나 자주 나로 하여금 내 자신의 죄에 무관심한 것을 용납하게 하는 그래서 치유뿐만 아니라 회개와 용서 받을 필요성조차 무관심하도록 하는 복잡한 과정의 일부이다.

우리가 우리 자신의 죄들을 회개하기를 거절하고 그 대신 다른 사람들을 위한 자리를 창조하는 일로 도주하였다는 징후는 바로 "아주 잠깐이라도 무관한 것들에 대한 집착 없이 고독을 대면할 때면, 우리는 이내 지루함을 느끼고 재미를 찾고자 시도"하는 행위라는 성 티콘의 관찰에 나우웬도 동의할 것이라고 생각한다. 환대하는 공동체의 창조는 너무나도 쉽사리 "다른 사람들의 죄들"을 들여다보기를 즐겨하고 탐닉하는 우리의 발뺌으로 전락한다. "우리 눈의 들보"를 숙고하기를 기꺼워하지 않으면 않을수록, "우리 형제 눈 속에 티끌을 주목(마 7:3)"43)하는데 약삭 빨라진다. 나우웬 스스로 인정하듯이:

> 빈 공간은 두려움(fear)을 창조하는 듯 하다. 우리 정신과 마음과 손이 몰두하면 할수록, 우리는 고통스런 질문들을 대면하는 일을 외면할 수 있는데, 이 물음들은 결코 주목해서 끄집어 내고 싶지 않은 질문들이다. ... 멀리 떨어져서 보면 우리는 잠깐의 침묵도 참지 못하고 말들과 행위들로 서로를 채워가려고 노력하고 있는 듯이 보인다. ... 그러

나 모든 빈 구석을 채워감으로서 그리고 모든 빈 시간들을 바쁘게 채워가면서... 환대는 깨달음을 열어가기 보다는 오히려 억압적으로 되어간다.44)

그러나 이제 새로운 질문이 제기된다: 어떻게 이런 일이 일어났는가? 동방과 서방의 기독교인들은 어떻게 우리 자신이 누구인지(who we are)를 잊어버렸는가?

순교록: 나우웬의 작업에 대한 증언과 동서방 기독교의 만남

필자가 기술해 온 내용을 비판적으로 읽는다면—당연히 내 생각에—내가 헨리 나우웬의 작업과 동방정교회의 영성 간의 합치라 여기는 것은 결국 내가 찾고자 했던 것에 불과하다는 비판, 즉 나의 결론은 이미 나의 전제 속에 가정되어 있다는 비판을 제기할 수도 있을 것이다. 이 비판은 공정한 것이라 생각한다—필자는 이 합치를 내가 추구하는 신데스모스(syndesmos, 품사들을 연결하는 역할을 감당하는 격어미없는 품사)라 여긴다—그러나 이것이 신앙의 길 아닌가? 신앙은 이해의 대상이 아니라, 그의 전제이다—신앙은 우리가 보는 것이 아니라, 우리가 그를 통하여 보는 것이다. 동방과 서방의 합치를 보려는 의지의 부재가 바로 계속적인 분할로 인해 우리가 겪는 고난의 주요부분이라고 생각한다.

자신이 "가톨릭 전통의 교회들—즉 로마 가톨릭, 동방정교회 가톨릭 그리고 비-칼케돈 신조파 가톨릭"—이라 부르는 것 내부에서 벌이지고 있는 분열에 대하여 기술하면서, 이 공동체들은 모두 "근본적으로 하나님과 구원의 경륜 그리고 세계 내에서의 하나님의 작용"을 상호 양립적인 방식으로 "인식한다"고 로렌스 크로스는 주장한다. 슬프게도, "역사적 정황들"은 이 다양한 전통의 기독교인들에게 "서로 간의 신앙을 인정할 수 있는 기회" 를 부정해 왔기 때문에, 상호적 이해 대신 우리는 이 교회들 사이에 "상호적 무지, 이질감 그리고 적극적인 오해 뿐만 아니라 [일부 경우엔 단지] 재결합을 향한 의지의 결여[에 대한] 화해불가의 증오"[45]를 갖고 있다.

로마 가톨릭 재단 소속 대학에서 가르치는 동방정교회 기독교인으로서, 필자는 호주의 멜킷(Melkite) 그리스 정교회 집시사제인 로렌스 크로스가 기술하고 있는 실존적 분할의 양면들을 직접적으로 안다. 본고의 논점을 충실히 유지하기 위해서, 필자는 이 상호적 소외가 스스로를 현시하는 방식들에 대한 심지어 간략한 반복조차 건너뛸 것이다. 단지 크로스와 함께, 동방과 서방은 "타자의 부재로 인해 고통을 겪어왔다"는 점만을 언급하는 것으로 충분하다고 믿는다. 그 소외의 귀결로서 양측은 "말 그대로 절뚝거린다. 동방교회는 서방교회의 실용주의와 같은 것을 결여하고 있는 한편, 서방 교회는 기독교적 신비에 대한 [동방교회의] 전일적 응답 같은 것을 결핍하고 있다."[46]

로마 가톨릭, 동방정교회 그리고 동양권 정교회(Oriental Orthodox – 셈 문화권의 교회 곧 네스토리우스 교회와 아르메니안 교회) 사이의 분열들은 그 자체로 로마 가톨릭과 개신교 간에 일어난 최근의 분열보다 더 오래됐고, 어떤 면에서 더 혹독하고 비극적이다. 이를 딱 꼬집어 증명할 방법이 없긴 하지만, 만일 동방과 서방으로 분열되지 않았더라면, 종교개혁으로 비롯된 후대의 분열들은 면할 수 있었을지도 모른다고 생각하지 않을 수 없다.[47]

비록 동방과 서방 간의 신학적 차이를 축소할 의도는 단연코 없지만, 필자는 "그 분열의 진짜 원인들은 인간의 실패 속에서 찾아져야 한다"는 메이엔도프의 의견에 동의한다. 우리가 겪고 있는 분열은 "사랑을 거스르는 죄들에 의해 야기"되었기 때문에, "오직 사랑만이 기독교 세계를 실제적인 통일성으로 치료하고 복구할 수 있다." 이는 화해를 이루려는 우리의 시도가 "대화 테이블을 위한 문제나 위계조직 수준에만 상관된 문제"일 수 없다는 것을 의미한다. 그렇다. 만일 "사랑이 추상적이지 않아야 한다면, 그 사랑은 사람들 사이에서 일어나야 하고 그리고 폭넓고 구체적이어야만 한다."48)

헨리 나우웬의 비범함은 바로 그가 기독교적 사랑에 대한 추상적 헌신을 초월하라는 이 명령을 이해하고 있었다는 사실로 드러난다. "[서로를 향한] 적대감들(hostilities)은 환대(hospitality)로 전환될 수 있고" 그리고 이 전환 즉 회개(metanoia)는 본질적이다. 왜냐하면 우리의 세계는 타락한 세계, 즉 "그들 자신들의 과거와 문화와 나라로부터 그리고 자신들의 이웃들과 친구들과 가족들로부터, 그리고 자신들의 가장 깊은 곳에 있는 자와 그들의 하나님으로부터 소외된 이방인들로 가득찬 세상"이기 때문이다. 언제 어디서나 그렇듯이, 사람들은 "두려움없이 삶을 영위할 수 있고 그리고 공동체를 찾을 수 있는 안락한(hospitable) 자리를 힘겹게 찾고" 있다. 정교회와 로마 가톨릭과 개신교 기독교인들로서 우리는 "이방인들이 그들의 낯설음을 떨쳐 버리고 우리와 같은 동료 인간이 될수 있는 개방적이고 안락한 공간을 제공할"49) 의무를 특별히 지고 있다.

세상 속에서 자신의 자리를 찾고 싶은 이 기초적인 인간 욕망과 더불어 새로운 도전이 놓여 있다. 우리가 동방정교회 사람이건 서방 기독교 사람이건 간에, 우리 스스로를 정교회, 가톨릭 혹은 개신교라 부르건 간에 상관없이 (그리고 그와 연관하여 우리가 기독교인이건 아니건 간에), 크로스가 말하듯이, 우리 모두는 "100여 년 전에는 꿈조차 꿀수 없었을 만큼 넓은 세계와 그만큼 복잡한 지적이고 도덕적이고 영적인 도전들과 논쟁점들에 이제 직면해 있다."[50] 어떤 경우에도 동방 기독교인과 서방 기독교인은 "함께 속한 사람들로서, 다름 아닌 우주의 새로운 질서를 부여하는 역할을 맡은 사람으로서 가급적 생각하고 행동하기 시작해야만 한다"[51]는 것을 필자는 확신하는 바이다.

우리의 분열이 우리에게 그리고 세계에게 "길고 힘든 겨울"이라는 사실을 기독교인들은 쉽사리 망각하고, 더 나아가 그 사실에 둔감하게 된다. 기독교인들 사이의 분열은 단지 전통들 사이의 불일치의 열매에 불과한 것이 아니라, 각 인간 마음 속에 내재하는 통일성의 근원적 결여를 반영한다. 인간 마음 속의 이 분열이 바로 "거대한 사악함"의 근원이고, 그것은 우리 각자가 "야만성을 토해내도록" 만든다. 그러나 인간의 죄성이 결코 끝이 아니다. 만일 우리가 우리 자신의 분열된 마음들을 안으로 들여다 보고자 한다면, 우리는 거기서 우리가 만든 십자가 위에 달린 "그리스도 즉 십자가에 달린 자"(고전 2:2)를 보게 될 것이고, 만일 우리가 그와 그리고 우리 서로와 화해하라는 도전을 받아들인다면, "계절 중의 제일의 계절, 즉 하나님의 은혜의 봄이 피어날 것이고, 그 때에 우리는 [함께 모여] 하나님께 드릴 감사를, 즉 선한 노력의 열매를 올릴수 있을 것이다; 혹은 시편[73: 17-18]①의 말들로 표현해 보자면: 여름과 봄, 당신이 그것들을 만드셨습니다. 잊지 마시옵소서."[52]

그래서—동방 기독교인이든 서방 기독교인이든 개신교인이든 가톨릭이든 혹은 정교회든—기독교인들이 두 폐로 숨을 크게 들이 마시고, 화해에 요구되는 도전들에 응한다면 어떨까? 이 물음은 교리적으로 그리고 교회론적으로 대답되어야 하는 것이 분명하지만, 또한 실존적으로 대답

① 역자 - 저자는 74편을 73편으로 잘못 기재했으나, 원문대로 표기한다.

되어지기도 해야 한다. 그러기 위해서, 나우웬에게 마지막 결정적 발언—즉 그 어떤 정교회 기독교인들도 수긍할 수 있는 발언—을 하도록 해야겠다.

헤지카즘의 전통에 대해, 즉 예수 기도("주 예수 그리스도, 하나님의 아들이시여, 나 죄인에게 자비를 베푸소서")의 언어적이고 정신적인 계속적 반복에 대해 언급하면서, 나우웬은 『순례자의 길』(*The Way of the Pilgrim*)의 화자인 방랑하는 기독교인에 대해 적는다:

> 그 마음의 기도는 순례자에게 엄청난 기쁨과 하나님의 현존에 대한 말로 형용할 수 없는 경험을 가져다 준다. 이제부터는 그가 어디를 가든지 그리고 누구와 이야기하든지, 그는 그 자신 안에 내주하시는 하나님에 대하여 말하는 것을 억누를수 없다. 비록 그가 다른 사람들을 회심시키거나 그들의 행동을 바꾸려는 노력을 하지 않고 언제나 침묵과 고독을 찾고 있지만, 그럼에도 불구하고 그가 만난 사람들이 그와 그의 말에 깊이 있게 반응하고 그리고 그들 자신의 삶들 속에서 하나님을 재발견한다는 사실을 그는 본다. 따라서 죄의 고백과 자비에 대한 중단없는 탄원을 통해 하나님과 자신의 거리를 인정하는 순례자는 하나님과 가장 친밀한 동행 가운데 세계를 여행하면서, 그것을 나누도록 다른 사람들을 초대하고 있는 자신을 발견한다.[53)]

우리가 이렇게—즉 순례자로서—살 때, "우리 마음이 하나님께 속할 때.... 하나님이 우리 마음들의 통치자가 되셨을 때, 우리의 근원적인 소외가 극복된다." 바로

> 하나님이 나의 목자, 나의 피난처, 나의 요새가 되었을 때만이 우리는 부서진 세계의 한 복판에서 하나님에게로 뻗어갈 수 있고 그리고 가는 도중에 집처럼 편안하게 느낄 수 있다. 하나님이 우리 안에 거주

하실 때, 우리는 하나님과의 말없는 대화로 나아갈 때, 우리는 우리의 자리가 우리를 위해 예비되어진 집으로 인도될 그날을 여전히 기다릴 수 있다(요14:2). 우리가 기다리는 동안 우리는 이미 도착했고, 우리가 이미 받는 동안 질문을 던질 수 있다, 그러자 우리는 서로를 위로할 수 있었다.[54]

아멘. 아멘. 아멘. 그렇게 되소서.

---

1) Georges Florovsky, "Methodology: Revelation, Philosophy, and Theology," in *Creation and Redemption*, trans. Richard Haugh (Belmont, MA: Norland, 1976), 35.

2) Henri Nouwen, *Ministry and Spirituality*(New York: Continuum, 2002), 251-52. (이 판본은 헨리 나우웬의 Creative Ministry와 The Wounded Healer와 Reaching Out 세 권을 합본한 판본이다.)

3) Ibid., 253.

4) 이와 연관된 내용들에 대해서는 다음의 책을 참고하라, Susan Muto, *A Practical Guide to Spiritual Reading* (Denville, NJ: Dimension Books, 1976).

5) *St. Nikodimos of the Holy Mountain and St. Makarios of Corinth*, vol. 4 of The Philokalia, trans. and ed. G.E.H. Palmer, Philip Sherrard, and Kallistos Ware (London: Faber and Faber, 1979-99).

6) St. John Climacus, *The Ladder of Divine Ascent*, trans. Colm Luibheid and Norman Russell (New York: Paulist Press, 1982).

7) Ignatius Brianchaninov, *The Arena: An Offering to Contemporary Monasticism*, trans. Archimandrite Lazarus Moore (Jordanville, NY: Holy Trinity Monastery, 1982).

8) Mary Douglas, *Natural Symbols: Explorations in Cosmology* (New York: Pantheon Books, 1973), 1. 더글라스는 "우리 시대의 가장 심각한 문제들" 중 하나, 즉 "공동체적 상징들에 대한 헌신의 결여"를 성찰한다. 그녀의 관찰에 따르면, "만일 이것이 전부라면, 말할 것이 거의 없다. 그것이 만일 우리가 작은 집

단으로 분열됨으로 인하여 파생하는 문제라면 그래서 각 집단이 그 자신의 고유한 상징 형식들에 헌심함으로 인해서 생기는 문제라면, 사태는 이해하기 쉬울 것이다. 그런데 종교 예식 자체에 대한 광범위하고 명시적인 거절은 심지어 더 신비롭기조차 하다. 종교 예식은 내용없는 순응(empty conformity)을 의미하는 나쁜 말이 되었다. 우리는 형식주의, 심지어 형식 자체를 반대하는 저항(revolt)을 직면하고 있다.

9) Nouwen, *Ministry and Spirituality*, 95.

10) Ibid., 96.

11) Ibid.

12) Alexander Schmemann, *For the Life of the World: Sacraments and Orthodoxy* (Crestwood, NY: St. Vladmir's Seminary Press, 1973), 117-84.

13) Lawrence Cross, *Eastern Christianity: The Byzantine Tradition*, rev. ed., ed. Jack Figel (Fairfax, VA: Eastern Christian Publications, 1999), 14-26.

14) 본고의 이 부분에서 이루어지는 간략한 분석을 통해—자명해 지기를 바라는 바—자기-비움에 초점을 두는 영성은 자아 혹은 타자들에 대한 건강한 사랑의 결핍에 기초하는 삶의 방식과 동일한 것이 아니라는 것을 명심하는 것이 중요하다. 오히려, 삼위일체의 성육신과 삶 자체에 근거하는 진정한 자기-비움은 우리 삶의 경험적 형태를 구성하는 사람들과 사건들과 사물들의 세계에 감사하는 마음으로 역동하는 개방적인 삶의 방식이다. 더 나아가, 우리는 자기-비움의 외면적인 부정적 언어에 현혹되거나 혼란을 겪지 말아야 한다; 진정한 케노시스는 타자를 존귀히 여김 뿐만 아니라, 그리스도의 예에서 볼수 있듯이, 우리 자신의 사명의 실현으로 나아간다. 그리고 만일 바로 이것이 사실이라면, 그리고, 내가 주장하는바, 만일 케노시스가 나우웬의 작품 속에 담겨진 핵심 주제라면, 그의 작품은 동방과 서방의 기독교인들이 그리스도 안에서 서로를 발견하도록 돕는데 상당한 기여를 하게 될 것이다.

15) Christos Yannaras, *The Freedom of Morality*, trans. Elizabeth Briere (Crestwood, NY: St. Vladimir's Seminary Press, 1984), 49-64.

16) Vladimir Lossky, *In the Image and Likeness of God* (London: Mowbrays, 1974), 97-98. 로스키는 다음과 같은 말로 결론을 맺는다: "따라서 그리스도의 대속하는 행위—혹은 보다 일반적으로 표현해서, 말씀의 성육신—는 피조물들의 궁극적 목표와 직접 연관된 일로 여겨진다: 하나님과의 연합(union)을 아는 것. 만일 이 연합이 사람이 되신 하나님이신 성자의 신적 인격 안에서 성취되어졌다면, 차례로 각 사람의 인격은 은혜로 신(god) 혹은 사도 베드로의 표현을 따르자면, '신성한 성품에 참여하는자'가 되는 것이 필연적이다 (벧후 1:4).

17) 로텐버그(Mordechai Rotenberg)는 우리 자신을 작아지게 만드는 사회적 본성에 대하여 다음과 같은 이야기를 전해준다: "당신의 행위들과 겸손함을 통하여 전능하신 분(the Almighty)이 자신을 축소하여, 그 작아짐 가운데 당신에게 스스로를

드러내시도록 하게 해야 한다. 아들이 호두를 갖고 놀고 있는 것을 보고, 비록 아버지에게는 그것이 어린애 같은 '자그마한' 행위로 여겨지더라도, 그 아들을 향한 사랑으로 그럼에도 불구하고 그 사랑 때문에 그 아들과 함께 놀아줌으로서 아들로부터 즐거움을 얻는 아버지의 경우처럼, 그분은 자신의 마음을 작게 먹고 그 '작음'에 머무름으로서 그 작은 자가 그분을 감당할 수 있도록 할 것이다. 왜냐하면 만일 그 작은 자가 그의 아버지를 감당할 수 없었다면, 그 아버지는 그로부터 기쁨을 얻을 수 없었을 것이다" (Mordechai Rotenberg, *Dialog with Deviance: The Hasidic Ethic and the Theory of Social Contraction* [Philadelphia: Institute for the Study of Human Issues, 1983], 82).

18) Adrian van Kaam, *Formation of the Human Heart* (New York: Crossroad, 1986).

19) John Zizioulas, *Being as Communion: Studies in Personhood and the Church* (Crestwood, NY: St. Vladimir's Seminary Press, 1985), 78-82, 114-22.

20) Nouwen, *Ministry and Spirituality*, 91.

21) 참조-John Chryssavgis, *Soul Mending: The Art of Spiritual Direction* (Brookline, MA: Holy Cross Orthodox Press, 2000), 35. 그는 다음과 같이 말한다: "이 상처받음(woundedness) 혹은 파탄(brokenness) 개념은 어떤 사람들에게 부정적으로 혹은 낙담스럽게 들릴 수도 있다. 하지만 '상처입은 치유자'로서 즉—모든 사람 앞에서 그리고 모든 사람을 초월하여—자기 자신의 개인적 나약함이 그를 통해 신적 능력이 임하는 바로 그 기회가 됨을 깨달은 사람으로서의 사제라는 개념은 섬김으로서(diakonia) 목회라는 개념의 권위를 심화시켜주고, 확장시켜준다."

22) Nouwen, *Ministry and Spirituality*, 91.

23) 참조, Ibid., 161-166. 또한 Chryssavgis, *Soul Meding*, 35를 참조하면: "인간의 파탄(brokenness)에 대한 경험은 보편적이다. 더 나아가, 동방정교회의 금욕주의적 기독교의 관점에서 보면, 자신의 불완전성과 파탄에 대한 깨달음은 역설적으로 개인적 축복의 근원이 될뿐만 아니라 성직자로서의 사명의 근원이 되기도 한다."

24) 이것은 훌륭한 목회 심리학 그 이상이다—이것은 또한 복음과 기독교인의 삶이 담지한 부정의적(apophatic) 특성을 반영한다. 이 부정의주의(apophaticism)는 성만찬 안에서 완전해진다. 이에 대해서는 Schmemann, *For the Life of the World*, 135-51에 나오는 상징의 신학적 중요성에 대한 토론을 참고하기를 권하는데, 거기에는 "불가시적인 것으로서 불가시적인 것"(the invisible as invisible)의 가시적 상징으로서 성만찬을 토론하고 있다.

25) Nouwen, *Ministry and Spirituality*, 160.

26) Vespers for Cheesefare Sunday, http://www.anastasis.org.uk/ChSunV.

htm.

27) 금식 주일의 부활 본문 다음에 읽혀지는 시편 50편 (51편)의 구절들, http://www.anastasis.org.uk/ProdigalE.htm.

28) Nouwen, *Ministry and Spirituality*, 93.

29) Ibid., 20.

30) Ibid., 21.

31) Georges Florovsky, "The Social Problem in the Eastern Orthodox Church," in *Christianity and Culture*, vol.2 in the Collected Works of Georges Florovsky (Belmont, MA: Nordland, 1974), 135-36.

32) Stanley Hauerwas and William H. William, *Resident Aliens: Life in the Christian Colony* (Nashiville, TN: Abingdon Press, 1990), 81.

33) Schmemann, *For the Life of the World*, 23-25.

34) Ibid., 24.

35) Ibid., 23.

36) 지지올라스(Zizioulas)는 생물학적 실존의 근본(즉 생물학의 법칙들에 의해 구성되는 생명)과 교회적 실존의 근본(즉 종말론적으로 구성되는 생명, 즉 성례전 안에서 그리고 그를 통하여 "위로부터" 구성되어지는 생명)을 구별하는데, 이 구별이 여기서 도움이 된다 (*Being As Communion*, 49-65).

37) Nouwen, *Ministry and Spirituality*, 256.

38) Ibid.

39) Ibid.

40) Nouwen, *Ministry and Spirituality*, 221-22. 나우웬의 다소 심리학적인 언어는, 비록 기독교적 영성의 인간적 얼굴을 우리에게 밝혀주기도 하지만, 마찬가지로 무심코 기독교적 영성의 신학적 토대들을 몽매하게 할수도 있다. 환대에 대한 그의 논의는 이 난점에 대한 아주 적합한 예증이 된다. 언제나 그렇듯, 개인에 초점을 둠으로써 나우웬은 내 생각에 환대와 공동체에 대한 논의가 대략적으로 경험적인 문제 이상이라는 사실을 놓치고 있다; 사실 그것은 죄라는 근본 문제와 관계한다. 죄인으로서 나는 적대감과 의심으로 세상을—그리고 세상 안에 있는 자들을—본다; 죄인으로서 나는 타자들을 적으로 간주한다.

41) St. Tikhon, on http://www.holy-trinity.org/spirituality/sttikhon-cheesefare.html.

42) Ibid.

43) Ibid.

44) Nouwen, *Ministry and Spirituality*, 222.

45) Cross, *Eastern Christianity*, 123.

46) Ibid., 129.

47) 참조, John Meyendorff, *The Orthodox Church: Its Past and Its Role in the World Today* (Crestwood, NY: St. Vladimir's Seminary Press, 1996), 35. 메이엔도프는 이를 주장하면서, 다음과 같이 적고 있다: "비록 동방교회가 그리스도의 유일하고 참된 교회라고 주장했지만—그리고 여전히 오늘날도 그렇다고 주장하고 있지만, 자신의 비전이 문화적으로 그리고 지리적으로 제약되어 있음을 간파하고는 있다: 역사적으로 동방교회는 비잔틴 세계와 동일시되었다. 동방교회가 바라보는 관점에서, 서방 교회는 원시 기독교의 교리적이고 교회론적인 균형을 상실했고, 이 균형의 상실이 궁극적으로 16세기의 반작용, 즉 개신교 종교개혁을 유발하게 만든 책임의 근원이다."

48) Ibid., 130.

49) Nouwen, *Ministry and Spirituality*, 217.

50) Cross, *Eastern Spirituality*, 126.

51) Ibid., 123.

52) Synodikon of Orthodox, http://www.anastasis.org.uk/synodikon.htm. 맥락 상, 언급되는 겨울 시즌은 기독교인들이 성상들을 숭배하거나, 많은 경우 심지어 소유하는 것 조차 금지되었던 성상파괴주의의 시대이다. "봄과 여름"은 성상들이 교회에 복원된 때를 가리킨다. 유사한 방식으로, 기독교인들 사이의 분열은 거대한 사악의 시기이다—만일 기독교인들이 (성서에서 예수가 우리에게 말하듯이) "세상의 빛"이고 "땅의 소금"이고 "반죽 속의 누룩"이라면, 우리가 하나됨을 이루지 못함으로 세상을 기죽게 만든 것은 얼마나 비극적인 일인가.

53) Nouwen, *Ministry and Spirituality*, 270.

54) Ibid., 272-73.

03

고통과 치유:
헨리 나우웬과 한국 개신교

- 이강학(KangHack Lee)

지난 10년 간 한국 개신교회에서 일어나는 가장 중요한 흐름들 중 하나는 가톨릭 작가 헨리 나우웬에 대한 점증하는 관심이었다. 한국어로 번역된 그의 46권의 저서들 가운데 32권이 두란노나 은성을 포함하여 개신교인들이 설립한 출판사에서 발행되었다. 많은 개신교회들과 캠퍼스 선교단체들은 그들의 영적 교재를 위한 양육 교재로 나우웬의 책들을 사용하고 있다.[1] 많은 목회자들이 나우웬의 책을 혁신적이고 통찰력있는 글로 경험하고, 설교를 통해 자주 인용하고 있다. 많은 신학생들이 나우웬의 책들을 읽으면서 기독교 영성을 공부할 동기를 얻게 되었다고 말한다. 그들 중 많은 사람들이 생전에 나우웬을 만나 이야기하기를 원했고, 이제는 그의 영성을 경험하기 위해 라르슈 공동체를 방문하고 싶어한다. 한국 복음주의 계열 개신교회들이 담지한 강한 복음주의적 혹은 근본주의적 교리와 이로 인해 로마 가톨릭 교회와 협조하고 대화하는 데 대한 주저함이 있음을 고려할 때, 한국 개신교에서 일어나는 작금의 현상들은 의미심장하다.2)

이 에세이에서 필자의 관심은 나우웬의 저작들이 어떻게 하나님과 자신들 그리고 타인들과 관계 속에서 한국의 복음주의 개신교인들이 겪는 고난에 호소력을 지니는지에 놓여있다. 필자는 이 물음을 이야기 심리학, 문화 연구, 신학 그리고 영성의 관점들을 활용하여 탐구해 보고자 한다. 나우웬의 저작들 속에 담겨있는 고통과 치유의 주제는 한국의 복음주의 개신교인들에게 가장 적절한 이슈들이라고 믿는다. 그들에게 나우웬의 저작들을 읽는다는 것은 곧 그들의 마음과 관계성의 혁신을 경험하는 것이다. 관계는 고통과 치유의 이슈들을 다루어 나갈 때 핵심적인 말이다. 나우웬과 그의 전기작가 드아드르 라누에(Deirdre LaNoue)를 따라서 본 에세이는 세 부분으로 나누어진다: 하나님과의 관계, 자아와의 관계 그리고 타자들과의 관계. 나우웬은 『손 내밀기』(*Reaching Out*)에서 영적 생활의 이 세 측면들에 관하여 기술하고 있고, 라누에는 그녀의 책 『헨리 나우웬의 영적 유산』(*The Spiritual Legacy of Henri Nouwen*)의 구조를 이 세 관계들에 헨리 나우웬이 부여한 범주를 사용하여 구성하였다. 인간의 내적 고통은 하나님과 자아와 타자들과의 깨어진 관계들을 통해 우선적으로 도래한다. 필자는 한국 복음주의 개신교인들에게 이 관계들을 어렵게 만들어 가는 것이 무엇인지 그리고 나우웬의 저술들이 그것들을 어떻게 혁신해 나아가는지를 탐구할 것이다.

하나님과의 관계

엄격한 아버지로서의 하나님 이미지는 한국의 복음주의 개신교인들이 하나님과 친밀한 관계를 맺는데 방해가 될 수 있다. 한국 복음주의 개신교인들에게 가장 보편적이며 영향력있는 하나님의 이미지는 아버지인데, 그 이유는 성경에서 문자 그대로 아버지로 하나님을 소개하고 있기 때문이다. 예배할 때, 하나님은 찬양의 언어들 속에서 주로 아버지로 언급되어진다. 대상관계이론에 의하면, 한 사람의 하나님 이미지들은 그와 중요한 사람, 보통은 부모와 친밀하게 연관되어 진다.[3] 교회가 아버지로서 하나님의 이미지를 강조할 때, 교회의 성원들은 그들 자신의 아버지의 이미지로 하나님을 이해하기 쉽다. 따라서, 하나님과 한국인들의 관계는 아버지와 그들의 관계에 의해 큰 영향을 받게 된다. 전통적으로, 유교의 영향아래 가족의 가장으로서 한국의 아버지들은 대부분 그 자녀들에게 매우 엄격해 왔다. 한국의 심리학자 권수영은 전통적인 한국 유교 문화 안에서 작동하는 가족의 역동성은 아버지와 그 자녀 사이의 정서적 관계의 발전을 방해했다고 말한다.[4] 많은 한국 아버지들은 자녀들에게, "나는 네가 자랑스럽다"는 말은 하지 않고, 대신 그들을 판단하거나 자주 꾸짖는다. 그들은 자녀들에게 애정을 표현하는 일에 익숙하지 않다. 유교의 교훈은 이러한 엄격한 아버지의 이미지를 보여준다 : "엄격한 아버지가 효자를 만든다" 그리고 "매를 아끼면 자식을 망친다." 유교문화 안에서 자식들은 아버지의 모든 말에 복종할 것으로 기대되어진다. 그들은 보통 아버지에게 다가갈 때 불안과 두려움을 느낀다. 왜냐하면 한국인들의 관계 안에서 유교의 영향은 매우 크고, 이러한 아버지와의 두려운 관계는 기독교 공동체를 포함한 현대 한국 사회 안에서 사라지지 않고 있다.

유교에 영향 받은 엄격한 아버지로서의 하나님 이미지는 한국 기독교인들이 하나님과 친밀한 관계를 갖지 못하도록 방해하기 쉽다. 목회자와의 관계는 하나님과의 관계를 반영한다. 한국 사람들은 전통적으로 왕과 선생님을 자신의 아버지처럼 여기도록 교육받아서, 집에서 자신의 아버지를 섬기는 것처럼 학교에서는 선생님을 국가에서는 왕을 섬긴다. 마찬가지로, 교회에서 목회자는 의식적 혹은 무의식적으로 아버지로서 여겨져 왔다. 많은 한국 교회들의 전형적인 리더십 유형은 가부장적이고 위계적이다. 이것은 엄격한 아버지 혹은 힘 있는 왕으로서의 신의 이미지와 유사해 보인다. 대부분 남성들인 한국 목회자들은 공적인 자리에서 자신들의 감정이 드러날 때 수치심을 느낀다. 상처입기 쉽다는 것은 자신들이 연약하다는 의미로 해석되기 때문이다. 일부 교단의 원로 목회자들은 젊은 목회자들이 평신도들과 긴밀한 관계를 갖는 것을 말린다. 원로목회자들은 그것이 목회자의 권위를 약화시킨다고 생각하기 때문이다. 이렇게 위계적으로 부과되는 거리감은 기도에도 역시 영향을 미친다. 하나님과 친밀한 관계 속으로 다가가는 침묵의 명상 기도를 한국 개신교인들이 훈련하는 일은 매우 어렵다. 엄격한 아버지로서의 하나님 이미지는 하나님의 모든 말씀에 복종하지 못했다고 스스로 자책하는 사람들에게 불안과 두려움을 야기할 수 있다. 두려움은 하나님과 친밀한 관계를 갖지 못하게 그들을 방해한다. 나우웬이 지적했던 것처럼, "두려움은 불신, 거리, 방어, 불안을 생산한다."[5)]

왜 한국의 복음주의 개신교인들이 나우웬의 저서들을 읽는 것을 좋아하는가? 위 논의의 관점으로, 나우웬의 저서들은 많은 것을 요구하는 아버지로서 하나님을 제시하는 한국 복음주의 교회들의 협소한 신학을 극복하도록 돕는다. 나우웬은 하나님과의 깨어진 관계가 인간 고통의 가장 주된 요인들 중 하나이고 따라서 치료는 하나님과의 관계회복으로부터 시작해야만 한다고 강조한다. 비록 그가 『상처입은 치유자』에서 우리는 아버지 없는 세대를 맞아 불복종의 죄의식 문화로부터 비타협의 수치 문화[6]로의 전환기에 직면하고 있다고 주장하고 있음에도 불구하고, 한국에서 우리는 여전히 거리감있는 아버지의 강력한 그림자 존재와 만날 수 있다. 나우웬이 북아메리카에서 아버지 없는 세대를 위한 아버지로서의 하나님을 강조한 것과 대조적으로, 한국 기독교인들에게 그의 아버지 이미지는 엄격한 아버지로서의 하나님 이미지를 수정하도록 돕는다. 나우웬의 저작들 중 가장 지배적인 하나님 이미지는 무조건적인 사랑을 제공하는 관대한 아버지 혹은 친밀한 친구이다. 『탕자의 귀향』에서 나우웬은 하나님의 무조건적인 사랑 하에서 그의 자녀들은 두려움 없이 집에 머무를 자유, 떠날 자유, 다시 돌아올 자유를 갖는다고 말한다 : "아버지는 나를 다시 받아들이기 위해 언제나 팔을 벌리고 나를 찾으시며 내 귀에 다시 속삭이신다: '너는 나의 사랑하는 자요, 나의 총애가 네 위에 있다'."[7] 『예수: 하나의 복음』(*Jesus: A Gospel*)에서 나우웬은 예수를 그의 집으로 그리고 하나님과 그의 관계 속으로 우리를 초대하는 친구로 그려준다: "우리 안에 그의 집을 만듦으로 인해 그는 우리에게 그 안에 우리 집을 만들도록 허락한다. 우리의 가장 중심에 있는 자신과 친밀함으로 들어감으로써 그는 우리에게 하나님과 그의 친밀함 속으로 들어갈 기회를 제공한다."[8] 관대한 아버지로서의 하나님 이미지와 친밀한 친구로서의 예수 이미지는 하나님과 그들의 관계를 지배하는 불안과 두려움으로부터 한국 개신교인들을 해방한다. 이는 자신들과 지인들을 위한 부단한 간구의 요청으로 기도를 환원시켜왔던 아버지적 이미지를 제거하도록 돕는다. 이제 "하나님과 사랑하는 친밀감"[9]으로서의 기도가 가능할 수 있다. 많은 한국 복음주의 개신교인들이 나우웬의 저작들을 수용한 것은 유교적인 엄격한 아버지로부터 나우웬이 제안하는 관대하고 친밀한 아버지로서의 하나님 이미지로의 전환이 제안되고 있다는 것을 의미한다.

위에 언급했던 것처럼, 목회자들은 하나님과 한국 개신교인들의 관계에서 중요한 역할을 수행한다. 그들은 관계를 도울 수도 방해할 수도 있다. 나우웬의 저작들 속에서 목회자의 리더십 유형은 많은 영향력있는 한국 목회자들의 그것과는 아주 다르다. 나우웬에게 목회자들은 엄격한 아버지들이 아니라, "상처입은 치유자"와 "살아있는 상기자들(living reminders)"이다. 목회자의 역할에 대한 이러한 이해는 평신도들과 많은 남성 목회자들에게 큰 영향을 주어왔다. 상처입은 치유자로서 목회자는 그 자신의 상처들을 "치료를 위한 원천"으로 활용가능하게 만들어간다.[10] "치료를 위한 원천"과 "희망의 신호"가 되기 위하여, 그는 먼저 자신의 약함과 상처들을 발견하고 받아들여야만 한다. 이것은 한국 목회자들과 평신도들에게 도전적인 과제이다. 왜냐하면 평신도들은 목회자들이 강해지기를 원하고, 목회자들이 자신들의 상처들에 대하여 솔직하게 나누는 것을 실패의 증거로써 간주하기 때문이다. 어쨌든, 근래 한국의 개신교인들은 목회자들의 허약함이 함께 나누어질 수 있고 치유의 원천이 될 수 있다는 나우웬의 저작들에 설득되고 있다. 목회자는 "신적인 이야기와 인간적인 이야기 사이의 연결점"을 만들어 가는 살아있는 상기자이다.[11] 나우웬은 "치유는 인간의 상처들이 하나님 자신의 고통과 가장 친밀하게 연결되어 있다는 사실의 드러냄을 의미한다"고 말한다.[12] "예수 그리스도의 살아있는 기억"으로서의 목회자는 "예수 그리스도 안에서 하나님의 고난에 대한 위대한 이야기와 우리의 작은 고난들 사이의 연결점들"을 드러낼 임무를 가지고 있다. 특히 한국적 상황(context) 속에서 목회자들의 상처입음과 치료의 이야기들은 그들과 사람들의 관계를 좀 더 인격적으로 이끌어 가, 하나님과 교인들과의 관계가 좀 더 친밀해지도록 도울 수 있다.

자신과의 관계

한국인의 문화적으로 구성된 자아가 그들의 진실을 보는 것을 방해할 수 있다. 한국인의 자아는 관계적이고 집단적이라고 알려져 왔다. 한국의 집단주의(collectivism)에 대하여 한국의 심리학자 최상친은 우리임(we-ness)이라는 용어를 제안한다. 한국의 "우리"(we)는 서양의 "우리"와 비교했을 때 감정적, 정서적 힘들이 융해되어 있다. "일단 다른 사람이 우리의 경계 내부에 있는 것으로 인식되면, 집단의 참여자들은 그 사람에 대한 즉각적이고 대개 근거없는 '동일성(sameness)'의 관념들을 불러일으키거나 사회적 상호의존과 정서적인 지지를 기대하는 경향이 있다.[13] 이러한 상황 속에서 한 사람의 행위는 다른 사람들이 그 혹은 그녀에 대해 생각하는 바에 상당히 의존한다 : "내가 생각하는 것이 아니라 그들이 나에 대해 생각하는 것이 관심사이다."[14] 많은 한국인들은 그들 자신의 생각들을 논쟁하는 대신에 오히려 그들이 속해있는 그룹과 타협함으로써 사회적 인정을 받으려는 경향이 있다. 한국적 자아의 관계적 측면들은 사회의 다섯 가지 관계들(五倫) 속에서 질서와 화합을 강조했던 유교에 매우 큰 영향을 받은 것으로 보인다: 권위자와 신하, 아버지와 아들, 남편과 아내, 연장자와 연소자, 그리고 친구들. 한국인 이민 2세와 그들 부모와의 관계에 대한 스티브 강(S. Steve Kang)의 관찰은 한국인들에게 유교의 영향이 얼마나 깊숙이 뿌리내리고 있는지를 보여준다. 그는 유교적 덕목들 중 가장 중심이 되는 두 가지인 효심과 연장자에 대한 존중이 심지어 이민2세대 재미 한국인들에게 의무로써 내면화되어, 자녀들이 부모의 기대대로 자라주지 않을 때 가족 내 갈등의 원인이 되기도 한다고 보고한다.[15] 공동체 안에서 나쁜 평판을 피하기 위하여, 사람들은 오륜(五倫)의 인간관계들 속에서 유교적 덕목들의 모든 사소한 부분들까지도 지킬 것을 요구받는다.[16] 한국남자는 사회 안에서 자신들의 명성과 평판에 초점을 맞추는 경향이 있다. 그들은 나이, 위치, 업적 등에 의해 공적인 자리에서 받아들여지거나 혹은 존경받는 일에 민감하다. 만약 그들이 그렇지 못하다면, 그들은 무력함(helplessness)과 분노(anger)를 느낀다.

낮은 자존감은 문화의 영향을 받은 한국적 자아의 또 다른 측면이다. 심리학적 연구에 의하면, 한국인들은 그들 자신에 대하여 부정적인 언설을 수긍하기 쉽다.[17] 한국인 부모들은 그들의 자녀가 부모들의 소망을 성취했다는 보고를 하지 않을 가능성이 크다. 낮은 자존감의 결정적인 이유들 중 하나는 유교적 덕목들에 뿌리를 두고 있다. 특히 한국 여성들은 예를 들어, 현모양처(이상) 와 남존여비(미덕) 같은 유교적 덕목들에 의해 강화된 낮은 자존감으로 고통 받는다.[18] 현모양처는 순종적인 부인과 희생적인 어머니로 그녀의 임무를 제한하는 이상적인 여성의 이미지이다. 남존여비라는 믿음은 여성의 본래적인 열등성과 불완전성을 당연시 하고, 여성을 평생에 걸친 희생과 봉사의 역할에 한정했다: 아버지에게 딸로서, 남편에게 부인으로서, 아들에게 어머니로서. 이러한 유교적 덕목의 사회적 관습과 교육의 긴 역사는 한국여성들이 낮은 자존감을 갖도록 영향을 끼쳐왔다. 켈리 정(Kelly H. Chong)은 한국 여성들이 겪는 정신적 상처의 주된 요소들 중의 하나는 "결혼 생활에서 겪는 감정적 상실감의 문제, 특히 부부간의 사랑, 친밀감, 배우자에 대한 존중 등의 뼈 아픈 부재인데, 이것들은 시간이 흐르면서 여성들이 내면에서 자신감(self-worth)과 자존감(self-esteem)을 감소시키는데 기여한다."[19] 많은 한국의 아동들 또한 어린이들에 대한 무례하고 편견어린 유교적인 사고 때문에 낮은 자존감을 경험하고 있다.[20]

문화적으로 영향받은 한국적 자아의 부정적인 측면에 더하여, 한국 복음주의 계열 교회들의 인간을 죄인으로 보는 신학적 강조점은 많은 한국 기독교인들에게 오로지 그들의 단점들과 불완전성들에만 주의를 기울이도록 이끈다. 칼빈의 교리들 중 하나인 인간의 전적인 타락은 한국 기독교 내 가장 큰 교단인 한국 장로교회들의 성경공부와 설교들을 통해 널리 알려지게 되었다. 많은 한국인들에게 영적인 삶 속에서 죄를 짓거나 불순종하는 것은 곧 그들에게 유교적 덕목들의 위반을 상기시킨다. 가정 내 분쟁의 탈출구로서 교회에 나온 많은 한국 여성들은 순종하는 것이 하나님의 의지이기 때문에 만약 그들이 남편에게 순종하지 않는다면 하나님은 그들을 기뻐하시지 않을 것이라고 배운다.[21] 문화적으로 구조화된 한국적 자아 안에 담지된 사회적 기대들에 잘 부응해야 하는 책임감과 또한 유교와 기독교 근본주의적 신학이 조성하는 낮은 자존감에 대한 과도한 강조는 많은 한국사람들이 자신들에 관하여 갖고 있는 파괴적인 자아 상의 대표적인 예이다.

문화적으로 구성된 자아와 낮은 자존감의 부정적 측면으로 인해 고통을 겪는 한국 사람들에게, 하나님으로부터 사랑받는 존재로서의 나우웬의 인간 이해는 변혁적이다. 나우웬은 인간은 하나님의 사랑받는 아들과 딸들이라고 믿었다: "영적인 삶은 우리의 진실한 정체성에 대하여 지속적으로 주장할 것을 요구한다. 우리의 진정한 정체성은 우리가 하나님의 자녀들, 우리 하늘 아버지의 사랑스러운 아들과 딸이라는 것이다."[22] "너는 나의 아들, 내 사랑하는 사람이다"(마가복음 1:10)는 말씀은 예수의 진정한 정체성 선언이었다. 예수는 깨어진 인간존재인 우리들이 예수가 살았던 것과 동일한 정체성을 갖도록 초대되었음을 보여주었다. 우리는, 예수가 사막에서 스스로를 증명하지 않았던 것처럼, 이것을 증명할 필요가 없다. 우리의 자아와의 관계는 다른 사람들의 기대를 성취했느냐가 아니라 하나님의 무조건적인 사랑에 기초되어야만 한다. 나우웬에게 영적인 삶은 거짓된 자아로부터 진정한 자아로의 여행, 즉 분노와 탐욕으로 귀결된 "사회적 강박충동들"로부터 독거의 변혁적 은혜를 통한 사랑받는 자의 자유로 나아가는 여행이다.[23]

진정한 자아를 향한 여행과 관련하여, 나우웬의 저작들 안에 드러나는 그의 솔직함(transparency)은 한국 개신교인들을 그의 삶의 이야기들 속으로 초대하여, 그들이 자신들의 삶의 이야기들을 반성하도록 도구적으로 돕는다. 그의 정직함을 보여주는 삶의 이야기들은 한국인 독자들의 마음을 열어, 자신들이 처한 실재를 받아들이는데 방해가 되는 장애요소들을 제거한다. 그의 이야기는 독자들이 잊어버렸거나 혹은 찾기 원하지 않았던 마음의 어두운 부분들을 밝힌다. 따라서 그의 이야기를 읽는 것은 이야기 치료의 모임과 같다.[24] 호주의 이야기 치료 심리학자 마이클 화이트(Michael White)에 의하면, 한 사람의 인생과 관계들이 담지한 지배적인 문제투성이의 이야기는 그 낡은 이야기를 외연화하여, 고유한 성과를 확인하여 이야기로부터 분리해 낸 다음, 이 고유한 성과들을 활용하여 대안적 이야기로 재 작성될 때, 새로운 의미와 가능성을 부여받은 새로운 이야기로 변혁될 수 있다.[25] 한국의 독자들에게, 나우웬의 솔직함은 자신들의 연약하고 고통스러운 이야기들을 외연화하여, 자신들의 거짓된 자아들로부터 스스로를 분리하도록 도울 수 있다. 하나님의 사랑받는 자녀라는 그들의 진정한 정체성에 대한 나우웬의 확증은 그들의 경험들 속에서 그들의 진정한 정체성을 확인하고, 하나님의 사랑받는 자녀라는 관점으로부터 그들의 삶의 이야기를 재작성해 나가도록 도울 수 있다.

다른사람들과의 관계

비록 한국인들이 "우리"라는 모임, 즉 우리 안의 사람들과 강한 정서적인 지지와 친밀감을 보일지라도, 그들은 정치적, 경제적, 지역적인 여러 원인들에 의해 분열되어 있다. 이러한 분열들은 역사적인 비극들, 예를 들어 36년간의 일제 식민지, 한국 전쟁, 그리고 30여년 이상의 군사독재 때문에 일어난 일이다. 한은 부당한 핍박과 압제로 인해 생겨난 깊은 고통의 감정을 이르는 한국적인 어휘이다: "한은 부정의한 고통에 반하여 풀리지 않는 분노, 불행의 감정... 전적으로 버려진 느낌, 오장육부까지 박힌 통렬한 슬픔의 고통...그리고 이런 모든 잘못된 것들을 바로잡고 '복수'를 위한 완고한 충동이다."[26] 일본의 식민지 시기에 인신매매되어 일본군들을 위한 성적 노예로서 살아가도록 강요받았던 한국인 위안부 여성들은 한을 가지고 살아왔다.[27] 한국전쟁(1950-53) 이후 비무장지대(DMZ)의 다른 쪽에 살고 있는 헤어진 가족들과 다시 합치기를 갈망하면서 한을 품은 채 살아가는 거의 20만명에 이르는 이산가족들이 있다. 더 나아가, 많은 사람들이 군사독재 아래에서 민주주의 운동을 위해 가족 혹은 자식들을 잃고 한을 지닌 채 살고 있다. 또한 다양한 이유들로 사회 안에서 개인적으로 부당한 대우를 받았던 수많은 사람들이 한을 안고 있다. 한풀이—한의 치유—는 한국 기독교 목회자들 혹은 다른 종교의 실천수행자들이 다루는 매우 중대한 이슈들 중 하나이다.[28] 한국인들에게, 한풀이는 다른 사람들과의 관계를 회복하기 위한 아주 중요한 요소이다. 세계화와 자본주의 시대 속에서, 유사한 환경 아래에 있는 다른 나라의 사람들과 마찬가지로, 현대의 한국 사람들도 소외로 고통을 겪으며 다른 사람들과 친밀한 관계를 갈망한다. 역사 속에서 일어난 수많은 비극들과, 산업화와 세계화 과정에서 생겨난 경쟁과 소외들로 인해 축적된 한은 한국 사람들이 다른 사람들과 깊은 관계를 경험하기 어렵도록 만들었다.

그동안, 한국의 개신교회들은 빠르게 성장하면서 많은 교인수와 건물들을 가지게 되었지만, 그 구성원들의 심층적 관계성을 향한 갈망을 충족시켜주지 못했다. 한 갤럽 조사에서 응답자의 87.9 퍼센트는 이러한 불만족의 원인으로 교회의 분열을 탓하였다; 84.7 퍼센트는 교회예산안과 재정문제를 둘러싼 구성원들 간의 다툼; 79.6 퍼센트는 질 낮은 목회자; 그리고 79.6 퍼센트는 진리의 추구를 대신한 교회확장의 추구를 탓하였다.[29] 최근 한국 복음주의 개신교회들은 교인들의 양적팽창을 의미하는 복음전도에 대한 강조와 사회 안에서 소외되고 가난한 사람들에 대한 무관심 때문에 비난받는다. 대체로 복음주의를 지향하는 한국 내 몇몇 "대형교회들"은 그들의 성공지향적 비전 때문에 그리고 복음전도와 교회 운영에 대한 그들의 경쟁적 스타일이 재벌(한국의 거대복합기업)과 유사하다는 점 때문에 비판받아 왔다.

나우웬의 저작들은 한국의 많은 복음주의 교회들 안에서 수행되어 온 프로그램들의 이기성을 비판하면서, 사회와 교회 안에서 다른 사람들과의 관계를 증진시키기를 원하는 사람들의 질문들에 대답한다. 긍휼(compassion)과 사회 정의에 대한 나우웬의 사유들은 한국 개신교에 매우 유익하다. 나우웬은 다른 사람들에 대한 사랑은 하나님의 사랑에 기초되

어 있다고 믿었다: "우리의 마음을 온전히 하나님께 열어 놓는 것은 우리가 우리의 동료 인간들에게 전심을 다한 사랑을 줄 수 있도록 우리 자신에 대한 사랑으로 이끈다."[30] 하나님과의 관계는 다른 사람과의 관계와 밀접하게 연관되어 있다: "하나님과의 친밀감과 모든 사람들과의 연대는 결코 분리될 수 없고, 그래서 현재를 살아감의 두 측면이다."[31] 나우웬에 의하면, 하나님의 사랑은 긍휼히 여기는(compassionate) 사랑이다. 기독교인은 "우리의 깨어진 세계의 한 복판에서 긍휼히 여기시는 하나님의 온유한 존재"를 드러내기 위해 긍휼히 여기는 삶을 살도록 부름받았다.[32] 긍휼(compassion)은 함께 고통받자는 그래서 경쟁적으로 되지 말라는 부르심이다: "문자적으로 함께 고통받기를 의미하는 – 긍휼은 우리가 다른 사람들과 다른 것이 아니라 우리는 모두 같다는, 그래서 우리는 진정 우리들 스스로라는 진리로 가는 길이다."[33] 긍휼히 여김의 영적 핵심은 "인간적인 고뇌와 합일들 속에서 진정한 참여를 통한 연대"이다.[34] 따라서, 긍휼은 사회정의를 위한 운동으로 유기적으로 발전해 나간다. 삶의 이야기들을 통해서 나우웬은 어떻게 긍휼이 그를 매우 경쟁적인 분위기의 하버드 대학이라는 명문 캠퍼스로부터 나와 지적 장애인들과 함께 살아가는 라르슈 데이브레이크 공동체(the Daybreak community of L'Arche)로 이끌었는지를 보여준다.[35] 더 나아가, 그는 어떻게 긍휼이 그를 라틴아메리카에서의 부정의(injustice)[36]와 베트남 전쟁에 의해 고통 받는 사람들에게 깊이 관심하도록 만들었는지를 보여준다.[37] 나우웬은 명상(contemplation)과 행위의 균형을 이루었다. 그에게 기도와 사회 정의는 긴밀하게 연관되어 있었다.

복음전도를 강조하는 교회 구성원들과 교회의 최우선의 임무로써 사회 정의에 관심하는 사람들 사이의 갈등을 풀어내는 일에 깊은 관심을 기울이는 여러 한국 개신교인들은 긍휼에 바탕한 나우웬의 저작들과 삶에 감동받고 영감을 얻어왔다. 긍휼히 여기는 기독교인들은 깨어진 한국 사회에 새로운 희망을 전달할 수 있다. 긍휼은 사회 안의 구조화된 악한 힘들로부터 부당하게 고통받았던 많은 한국인들의 한을 치유할 수 있다. 왜냐하면 대면은, 만약 그것이 겸손하고 그리고 자기대면(self-confrontation)을 포함한다면, 긍휼의 진정한 표현일 수 있기 때문이다.[38] 또한 긍휼은 북한 사람들과 남한 사람들, 남동지역에 위치한 경상도와 남서지역에 위치한 전라도 사람들 사이의 종교적이고 정치적인 관계를 다시 세우도록 도울 수 있다. 사회 정의와 기도가 얼마나 긴밀하게 연결되어 있는지를 이해하도록 한국 개신교인들을 돕기 위하여, 사회적 정의에 대한 나우웬의 다른 저작들, 예컨대 『은혜!: 라틴 아메리카 일지』(*¡Gracias! A Latin American Journal*)와 『평화로 가는 길』(*The Road to Peace*); 『평화와 정의에 관한 저술들』(*Writings on Peace and Justice*) 등이 곧 번역되어, 한국 내에서 볼 수 있는 나우웬의 46권의 책 목록에 더해지기를 소망한다.

결론

나는 한국인들의 고난과 한국 복음주의 개신교도들의 여러 측면들에 주의를 기울이며, 어떻게 나우웬의 저작들이 다음 세 가지 관계성 속에서 그 고난들을 극복하도록 도울 수 있는지를 탐구해 왔다: 한국인들의 하나님과의 관계, 자기 자신과의 관계 그리고 다른 사람들과의 관계. 첫째로 많은 한국 기독교인들은 엄격한 아버지로서의 하나님의 이미지 때문에 고통 받아 왔다. 왜냐하면 이러한 이미지는 인간관계를 규정하는 유교적 규범들에 의해 영향받아왔던 그들 자신의 아버지를 그들에게 상기시키기 때문이다. 나우웬의 저작들에서 보여지는 너그러운 아버지 혹은 친밀한 친구로서의 하나님은 한국 개신교도들이 하나님과 친밀한 관계를 갖지 못하도록 방해해왔던 두려움으로부터 그들을 해방시켜 줄 수 있다. 둘째, 사회문화적으로 영향 받은 한국적 자아의 부정적인 측면들, 즉 유교와 근본주의적 기독교 신학에 의해 강화되었던 낮은 자존감과 다른 사람들의 평가에 대한 지나친 의존심은 많은 복음주의 개신교인들이 그들 자신의 진실을 보지 못하도록 방해해왔다. 하나님의 사랑을 받는 자로서의 인간의 진실에 대한 나우웬의 강조는 한국 개신교도들이 그들이 존재하는 모습대로 그들 자신을 사랑하고 받아들이도록 격려해왔다. 셋째 그리고 마지막으로, 공업화와 세계화의 결과인 소외와 경쟁은 물론 역사적 비극들로 인해 야기된 한국인의 한은 그들이 다른 사람들과 친밀한 관계를 갖기 어렵게 만들어 왔다. 하지만, 하나님의 사랑에 기초하는 긍휼에 대한 나우웬의 사유는 많은 한국 개신교도들이 다른 사람들을 기꺼이 받아들일 수 있는 용기를 발견하고, 사회 안에 존재하는 파괴적인 힘들을 대면할 수 있도록 격려해왔다.

---

1) 예를 들어, 새길 교회는 나우웬의 책들 속에 담겨진 통찰들을 나누기 위한 소그룹을 진행하고 있다. 대학 캠퍼스 선교단체(IVF)가 설립한 한국의 대학생 대표간 출판사(IVP)는 나우웬의 여러 책들을 출판하여, 학생들 소그룹 교재로 사용하고 있다. 영적 개발을 위한 아침 연구소(Achim Institute for Spiritual Direction) 또한 나우웬의 책들을 여러 권 출판하여, 헨리 나우웬을 한국 개신교회들에게 소개하는데 공헌하였다.

2) 필자는 이 디모데(Timothy S. Lee)의 한국 복음주의에 대한 광범위한 정의를 사용한다. 그는 복음주의를 "성서 해석에서 문자주의적 성향을, 사회보다 개인을 가치있

게 여기는 구원론, 복음주의에 대한 열렬한 지지 그리고 회심 경험과 하나님과 신자 간의 인격적 관계를 강조하는 경건을 특징으로하는 개신교의 한 종(種)"으로 이해한다 (Timothy S. Lee, "Beleaguered Success: Korean Evangelism in the Last Decade of the Twentieth Century," in *Christianity in Korea*, ed. Robert E. Buswell, Jr., and Timothy S. Lee [Honolulu: University of Hawaii Press, 2006], 331).

3) Ana-Maria Rizzuto, "Object Relations and the Formation of the Image of God," *British Journal of Medical Psychology* 47 (1974): 83-99

4) Soo-Young Kwon, "God Representations: A Psychological and Cultural Model" (PhD dissertation, Graduate Theological Union, 2003), 24-25

5) Henri Nouwen, *Bread for the Journey*: A Daybook of Wisdom and Faith (San Francisco : HarperSanFrancisco, 1997), February 29.

6) Henri Nouwen, *The Wounded Healer: Ministry in Contemporary Society* (Garden City, NY : Doubleday, 1972), 39-33.

7) Henri Nouwen, *The Return of the Prodigal Son: A Story of Homecoming* (New York: Doubleday Image Books, 1992), 78.

8) Henri Nouwen, *Jesus: A Gospel*, ed. Michael O'Laughlin (Maryknoll, NY : Orbis Books, 2001), 35.

9) Henri Nouwen, *Reaching Out:: The Three Movements of the Spiritual Life* (Garden City, NY : Image Books, 1986), 122.

10) Nouwen, *The Wounded Healer*, 90-98.

11) Henri Nouwen, *The Living Reminder: Service and Prayer in Memory of Jesus Christ* (New York: The Seabury Press, 1977), 24.

12) Ibid., 24-25.

13) Sang-Chin Choi and Soo-Hyang Choi, "We-ness: A Korean Discourse of Collectivism," in *Psychology of the Korean People: Collectivism and Individualism*, ed. Gene Yoon and Sang-Chin Choi (Seoul: Dong A Publishing and Printing Co., 1994), 80.

14) Tae-Rim Yoon, "The Koreans, Their Culture and personality," in Woon and Choi, *Psychology of the Korean People*, 21.

15) S. Steve Kang, *Unveiling the Socioculturally Constructed Multivoiced Self: Themes of Self Construction and Self Integration in the Narratives of Second-Generation Korean American Young Adults* (Lanham, MD : University Press of America, 2002), 130-45.

16) UiChol Kim, "Asian Collectivism: An Indigenous Perspective," in *Asian Perspectives on Psychology*, eds Henry S. R. Kao and

Durgananc Sinha (Thousand Oaks, CA: Sage Publications, 1997), 147-63.

17) Hazel Rose Markus, Patricia R. Mullally, and Shinobu Kitayama, "Selfways: Diversity in Modes of Cultural Participation," in *The Conceptual Self in Context*, ed. U. Neisser and D. Jopling (New York: Cambridge University Press, 1997), 37.

18) 띠-Hannah Kim, "The Social Reality of Korean American Women : toward crashing with the Confucian ideology," in *Korean American Women: From Tradition to Modern Feminism*, ed. Young I. Song and Ailee Moon (Westport, CT:Praeger, 1998), 27-28.

19) Kelly H. Chong, "In Search of Healing: Evangelical Conversion of Women in Contemporary South Korea," in Buswell and Lee, *Christianity in Korea*, 359.

20) El-Hannah Kim, "The Social Reality of Korean American Women," 28.

21) Chong, "In Search of Healing," 363.

22) Henri Nouwen, *Here and Now: Living in the Spirit* (New York: Crossroad, 1994), 163

23) Henri Nouwen, *The Way of the Heart: Desert Spirituality and Contemporary Ministry* (New York: The Seabury Press, 1981), 23.

24) Jay M.Uomoto, "Human Suffering, Psychotherapy and Soul Care: The Spirituality of Henri J. M. Nouwen at the Nexus, "*Journal of Psychology and Christianity* 14, no. 4 (1995): 351.

25) Michael White and David Epston, *Narrative Means to Therapeutic Ends* (New York: W. W. Norton, 1990).

26) Hyun Kyung Chung, *Struggle to Be the Sun Again* (Maryknoll, NY:Orbis Books), 30.

27) Yani Yoo, "Han-Laden Women : Korean 'Comfort Women' and Women in Judges 19-21," *Semeia* 78 (1997) : 37-46.

28) Soo-Young Kwon, "How Do Korean Rituals Heal? : Healing of Han as Cognitive Property," The *Journal of Pastoral Theology* 14, no. 1 (Spring 204) : 31-45; Chang-Sug Shin, ed., *한의 학제적 연구 [The Academic Study of Han]* (서울: 철학과 현실사, 2004).

29) 김병서, "Modernization and Korean Protestant Religiosity," in Buswell and Lee, *Christianity in Korea*, 327, citing *Han'guk Kaellop [Gallup Korea], Han'gugin ui choggyo wa chonggyo usik [Koreans' religions*

and religious consciousness] (Seoul : Han'guk Kaellop, 1998) : 148.

30) Henri, Nouwen, *Letters to Marc about Jesus: Living a Spiritual Life in a Material World* (New York : HarperSanFrancisco, 1998), 75.

31) Nouwen, *Here and Now*, 25.

32) Henri Nouwen, Donald P.MacNeill, and Douglas A. Morrison. *Compassion : A Reflection on the Christian Life* (New York: Doubleday Image Books, 1982), 32.

33) Nouwen, *Here and Now*, 117.

34) Henri Nouwen, "Coping with the seven O'Clock News: Compassion in a Callouse World," *Sojourners* 6, no. 10 (September 1977): 16.

35) Henri Nouwen, *The Road to Daybreak: A Spiritual Journey* (New York: Doubleday, 1988); *Adam: God's Beloved* (Maryknoll, NY: Orbis Books, 1997).

36) Henri Nouwen, *¡Gracias! A Latin American Journal* (Maryknoll, NY: Orbis Books, 1983); *The Road to Peace; Writings on Peace and Justice* (Maryknoll, NY: Orbis Books, 1998); "The Suffering Christ," *The Other Side* 147 (December 1983): 16-19.

37) Henri Nouwen, "Resisting the Forces of Death" and "'No' to the Vietnam War," in *Liberation Faith: Religious Voices for Justice, peace, and Ecological Wisdom*, ed. Roger S Gottlieb (New York: Rowman and Littlefield, 2003), 467-75.

38) Henri Nouwen, "Not without Confrontation: The Second of a Series on Compassion," *Sojourners* 6, no. 10 (October 1977): 9.

04 헨리와 같은 친구를 갖는 것이 얼마나 소중한지: 개신교 복음주의자들에게 미친 헨리 나우웬의 영향력에 대한 성찰

- 폴 요한센(Paul Johansen)

헨리 나우웬이 그립다. 어떤 사람들에게는 헨리의 유산이 그의 많은 저술들로, 다른 사람들에게는 가톨릭과 개신교 사이에서 그가 수행한 다리 역할로, 또 다른 사람들에게는 아이비 리그의 대학들에서 쌓았던 그의 탁월한 경력으로 이루어져 있다. 하지만 나에게는 하나의 상(象)이 그를 가장 잘 묘사한다고 여겨진다: 헝클어진 머리로, 마치 공중에 설교를 그려내려는 듯 부단히 손을 사용하면서, 부모라면 낙태했을 만큼 심하게 상처입어 무감각해진 애 같은 어른(child-man)을 위해 멋진 생일 성만찬을 축하하는 열정적인 사제. 이보다 나은 성육신의 상징을 나는 상상할 수 없을 것 같다.
- 필립 얀시(Philip Yancey),
"여행 지식"(Knowledge of the Journey).

우리의 모든 죄와 비통함을 감당하는 예수 안에서 우리는 얼마나 좋은 친구를 얻었는가
What a friend we have in Jesus, all our sins and griefs to bear.
기도로 모든 것을 하나님께 맡길 수 있는 특권
What a privilege to carry everything to God in prayer
오, 우리가 박탈당한 평화
Oh, what peace we often forfeit,
오, 불필요하게 감당해야 하는 우리의 고통들

Oh, what needless pain we bear,
그 모두가 우리가 기도로 하나님께 모든 것을 드리지 않았기 때문이지요
all because we do not carry everything to God in prayer....
우리의 모든 슬픔을 나눌 수 있는 그런 충직한 친구를 찾을 수 있을까?
Can we find a friend so faithful, who will all our sorrows share?...
여전히 우리의 피난처가 되시는 귀하신 구세주
Precious Savior, still our refuge;
우리 기도로 주님께 맡기세.
take it to the Lord in prayer.
– 찬송가
작사 작곡: 조셉 스크라이븐(Joseph M. Scriven; 1820-86)과 찰스 콘버스(Charles C. Converse; 1832-1918)

사랑을 주고 받을 수 있는 능력을 늘리려면, 하나님의 사랑의 샘물을 자주 마셔야 할 것이다. ... 나에게 또 다른 근원은 헨리 나우웬의 저술들이다. 나는 그가 쓴 거의 모든 책을 구입했다. 그리고 그의 책들을 읽고 또 읽었다. 그는 내가 하나님의 사랑의 샘물을 마실수 있도록 도와주었다.
– 빌 하이벨스(Bill Hybels), The Pastor's Guide to Spiritual Formation.

서문

헨리 나우웬의 유산 중 가장 가능할 법하지 않고, 증명할 수 없고 그리고 저평가된 성공들 중 하나는 그가 북미 개신교 복음주의 전통에 속한 많은 인도자들과 목사들과 사람들에게 미친 심원한 영향력이다. 최근의 복음주의적 영적 문화 속에서 나우웬의 중요성이 차지하는 자리의 성격과 범위를 밝히고 기술하는데 덧붙여, 이 글은 분명히 개신교 복음주의적 영적 문화 외부의 관점을 갖고 활동했던 한 영적 사상가가 왜 기독교적

영성과 기독교적 메시지 그리고 기독교 신앙에 대한 자신만의 독자적 자세를 고수한다고 널리 알려진 운동[복음주의 운동] 안에서 확증적이고 심원한 영향력을 끼치는 방식들을 통해 기독교인이 된다는 것이 무슨 의미인지를 새롭고 놀라운 관점으로 분명하게 만들어 갈 수 있었는지에 대한 성찰과 설명을 제시한다. 이 에세이는 그 놀랍도록 기묘한 그렇지만 경이로운 관계성에 대한 이야기를 전개해 나가면서, 이 글이 기독교의 영적 연합을 향한 성령(the Spirit)의 계속적인 활약상을 강력히 진술하는 장을 구성한다는 것 그리고 이 글은 나우웬 자신에 대한 더 이상의 통찰, 나우웬의 여정과 목회의 중요한 측면들과 주제들이 마음의 고향을 찾게 된 고유한 영적 양식으로서 복음주의자들 그리고 교회연합운동의 계속적 발전의 성격에서 영성이 차지하는 자리를 드러낼 것을 줄곧 가정한다.

1991년 헨리 나우웬은 캐나다에서 제일 큰 개신교 복음주의 신학교인 틴들 신학교(Tyndale seminary, 당시는 온타리오 신학교[Ontario Theological Seminary])에 집회 강사로 초청받았다. 침례교 복음주의 신학자이면서 목회자로서 캐나다 복음주의자들로부터 매우 존경받은 성직자인 이안 레니 박사(Dr. Ian Rennie)가 당시 학장으로서 후원하고 교수진이 제공한 그 초대장은 학교 이사들과 후원자들 사이에 심각한 논쟁과 토론을 야기했다. 원초적으로 로마 카톨릭 전통에 대해 그 공동체가 갖고 있던 역사적 의혹 때문이었다. 서면으로 (초청장을 발부한) 교수진을 견책하면서, 이사회는 주장하기를: "나우웬을 온타리오 신학교의 졸업식 연설자로 모심으로써 우리는 '오직 성서로만 – 오직 은혜로만 – 오직 그리스도를 통해서만 구원' 을 표방하는 우리 복음주의적 입장의 주류와 맞지 않는 체제에 속한 사람에게 강단을 제공하고 말았다. 비록 생각 없이 하지는 않았겠으나, 여러분의 행실은 어쨌든 지혜롭지 못했다."[1] 이안 레니는 이 비판에

대응하여, 나우웬의 목회가 담지한 영적 적법성을 지적하였다:

> 나우웬 박사를 초청한 것은 자연스럽다고 여겨진다. ... 그가 온타리오 신학교 예배에서 연설을 마쳤을 때, 하나님의 존재감(presence)이 너무도 생생해서 아무도 일어설 마음을 갖지 못했다. ... 오늘날 예수 그리스도의 교회 전반에 걸쳐 많은 변화들이 일어나고 있고, 비록 우리 주님을 폄시하는 그런 운동들과 중점들에 우리가 저항하고자 할지라노, 우리는 예수 그리스도 안에서 공동의 삶을 나누는 신앙인들을 도처에서 발견하며 기뻐한다고 믿는다.[2)]

나우웬은 그해 졸업식에서 연설을 했지만, 그 에피소드는 로마 카톨릭과 관련한 복음주의 문화 내부의 역사적 긴장을 표면화시키면서, 반-카톨릭적 성향의 앙금이 실존함을 드러내 줌과 동시에 또한 영적 일치(spiritual convergence)의 방향으로 일어나고 있는 변화의 바람들을 가리켜주었다. 비록 복음주의자들과의 관계의 시작을 알리는 일이 전혀 되지는 않았지만, 틴들 신학교의 초청과 그의 수락은 그럼에도 불구하고 광범위한 복음주의 문화 내의 핵심 지지층들에게 나우웬의 작업이 이미 널리 영향을 미치고 있었으며 또한 그 영향력이 점점 증대하고 있음을 알리는 중대한 지표이다.

복음주의자들과 관련하여 각 기독교 전통들 간의 지속적인 영적 일치의 이야기들은 특별히 교회사의 이 시기에 특별히 흥미롭다. 왜냐하면 돌파구들과 장애물들이 계속해서 동시적으로 존재하고 있기 때문이다. 틴들 신학교의 사건 이후 25년이 지나서, 미국 복음주의 인문 교육의 본산이며 복음주의자 빌리 그래함의 모교인 일리노이 주 휘튼 대학교(Wheaton college)는 로마 카톨릭으로 개종한 교수를 해임하였다. 휘튼의 고전적인 개신교 복음주의적인 신앙 고백에 서약할 의지가 있음에도 불구하고 말이다.[3] 해고된 교수의 카톨릭 신앙고백과 복음주의적 자발성 간의 결합 자체가 대단한 변화들이 이미 일어나고 있다는 지표이다. 이 이야기들은 헨리 나우웬과 복음주의자들 간의 관계에 관한 이야기들이 발생하는 환경을 드러내 주면서, 동시에 이 이야기들은 하나의 신학적 실재로서 복음주의의 복잡성을 지적해 주는데, 바로 그 복잡성이 그 우정어린 관계를 성찰해 보는 작업을 중요하고 매력적인 연구로 만들어준다.

믿음과 실천의 측면에서 복음주의자들은 영국의 복음주의 역사가 데이비드 베빙턴(David Bebbington)의 정의에 따라 널리 받아들여지고 있는 사중 패턴에 의해 고전적으로 규정된다. 베빙턴에 따르면, 복음주의자들은 그들의 신앙과 실천에 회심주의(conversionism), 성서주의, 십자가 중심주의 그리고 활동주의를 묶어내는 개신교 기독교인들을 말한다. 최근 티모시 라센(Timothy Larsen)은 복음주의적 신앙을 5가지 요점으로 정리한 작업 가설을 새롭게 제시해 주고 있는데, 이는 베빙턴의 사중적 정의를 구체화하면서, 특별히 복음주의의 혼성적 특성을 구성하는 것에 대한 우리의 이해에 성령(the Holy Spirit)의 중요성을 덧붙여주고 있다.[4] 더 나아가, 십자가의 대속적 죽음을 통하여 그리고 "하나님은 그들의 기도를 들으시고, 그들의 일상적 필요들과 시험들을 보살피시고, 그들의 사랑과 예배를 받아 하나님의 목적들을 이루시기 위해 그들을 사용하기를 욕망하신다"는 믿음을 통하여 실천되는 예수와의 친밀하고 인격적인 관계가 복음주의적 방식에 핵심적이라는 사실을 그는 주지시킨다. 라센에 따르면, 복음주의로서 활동주의는 복음주의적 고유성의 또 다른 핵심이다.[5]

믿음과 실천의 기본 범주들을 넘어서서, 복음주의는 초-교파적, 초-조직적, 초- 민족적 운동이다. 그 자체로 복음주의는 광범위하고 중첩적인 네트워크들과 느슨하게 상호연결되어 있는 조직들, 즉 교회들과 교파들과 학파들과 연회들과 비정부조직들(NGO)들과 선교단체들과 출판사, 정치활동 그룹들, 복음주의적 목회자들, 사업가들, 여름 캠프들 그리고 개인들을 망라하는 하나의 문화로서 스스로를 드러낸다. 이러한 특성은, 비록 그것들이 역사적으로 연결성들을 담지하고 있다고 하더라도, 복음주의를 사회적으로 정치적으로 경제적으로 그리고 신학적으로 범주화하는 것을 상당히 어렵게 만든다. 비록 핵심 지도자들과 기획들과 운동들과 조직들의 형태로 통일적인 동기가 존재하고는 있지만, 복음주의자들은 오늘의 세계 속에서 기독교적인 헌신과 사업들과 영향력을 강력하고 편만하게 계속 표현해 내는, 유동적인 실재(a fluid reality)로 구성되고 있다.

집단적 성격의 측면에서 복음주의자들은 그 문화 바깥에 있는 사람들에게 자기 주장이 강하고, 대담하고, 열정적이고, 공격적이고, 비현실적이고, 사업가 기질이 다분하고, 신학적 관심은 있지만 실용적인 사람들로서 어떻게 효과적이고 창조적으로 기금을 조성하고, 네트워크를 구성하고, 소통하고, 유통시키고, 조직하고 그리고 판매하는지를 아는 사람들로 널리 알려져 있다. 복음주의적 영성은 전형적으로 개인적인 성서 읽기, 기도, 교회 출석, 복음화와 봉사활동에 뿌리를 두고 있다. 월드 비전, 대학 기독인 협회(Inter Varsity Christian Fellowship), 존더반 출판사(Zondervan Publishing), 윌로 크릭 커뮤니티 교회, 휘튼 대학, 캐나나 복음주의 협의회(Evangelical Fellowship of Canada), 가족협회(Focus on Family) 그리고 빌리 그래함 등은 복음주의 "상표들"의 긴 목록들 중에서 널리 알려진 것들이다. 첫 눈에 보아도 명상적인 가톨릭 사제가 그러한 문화의 복판에 중요한 자리를 차지할지가 아주 불분명하거나 혹은 전혀 예상되지 않는다.

복음주의자들 사이에서 나우웬의 존재감을 확립하기

놀랍게도 복음주의자들과 그 영적 문화 속에서 헨리 나우웬의 영향력 있는 존재감을 확인하는 작업은 어처구니없을 만큼 쉽다. 몇 년 전 캐나다의 필림 제작자 카렌 파스칼(Karen Pascal)이, 호소력 있는 새로운 프로젝트를 찾던 차, 주변 사람들에게 무엇을 읽고 있는지를 물었을 때를 자세히 듣게 되었는데, 결국 이 일로 그녀는 나우웬에 대한 놀랍고 강력한 다큐멘터리를 제작하게 되었다. 그녀의 물음에 대한 답들 가운데서 헨리 나우웬의 이름이 계속해서 튀어 나왔기 때문이다. 당시 그녀는 나우웬에 대하여 거의 아는 바가 없었지만, 이후 파스칼은 그의 이야기에 매우 큰 감동을 받았고, 이제 견고한 복음주의적 배경을 갖고 있는 다른 구성원들과 더불어 헨리 나우웬 협회의 캐나다 이사직을 맡고 있다. 파스칼의 경험은 복음주의 문화를 그저 한번 훑어보기만 해도 어떻게 그 유명한 가톨릭 영성 작가의 광범위한 현전과 영향력이 드러나는지에 대한 한 예가 된다.

대중적인 경건과 실천의 차원에서 나우웬의 책들은 복음주의적 성향의 서점가에서 흥행하고 있는데, 심지어 어떤 경우 북미 복음주의자들의 저명한 수호성인(patron saint)인 루이스(C.S. Lewis)와 양적으로 경쟁하기도 한다. 복음주의 계열의 서적들을 널리 읽는 내 목회 동역자들 중 한 사람은 최근 말하기를, 어떤 방식으로든 나우웬에 대한 언급 없이 기독교적 삶과 헌신에 대하여 기술하는 책을 최근 2년 동안 본적이 없다고 한다. 휘튼 대학의 홈페이지는 그 대학 건강 관련 전문직 상담사(health professions coordinator)인 쥰 아놀드(June Arnold)의 이력서를 담고 있다. 그 이력서는 다음 문장으로 결론을 맺고 있다: "그녀(쥰)가 영적인 돌봄의 필요성을 느낄 때, 그녀의 애호하는 작가는 헨리 나우웬이다." 『오늘의 기독교』(*Christianity Today*)나 『리더십 저널』(*Leadership Journal*)을 포함하는 복음주의의 표준 출판물들은 나우웬이 작성했거나 혹은 나우웬에 관하여 작성된 기사들을 실어왔다.[6)]

기독교적인 삶, 목회 상담 혹은 영적 성장의 분야에서 복음주의 독자들을 위한 저술을 해왔던 다양한 유명 작가들이 자신들의 책이나 기사 속에 빈번히 나우웬을 인용하거나 그의 목회를 참조하거나 혹은 자신들의 핵심적인 통찰과 영감의 근원으로 나우웬을 꼽고 있다. 이 유명 작가들의 목록 중에는 필립 얀시(Phillip Yancey, 작가이자 강연자), 리차드 포스터(Richard Foster, 작가이자 영성학 교수), 브라이언 스틸러(Brian Stiller, 틴들 대학과 신학교의 총장이며 캐나다 복음주의 협회 전임 회장), 빌 하이벨스(Bill Hybels, 윌로 크릭 커뮤니티 교회의 상임 목사) 그리고 작고한 마이크 야코넬리(Mike Yaconelli, 북미에서 가장 크고 영향력있는 청소년 사역자 재원 사업인 청소년 전문[Youth-Specialties]의 공동 설립자)와 같은 유력한 복음주의자들이 있다. 나우웬이 복음주의자들의 영적 지도에 자신의 지표를 남겼다고 말하는 것은 소극적인 평가이다; 오스왈드 챔버스(Oswald Chambers), 토저(A.W. Tozer) 그리고 루이스(C.S. Lewis) 등의 사람들처럼 그 (복음주의) 전통의 고전적인 경건의 거장들과 나란히 나우웬이 경건한 독서와 성찰의 핵심적 근원으로서 자리를 차지하고 있다는 사실이 널리 인식되고 있다. 나우웬이 복음주의자들의 추천도서 목록에 올라가 있음을 보는 것과 자신들의 신앙을 심화시키고 확장하는데 진지한 관심을 갖고 있는 복음주의자들이 읽고 또 읽는 책들 가운데 나우웬의 책들이 있다는 사실을 전해듣는 것은 아주 일반적인 일이다.

나우웬의 강연 일정 속에서 복음주의자들이 조직하거나 혹은 참여하는 다양한 연회들, 교단 행사들, 조찬기도회들, 수련회들, 부흥회들 그리고 교회 예배들에서 설교하고 강연하는 시간을 찾아볼 수 있다는 것은 익히 알려진 사실이다. 나우웬은 캘리포니아의 텔레비전 전도자 로버트 슐러(Robert Schuller)의 크리스탈 성전에서 드려지는 예배에 설교자로 초청을 받았던 적이 있는데, TV 방송을 통해 많은 시청자들에게 방영되었다.[7] 이 인상적인 사역의 기록들에 근거해 볼 때, 복음주의자들이 그 배경에 상관없이 그의 열정적인 증언을 듣는데 매우 질투했을 것이란 사실은 명백하다. 왜냐하면 그들은 나우웬이 자신들의 회중들의 영적 성장의 진정한 근원으로 회람되는 것을 보았기 때문이다. 이러한 행사들 속에 드러나는 나우웬의 존재감이 1991년 틴들 신학교 사건에서 일어났던 종류의 논쟁을 동반하지 않고 있다는 사실은 흥미로운 일이다.

복음주의자들 사이에서 심화되는 나우웬의 존재감과 영향력에 대한 이야기 중 더 놀라운 이야기는 이제 그의 작품이 복음주의자들의 전문 교수층 사이에, 말하자면 복음주의 운동을 주도하는 목회자들과 지도자들과 학자들을 훈련하는 임무가 주어진 이들 사이에 안착하는 방식이다. 나우웬의 자료가 틴들(토론토), 휘튼(시카고), 리젠트 대학(밴쿠버), 훌러(로스앤젤리스), 노스 파크(시카고), 브라이어크레스트(사스카체웬, 캐나다) 그리고 액스(ACTS; 브리티쉬 컬럼비아, 캐나다 서남주의 주)를 위시하여 복음주의 계열의 핵심 신학교들과 대학원의 영적 형성(spiritual formation)과 목회 과목들의 독서 목록과 강의 계획서들에 두드러지게 현존하고 있다. 복음주의 학교들의 교수들은 이제 나우웬의 영성적 측면들에 관한 과목들을 개설하고, 주요 저작들을 출판하고 있다.

아마 당연하게도, 복음주의 계열의 교수들 사이에서 나우웬의 존재감은 과목 내용을 초월하여, 교수 약력들에 등장하고 있는데, 이는 나우웬이 단지 학문적인 자료로만 간주되지 않는다는 것을 나타내는 확실한 징표인 셈이다. 브라이어크레스트 신학교(Briercrest Seminary)에서 목회신학을 가르치는 부교수 블레이니 밴팅(Blayne Banting)은 브라이어크레스트 홈페이지에 올린 그의 간략한 교수 약력에 『예수의 이름으로』(*In the Name of Jesus*)에서 인용하는 나우웬의 문장을 다음과 같이 싣고 있다:

> 물음은 다음과 같은 것이 아니다: 얼마나 많은 사람들이 당신을 진지하게 대우하고 있는가? 얼마만큼 우리는 성취할 수 있을 것인가? 결과물을 보여줄 수 있을 것인가? 오히려 물음은 이것이다: 당신은 예수와 사랑하고 있는가? ... 당신은 성육신하신 하나님을 알고 있는가?

유사하게, 휘튼 대학에서 기독교적 형성을 가르치는 교수인 스코티 메이(Scottie May)는 자신의 학자적 그리고 개인적 여정을 기술하면서 휘튼 홈페이지의 자신의 약력에 "나의 영적인 형성은 헨리 나우웬과 브렌넌 매닝(Brennan Manning)과 달라스 윌라드(Dallas Willard)의 현대 저작들을 통해 큰 영향을 받았다"고 적고 있다. 여기서 나우웬이 언급된다는 사실만으로 충분히 의미가 있지만, 그러나 그가 복음주의적 영성을 정의하는 주요세력인 달라스 윌라드와 나란히 언급되고 있다는 사실이 필자가 말하려는 바를 보다 분명하게 해주고 있으며, 복음주의 계열의 목회자들과 선교사들과 지도자들의 영적 훈련에 미친 나우웬의 영향력의 깊이와 폭에 관한 이야기를 풀어 나가는데 결정적이다.

나우웬의 작품이 복음주의 목회를 추구하는 영향력 있는 젊은 전문 지도자들 전반에 마음과 가슴으로 깊이 있게 파고들었다는 사실에 대한 강력한 증언들이 또한 있다. 캐나다의 상황에서만 고찰해 보아도, 무스코카 산림 스포츠 리조트(Muskoka Woods Sports Resort, 청년 목회)의 존 맥

얼레이(John McAuley), 이동 축제 자원(Movable Feast Resources, 예배 갱신)의 글렌 소델름(Glen Soderholm), 청년 무한(Youth Unlimited, 도심지 위기 거리 사역)의 팀 허프(Tim Huff) 그리고 사인포스트 음악(Signpost Music)의 스티브 벨(Steve Bell, 작곡가이면서 예술가) 모두 나우웬의 정신에 깊은 영향을 받았는데, 그의 정신이 그들의 생각과 영성과 목회에 영향을 미쳤다.

대중적 경건과 전문 지도력과 나란히, 마지막 범주가 복음주의자들의 영적 레이더에 미친 나우웬의 인상적인 존재감에 대한 기술을 완수한다; 이는 무엇보다도 가장 강력한 표현이 될 것이고, 그리고 헨리 나우웬의 고유한 우정에 뿌리를 두고 있다. 특별히 많은 복음주의자들은 나우웬을 개인적으로 만나고 알 수 있는 특권을 누렸고 그리고 또 다른 이들은 퇴수회나 영적 지도를 받기 위해 캐나다 온타리오 주 리치몬드 힐의 라르슈 데이브레이크 공동체의 그의 집이나 목회지를 방문하였다. 다른 사람들은 그보다 먼저 나우웬이 예일과 하버드에서 가르치고 있을 무렵 만나기도 했다. 이 만남들은 그들에게 깊은 감동을 주었고 그리고 지울 수 없는 영향을 미쳤다고 각각의 증언들은 말한다. "죽기 전 나우웬은 많은 복음주의자들과 친밀감을 발전시켰다"[8]고 간략하게 적음으로서, 제임스 비벌리(James Beverly)는 나우웬의 목회가 담지한 관계적 성향을 포착한다.

그러한 상호관계맺음의 축복을 가질 수 있을 만큼 행운을 누린 세 명의 탁월한 북미 복음주의자들은 필립 얀시(Philip Yancey), 브라이언 스틸러(Brian Stiller) 그리고 마이크 야코넬리(Mike Yaconelli)이다. 이들 각자는 자신이 배운 것에 근원적인 감동을 받았고, 그래서 추후 나우웬의 독특한 반-직관적(counter-intuitive)이고 예언자적으로 강력한 영성의 핵심 측면들을 성찰하고 적용하여, 회중들에게 전파했다. 얀시는 복음주의 주류의 선도적 간행물인 『오늘의 기독교』(*Christianity Today*)에 처음 투고한 그의 고전적 논고 "헨리 나우웬의 성스러운 무능성"("The Holy Inefficiency of Henri Nouwen")에서 나우웬에 대하여 아름답게 그리고 인상적으로 적고 있다. 얀시의 널리 읽혀지는 작품들 전반에 걸쳐 나우웬에 대한 다양한 참조와 그의 통찰들을 찾아볼 수 있다.

스틸러는 여러 해 동안 캐나다 복음주의자들 사이에서 인기가 있었던 전국 텔레비전 방송 프로그램인 『십자가 물결』(Cross Currents) 때문에 별도로 두 번 라르슈 데이브레이크 공동체에서 나우웬을 인터뷰했다. 스틸러는 또한 자신의 저술들과 강연을 나우웬의 작품에 근거하여 전개해 나가는데 주저함이 없었다. 그가 세 명의 걸출한 캐나다의 복음주의 정치인들에게 신앙의 사람으로서 공적으로 그들의 책임감에 대해 이의를 제기하는 서신에서 나우웬을 인용하는 것은 그 중 두드러진 예이다. 이 이야기를 다시금 매혹적으로 만드는 것은 나우웬이 캐나다 수도에서 열린 국가 조찬 기도회에서 스틸러가 참석한 가운데 그 인용 내용을 전하는 것을 스틸러가 직접 들었다는 것이다. 이 기도회는 복음주의 지도자와 가톨릭 사제가 모두 연사로 함께 초청받은 행사였다.[9)]

청소년 목회의 성자 마이크 야코넬리가 1991년 그 인생의 위기에서 나우웬과 깊은 개인적 만남을 갖고, 이후 나우웬의 저작들을 읽어가면서 일어나는 깨우침을 통해 신앙과 실천과 기도에서 철저한 회심을 하게 된 이야기는 무척 감동적이고 도발적인 이야기라서 별도로 다루어야 할 필요가 있다. 여러 가지 면에서 야코넬리의 경험은 이 에세이가 소통하고자 하는 것 전부에 대한 상징적인 이야기가 된다. 야코넬리는 나우웬의 영성을 직접 그의 출판과 교육과 저술과 강연 사역에 도입하였다. 그러면서 그는 북미 전역의 수천에 이르는 청소년 사역자들과 청소년 단체의 네트

워크 "나우웬의 길"로 예인해 갔다. 『예수의 이름으로』(*In the Name of Jesus*)는 야코넬리가 애독하는 책이었고, 그리고 야코넬리가 거기서 대면한 목회의 영성은 그로 하여금 복음주의 청소년 사역자들을 하나의 목회자들의 운동으로 엮어내려는 시도를 하도록 만들었는데, 이 운동은 목회자들이 자신의 외적인 목회만큼이나 예수를 사랑하는 내적인 삶에 헌신하도록 하려는 운동이었다. 1991년 이래로 야코넬리의 책들과 인터뷰들과 논설들은 나우웬 제자(사역)이 작동하고 있다는 것에 대한 훌륭한 예들이 된다.[10)]

얀시, 스틸러 그리고 야코넬리, 북미 복음주의자들과 그 지도자들 사이에서 영향력있는 이 인물들이 여러 기회들을 통해 나우웬의 하나님의 사랑에 대한 반-직관적이고 성육신적 영성을 널리 소통시켰다는 사실은, 1991년의 틴들 사건을 통해 상징적으로 드러났듯, 복음주의 운동 내 다수가 나우웬과 가톨릭에 대하여 지니고 있었던 저항감이 심지어 1996년 나우웬의 죽임 이전에 효과적으로 극복되었다는 사실의, 비록 유일한 예는 아니지만, 가장 탁월한 예가 될 것이다. 이후 몇 년이 채 지나기도 전에 나우웬은 평범한 복음주의 독자들과 복음주의의 핵심 인물들을 망라한 다양한 계층에게 영적 삶에 대한 복음주의적 사유를 형성하는데 주요한 영향력을 행사하게 되었다. 오늘날의 복음주의 지형에서 나우웬이 핵심적인 영적 인물들 중 하나라는 것은 결코 과장이 아니다. 분명히, 복음주의자들은 나우웬 안에서 그들이 예수 그리스도 안에서 공동의 삶을 나눌 수 있는 인물을 발견할 수 있다고 제안했을 때, 이안 레니는 깊이 있게 예언자적으로 진심을 다해 말하고 있었다.

복음주의자들과 헨리의 우정을 설명하기

나우웬의 영향력이 다소 추정가능한 지지층들 바깥으로 미치는 외연의 폭을 미처 깨닫지 못하는 나우웬의 내부 지지자들 뿐만 아니라 나우웬 목회의 고유한 이야기들에 친숙하지 않은 사람들에게는 놀라움으로 다가오겠지만, 나우웬이 복음주의 운동 내부에서 갖는 막대한 존재감과 심오한 영향력은 말하기 어려운 이야기도 그렇다고 입증하기 어려운 사례도 아니다. 하지만, 나우웬의 존재감에 대한 기술보다 더 도전적인 일은 모든 것을 역사적으로 신학적으로 그리고 문화적으로 고려해서 이 있을 법하지 않은 동맹을 나타낼 수 있도록 이 관계를 설명하려고 시도하는 일이다. 그럼에도 불구하고 바로 여기에 복음주의자들 사이에서 나우웬에 의해 표상된 교회적-영적(spiritual-ecclesial) 발전의 중요성에 대한 진척된 이해를 향한 위대한 약속이 놓여있다.

전형적으로 우정은 공통의 이해 혹은 상호적 호감을 요구한다. 가톨릭 사제와 점점 성장하고 있는 다수의 개신교 복음주의자들 간의 영적인 우정은 이 시점에서 아마도 그 관계 속에 함축된 것으로 여겨지는 세 가지 공통점들 혹은 접촉점들을 적시함으로서 가장 잘 설명될 수 있을 것 같은데, 특별히 개신교 복음주의자들이 하나님과의 친밀감을 개선하고 심화시키는데 필수 불가결하고 신뢰할 만한 원천으로서 나우웬에 의존해 오고 있다는 점에서 그렇다.

첫째, 복음주의자들이 나우웬을 수용하는 일은 근원적 의미에서 나우웬이 복음주의자라는 주장을 통해 설명될 수 있을 것이다. 이렇게 주장한다고 해서 명상가로서 나우웬을 바라보던 이전의 일반적 해석에 대한 거절이 수반되어야 하는 것은 아니다; 오히려 그러한 명칭은 나우웬의 고유한 정체성과 목회 방식을 보다 풍성하고 완전하게 서술적으로 기틀잡는데 기여한다. 나우웬을 복음주의자로 명칭하는 것이 또한 로마 가톨릭인 나우웬을 훼손하여, 그 사제는 점점 더 개신교인이 되었다는 주장을 하려는 것이 결코 아니다. 오히려 이러한 이름을 부여하는 일은 기독교 역사의 전통들 셋 모두 안에서 "복음주의자"의 존재감을 인정하려는 정신 속에서 제시되는 작업이다.

나우웬을 이해하는데 적법한 기여로서 복음주의자에 대한 기술을 채택하면서, 베빙턴의 고전적 정의를 염두에 두는 것이 결정적으로 중요하다. 삶과 죽음과 부활 속에서 예수는 그 신부의 신학이 뿌리를 두고 있는 분이고, 그의 성서적 성찰과 저술이 초점을 두고 있는 분이며, 확고하고 열정적인 확신과 결단을 가지고 거듭해서 다시 돌아가는 분으로서, 이는 비변증론적으로 그리스도 중심적이고 십자가 중심적인 핵심 저작들에 의해 증거된다.

더 나아가, 나우웬에게 이 초점은 단순히 신학적 관찰을 훨씬 상회하는 그 무엇이다. 오히려, 이 초점은 나우웬을 지속적인 삶의 변화와 회심으로 이끈 그리고 하나님의 사랑의 계시로서 예수에게로 보다 진지하게 성숙해 나가는 여정으로 이끈 실재로서, 관계적이고 신실하고, 인격적이고 열정적인 실재였다. 나우웬은 거기서 멈추지 않았다. 왜냐하면 그 자신의 관점에서 예수와 맺는 이 열정적인 관계는 그 제자로서 신앙인이 적극적으로 복음을 전하도록, 즉 하나님의 사랑의 이 복음을 알리도록 부름 받았다는 사실을 분명코 의미했기 때문이다. 이것이 바로 그가 어디를 가든지 했던 일이다. 이것이 바로 나우웬이 글을 쓰는 방식이었다. 이러한 강조점이 그의 복음주의 추종자들에게 간과될 리가 없었다.

호의적인 복음주의자들이 나우웬의 작품과 친숙해져 감에 따라, 그들은 나우웬과의 포괄적인 양립성을 분별하기 시작했고, 이는 그들로 하여금 애당초 영적 친구가 되는 것을 가로 막았던 나우웬이 속한 전통의 기원과 연관된 종래의 거부감을 극복할 수 있도록 해주었고, 그 대신 그들로 하여금 나우웬이 말하는 것을 청종하고 포용하도록 해 주었다.

복음주의자들과의 접촉이 빈번해지고, 그에 따라 그들과 말할 기회와 사역할 기회들이 늘어감에 따라, 나우웬이 그 자신만의 양립성을 개발하고 있었다는 점을 지적하는 것은 중요하다. 휘튼 대학 빌리 그래함 센터에 위치한 복음주의 박물관 벽에는 그 위대한 복음주의자 목사가 인용한 문구가 벽에 걸려있는데, 다음 문구가 그것이다:

> 인간의 마음은 세상이 뒤집혀도 똑같다. 오직 그리스도만이 우리 세계와 우리 가슴의 가장 깊은 필요들을 충족시켜 주실 수 있으시다. 그리스도만이 영원한 평화를 가져올 수 있다—하나님과의 평화, 사람들과 민족들 사이에서 평화 그리고 우리 마음 안의 평화.

나우웬은 쉽사리 동의했을 것 같은데, 이 인용문에서 나우웬이 역설한 바를 감지하고, 그의 음성을 듣는 것은 어려운 일이 아니다. 복음에 대한 이 열정적이고 그리스도 중심적인 관점이 그리스도 안에서 친구들을 만들어갈 능력을 만든다.

카톨릭 신자 헨리 나우웬이 복음주의자들에게 매력을 끌었던 두 번째 이유에 대한 설명은 그의 단순성과 관계가 있다. 그의 저술의 전반적인 특징인 이것은 세 가지 독특한 방식들로 복음주의자들과 연결되어 있는데, 말하자면, 경건적 단순성(devotional simplicity), 주제적 단순성(thematic simplicity) 그리고 성육신적 단순성(incarnational simplicity)이다.

복음주의 운동이 역사적으로 신학의 복잡한 전통들을 포함하고 있긴 하지만, 우리는 기본적으로 대중적 영성을 다루고 있는데, 이 대중적 영성은 경건적 단순성과 명석성(clarity)과 개인적 실천성을 동반하는 광범위한 호소력을 담지하기 위해 직설적인 소통방식을 언제나 그 특징으로 삼아왔다. 복음서의 핵심 본문들에 대한 열정적이고 개인적인 반성을 위해 활용되면서 널리 알려진 나우웬의 단순성과 명석성은 세 가지 요점 설교, 복음서 메시지의 압축판 그리고 간추린 매일 경건적 독서와 같은 도구들로 경건의 "싹이 트게 하는" 것으로 알려진 (복음주의) 전통이 수용하기에 완전히 적합한 것처럼 보인다. 나우웬의 단순한 스타일은 전통적 복음주의 경건 문화의 단순성들 안에서 양육되어왔던 스타일과 내용의 기대치들을 능가한다고 결론맺는 것이 합리적이다.

신학 저술가로서 나우웬은 보편적인 기독교적 주제들을 탐구하고 해명하는데 주의를 집중했고, 이 주제적 단순성이 그가 복음주의 계열에서 거둔 성공에 관해 보다 더 말할 수 있는 길을 제공한다. 자신의 고향 벨파스트의 특별주의(particularism)와 종파주의(sectarianism)를 완전히 탈각시킨 방식으로 기독교 신앙의 핵심을 다룬, 복음주의자들의 또 다른 애독서 『단순한 기독교』(*Mere Christianity*)에 담긴 루이스(C.S. Lewis)의 고전적 변증론의 전통 속에서 나우웬은 "단순한 영성"을 만들어낸 듯하다. 분명히, 마리아, 화체(transubstantiation), 연옥 그리고 교회 직제들과 같은 주제들, 말하자면 개신교 복음주의자들이 가톨릭 전통을 포용하는데 역사적으로 장벽을 제공해 주었던 모든 주제들에 대하여 나우웬은 침묵하면서, 그의 저술들 속에서 로마 카톨릭적 특이성에 대한 강조가 결여되어 있다는 것이 이 이야기에서 중요하다. 나우웬은 이제 많은 복음주의자들에 의해 그저 그들과 같은 또 한명의 기독교인으로서, 즉 자신의 신앙에서 언제나 문제의 핵심에 이르고자 노력하는 사람으로 인식되어지고 있다.

복음주의자들이 영성을 소개하는데 전적으로 나우웬에게 빚지고 있는 것은 아니지만, 역사적으로 영성 분야에 결정적인 약점이 있던 전통에 영적인 삶을 보다 가용할 수 있게 하고, 가시적으로 그리고 실물적으로 만들어 줌으로써, 나우웬이 그들의 영적 진보의 한 발걸음을 제공해 주었다는 것은 사실이다. 이를 다소 논쟁적인 방식으로 다시 진술해 보자면, 성인들이 우리에게 성육신적 단순성과 명석성의 실천을 통하여 몸으로 체현한 신실함의 본들을 제공해 주었던 것과 바로 같은 방식으로, 나우웬은 이 결정적인 영역에서 복음주의자들에게 성자가 된 듯하다.

필립 얀시는 복음주의자들 사이에서 나우웬의 성육신적 방식의 충격을 예증하는 이야기를 전해준다:

> 일전에 일군의 작가들과 저녁 식사를 하고 있을 때, 대화가 독자들로부터 받은 편지들로 옮아갔다. 리차드 포스터와 유진 피터슨(Eugene Peterson)은 두 사람 모두에게 영적 지도를 탐문했던 열정적인 한 젊은이를 언급했다. 그들은 호의적으로 응답했고, 우편으로 질문들에 답했고 그리고 영성에 관한 책을 추천했다. 그러나 포스터는 그때 그 젊은이가 헨리 나우웬도 또한 접촉했다는 사실을 알게 되었다. 그는 말하기를, "당신은 나우웬이 내게 뭐라 했는지 믿지 못할 겁니다. 그는 내게 영적 지도를 해 주기 위해 한 달 동안 자신의 공동체와 더불어 살도록 이 이방인을 초대했답니다."11)

작가들은 자신들의 글쓰기 때문에 개인적인 시간과 공간을 지키려는 습속들을 갖고 있기에, 거기 모인 이들은 보다 개인적인 접촉을 위해 작가 생활의 전문적인 구조들을 내려놓는 나우웬의 실천에 놀람을 금치 못했다.

나우웬은 뿌리부터 먼저 영적 실천가였고, 그 다음으로 영적 작가였다. 다른 사람들은 영적인 삶에 관하여 글을 쓰고, 검토하여 설명하는 반면, 나우웬은 그것을 다른 사람들이 볼 수 있도록 하여, 그의 글쓰기 자체는 다름 아닌 그러한 삶을 살려는 그의 진정한 시도에 대한 기술적 결과였다. 비교해 보자면, 영적 훈련에 대한 리차드 포스터의 고전『훈련의 축전』(*Celebration of Discipline*)은 복음주의 독자들에게 (우리가) 상실한 결정적인 재원을 복구하고자 어느 다른 책보다 많은 역할을 했다고 여겨진다. 이 탁월한 책은 훈련들을 확증하고, 그것들을 기술하고 그리고 그것들을 활용하기 위한 실천적 적용들을 제공하고자 시도하지만, 결국 그것은 하나의 카탈로그로 머무르고 만다. 왜냐하면, 비록 이따금씩 포스터의 개인적 경험들로 예증되긴 하지만, 그 작가의 삶으로부터 일어나 확증적으로 체현된 묘사를 구현하는데 실패하고 있기 때문이다.

그와는 극명하게 대조되게도, 나우웬의 저작들은 독자들에게 영적 삶 속에서 일어나는 작가 자신의 투쟁에 대한 명증한 그림을 발전시켜 나가도록 해준다. 왜냐하면 모든 것이 어떻든 열정적인 자서전처럼 읽혀지기 때문이다; 나우웬은 단지 말로 만이 아니라, 추상성들을 극복하는 일종의 성육신적 글쓰기를 보여줌으로써 가르친다. 예를 들어, 일기쓰기는 자신들의 기도와 명상을 심화시키려는 사람들이 택하는 핵심적 실천이다. 많은 자료들이 어떻게 일지를 작성하는지를 가르쳐주지만, 나우웬은 자신의 일기들을 쓰고 출판하여, 일기쓰기 뿐만 아니라 고백, 공동체, 기도, 영적 지도, 투쟁과 예배 훈련들과 리듬 등을 체현하는 자료를 사람들이 찾아볼 수 있도록 남겨주었다. 명상법의 실천에 제약이 있는 전통의 사람들은 이처럼 체현된 증언을 요구하고, 그것이 제공되었을 때, 긍정적으로 반응한다고 느끼지 않을 수 없다.

복음주의자들에게 미친 헨리 나우웬의 영향력에 관하여 언급하는 마지막 방식은 그의 예언자적 측면을 주목하는 것이다. 나우웬은 많은 이들의 사제였고 목회자였지만, 복음주의자들에게 그는 복음주의의 영혼과 정신이 대면한 본질적인 도전들을 표면적으로 그리고 동시에 심층적으로 지적할 수 있는 예언자였다. 이는 두 방향으로 이루어졌다.

첫째, 나우웬은 복음주의적 전통 내부의 본질적인 헌신들과 확신들에 근접한 영역에서 활동하였던 것처럼 보인다. 이는 나우웬으로 하여금 복음주의자들 스스로는 어떻든 접근할 수 없는 토대들 속에서 복음주의자들에게 방향성과 깊이를 갖고 나아갈 수 있도록 해주었다. 예를 들어, 복음주의자들은 이생과 저승에서 개인적 성취의 근원으로 예수를 끌어들임으로서 대량 소비사회에 호소력 있고 매력적인 방식으로 예수의 메시지를 만들어 전달하고픈 유혹을 받아왔던 반면, 그럼으로써 그들은 가장 심층적인 인간의 실재들을 위한 예수의 이해를 발전시키지 못한 위험을 만들어내고 말았다. 나우웬에게 예수의 고통과 좌절은 그 모든 좌절과 죄 그리고 무능력과 불완전 속에서 인간 존재들이 복음의 위대한 통전성에 호소하는 방식으로 분투하는 구세주를 포용할 기회가 된다. 미국문화의 노예상태에서 자라난 복음주의적 문화의 패턴에 아주 가까운 이미지 즉 성공과 성공하는 사람들의 승리주의적 이미지는 우리 자신의 고통의 모델로서 예수의 고통당하는 사랑을 제시하는 나우웬의 메시지를 통해 의문시 되어진다.

마찬가지로, 복음주의자들은 자신들의 기도하는 열정을 자랑스러워 하지만, 그 전통에 속한 많은 사람들은 실상 어떻게 기도할지를 알지 못하는 처지에 이르고 있음을 보게 된다. 나우웬은 그 실패를 제시하고, 그 노력을 긍정하고 그리고 보다 고대적이면서 진정한 방식을 가리켜준다. 교회와 목회와 친교를 하는 방식으로서 거대함과 분주함에 중독된 자신들에 싫증 난 복음주의자들에게 나우웬은 공동체의 자유와 진정한 우정을 살아갈 가능성을 겸손하고 진실하게 제공한다. 복음주의자들이 "하나님은 당신을 사랑하시고, 당신의 인생을 위한 놀라운 계획을 갖고 계시다"는 소식을 전하는 반면, 그들의 지도자급과 사역자급에 속한 많은 이들은 자신들 스스로 하나님의 그러한 사랑을 경험하지 못했음을 깨닫는다.

복음주의자이면서 장로교 목사인 글렌 소더름(Glen Soderholm)이 내게 보낸 개인적인 이메일에 적혀있는바, 헨리의 사역에 대한 다음의 개인적인 심층적 진술은 감동적이면서 계몽적이다:

> 헨리는 장로교 집회에 강사로 초청받았다. ... 그는 도표 차트 옆에 서서, 정체성(identity)에 관하여 말하기 시작했다. 그는 둔탁한 네덜란드 액센트를 가지고 더듬거리는 방식으로 말했지만, 그러나 그가 말을 이어감에 따라 나는 그의 말 더듬거림은 언어 장애가 아니었음을 감지하게 되었다; 오히려 그것은 마치 그가 사용할 올바른 단어를 내려주도록 성령을 기다리고 있는 듯이 여겨졌다. 그는 문장을 시작하지만, 더듬거리고 그러자 단어가 도착했다—그리고 그 말들은 거기에 있었다! 그는 우리가 일구어 왔던 것으로부터 그리고 다른 사람들이 우리에 관하여 생각하는 바에 따라서 세상이 우리의 정체성을 형성하려고 노력하는 방식들에 관하여 말했다. 그는 자신의 요점들을 강조하기 위해 돌아서서 차트 위에 단순한 원들을 그렸다. 그가 말을 이어가면서, 나는 흠뻑 빠져들어 그 예배당에 모인 다른 삼백 명의 사람들을 완전히 잊어버리게 되었다; 거기에는 단지 나와 헨리와 성령님만이 있었다. 내가 성스러움과의 신선한 대면에 개인적으로 반응하게 되었던 내 삶의 이전 순간들을 회고했지만, 이것은 최고의 신적 현현(epiphany)이었다. 그는 성부 아버지의 사랑하는 아들로서의 삶으로서 예수 자신

의 삶에 관하여 이야기를 이어갔다. 그가 우리에게 알려주고자 하는 바는 바로 우리도 마찬가지로 하나님의 사랑하는 자녀로서의 이 정체성을 받았다는 사실이다; 그는 이 사실이 이 세상의 그 어떤 것보다 참되다고 믿는 듯이 보였다. … 나의 영이 이 엄청난 선물을 받으면서 나의 눈에서는 눈물이 솟구쳤고, 이것은 여러 해 동안 내게 암시되었음에도 불구하고 이제서야 진정한 나의 중심으로 갈 길을 찾았음을 나는 기억한다. 은혜의 리듬이 흘러가면서, 그것은 나를 산산이 부수었다가 다시 회복시켰다.

소더름은 그의 회고를 결론짓기를:

나는 그 학기에 신학교를 마쳤고, 그리고 이 말은 내가 졸업 선물로 받을 수 있는 최고의 선물이었다. 그것은 나의 교구 목회를 발전시킬 패러다임이 되었다.

만일 나우웬이 복음주의자들이 자신들의 신학 전통에 이미 근접한 분야들에서 보다 더 유연하고 성숙하게 성장하도록 돕는 예언자적인 효과를 지니고 있었다면, 그는 또한 복음주의 주류의 목회적 사고방식을 치고 들어가 비평할 수 있는 예언자적 능력도 지녔다. 『예수의 이름으로』라는 책은 복음주의자들이 선호하는 책이 되었고 그리고 리더쉽과 목회를 훈련하는 문화 속에서 복음주의자들에게 지지대가 되었다. 예수가 받았던 세 가지 유혹들을 현대 목회의 전형들이 받는 세 가지 유혹들과 연관시키면서, 나우웬은 복음주의 목회의 진정한 핵심과 정신을 매우 훌륭하게 비평했다. 복음주의 전통의 적지 않은 목회자들과 지도자들은 이 작은 책에 탄복하면서도, 동시에 이 책은 특별히 다른 전통들이 아니라 바로 자신들의 전통에 맞추어 예언자적으로 쓰여졌다는 각별한 느낌을 갖게 되었다. 목회적 유혹들이 적절하고 강력한 것임을 나우웬은 입증함과 동시에 그는 또한 이 유혹들에 대한 대응들을 제공하고 있다는 사실에 복음주의적 목회를 향한 나우웬의 예언자적 천재성이 근거하고 있는데, 이는 일반적으로 복음주의적 해법들을 통해서는 제공되지 않는 대응들이다.

나우웬은 목회적 영성을 탐구하는데 상당한 관심을 갖고 있었기 때문에 그는 자신을 포함한 목회자들의 동기유발들을 이해하는데 전문가가 되었다. 나우웬이 입증하고 설명하는 유혹들은 자기 자신의 가면을 벗겨내는 예증들이었고, 그래서 진정성(authenticity)을 찾아가려는 분투 속에서 다른 이들도 마찬가지로 자신들의 가면들을 스스로 벗겨내도록 촉구받는 효과를 자아내었다. 그래서 점차적으로 복음주의적 방식의 목회는 전반적으로 성공을 위해 우리의 참 자아들을 가면으로 덮을 것을 요구하고 있다는 생각이 많은 복음주의자들에게 미치게 되었다. 나우웬 식의 철저한 진정성(radical authenticity)은 복음주의적 방식으로 훈련받은 많은 이들에게는 자연스럽게 다가오지 않는다. 그렇지만, 그 메시지가 예언적으로 전달되어졌을 때, 복음주의자들은 응답했다. 복음주의 신학교 훈련의 대부격인 버논 그라운즈(Vernon Grounds)는 최근 많은 학생들이 하나님의 현존을 감지하는 것에 관심하고 있다는 언급을 한 적이 있다. 학생들이 "불만족스런 영적 생활"에 관하여 불평할 때, "나는 그들에게 그와 동일한 문제를 갖고 씨름하는 다른 이들, 즉 헨리 나우웬 같은 이를 보여준다"고 그라운즈는 말한다.

마지막으로, 복음주의자들을 위한 나우웬의 예언자적 역할은 이른바 일종의 교만한 영적 자급자족을 특징으로 하는 복음주의 전통을 따라 살며 활동하는 기독교인들이 도무지 수용할 것 같지 않은 실천들과 통찰들의 긴 목록 속에 분명하게 드러난다; 그 목록은 짧지도 그렇다고 대수롭지 않은 것도 아니다. 복음주의자들에게 필수 불가결하게 된 나우웬의 예언자적 선물은 일기 작성, 명상, 침묵과 고독의 훈련, 수도 생활, 사명 여행, 낮은 자리로 나아가기(downward mobility), 타자 속의 예수, 영적 지도, 안식, 철저한 정직, 자기-성찰, 열매맺음 대 성공, 공동체, 환대, 상처받음의 선물 그리고 성만찬의 중요성 등을 포함한다.

복음주의자들과 헨리의 우정을 평가하기

헨리 나우웬의 욕망은 하나님과 더불어 나아가는 자신의 여행을 다른 사람들과 공유하여, 그들의 여행에 도움을 줄 수 있도록 하는 것이었다. 깜짝 놀랄 일로 여겨질 수 있지만, 그 열매의 중요한 줄기는 복음주의자들의 뜨겁고 수용적인 가슴으로 확장되어 어떻든 안착했다. 헨리 나우웬과 복음주의 운동 간의 영적 우정의 이야기는 우리가 최근에 목도하고 있는 기독교의 일치를 향한 성령의 활동에 대한 믿기 어려울만큼 가장 창조적이고 강력한 표현들 중 하나이다. 지금까지 이해된 바 그 이야기는 나우엔 자신에 대한 우리의 계속적인 이해와 발전하는 정의, 중요한 운동으로서 복음주의의 변화하는 성격 그리고 최근 일고 있는 영적 일치에 대한 우리의 이해를 위한 열매를 이미 맺어왔다.

결론적으로, 오해와 심지어 불일치의 가능성에도 불구하고, 우리의 이야기는 최근 일어나 확장일로로 나아가고 있는 나우웬의 신학과 영성과 목회에 대한 우리의 복합적 이해에 복음주의적 서술을 덧붙여만 하는 자리로 우선 우리를 끌고 간다. 이는 문화적 혹은 교파적 덧칠이 아니라 복음주의적 감각들과 실천들의 여러 핵심들과 나우웬을 영적으로 확고하게 연결하는 일반적인 서술이다.

둘째, 헨리 나우웬을 친구와 안내자와 자산으로 복음주의자들이 채택하는 것은 이 살아 진화하고 있는 전통에 대한 우리의 이해와 평가에 크게 공헌한다. 복음주의자들은 공격적이고, 언변 좋고, 논쟁적이고, 심판적이고, 교만하고 그리고 교리적이라는 평판을 들어왔다. 여기서 우리가 목도하고 있는 이야기는 이 관점을 최소한 조금이라도 바꿀 것을 요구한다. 왜냐하면 나우웬의 독특한 목회를 넉넉히 포괄하면서 복음주의자들은 전형적인 모습으로 여겨져 왔던 것보다 더 취약하고, 수용적이며 호의적이라는 것을 스스로 증명하고 있기 때문이다. 분명히, 복음주의자들의 입장에서 이 자세를 계속적으로 수련하는 일은 일치를 향한 새로운 가능성들을 계속해서 창출해 나아갈 것이다. 덧붙여, 복음주의자의 신념과 명상적 영성 간의 지속적인 결합은 교회와 세계 안에서 강력한 선의 힘을 발휘할 것을 약속한다고 결론을 내려 보려 한다.

마지막으로 우리의 이야기는 교회일치(ecumenicity)와 기독교의 일치의 현재와 가능한 미래의 전망에 대한 몇 가지 주목할 만한 점을 가져다준다. 전문 신학적 교리들 때문에 혹은 서로 동의할 수 없는 문제나 장애물들에 대하여 격렬한 대화를 통하여 형식적이고 공식적으로 적법한 일치에 이르고자 했기 때문에 그 어떤 개신교 복음주의자들도 나우웬을 포용하지 못했다고 안전하게 주장할 수도 있지만, 다른 한편으로 복음주의자들은 나우웬의 영성과 개인적인 삶 그리고 그의 통찰력 있는 저술 사역을 하나의 선물로서 포용해 왔다. 이 우정은 교회일치의 이상에 근접한 어떤 것이 형태와 스타일을 가지고 출현하고 있음을 제시해 주고 있으며, 이는 아직 격의없고, 비공식적이고, 유기적이고, 관계에 기반한 것이어서, 대등한 것을 반드시 보답으로 주어야 함을 전제함이 없이 예언적으로 수용되어질 수 있는 우정이다. 이 우정은 영적인 깊이와 실천으로 성장하고 싶은 심원한 욕망을 통해 강력히 추동되어 나간다. 더 나아가, 헨리 나우웬과 복음주의자들의 이야기는 다른 전통적인 고려사항들보다 교회일치 운동의 발전을 지향해 나아가는 영성에 중대한 우선성을 부여해야 하는 강력한 예증이 된다.

복음주의자들은 예수와 개인적인 관계 맺음에 자신들의 신앙적 뿌리를 두고 있지만, 그러나 최근 그들은 카톨릭의 영성 저술가인 헨리 나우웬을 친구이자 형제삼아 의지하고 신뢰하면서, 그 관계를 통해 새로운 깊이를 발전시킬 수 있는 도움을 얻어왔는데, 이 깊이는 자신들의 전통과 재원들을 통해서는 분명하게 찾아볼 수 없는 것이었다. 결과적으로 많은 복음주의자들과 인도자들과 교수들과 평신도들은 헨리와 같은 친구를 가질 수 있는 것이 얼마나 좋은지 말할 수 있다. 이 새로운 관계의 빛에서 그리고 복음주의적 열정의 본성을 고려할 때, 복음주의자들이 나우웬의 유산을 이 세대를 넘어 짊어지고 나아가기에 가장 적합한 사람들이라고 말할 수 있을 것이다.

---

1) Timothy Larsen and John Vickery, *For Christ in Canada: A History of Tyndale Seminary*: 1976-2001 (Toronto: Tyndale University College and Seminary, 2004), 59 中에서.

2) Ian Rennie, 위의 책에서 인용, 60.

3) Daniel Golden, "A Test of Faith," *Wall Street Journal* (January 7, 2006), A1.

4) Timothy Larsen, "Defining and Locating Evangelism," in *The Cambridge Companion to Evangelical Theology*, ed. Timothy Larsen and Daniel J. Treier (Cambridge: Cambridge University Press, 2007).

5) Ibid.

6) 예를 들어 이하를 참고하라 - Henri Nouwen, "Moving from Solitude to Community to Ministry," *Leadership Journal* (Summer 1995).

7) Karen Pascal, *Journey of the Heart: The Life of Henri Nouwen*, one-hour documentary film (Ontario: Windborne Productions, 2003).

8) James Beverly, "Catholics and Evangelicals," *Faith Today* (September /October 2002).

9) Brian Stiller, "Open Letter to Stockwell Day, Frank Kless, Preston Manning." Available on the BrianStiller.com website.

10) 참조 - Michael J. Cusick, "A Conversion with Mike Yaconelli," *Mars Hill Review*, no.2, 67-87; 또한 Michael Yaconelli, *Dangerous Wonder* (Colorado Springs: NavPress, 1998)을 참조할 것.

11) Philip Yancey, "Knowledge of the Journey," in *Nouwen Then: Reflections on Henri*, ed. Christopher De Vinck (Grand Rapids, MI: Zondervan Publishing House, 1999), 23.

05 하나님의 은혜로 춤추기: 나우웬의 『나의 애도를 춤으로 바꾸기』의 빛에서 조명해 보는 아프리카계 미국인의 예전적 춤

– 조앤 포드 왓슨(JoAnn Ford Watson)과 에밀리 파듀(Emily Pardue)

에밀리 파듀(Emily Pardue) 박사와 조지아 톰슨(Georgia Thompson) 목사와 무용가 재즈민 크레이톤(Jazmin Crayton) 그리고 미시간주 디트로이트의 JAIA 시스터즈 미니스트리즈(JAIA Sisters Ministries)의 감독하에 아프리카계 미국인의 예전적 춤 공연이 논문 발표에 이어졌다. 예전적 춤을 연습하기 위한 기회들 또한 이 예배 순서에 참여한 사람들에게 제공되었다.

나우웬은 시각 예술(visual arts)을 사랑했다. 그는 그림, 연극, 드라마, 서커스, 어릿광대 놀이와 춤 등의 예술에 끌렸다. 나우웬의 『로마의 어릿광대』(*Clowning in Rome*) 서문에서 수 모스텔러(Sue Mosteller)는 "아이처럼 헨리는 서커스에 매혹되었고, 그 매혹은 결코 그를 떠난 적이 없었다. 여러 해 동안, 특별히 지난해, 그는 영적 삶과 서커스의 관계를 기본으로 하는 소설을 쓰기 위해 준비하고 있었다. 그 소설은 때 아닌 그의 죽음으로 결국 탈고되지 못했다"[1]고 적고 있다. 『나의 애도를 춤으로 바꾸기』(*Turn My Mourning into Dancing*)에서 나우웬은 시각예술, 서커스의 공중그네, 그리고 춤을 영적 삶의 움직임을 설명하기 위해 사용한다.[2] 그는 영적 삶의 힘겨운 시간들을 지나가는 다섯 가지 움직임들을 설명하기 위해 춤을 사용한다 : (1) 우리의 작은 자아들로부터 보다 큰 세계로; (2) 꼭 부여잡기로부터 내어놓기로 (3) 운명론적 체념으로부터 희망으로 (4) 조작(manipulation)으로부터 사랑으로; (5) 두려운 죽음으로부터 기쁨 충만한 삶으로.

나우웬은 고통 받고 신음하는 것으로부터 벗어나 희망을 향한 영적 삶의 움직임을 설명하기 위해 춤을 사용한다:

> 애도(mourning)는 우리를 가난하게 만든다; 그것은 우리에게 우리의 작음(smallness)을 강렬하게 주지시킨다. 그러나 정확히 여기, 즉 그 고통, 그 가난함 그리고 그 거북스러움 속에서 그 댄서(the Dancer)가 우리를 일으켜 세워 첫 발걸음을 옮기도록 청한다. 왜냐하면 그 고통으로부터의 분리가 아닌 바로 그 고통 가운데에서 예수님은 우리의 슬픔 가운데 들어오시고, 그 손으로 우리를 잡으시고, 잔잔히 잡아 당겨 일으켜 세워 함께 춤추자고 청하신다. 시편 저자가 "주께서 나의 슬픔이 변하여 내게 춤이 되게 하시며"(시편 30:11)라고 했던 것처럼, 우리는 기도하기 위한 방법을 찾는다. 왜냐하면 우리의 비판의 중심에서 우리는 하나님의 은혜를 찾았기 때문이다.[3]

나우웬은 "궁극적으로 애도(mourning)가 의미하는 것은 그것을 치료할 수 있는 절대자의 현존 앞에서 우리를 상처나게 만들었던 것을 대면하는 것을 의미한다"[4]고 적었다. 개인적으로 그리고 집단적으로 아프리카계 미국인들은 전통적으로 고통(suffering), 비탄, 그리고 상처들을 대면해야만 했다. 그것들은 고통스러운 시간들을 넘겨내는 나우웬의 다섯 가지 움직임들과 관계될 수 있다. 나우웬은 오랫동안 아프리카계 미국인들이 알아왔던 것을 말한다: 오직 움직임을 통해서만 다루어질 수 있는 상처들이 있다. 아프리카계 미국인들과 나우웬에게, 하나님은 춤을 통해 살아가도록 우리를 초대하는 댄서이다.[5]

아프리카계 미국인의 전통으로 표현된 예전적 춤(liturgical dance)은 나우웬의 영성(spirituality)을 예시한다. 폴 라임스(Paul Rhimes)는 "태어나기 위해 요동치는 씨앗, 삶의 최초의 숨결, 신음, 존재하기 위한 투쟁, 매일의 삶을 넘어 영혼의 실재 안으로 다가서기, 위대한 신성(Great Divine)의 일견(glimpsing), 삶이면서 또한 흙으로 다시 돌아가는 길인 신비합일과 슬픔—이것이 춤이다"[6]고 말한다. 아프리카계 미국인 공동체는 매일의 삶을 넘어서 사람과 영혼의 해방자를 가만히 기다리며 신성의 일견에 이르기를 배웠다. 우리를 춤추도록 초대하는 댄서로서의 하나님에 대한 나우웬의 생각은 상보적이다; 댄서와의 만남과 춤을 통해 우리는 우리를 제약하고 있는 모든 것으로부터 자유로워진다.

흑인 교회의 예배는 그 뿌리를 고대 아프리카인들의 문화적이며 종교적인 전통에서 찾는다. 아프리카인들은 성스러움과 세속 사이를 분리해서 보지 않았다. 예배(Worship)는 사람들을 감정들과 공동체 그리고 신적 존재와 접촉하도록 만들었다. 예술은 예배의 한 부분이었고 성스러움과 세속 사이의 연결 가능하게 했다.[7] 조지 오포리-아타-토마스(George Ofori-Atta-Thomas)는 선언한다:

> 신대륙으로 수송된 아프리카 사람들은 그들의 종교와 예배전통을 가지고 왔다.... 그들의 신념체계들이 포함되어 있었다: 신 의식(God consciousness), 종교적 세계에 대한 긍정, 기도, (확장된 가족-공동체 관계로써) 수직적 차원에서의 협동적 혈연관계, 빙의(spirit possesion), 불멸 그리고 현실의 조화, 즉 성스러움과 세속 사이의 비분리성. 따라서

예배는 감정들을 접촉함으로, 경험의 조화를 통해, 모든 실존 안에서 하나됨으로 전 존재(the whole being)의 유대감을 강화했다.... 유럽계 미국 기독교가 미국 내 아프리카인들의 종교적 민속에 상당한 영향을 주었다.[8)]

춤은 아프리카계 미국인들이 담지하고 응용한 아프리카의 종교적 유산으로서 예배와 사회 구조의 한 부분이었다. 스티브 이반스(Steve Evans)는 "아프리카에서 춤은 삶의 본질적인 부분이다. 모든 중요한 행사, 즉 통과의례를 포함하여, 할례, 전쟁을 위한 준비, 승리, 삶과 죽음의 축제들, 추수, 사냥, 구혼 그리고 조상숭배 의식들은 춤과 함께 거행된다"[9)]고 적고 있다. 이반스는 아프리카인의 정서적이고 공동체적 삶 속에서 춤의 역할을 설명했던 안드레 마사키(Andre Massaki)의 말을 인용하는데, "아프리카인들에게 몸의 움직임은 매우 중요하다.... 아프리카인의 모든 정서는 몸의 사용을 통해 전해질 수 있다.... 춤에 참여한다는 것은 그 집단 속으로 한 개인이 받아들여졌다는 것을 의미한다"[10)]

아프리카 사회들에서 춤의 역할을 논하면서 오포리-아타-토마스는 다음과 같이 적는다:

함께 춤을 나눔 속에서, 경험의 모든 상황들이 그 순간에 적합한 분위기와 의미로 묘사되고 사회화된다: 춤은 노래에 동반되는 보편적인 리듬 반주가 되었다. 아프리카인들은 기뻐서 춤춘다. 그들은 슬퍼서 춤춘다. 그들은 사랑하기 때문에 춤춘다. 그들은 미워하기 때문에 춤춘다. 그들은 괴로운 시간에도 춤춘다. 그들은 번창을 기원하며 춤춘다. 그들은 춤추는 기쁨을 위해 춤춘다. 그들은 시간을 보내기 위해 춤춘다. 무엇보다도 그들은 종교 때문에 춤춘다.[11)]

예배자가 몸을 흔들든지, 손을 흔들든지, 콧노래를 하든지, 노래하든지 혹은 춤추든지 간에, 움직임은 아프리카계 미국인의 예배에서 매우 중요한 부분이다. 거기에는 예배자들의 영을 하나님의 영과 그들의 감정들과 그들의 공동체에 연결하는 어떤 무언가가 있다. 하나의 전체로써 교회 지체는 예배에 기여하고, 춤은 그 기여의 핵심이다.

어떻게 예전적 춤이 아프리카계 미국인 공동체 안에서 기능하는가를 이해하기 위해서, 우리는 아프리카계 미국인들의 예배 경험을 이해해야만 한다. 그들의 예배 경험들은 아프리카적 영향을 받은 경험들에 근거한 다양한 예배 표현이다. "우리가 존재하기 때문에 나는 존재한다"를 의미하는 아프리카적 개념 '음부투'(*mbutu*)는 아프리카인들과 아프리카계 미국인들을 공민권을 박탈당한 자의 조건들에 대한 개인적 그리고 집단적 경험으로 통합시킨다. '음부투'(*mbutu*) 개념은 아프리카계 미국인들의 예배 속에서 개인적으로 그리고 집단적으로 자유자와 수호자로서의 하나님의 경험을 수행한다.[12]

축하하는 사람으로서 아프리카계 미국인이라는 표현도 또한 아프리카 문화로부터 유래한다. 축하(celebration)는 움직임을 통해 만들어진다. 리듬있는 움직임을 포함하는 춤은 예배 안에서만 중요한 역할을 수행하는 것이 아니라 인간 발달 단계에서도 상당히 중요하다. 예배자들이 정서적으로 영적으로 물리적으로 어떻게 느끼는가와 예배하기 사이에는 연결점이 있다. 진정한 예배는 하나님에 대한 응답이다. 예배 안에서 아프리카계 미국인들은 진실로 하나님의 현존을 본다. 흑인의 종교적 경험 속에서 예배는 아프리카계 미국인들이 하나님에 대해서 그리고 그 하나님과 그들과의 관계에 대해서 믿는 바로부터 나오는 시각적 활동이다.[13] 축하는 하나님께 감사함을 보이는 중요한 방식이다.

아프리카적 예배경험을 이해하기 위해서는 시간에 대한 아프리카적 관점을 이해해야만 한다. 아프리카적 시간개념의 권위자인 존 엠비티(John S. Mbiti)는 이렇게 적고 있다:

> 아프리카적 시간 개념은 3차원적이라기보다 오히려 2차원적이다. 아프리카적 관점은 미래를 거의 강조하지 않고, 과거와 현재를 강조한다. 3차원적 시간 개념은 과거, 현재 그리고 불확실한 미래에 주목한다. 우리의 시간 개념은 성경적 시간을 향한 태도(orientation)에 영향을 미친다. 아프리카인들은 미래를 6개월로부터 2년 사이의 임박한 미래의 한정된 시간으로 생각한다. 아프리카인은 백인들 사이에서는 일반적인 과거, 현재, 그리고 미래 사이의 견고한 구별을 만들지 않는다. 과거와 미래가 현재 속으로 도래하는 방식은 미래적 실재가 현재에 실제적으로 영향을 미치지 않을 수 없는 방식으로 이루어진다. 성서 문헌의 실현된 종말론이 아프리카적 사유 속에서는 보다 강조되는 것 같다.[14)]

이러한 관점이 아프리카계 미국인들의 예배 속에 도입되었다. 이것은 개인들이 감성적 웰-빙(well-being)을 수립하도록 돕는다. 그들은 현재를 위한 함축성을 염두에 두고 미래를 향해 나아가면서 그리 멀지 않은 과거를 되돌아본다. 이는 입에 (미래를 상징하는) 알을 물고 앞으로 날아가면서 뒤를 돌아 보는 서아프리카의 전설적인 새 '산코파'(Sankofa)의 개념이다. '산코파의 문자적 해석은 "되돌아가서 네가 잊은 것을 가져오는 것은 금기가 아니다"라는 뜻이다.[15)] 산코파(Sankofa)는 사람들에게 앞을 향해 나아가려면 그들의 뿌리로 되돌아 가야함을 가르친다. 사람들은 미래로 나아가기 위해 과거가 가르쳐준 것 중에서 최고의 것을 모으기 위해 기억을 더듬는다.

이 발제에 이은 웍샵에서 고난으로부터 희망으로 나아가는 나우웬의 영적 삶의 다섯 가지 움직임들 각각을 표현하기 위해 아프리가계 미국인들의 전통을 응용한 춤 시연이 있었다. 제1부는 "우리의 작은 자아로부터 보다 더 큰 세계로"[16]라는 제목이 붙여졌다. 나우웬은 우리 자신 너머로 우리의 슬픔과 고통의 환경들이 확장되는 것에 주목한다. 하나님의 은혜 안에서 다른 사람들과 함께 고통을 경험하는 것은 우리의 짐을 가볍게 만든다. 이것이 춤 속에서 발과 손과 팔을 들어 올리는 춤추는 사람의 이미지이다. 그것은 춤 속에서 고통을 표현하는 것이며, 그 다음으로 하나님의 은혜 속에서 고통이 들어 올려지는 것이다. 나우웬은 이렇게 적고 있다:

> 우리가 춤을 출 때, 우리는 우리 슬픔의 작은 지점에 머물러야만 하는 것이 아니라 그것 너머로 발걸음을 내딛을 수 있다는 것을 깨닫는다. 우리는 우리 자신에 삶의 중심을 두기를 그만둔다. 우리는 함께 있는 다른 사람들을 잡아 끌어 더 큰 춤판으로 그들을 초대한다. 우리는 우리의 중심에 은혜로운 타자(Gracious Other)와 다른 사람들을 위한 공간을 만들기를 배운다. 우리가 하나님과 하나님의 사람들에게 선물이 되었을 때, 우리는 삶이 더 풍성해짐을 발견한다. 우리는 이 모든 세상이 우리의 춤판이라는 것을 알게 된다. 우리의 걸음들은 하나님이 다른 사람들 또한 춤추도록 부르시기 때문에 더욱 가벼워진다.[17]

나우웬은 "기도는 우리를 춤추시는 하나님과 접촉하도록 한다"[18]라고 썼다. 그는 우리가 우리의 고통스러운 환경을 확장하여 공동체 안에서 하나님에게 그것을 드리려 할 때, 우리는 기도를 통해 그것을 하나님께 드릴 수 있다고 강조한다. 아프리카계 미국인의 전통 속에서 춤은 예배 중에 사용되는 예전적 기도의 한 형식이다. 공동체는 경축하며 하나님께 그의 고통과 투쟁들과 소망들과 기쁨들을 올려드린다.[19]

나우웬에게 애도하는 것과 춤추는 것은 하나님 은혜의 동일한 움직임이다. 나우웬은 우리를 더 큰 춤에 참여하도록 부추긴다.[20] 그는 그리스도 안에서 감사와 은혜 가운데 우리의 삶을 살도록 우리를 부른다. 그는 하나님이 그 자신과 유사하게 우리를 만들어 가시는 고유한 방식으로 삶을 지각하도록 우리를 청한다. 나우웬은 다음과 같이 쓰고 있다: "감사는 이 춤 속에서 우리가 그를 계발할 때에만 도움이 된다.... 만일 애도하는 것과 춤추는 것이 은혜의 동일한 움직임의 부분들이라면, 우리는 우리가 살아가는 모든 순간으로 인해 감사할 수 있다. 우리는 우리의 마음이 그리스도와 더 일치하도록 만들어 가시는 하나님의 방법으로서 우리의 고유한 (삶의) 여행을 주장할 수 있다."[21]

자아로부터 더 큰 세계로 나아가는 나우웬의 첫 번째 움직임은 자신들이 아프리카에서 알던 모든 것으로부터 떨어져, 이방의 문화에 배치되었던 아프리카계 미국인들의 전통과 삶의 상황으로 표현된다. 나우웬은 이렇게 말한다: "하나님의 눈과 우리 자신의 의식으로부터 우리 이야기의 일부를 감추려고 시도함으로써, 우리는 우리 자신의 과거에 대한 심판자가 된다."[22] 자신들의 과거에 대한 이러한 판단을 피하기 위하여, 아프리카계 미국인들은 그들의 역경과 고통과 죄의식(guilt) "속으로 그리고 [그것들을] 통해서" 춤추기를 배워야만 한다. 고통과 죄의식은 지금 그대로의 그들로부터가 아니라, 지금의 그들이 아닌 것이 되기 위해 시도함으로부터 온다. 아프리카계 미국인들은 바로 그 지점에서 하나님의 자녀로서 그들 스스로를 발견한다. 그렇게, 그들은 자신들의 작은 자아로부터 나와 더 큰 세계에서 자신들의 존귀한 자리로 부르는 실재로 발걸음을 옮길 수 있다. 그리고 춤은 시작된다.

나우웬은 "춤의 신비는 그 움직임들이 애도 속에서 발견된다는 사실에 있다"[23]고 진술한다. 하나님 말고는 그 누구도 아프리카계 미국인들의 고통의 깊이를 이해할 수 없다. 하나님 한 분과 더불어 춤추고 그리고 공동체와 더불어 함께 춤추면서 아프리카계 미국인들은 자신들의 작은 자아로부터 끌려나와, 하나님 ― 즉 그들을 이해하고 춤으로 이끄시는 하나님 ― 께 귀속되는 보다 큰 공동체로 이끌린다.

두 번째 부분에서 나우웬은 "꼭 부여잡기로부터 내어놓기"[24]로 움직임에 집중한다. 영적 삶에서의 성장은 우리가 삶의 복판에서 하나님의 음성 듣기를 각오하고 삶에 대한 지배력을 내어 놓을 때 일어난다. 나우웬은 분명하게 표현하기를, "훈련(discipline)은.... 삶을 변화시키는 방식으로 우리의 마음 속에 하나님의 영적 음성을 들을 수 있는 방을 남겨 놓는 것이다.... 우리는 그 위험스러운 행위들 속에서 하나님 없이 스스로 우리 자신에게 이룰 수 있었던 것을 넘어 놀라운 어떤 것을 발견한다."[25]

나우웬은 이러한 영적 삶의 방식을 서커스에서 공중그네 곡예사가 되는 것과 같다고 묘사한다. 그는 89세의 아버지와 함께 가서, 다섯 명의 남아프리카 공중그네 곡예사들의 서커스 공연을 보았던 일을 상술한다. 거기에는 세 명의 나는 사람과 두 명의 잡는 사람이 있었다. 나우웬은 적기를:

> 그들은 공중에서 춤을 춘다! 공중그네를 뛰는 사람들은(fliers) 치솟아 올랐고 그 모든 것은 위험하기만 했다. 그 파트너의 강한 손이 그를 붙잡기 전까지 말이다. 난 아버지에게 나도 언젠가 그처럼 날아보고 싶었다고 말했다. 아마도 나는 나의 소명을 놓쳤버린 것 같다! 나는 서커스하는 친구들의 용기에 끊임없이 감동을 받는다. 공연때마다 그들은 자신들의 비행이 파트너의 안전한 움켜쥠에 자신들의 손을 밀어 넣음으로 마무리 될 것으로 신뢰한다. 그들은 또한 안전봉을 놓아야만 아치형 비행의 은혜와 더불어 그 다음으로 나아갈 수 있다는 것

> 을 알고 있다. 붙잡히려면, (손을) 놓아야 한다. 그들은 빈 공간에 맞서 용감해야 한다.[26)]

나우웬은 공중그네 곡예사에 대한 이미지적 묘사를 계속한다. 우리가 우리의 삶을 내어놓고, 하나님께 맡길 때, 우리가 추락하더라도 하나님이 우리를 붙잡으실 것이라는 사실을 알고 안심할 수 있다고 그는 지적한다. 사투의 순간에 하나님께 손을 내어 뻗으면서 우리는 하나님이 우리를 붙잡으실 것을 확신할 수 있다. 나우웬은 적기를:

> 내가 아버지와 함께 돈 내고 서커스를 보기 시작한한 이래로, 내가 공중곡예사에 매혹되었다는 것을 깨달은 이래로, 나는 매년 서커스단과 일년에 한주 정도 함께 하거나 함께 여행을 했다. 그 단장이 최근 내게 말하기를, "헨리, 내가 공중에 도약하고 뒤로 공중제비를 할 때 모든 사람들은 나를 향해 환호를 한다네; 그들은 내가 영웅이라고 생각하지. 그러나 진정한 영웅은 잡는 사람이야. 내가 해야 하는 유일한 일은 나의 팔을 쭉 뻗고 믿는 것, 즉 그가 거기에 있어서 나를 다시 잡아 올려줄 것을 믿는 것 뿐이야." 우리는—삶의 난감한 교차로들에 얽매여 있든지 잘 풀리든지, 불확실한 순간들이든지 잘 나갈 때이든지—우리 작은 삶을 둘러싸고 우리를 붙잡고 지탱하기 위해 기다리시는 하나님에 대해 마찬가지로 말할 수 있다. 우리 안의 그리고 우리 너머의 누군가는 항상 그것을 가능하게 만든다. 그 때문에 우리의 삶에 대한 단단한 집착—그의 기쁨 그리고 심지어 그 슬픔들까지도—은 느슨해 질 수 있다. 우리는 다시 날기를—춤추기를—배울 수 있다.[27)]

아프리카계 미국인의 예전적 춤에 담긴 움직임은 공중곡예사들의 움직임과 같다. 그 춤은 내적 감정들을 표현할 자리를 제공한다. 춤추는 이들은 그들의 고통스러운 감정들을 몸으로 끌어내 하나님께 올려 드릴 수 있다. 그들이 신성한 은혜의 춤판을 오르내리듯, 하나님으로부터 희망과 치유를 받기 위해 손을 내어 뻗을 수 있다. 춤은 몸이라는 물리적인 대리자를 통해 내적 삶의 진실을 표현한다.[28] 아프리카계 미국인의 예전적 춤은 예배공동체의 한복판에 해방하시고 보호하시는 하나님의 자리를 마련하는 경험을 가져다준다.[29]

나우웬은 우리 자신을 내어놓고 하나님의 경이를 보도록 촉구한다. 공중곡예사들에 대한 회상 속에서 그는 "붙잡힘을 얻으려면, 그들은 내어놓아야 한다"[30]고 말한다. 기도는 우리를 내어놓도록 만들 수 있다. 춤추는 것은 움직임을 통해 기도로 우리의 마음들이 합해질 수 있도록한다. 춤 속에서 우리는 더 이상 우리가 안전하다고 믿는 것을 단단히 움켜 잡지 않는다. 오직 내어 놓아야만 받을 수 있다. 우리는 과거와 현재의 두려움과 의심과 그리고 노력들을 움켜쥔 손을 풀고, 텅빈 곳으로 들어간다. 우리가 춤추는 분(the Dancer)에 사로 잡힐 때 우리는 기다리고 들뜬 마음이 된다. 아프리카계 미국인의 예전적 춤 속에는 카이로스적인 순간, 즉 춤추는 자가 하나님께 치솟아 오르는 "아 하" (ah ha)의 순간이 있다!

세 번째 "운명론적 체념으로부터 희망으로"[31]라는 제목의 3부에서, 나우웬은 낙담에 대한 부정(no)으로부터 하나님 안에서의 희망의 긍정(yes)으로 향하는 영적 운동을 제공한다. 나우웬은 적기를, "낙담과 자포자기에 대한 부정은 삶에 대한 긍정의 맥락 속에서, 즉 조급하고 폭력적인 세상을 살아가는 위태로운 순간들 가운데 우리가 말하는 '예'(yes) 속에 도래한다. 왜냐하면 우리가 애도하고 있는 동안에도, 우리는 우리의 삶이 어떻게 생명과 희망을 부여하는 하나님의 보다 큰 춤에 참여할 수 있는지를 잊지 않는다."[32]

아프리카계 미국인의 예전적 춤은 몸과 영혼(spirit)의 전체성을 강조하는 아프리카적 뿌리로부터 유래한다. 그것은 춤추는 사람들이 자신들이 존재하는 바로 그곳에서 춤을 추기 시작하도록 용기를 북돋운다. 춤추는 사람들은 하나님의 은혜와 희망의 현존 바로 그 안에서 계속 춤추도록 독려받는다.[33] 하나님의 은혜 안에서 추는 이 춤은 인생이라는 여행의 모든 것을 위해 충분하다. 그것이 하나님의 능력과 활동 속에서 추는 춤이다.

아프리카계 미국인들에게 춤은 체념적 태도 즉 "언제나 그래왔듯이 앞으로도 그럴 것이다"는 태도로부터 이번에는 다를 지도 모른다는 희망의 깜박임을 향해 사람들을 몰아간다. 지금의 기득권은 변할지도 모른다. 아프리카계 미국인들은 개인적으로 그리고 집단적으로 자신들이 존재하는 자리로부터 춤을 춘다. 그들은 많은 사람들이 이해할 수 없는 리듬과 박자와 몸 흔들기와 곳노래로 춤을 춘다. 많은 사람들이 그것들을 이해하지 못하는 이유는 아프리카계 미국인들의 삶을 살아보지 못했기 때문이다. 춤은 아프리카계 미국인들을 "될 일은 그대로 된다"(what will be, will be)라는 생각 즉 불가피성에 대한 생각으로부터 떼어 놓는다. 춤은 그들이 바로 그 순간을 위한 희망의 흥분됨으로 휘말려 들어가도록 한다. 그렇게 실현된 희망은 하나님으로부터 창조된, 그러면서 동시에 하나님을 위한 운동을 가져온다.

나우웬은 우리가 삶을 거꾸로 읽어야만 한다고 말한다. "왜냐하면 기억하지 않음으로서 우리는 잊혀진 기억들이 우리의 기능과 관계와 기도에 심각한 영향을 미치는 독립적인 세력이 되도록 허용하기 때문이다."[34] 이것은 앞에 언급했던, 즉 우리가 앞으로 나아가기 위해서는 우리의 뿌리로 돌아가야 한다고 가르쳤던 서아프리카의 산코파(Sankofa) 새와 연관된다. 춤을 춤으로서 춤추는 사람은 생명을 죽이는 독을 쏟아내고, 그래서 삶을 위한 희망의 그릇(vessel)이 된다. 그 희망의 순간에는 춤추는 분(the Dancer)의 현존 속에 존재하는 것 말고는 그 어떤 것도 중요하지 않다. 춤이 끝났을 때, 거기에는 또 다른 시간, 또 다른 장소, 또 다른 춤을 향한 희망의 잔유물(residue)이 남아 있다.

4부에서 나우웬은 "조작(manipulation)으로부터 사랑으로"[35]의 운동에 집중한다. 하나님의 긍휼과 사랑은 우리가 "다른 사람들의 어둠의 순간들로 진입해 들어가면서"[36] 공동체 안에서 공유된다. 나우웬은 공동체를 하나님의 사랑하심 속에서 함께 나누는 것으로 정의한다. 그는 적기를, "공동체는 고독으로부터 성장하는 것이 아니라, 자신의 사랑받음을 인식하기 시작한 사람이 다른 사람도 사랑받고 있음을 환영할 때 도래한다. 내 안에 살아계신 하나님은 당신 안에 거주하시는 하나님을 환영한다."[37]

하나님을 위한 춤은 예배 안에서 공동체의 고통을 한데 묶는다. 춤추기는 춤추는 이에게 하나님에 대한 보다 많은 경험들을 제공하고 그래서 춤추는 이의 영혼을 하나님께로 고양한다. 춤은 하나님 앞에서 공동체가 욕구하는 것들에 대한 표현이 된다. 그 공동체가 하나님 앞에서 춤을 출 때, 하나님은 춤에 함께 하신다. 하나님은 영적으로 그 공동체와 함께 춤을 추신다.[38]

나우웬은 춤의 움직임들에 대하여 기술한다. 춤 속에서 사랑의 하나님의 현존이 그 공동체에게 제공된다. 춤을 통해, 고통으로부터 해방되고, 하나님 안에서 사랑받고 있다는 의식이 고양된다. 춤을 통해 그 공동체에게 긍휼이 부어진다. 나우웬은 춤의 은유 속에서 그리스도의 긍휼을 강조하면서, 진술하기를: "하나님의 매개와 경험의 일부가 아닌 인간의 고통이란 어떤 식으로도 존재하지 않는다. 그것은 우리 사이에 살기 위하여

육신이 되신 하나님의 위대하고 놀라운 신비이다. 하나님은 우리의 애도의 일부가 되시고 그래서 춤추기를 배우라고 우리에게 청하신다—혼자가 아니라 다른 사람들과 같이 말이다. 그 속에서, 서로 주고 받으며, 하나님 자신의 긍휼 속에서 나눔을 배우게 된다."[39] 나우웬은 적기를, "긍휼을 가지고 살아가는 것은 서로의 어둠의 순간들로 들어가는 것을 의미한다."[40]

공동체로서, 아프리카계 미국인들은 어둠의 순간들을 알고 있다. 그들은 사회의 경쟁력에 길들여지면서도, 항상 그들 자신의 목소리를 찾기 위해 노력한다. 그들은 다른 사람들을 보지 않는다; 오직 그들이 할 수 있는 것만을 본다. 혹, 나우웬이 말했던 것처럼, 그들은 다른 사람들을 "연극의 등장인물들처럼" 본다.[41] 그들은 춤을 통해 사회적 조작과 구속됨으로부터 하나님의 마음과 사랑으로 나아가기를 추구한다. 이것은 짐을 내려놓고, 하나님의 마음으로 나아가는 움직임을 표현할 때 가능해진다. 춤은 춤추시는 분(the Dancer)과의 관계 즉 하나님과의 관계를 강조한다. 하나님의 사랑의 빛이 춤추는 자를 통하여 비추어져, 하나님의 사랑이 보여지면서, 춤추는 사람은 투명해진다. 그 춤 속에서, 춤추는 사람들은 조작하고 조작되는 삶으로부터 벗어나 서로를 사랑하는 사이로 나아간다. 사랑은 춤을 통해 아프리카계 미국인의 예배 공동체 속에서 표현된다. 나우웬은 적기를:

> 우리가 서로에게 사람들(persons)이 될 때, 우리는 서로에게 투명하게 되고, 빛이 우리를 통해 비춰지고, 하나님이 우리를 통해 말씀하실 수 있으시다. 우리가 우리의 개인적인 성품들의 한계를 초월하는 사람들이 될 때, 사랑이신 하나님은 우리 가운데 그 자신을 드러내시어, 우리를 공동체로 묶으실 수 있으시다. 우리는 투명해진다. 타인들은

그들의 불투명함(opaqueness)을 벗고, 우리에게 우리 주님의 사랑스러운 얼굴을 드러낸다.[42]

제5부 "두려운 죽음으로부터 기쁨 충만한 삶으로"에서, 나우웬은 하나님 안에서 삶이라는 춤의 마지막, 즉 죽음은 기쁜 것이라고 적고 있다.[43] 나우웬은 적기를, "믿음은 우리에게 어떤 곳에든 어떤 식으로든 어떤 분(Someone)이 우리를 붙잡아 집으로 데려오실 것이라는 것을 도약하여, 내려놓고, 믿기를 청한다."[44] 목표는 하나님 안에서 영원히 기쁨 충만한 삶이다. 이것은 하나님의 하늘나라에서 있을 영원한 춤이다. 나우웬은 진술하기를: "궁극적으로 죽음을 직면하는 일은 우리로 하여금 더 나은 삶을 영위하도록 해준다. 슬픔의 밤들과 희망의 아침들이 교차하는 가운데서 하나님의 기쁨을 안고 더 춤출수 있게 해준다."[45] 삶이 하나님의 은혜의 춤으로 살아질 때, 거기에는 지금 이 삶을 위한 그리고 영원한 삶을 위한 희망과 기쁨이 있다.

아프리카계 미국인들은 축하하는 사람들이다. 축하는 예전적 춤의 움직임들을 통해 표현된다. 축하하면서, 흑인(black people)들은 하나님의 능력 안에서 온전히 살아낸 삶을 표현하기 위해 춤을 춘다.[46] 아프리카계 미국인들의 예전적 춤은 아름다운 수단이다. 그것은 고통을 넘어 기쁨으로 그리고 죽음을 넘어 하나님의 영원한 삶으로 나아가는 영적 여행의 깊이와 아름다움을 표현한다.

나우웬은 말하기를, "삶은 우리가 떠남을 연습하는 학교이다."[47] 떠나는 이들을 위한 아프리카계 미국인들의 예배는 '집으로 가는 예배'(home-going service)라 불린다. 아프리카계 미국인들은 이 세상이 그들의 마지막 목적지가 아니라는 것을 안다. 장례식, 즉 집으로 가는 예배는 하나님 안에서의 영원한 승리를 축하하는 축하연이다. 이 예배 속에서 춤추는 것은 영광을 즉 죽음으로부터 생명으로 나아가는 여행을 얼핏 맛볼수 있도록 한다. 그 여행은 죽음에 대한 두려움으로 휩쌓인 여행이 아니라 생명에로 나아가는 여행이 된다. 춤 속에서 자기를 버림으로서 춤추는 사람은 하나님 안에서 새로운 삶의 운동으로 나아간다. 이것은 하나님과 은혜로운 춤의 마당에서 기쁨으로 자유롭게 표현된다.

---

1) Henri J.M. Nouwen, *Clowing in Rome: Reflections on Solitude, Celibacy, Prayer, and Contemplation*, rev. ed. (New York: Doubleday, 2000), xiii.

2) Henri J.M. Nouwen, *Turn My Mourning into Dancing: Finding Hope in Hard Times*, comp. and ed. Timothy Jones (Nashwille, TN: Word Publishing, 2001).

3) lbid., 13.

4) Ibid., xv.

5) Ibid, xvi.

6) "The Black Tradition in American Dance," 디트로이트에 있는 the Charles H. Wright African American Museum 안의 명판.

7) George Ofori-Atta-Thomas, "'The African Inheritance in the Black Church Worship': The Black Christioan Worship Experience: A Consultation," *The Journal of the Interdenominational Theological Center* 14 (Fall/Spring 1986): 44

8) Ibid., 45.

9) Steve Evans, "A Study of a Biblical Medium and a Cultural Worship Form in Africa"(2000).newway.org 웹사이트에서 이용가능.

10) Andre Massaki, in ibid.

11) Ofori-Atta-Thomas, "The African Inheritance in the Black Church Worship," 62.

12) Emily Pardue, *The Drama of Dance in the Local Church* (Orlando: Xulon, 2005), 64.
13) John Brandon, "'Worship in the Black Experience': The Black Christian Worship Experience: A Consultation," *The Journal of the Interdenominational Theological Center* 14 (Fall/Spring 1986): 113.
14) Thomas Hoyt, "'The African American Worship Experience and the Bible': The Black Christian Worship Experience: A Consultation, " *The Journal of the Interdenominational Theological Center* 14 (Fall/Spring 1986): 7, summarizing John S.Mbiti, New Testament Eschatology in an African Background (London: Oxford University Press, 1971), 23-61.
15) The W.E.B.Du Bois Learning Center에 의해 인용된 *The Meaning of the Symbolism of the Sankofa Bird*. the duboislc.net 웹사이트에서 이용가능.
16) Nouwen, *Turn My Mourning into Dancing*, 3.
17) Ibid., 13.
18) Ibid., 14.
19) Pardue, *The Drama of Dance*, 66.
20) Nouwen, *Turn My Mourning into Dancing*, 14.
21) Ibid., 18.
22) Ibid., 7.
23) Ibid., 16.
24) Ibid., 23.
25) Ibid., 43.
26) Ibid., 25.
27) Ibid., 43.
28) Pardue, *The Drama of Dance*, 56.
29) Ibid., 64.
30) Nouwen, *Turn My Mourning into Dancing*, 45.
31) Ibid.
32) Ibid.
33) Pardue, *The Drama of Dance*, 43.
34) Nouwen, *Turn My Mourning into Dancing*, 59.
35) Ibid., 65.
36) Ibid., 67.

37) Ibid., 83.

38) Pardue, *The Drama of Dance*, 14-15.

39) Nouwen, *Turn My Mourning into Dancing*, 86-90.

40) Ibid., 67.

41) Ibid.

42) Ibid., 85.

43) Ibid., 91.

44) Ibid., 100.

45) Ibid., 110.

46) Pardue, *The Drama of Dance*, 66.

47) Nouwen, *Turn My Mourning into Dancing*, 96.

06

헨리 나우웬, 토마스 머튼, 그리고 도날드 니콜: 지혜와 평화의 순례

– 마이클 W. 히긴스(Michael W. Higgins)

영성(spirituality)은 요즘 도처에 널려있다. 이렇게 말하는 것이 이상한 방식이라는 것을 인정하기는 해야겠지만, 그러나 오히려 직접적으로 언급하는 방식이다. 실제로 영성이란 무엇인가? 왜 이렇게 많은 사람들이 갑자기 이 분야에서 전문가가 되었을까? 마치 그것이 하나의 분야라면 말이다. 종교와 영성을 이율배반으로 정의하도록 만드는 특징들은 어떻게 만들어지는가?

『토론토 스타』(*Toronto Star*)에 기고한 글 속에서, 토론토의 야심찬 무대공연물인 〈반지의 제왕〉(*The Lord of Rings*)에 건달프(Gandalf)로 출연하여 토니 상(Tony-award)을 수상한 배우 브랜트 카버(Brent Carver)는 다음과 같은 말을 했다고 회자되어진다: "믿음은 나에게 특별한 여운을 가진 말이다. 나 스스로를 영적이라고 정의할지라도 내가 필연적으로 종교적인 것은 아니다. 누구도 믿음에 특허권을 갖고 있지는 않다. 누구도 하나님에 대하여 특허권을 주장할 수는 없다. 우리 모두는 각자 자신의 방식대로 쓸 수 있다."[1] 그러나 영성이라는 문제에 이르렀을 때, 우리는 정확히 어떻게 우리 자신의 방식대로 기술할 수 있을 것인가?

캐나다 방송(CBC)과 〈글로브 앤 메일〉(*Globe and Mail*)의 논평가로서 고정관념에 대한 지혜로운 채찍으로 널리 유명한 랙스 머피(Rex Merphy)는 북아메리카 문화를 맞대놓고 다음처럼 신랄하게 언급하였다: "닥터 필"(Dr. Phil)①의 잡담들과 〈위기의 주부들〉(*Desperate Housewives*)②의 놀이들을 지적으로 환대하는 문화는 신앙과 그 행위주체에 대한 생각을 추구할 힘을 갖고 있지 못하다."[2] 가혹하지만, 그러나 무근거한 비판은 아니다.

베네딕트 수도회의 위대한 영적 인물로 추앙받는 존 메인(John Main)의 제자이면서 작가인 베네딕트 수도회 수사 돔 로렌스 프리맨(Dom Laurence Freeman)은 우리 시대 영적 위기의 단층면들을 지적함에 주저하지 않는다: "그들의 모든 결단과 재원들에도 불구하고 왜 우리 주류 교회들이 여전히 우리 시대의 심각한 영적 요구들을 접하지 못하는지를 이

---

① 역자 - Dr. Phil이란 표현은 여론 형성이나 사회적 이슈가 있을 때마다, 소위 '박사'라 지칭되는 사람들이 나와 의견과 해법을 제시하는 것이 미디어를 통한 여론의 상례가 된 문화의 풍경을 풍자하는 표현이다.

② 역자 - 우리나라에서도 인기를 끌었던 미국 드라마로서 미국 가정들의 내적 위기를 극화한 작품이다.

해하고자 시도하는 일은 당혹스럽고 좌절스런 일이다. … [젊은이들은] 그들이 보기에 편협함, 완고한 교리주의, 내적 불화, 교파 간 종파주의, 중세적 성차별주의 그리고 영적 깊이의 결여라 여겨지는 것들을 일축해 버린다."[3] 프리맨은 기성 제도 종교의 실패에 관하여 말하고 있는 것이다. 하지만 그는 그의 필요불가결성에 관하여 말하지 않는다. 그는 복음의 메시지에 대하여 날카롭게 비판하는 일을 말하고 있는 것이지, 그의 부적절성을 말하고 있는 것이 아니라는 말이다. 그렇다면 우리는 자문을 얻기 위해, 계몽의식을 얻기 위해, 분별력있는 비평을 위해 그리고 통합된 성숙한 비전을 위해 어디로 눈을 돌려야 할까? 20세기 영적 사상가이면서 저술가들이었던 토마스 머튼과 도날드 니콜 그리고 헨리 나우웬은 꽤 오랜 시간을 공유하는 동시대인들이었다. 마찬가지로 그들은 유사한 상황들에 관하여 말했다. 마찬가지로 그들은 유사한 위기들을 제기했다.

이 세 사람들을 숙독하기 위해, 특별히 캐나다의 시인이자 대학교수인 포터(J.S. Porter)가 제안한 아주 흥미로운 아이디어에 의존했는데, 그는 특별한 단어 속에서 진입지점, 해독되어야 할 암호, 측량할 탐침을 본다. 그 특정 단어, 즉 적합한 단어는 [책의 내용을] 푸는 열쇠이다. 포터의 책 『정신 책 단어』(Spirit Book Word)는 특정한 단어들을 특정 작가들과 동일시하여, 왜 그 단어가 그들의 영혼과 상상력에 서명(signature)과 조리개(aperture)가 되는지를 탐구한다. 그러나 포터는 정작 그 자신의 단어를 찾는데 애를 먹고 있었다. 그는 적기를: "난 여전히 내 단어를 찾지 못했다. 나를 부르고, 나를 주장하고, 나를 소유한 그 단어 말이다. 내 몸에 쓰여진 단어. '존재'가 스스로를 하이데거 속으로 불사르던 길, '사랑'이 카버(Carver)를 에워싼 길 혹은 '모더니즘'이 스위프트(Swift)를 화상 입힌 방식을 내 이마에 각인시킨 단어. 내 삼위일체, 즉 나의 단어들과 책들과 정신을 연결할 방법을 찾지 못했다."[4] 결국 그는 그 단어가 그의 얼굴을 빤히 응시하며 거기 있었다는 사실을 발견했다. 그것은 "정신책단어였다. 즉, 그 책 속에 담긴 그 단어의 폭이었다. 나는 4살짜리처럼 펄쩍 펄쩍 뛰었다. 할렐루야! 내 단어를 찾았다. 이제 다른 사람들 속에 있는 정신책단어들을 찾아볼 수 있게 되었다."[5] 그 다른 사람들 중 하나인 토마스 머튼에게 주어진 단어는 "자비"(mercy)였다.

정신책단어는 정말 놀라운 아이디어로서, 살펴 볼 세 주제인물들에 적용할 때도 마찬가지로 힘을 발휘할 장치 혹은 원리이다. 토마스 머튼의 정신책단어는 '동정점'(point vierge)이고, 도날드 니콜에게는 '심학'(心學 *scientia cordis*)이고, 헨리 나우웬에게는 "상처입은 치유자"(wounded healer)였다. 이 말들은 정신책단어들이라기 보다는 정신책 '구들'에 가깝게 들리는게 사실이지만, 내 말을 따라오기 바란다.

동정점(Point Vierge)

1960년대에 마지막 분할, 마지막 사분면 즉 네 번째 조아(the fourth Zoa)를 위한 무대가 마련되었다: 우르토나(Urthona) 혹은 지혜.③ 머튼에게 지혜의 의미는 유동적이고, 시간의 흐름을 따라 진화하고 있어서, 그 생명의 성숙하고 원숙한 차원은 서두르거나 계획표를 짜거나 프로그램을

---

③ 역자 – 발라 혹은 네 조아들(Four Zoas)은 영국 시인 윌리엄 블레이크(William Blake)가 기록한 미완의 예언서들 중 하나를 가리키는데, 그 책의 명목상 주인공들이 바로 네 조아들(우르토나Urthona, 우리젠Urizen, 러바Luvah 그리고 타마스Tharmas)이다. 이들은 블레이크 신화 속에서 알비온(Albion)의 타락으로 창조되었다. 이야기는 대략 조아들의 상호작용, 그들의 타락한 형태들 그리고 그들의 방사(Emanation)로 전개될 예정이었지만, 블레이크는 문득 이 이야기에 싫증을 느껴 미완의 상태로 남겨두었다.

작성한다고 해서 이루어질 수 있는 일이 아니었다. 그는 지혜에 대하여 여러 가지 면에서 상당히 숙고하였다. 만일 마침내 그가 지혜를 체현(embody)해서, 우르토나(Urthona)가 되어야 한다면, 그것은 여러 해의 숙성을 거친 자연스런 진행이었을 것이다.

지혜라는 주제에 대한 최초의 주요한 광범위한 논의는 1962년 출판된 머튼의 장문의 산문체 시 "하기아 소피아"(Hagia Sophia) 즉 거룩한 지혜(Holy Wisdom)에서 찾아볼 수 있는데, 이는 그의 가까운 친구 빅터 해머(Victor Hammer)와의 서신왕래의 산물이었다. 서체작성, 소묘 그리고 그림을 가르치는 일에 더하여, 식자공, 제본기술자 그리고 서예가였던 해머는 원숙한 예술가이자 장인이었다. 한번은 머튼이 빅터와 그의 아내 캐롤린을 방문했을 때, 해머는 작업 중인 세 폭 짜리 그림을 보여주었다. 가운데 폭의 그림은 한 여인이 젊은 소년에게 왕관을 씌워주고 있는 그림이었고, 머튼은 큰 소리로 그 여인이 누구인지를 물었다. 본래 빅터는 그 여인과 소년을 성모 마리아와 예수로 생각하고 있었지만, 그에게 조차 이제 그녀가 누구인지 분명하지 않았다. 그러자 머튼은 대꾸하기를, "난 그녀가 누군지 아네. 난 항상 그녀를 알고 있었어. 그녀는 하기아 소피아라네."

1959년 5월2일자로 되어있는 서신에서 해머는 머튼이 와서 그 세 폭 짜리 그림을 축복하고 그리고 하기아 소피아라는 말이 어떤 의미인지를 보다 상세히 설명해 주도록 청했다. 이 마지막 요청을 머튼은 이중의 방법으로 응대했다: 5월14일자 편지로 그리고 그와 동일한 이름의 산문체 시로.

그 시는 지혜에 대한 감명깊은 명상이면서 축하이다. 네 부분으로 구분되어 있고—"여명," "이른 아침," "아침 한나절," 그리고 "일몰"—그리고 이는 수도원의 "시간들"을 본따 구성된 것이다: 아침기도(Lauds), 제1기도

(Prime), 세 번째 기도(Terce), 종무기도(Compline). 여명 혹은 아침기도에 관하여 머튼은 적기를:

> 모든 사물들 속에는 고갈될 수 없는 달콤함과 순수성 즉 활력과 기쁨의 원천인 침묵이 있다. 그것은 무언의 온후함으로 일어나, 모든 피조된 존재의 보이지 않는 뿌리들로부터 나에게로 흘러와, 나를 상냥하게 환대하고, 형언할 수 없는 겸손함으로 나에게 경의를 표한다. 이는 즉시 내 자신의 존재, 내 자신의 본성이면서, 내 안에 계신 창조자의 사유와 활동의 선물로서, 하기아 소피아로서 말씀하시며, 내 자매 지혜로서 말씀하신다.6)

바로 그 새벽에, 아주 순수한 순박한 순간에, 그 타락 이전의 기쁨의 순간에, 바로 그 달콤한 지점에서 혹은 동정점(*point vierge*)에서, 우리는 하기아 소피아를 발견할 것이다. 『가책을 느끼는 구경꾼의 억측들』(Conjectures of a Guilty Bystander)의 "하루를 일깨우는 새들의 첫 번째 재잘거림"에 나오는 한 문장에서 머튼은 아래와 같이 관찰한다:

> 그들은 그분(Him)에게 유창한 노래가 아니라 일깨우는 물음으로 말하는데, 그것이 바로 그들의 여명 상태 즉 "동정점"(point vierge)에서 그들의 상태이다. ... 모든 지혜는 그 맹목적인 달콤한 지점에서 스스로를 추스르고 현시하기를 도모한다. 사람의 지혜는 성공하지 못한다. 왜냐하면 우리 모두는 자기-제어(self-mastery) 속으로 떨어져, 그 누구의 허락도 청할 수 없기 때문이다. 우리는 의연한 목적의 사람들로서 우리의 아침을 맞이한다. ... 새들에게 그 시간은 말할 시간이 아니라, 빛과 어둠 사이의, 비존재와 존재 사이의 동정점(the virgin point)이다. ... 여기에 말로 표현할 수 없는 비밀이 있다: 낙원은 우리를 둘러싼 모든 곳에 있고 그리고 우리는 그것을 이해하지 못한다. 그 낙원은 광대하게 열려있다. (낙원을 지키는) 검이 없어졌지만, 우리는 그것을

알지 못한다. ... "지혜"라고 그 새벽의 부사제[그 새]는 외쳐대지만, 우리는 주의를 기울이지 않는다.7)

머튼은 탁월한 이슬람 학자인 루이 마시뇽(Louis Massignon)과 서신왕래를 하던 중에 처음으로 *point vierge*(동정점)라는 용어를 듣게 되는데, 이는 "영혼의 중심으로서, 절망이 외부인의 가슴을 구석으로 몰아넣는 곳"을 의미한다. 이는 단지 달콤함을 느끼는 지점일 뿐만 아니라, 절망의 시점에서 계몽된 깨달음(enlightened awareness)이 일어나는 곳이기도 하다. 지혜는 창조의 음성과 통일의 음성, 즉 존재로의 부름과 심판의 소리를 대표한다. 머튼은 말하기를, 그 여명의 상태에서

세계의 처음 아침(아담이 지혜의 달콤한 음성에 비존재로부터 깨어나, 그녀를 알게된 때)과 그리고... 아담의 모든 파편들이 하기아 소피아의 음성에 죽음으로부터 되돌아갈 세계의 마지막 아침을

우리는 알아 볼 수 있다.

시의 두 번째 부분, "이른 아침"에서, 동정점(point vierge)에서 말을 건네오는 지혜를 일깨우려는 인간적 노력 가운데 우리가 우리 타락한(fallen) 상태의 맹목성을 떠나 순결함을 다시 회복하기를 바란다고 시인 머튼은 적고 있다:

아침에 새로운 세계를 만들기 위한 한 사람의 나아감 속에서 하늘의 빛들이 기뻐한다. 왜냐하면 그는 혼돈스런 시원적 어둠의 밤으로부터 의식(consciousness) 속으로 나아왔기 때문이다. 그는 그 자신의 가슴으로 소피아의 투명한 침묵을 표현했다. 그는 영원한 사람이 되었다.

진정으로 순결할 때, 그는 진정으로 영원하며, "모든 만물 속에서 그리고 모든 만물을 통하여 한 의식(One consciousness)의 천진한 순수 단순성"을 찾는다.

시의 세 번째 부분, "아침 한 나절"에서 지혜는 모든 만물 속에 담긴 신성(divinity)으로서 그리고 우리 안에 담긴 자비의 힘으로 언급된다,

> 즉 그 힘의 유연하고 부드러운 상대역으로서 성부의 정의와 창조적 역동성.

> 하기아 소피아는 충만(plenitude)이면서 무(nothingness)이다:
> 모든 만물로서 하나님이자 무(Nothing)로 축소된 하나님:
> 고갈되지 않을 무.

결론부인 "일몰"에서 하기아 소피아는 축성된 동정녀 마리아(the Blessed Virgin Mary)와 직접적으로 동일시되는데, 신성에 육신을 제공하는 일에 대한 그녀의 동의는 반항적인 피조 세계에 구원의 제물을 보증하였다. 마리아는 전통적으로 *Sedes Sapientiae*, 즉 지혜의 자리라는 칭호가 붙여진다.

> 하나님은 그의 피조물로 들어가신다. 그녀의 지혜로운 대답을 통하여, 그녀의 순종적인 이해를 통하여, 소피아의 달콤하고 유연한 동의를 통하여 하나님은 탐욕스런 사람들의 도성으로 주목받지 않고 진입하신다.

그 시 속의 화자는 자신이 병원에 누워 잠들어 있었고, 그때가 7월2일 즉 성모 방문 축일,④ 즉 "지혜의 축일"이었다고 서두에 밝히고 있다. 철학이 보에티우스(Boethius)에게, 베아트리체가 단테에게, 가브리엘 천사가

마리아에게 위로와 꿈을, 비전과 열망을 가져왔듯이, 소피아는 그에게 잠든 중에 찾아왔다. 1960년 같은 날짜로 적힌 일기에서 머튼은 "간호사의 부드러운 목소리" 때문에 깨어났을 때, 아주 조용한 병원에서 꿈꾸는 것에 관하여 적어놓았다. 그는 묻기를:

> 침대에 누워, 잠과 밤에 자신을 기꺼이 맡겨놓은 사람보다 더 무기력한 사람이 있을까? 그를 그 부드러운 음성이 깨울 것이다, 아니 여인 안에 있는 달콤한 그 무엇이 그를 깨울 것이다. 정복과 쾌락을 위해서가 아니라, 사랑과 기쁨과 친애(communion)의 훨씬 깊은 지혜를 위해서.8)

이렇게 기록된 경험이 그 시인(머튼)의 상황을 형성한다; 그 화자와 머튼은 하나이며 동일하다. 머튼은 소피아가 드러내는 모든 사물의 측량할 수 없는 풍성함을, 즉 모든 만물의 "알려지지 않은 생식력"를 분별한다. 하지만—일시적인 잠을 자는 모든 사람들이 그래야 하듯이—잠든 자는 빛 속에서 꿈꾸며 밤에 깨어난다:

> 그림자들이 떨어진다. 별들이 나타난다. 새들은 잠자기 시작한다. 밤은 지구의 절반을 침묵으로 감싸 안는다. 한 방랑자, 먼지 묻은 발로 가난한 방랑자가 새로난 도로로 내려가는 길을 발견한다. 증명서류도 없이, 신분증도 없이, 심지어 전화번호도 없이, 밤에 길을 잃은 채 그 떠돌이 하나님은, 그 연약하고 가련한 망명자는 세계의 달콤한 별들 아래 쓸쓸히 누워, 잠에 자신을 맡긴다.

---

④ 역자 – 7월2일은 가톨릭에서 성모 방문 축일로 불리우는데, 누가 복음 기록에 따라, 성모 마리아가 세례 요한의 어머니 엘리사벳(Elizabeth)을 방문한 날을 기념하는 날이다.

화자/잠자는 이/머튼이 지혜를 꿈꾸는 한, 그는 혼란스런 시원적 어둠의 밤으로부터 나와 의식 속으로, 그의 꿈의 빛으로, 지혜의 광명 속으로 온다.

초대 교회 교부들과 신플라톤주의자들의 전통에서 머튼은 지혜를 특별한 하나의 속성으로서가 아니라, 삼위일체 하나님의 고유한 현현(*manifestation*)으로서 기술한다. 지혜는 신성의 이미지 혹은 방사(emanation)이지, 결코 어떤 비육체적인 신적 속성이 아니다. 지혜는 또한 동정녀가 그리스도의 성육신을 돕는 것과 동일한 방식으로 창조세계의 치유를 돕는다. 그리고 마찬가지로 지혜는 세계를 치유하는 임무를 맡은 시인을 도울 것이다.

하기아 소피아(Hagia Sophia)는 우르토나(Urthona)이며 우리 존재의 동정점(*point vierge*)이며 동정녀/창문이자 융(C. Jung)이 말하는 아니마(anima)이다. 우리젠(Urizen)에 의해 왕위에서 쫓겨난 우르토나처럼 지혜는 "피조 세계의 일종의 조화와 질서와 합리성을 보존하기 위해" 예술 혹은 블레이크의 신화에 등장하는 로스(Los)⑤와의 협조를 모색한다. 우리 존재의 동정점(virgin point)으로서 지혜를 다음과 같이 머튼은 적고 있다:

> [지혜는] 순수한 진리의 지점 즉 전적으로 하나님에게 귀속된 지점 혹은 불꽃으로서 ... 우리 자신의 정신의 공상들 혹은 우리 자신의 의지의 잔혹함들로는 다가갈 수 없는 것이다. 이 무(nothingness) 즉 절대적 가난의 작은 점은 우리 안에 계신 하나님의 순수 영광이다. 우리 안에 쓰여진 그분의 이름을 말하는 것은 그런 것이다. ... 그것은 순수한 다이아몬드처럼 하늘의 보이지않는 빛으로 번쩍인다. 그것은 모든

⑤ 역자 – 블레이크의 신화 속에서 네 조아(Zoa)들은 시원적 인간인 알비온(Albion)이 네 개로 나뉘어질 때 피조되는데, 우르토나는 이 네 조아들 중 하나이며, 창조성과 영감의 조아로서, 통상 그의 '타락한' 형태인 로스(Los)의 모습으로 등장한다.

사람 속에 있고, 그리고 만일 우리가 그것을 볼수 있다면, 우리는 수십억 개 빛의 점들이 태양의 얼굴과 광휘 속에 함께 도래하여, 삶의 모든 어둠과 잔혹함을 완전히 소멸시키는 것처럼 볼 수 있을 것이다. … 이것을 보게할 그 어떤 프로그램도 나는 갖고 있지 않다. 그것은 오로지 주어질 뿐이다. 그러나 하늘 문은 어디에나 있다.[9)]

심학(心學 Scientia Cordis)

도날드 니콜(Donald Nicholl)은 미국과 영국에서 역사와 종교학 관련 과목들을 가르쳤고, 인격성과 관련된 이슈들에 관하여 폭넓고 깊이 있는 글들을 저술했으며, 자신의 삶을 통하여 우리가 거룩함(*holiness*)이라는 말을 통해 의미하는 바를 이해하기 위해 분투하였다. 그러나 거룩함을 성취하기 위해서는 어딘가에서 시작해야만 하고, 그리고 니콜에게 그 출발점은 성령(the Holy Spirit)의 부르심이었다. 성령의 부르심은 인생의 현재 습관 양식의 붕괴에 대한 계시 즉 영의 죽음으로 나아가는 경향성과 더불어 시작하기 때문이다. 그 일깨움의 순간은 불가피하게 비통의 순간, 고통의 순간, 그리고 회개의 순간이어야만 한다. 왜냐하면 오직 자신의 삶 속에 담겨진 모순을 깨우치는 고통으로부터만 변화를 향한 에너지가 일어나기 때문이다. 니콜은 영국에서 가장 주목받는 사제들 중 한 사람인 어스틴 스미스(Austin Smith)에게 닥친 비통의 표현을 그러한 예로 인용하는데, 그는 리버풀 슬럼가의 현장 최일선에서 25년을 섬기며 지냈다. 『정의를 위한 사명』(*Vocation for Justice*)에서 어스틴 신부는 스코세지의 필림 영화 〈그리스도의 마지막 유혹〉에 반대하면서도 예수가 끝까지 저항했던 실제의 마지막 유혹에는 매일같이 굴복하는 그리스도인들의 모습 사이로 드러나는 대비에 자신이 받았던 충격을 말한다. 겟세마네 동산에

서 예수가 받았던 마지막 유혹은 아래와 같은 것을 느끼는 것이었다:

> [하나님 나라를 위한 그의 운동을] 이끌고 나아갈 시간과 공간이 아무튼 여전히 있다. 그리고 하나님의 메시지는 "고난 받고 죽을 때다"라는 것이었다. 이 유혹은, 누군가 표현하듯이, 일이 실제로는 추진력을 상실했을 때 그럼에도 불구하고 그 일을 계속해야만 한다는 유혹이다. 혹은 다르게 표현해서, 즉 보다 극단적인 방식으로 표현해 보자면, 우리가 깨끗이 손 씼고 일어날 때, 혹은 보다 친근한 표현으로 대치하자면, 진이 다 빠졌을 때, 계속 붙들고 늘어지고 픈 유혹이다. 예수의 그 복음이 "너의 날이 끝났다"고 우리에게 말할 때, 우리는 계속 한다. 여전히 무언가 제공할 것이 있다는 생각이 우리를 유혹한다. 우리는 새로운 상태로 나가기 위해 우리의 현재 안락한 상태에서 죽으려하지 않을 것이다.[10]

새로운 상태로 나아가기 위해, *메타노이아*(metanoia 즉 회심)의 극적인 과정을 배겨내기 위해, 우리 스스로 낡은 방식들과 결별해야만 하는데, 이는 "새롭고, 위험한 실존 형식"으로의 부름에 대답하기 위함이다. 우리의 두려움은 우리를 절룩거리게 하고 약하게 만든다. 비록 각 사람의 회심은 다른 방향을 따라 나아가겠지만, 우리 모두는 "죽음에 감염된" 거짓된 자아를 버리고, 생명의 영에로 열린 참 자아를 향해 나아가도록 부름 받았다.

자신의 인생을 통하여 니콜은 성공적이고 동질적인 이데올로기들의 감언이설들에 항상 저항하고, 기성 체제의 삶이 가져다주는 손쉬운 안락을 회피하고, 가난하고 버려진 자들의 울부짖음에 귀 기울이고, 익명의 다중들로부터 뿐만 아니라 종교 지도자들과 예술 지도자들의 고난과 울부짖음으로부터 완전한 해방의 영성을 만들어 내어, 용감하게 변화를 추구하였다.

그 목적을 이루기 위해 니콜은 러시아의 신비가들과 시인들의 글들을 읽었고, 나찌의 독재에 저항했던 독일 카톨릭 신자들에게서 발견되는 저항의 영성을 탐구하고, 카톨릭 외에 다른 위대한 종교들과 지적이고 정중한 대화를 주장하고, 그리고 평화를 위해 활기차게 운동하였다. 인류는 *scientia cordis*, 즉 마음의 학(心學)을 추구함으로서 영성의 공통 기반을 찾을 수 있다고 니콜은 믿었다. 이 *scientia cordis*(心學)는 적합한 권위를 지닌 진정한 학문이지만, 그러나 실증 학문은 아니다.

> 왜냐하면 실증 학문은 존재하는 것에 관한 불변의 법칙들을 공식화하려고 하기 때문이다. 예를 들어 심리학은 상술할 수 있는 욕구들과 요구들에 관한 법칙들에 의하여 인간 존재를 박제하려고 시도하지만—그러나 마음의 포부들(aspirations)은 그러한 법칙들로 상술화될 수 있는 것을 언제나 넘어 간다; 그리고 이 포부들이 가슴을 계속 뛰게 하고 박제되지 않도록 해준다.[11)]

심학(*scientia cordis*)은 인간의 포부에 관심하기 때문에 그를 표현할 수 있는 매체는—실증 학문들의 특징인—어떤 법칙이나 공식이 아니라, 설화 혹은 이야기이다—그리고 이는 예술 형식에 보다 더 부합한다. 그래서 니콜은 이야기들을, 그것도 아주 많은 이야기들을 말했다. 왜냐하면 포부를 품는 문제에서 이야기를 여는 주된 모토(motto)와 양식은 뉴먼(Newman)의 *cor ad cor loquitur*("마음은 마음으로 말한다")라는 사실을 알고 있었기 때문이고, 이야기가 말해지는 길을 따라서 "춤과 기쁨과 진리가 여행할 수 있다"는 것을 그는 알고 있었기 때문이다. 그러나 이 이야기들은 고통 받고 소외받는 사람들에 대한 니콜 자신의 공감으로부터 일어난 이야기들이다; 그 이야기들은 힘겹게 쟁취한 은혜와 영웅적 행위에 관하여 말했다. 그 이야기들은 가볍고 흥이 나는 것이 전혀 아니다. 니콜의 영성을 통하여 어두워져 가기만 하는 전망의 끝가에 달콤한 백열이, 빛나는 경이들이 도래한다.

상처입은 치유자

1972년 출판된 네덜란드의 심리학자이자 사제인 헨리 나우웬의 『상처입은 치유자』는 "치유자"에 대한 새로운 관심을 여는 시대의 도래를 알렸고, 영성 관련 어휘 목록에 신조어를 추가하였다. 치유하는 일에 종사하는 사람들, 특별히 영성 목회자들이 흔히 경험하는 고독과 소외는 소중한 선물이 될수 있다는 사실을 나우웬은 깨달았다. 마이클 포드(Michael Ford)는 이 통찰을 다음과 같이 표현한다:

> 자기 자신의 고통에 대한 깊은 이해는 그 약점을 장점으로 바꾸어, 그 자신의 경험을 "스스로에 대한 오해 때문에 초래된 고통의 어둠 속에서 길을 잃고 헤매는" 이들에게 치유의 근원으로 제공할 수 있게 해준다.[12)]

1996년 9월21일 힐버섬(Hilversum)에서 심장마비로 사망할 무렵, 나우웬은 영적 저술가로서 국제적인 명성을 얻고 있었다. 40권 이상을 출판한 작가이면서, 묵상 인도자(retreat-giver)이면서 프로메테우스적인 힘을 가져다주는 인기 강사였던 나우웬은 영성에 대한 그의 전일적인(holistic) 접근방법을 통해 당대의 사람들에게 자신을 각인시켰다. 1932년 1월24일 네덜란드에서 태어나, 네덜란드의 유명한 네이메헌 카톨릭 대학에서 교육을 받고, 1957년 7월21일 위트레흐트의 대주교관할 교구에서 사제로 서품 받았지만, 사실 나우웬은 생애 대부분을 유럽 대륙 이외의 곳에서 살았다. 그는 널리 여행을 다녔고, 노틀 담 대학, 예일 대학 그리고 하버드 대학을 포함하여 여러 기관들에서 가르쳤다. 그러나 또한 나우웬은 수도원들, 선교 센터들 그리고 장애우들을 위한 집들을 포함하여 학교 이외의 곳들에서도 활동을 하였다. 나우웬은 자신의 삶 속에 1960년 대 젊은이들의 저항을 반영하는 정신 즉 안주하지 않고 끊임없이 탐구하는 정신을 체현했는데(embodied), 나이가 들어서도 이 정신만은 바꾸기를 원하지 않았다.

심리학자로서 그리고 영적 감독자로서 나우웬은 본질주의자의 영성이나 교본에 나와 있는 영성 혹은 비육체적인 또는 몸을 부정하는 영성은 더 이상 사람들에게 호소력이 없다고 이해하였다. 사람의 마음을 후벼 파는 불안에 응답하지 못하고, 탐구자의 깊은 개연적 경험들을 폄하하고 그리고 문화적 변동들과 수정들을 고려하지 못하는 영적 전통들과 훈련들과 교리들은 시대의 욕구들을 다루는데 우울하게도 실패하고 말았다. 그때는 카이로스(kairos) 즉 주님의 시간이었고, 그리고 사람들은 살아있는 영성에 목말라했다. 나우웬은 그들에게 오아시스가 되었을 것이다.

이 살아있는 영성은 심오하게 그리스도 중심적이었고, 그래서 『길을 보여주세요』(*Show Me the Way*)라는 책의 감동적인 구절을 통해 나우웬은 국제 라르슈 공동체들의 본산인 프랑스 트로슬리에서 있었던 수난절 예식을 상술하는데, 그때 뻬르 토마(Père Thomas)와 뻬르 질베르(Père Gilbert)는 제단 뒤에 달려있는 거대한 십자가를 회중의 예식 동안 들고 있었다. 그 회중들이 그리스도의 죽은 몸에 입맞춤하러 나아올 때, 그 일그러진 얼굴들 속에서 보이는 고뇌와 기쁨 그리고 그 전체 장면의 감미로운 행렬에 나우웬은 충격을 받았다.

> 그리스도의 벌거벗고 찢겨진 몸이 우리 지구 위에 넓게 덮혀진 모습을 상상하면서, 나는 두려움이 엄습함을 느꼈다. 그러나 내가 눈을 떴을 때, 나는 자끄가 그 얼굴에 고난의 표식을 달고, 눈물을 흘리며 열정적으로 그 몸에 입맞춤하는 모습을 보았다. 마이클의 등에 올라타 앞으로 나오는 이반의 모습이 보였다. 휠체어를 타고 나오는 이디(Edith)를 보았다. 걷거나 질뚝거리며, 잎을 보든지 눈이 멀었든지, 들리든지 귀가 먹었든지—그들이 나아올 때, 나는 그리스도의 성스러운 몸 주위로 모이는 사람들의 끝없는 행렬이 그 몸을 눈물과 입맞춤으로 뒤덥고, 그리고 그 위대한 사랑으로 위로와 위안을 얻으며 돌아가는 모습을 보았다. ... 각자 고뇌하던 거대한 무리들의 개인들이 십자가로부터 돌아가면서, 그들의 눈으로 보고 그들의 입술로 접촉했던 사랑으로 함께 엮여지는 모습을 난 마음의 눈으로 볼수 있었다. 공포의 십자가는 소망의 십자가가 되었고, 고통 받는 몸은 새 생명을 주는 몸이 되었다; 벌어진 상처는 용서와 치유와 화해의 근원이 되었다.[13)]

이 감정에 복받혀 진술한 원초적인 문장은 여러 면에서 원숙한 나우웬의 모습을 보여준다. 이 글은 시각적이고, 교리를 벗어나 감정적이고, 그리고 고전적으로 정통적이다. 나우웬은 독자들의 상상력과 마음에 솔직하게 호소하면서, 그들을 끌어 들이고 있고, 그리고 신학적 공리를 초연한 마음은 아니지만 그래도 관찰자적인 작가의 눈을 통해 기도하는 사람들에 대한 직접 경험에 근거하고 있다.

마음과 영혼의 심리학자인 나우웬은 다른 사람들을 안내하기 위해서뿐만 아니라 자신을 발견하기 위해, 즉, 자신을 찾기 위해 저술하였다. 그의 영적 교본 혹은 안내서인 『모든 것을 새롭게 하기』(*Making All Things New*)에서, 나우웬은 우리의 문화를 괴롭히는 영적 혼동을 강조한

다: "우리 시대 영적 위기를 표현하는 한 가지 방식은 우리들 대부분이 주소지를 갖고 있기는 하지만 그 주소지에서 찾아볼 수는 없다는 사실을 말하는 것이다. 우리는 우리가 어디에 속하는지는 알고 있지만, 그러나 우리는 여러 방향들로 이끌려나가, 마치 노숙자처럼 살아간다."[14)]

나우웬은 현대인의 가슴 속에 깊이 자리 잡고 있는 전치(displacement)를 인식하는데, 이는 그 자신도 위험할 만큼 담고 있는 뿌리상실감이다. 성공이나 성취를 정의하는 우리 문화의 모든 것은 전체성을 향한 우리의 갈망에 반하여 작동하는 속성들로서 서술되고 있다고 그는 이해하고 있었다. 우리는 그가 "독거의 훈련과 공동체의 훈련"이라 부르는 태도를 계발할 필요가 있다. 왜냐하면 우리의 인생들을 지배하는 바깥의 소리들을 제거하고, 하나님의 침묵의 소리에 귀 기울일 필요가 있기 때문이다. 그러나 그는 또한 그 자신의 "상처"를 알고 있었다:

> 건드려지기만 하면 속절없이 다시금 피 흘리기 시작하는 이 내적 상처를 어떻게 하란 말인가? 그건 아주 친숙한 상처인데—애착을 갈망하는 이 엄청난 욕구, 그리고 거절에 대한 이 엄청난 두려움—이게 없어질까. 그건 거기에 머무르는데, 아마도 합당한 이유가 있기 때문일 것이다. 아마도 그것은 내 구원의 출구이며 영광으로 나아가는 문이면서 자유로 나아가는 통로일 것이다!
>
> 나의 이 상처는 위장된 선물임을 깨닫는다. 포기에 대해 짧지만 강력한 이 경험들이 나로 하여금 두려움을 내려놓고, 무한히 나를 용납하는 그 분(the One)의 손길에 내 영을 내어주기를 배울 수 있는 자리로 나를 인도해 간다. 나를 알고 그래서 기꺼이 내 상처들을 싸매, 죽기까지 피 흘리는 대신, 다시 온전한 삶으로 걸어갈 수 있도록 해준 네이튼(Nathan)과 다른 친구들에게 깊이 감사하고 있다.[15)]

나우웬은 성공의 요구들을 너무 선명하게 인식하고 있었다. 여러 유명

대학들에서 가르쳤던 그의 교수경력, 아주 잘 팔리고 유명한 그의 작가 경력 그리고 초청 순회강연을 통해 획득된 그의 인기 등이 전체적으로 모두가 부러워하는 수준의 직업적 성공을 그에게 확신시켜주었지만, 그 대가는 컸다. 나우웬은 자주 자신의 성과물로 축소되어버린 자신을 발견하게 되었고, 그래서 그는 자신의 성공으로부터 보호받기를 원했다. 그는 자주 수도원 담벽 안의 익명성으로 도피했고, 수도원장의 영적 지도를 요청하고 받았으며, 이후 이 경험을 다음에 출판할 책에 기술하곤 했다. 유사하게, 그는 대학교수직의 안정성을 포기하고, 라틴 아메리카의 스페인어 권에서 일할 수도 있었다. 자연스레, 그는 이 경험도 글로 적었다. 그러나 강의하고, 가르치고, 저술하는 일로부터 이따금씩 이탈하는 것으로는 결국 그의 방황하는 영혼을 안정시킬 수 없었다.

나우웬은 자신이 열정적으로 글을 썼던 훈련과 공동체의 삶을 찾기 위해 필사적이었지만, 그 삶은 끈질기게 그를 벗어나 있었다. 말하자면, 그가 세계에서 두 번째로 큰 라르슈 공동체인 토론토 북쪽의 데이브레이크(Daybreak)를 찾기 전까지, 그러한 삶은 그에게 열리지 않았다. 여기서 그는 자신의 생애 마지막 십년(1985-96)을 보내며, 사랑에 빠지기도 하고, 엄청난 상실을 경험하기도 하고, 다시 감정적으로 되살아나기도 하고, 그리고, 얼마나 짧은 경험이었든지 간에, 자신의 동성애 문제를 대처하기도 했다. 데이브레이크 공동체는 나우웬의 후반기 삶을 정의하고, 그로 하여금 상처받은 자 중의 상처받은 자에 관하여 말할 수 있도록 해주었고, 그리고 그에게 다시 활력을 주고 지치지 않도록 하여 자의식의 원천을 열어줄 정점(that still point)을 제공해 주었다.

나우웬의 저술들은 상당히 공식적이고 예측가능하게 쓰여졌다. 그는 3의 패턴을 소중히 여겼다; 그는 성서적 이야기들과 이미지들과 주제들에 비중 있게 의존하였다; 그의 일화들은 자서전적이지만, 청승맞게 고백적이지는 않다. 비록 그가 데이브레이크에서 말년에 저술한 책들은 그의 다른 저작들에서 찾아볼 수 없는 솔직한 폭로의 성격을 드러내긴 하지만 말이다; 그의 어조는 정직하지만, 과시적이지 않다; 그는 저술에서 삼단논법적 논리를 유지하지만 구성적 논리를 사용하지는 않는다; 그리고 그는 하나님의 포괄적 사랑을 감추기 위해서가 아니라 드러내기 위해서 저술하였다.

무엇보다도 나우웬은 상처입은 자—즉 지체 부자유자들과 정신적 장애자들, 사회적으로 소외된 자들과 정치적으로 박해받는 자들, 외로운 이들과 성적으로 학대, 혹은 억압받는 자들—를 위한 목소리를 구체화하고자 노력하였다. 그는 화평(peacemaking)의 영성을 모든 이들이 들을 수 있도록 선포하였다:

> 나는 평화를 일구어가는 사람들(peace-makers)이 되라는 우리의 기독교적 사명의 맥락에서 기도에 관하여 여러분에게 말하고자 한다; 어떻게 기도가 평화를 일구어가는 길인지에 관하여 당신에게 보여주고자 한다. 그러고 나서야 우리는 평화를 일구어가는 형식으로서 저항에 관하여 창조적으로 말할 수 있고 그리고 그때에서야 어떻게 기도와 저항이 순차적으로 공동체를 형성할 수 있는지를 볼수 있다. 그렇다면 평화를 일구어가는 의미 있는 영성의 필수불가결한 세 가지 구성요소들은 저항, 기도 그리고 공동체이다.[16]

자신의 생애를 통하여 나우웬은 이 세 구성요소들을 체현할 수 있는 다양한 세팅들을 탐색하였다: 강의실, 수도원의 독방, 빈민굴 그리고 집단 수용시설. 그는 광적인 에너지와 때로 분노를 토해내는 열정으로 상처입은 자를 찾았다. 시간이 흐르면서, 그는 그 자신의 상처들을 이해하게 되었고 그리고 사랑만큼이나 거절을 그리고 긍정만큼이나 포기를 경험하게 되었다. 그 유명인의 인간화는 해방적임이 입증되었다.

죽기 2년전 그는 내 생각에 가장 훌륭한 책『우리의 가장 위대한 선물』(*Our Greatest Gift*)을 저술하였다. 이 작품 안에는 소름끼칠만한 예지가 담겨 있는데, 그 자신의 죽음과 친숙해지려는 의도로 저술된 작품이기 때문이다. 나우웬은 독자들이 죽음을 앞두고 그의 취약함, 그의 두려움을 듣고 공유하도록 한다. 그러나 보다 중요하게도 그는 죽음을 적이 아니라 친구로 만들려는 소망을 경험하도록 독자를 초대한다: "우리의 죽음은 아마도 우리의 성공과 생산성과 명성 혹은 사람들 속에서 차지하는 우리의 중요성에는 끝일지 모르지만, 결코 우리 열매의 끝을 의미하지는 않는다. 사실은 그 반대가 진실이다: 우리 삶의 열매는 오직 우리가 죽은 후에야 그 스스로의 온전함을 드러내기 시작한다."[17]

위트레흐트(Utrecht)에서 아드리아누스 시모니스(Adrianus Simonis) 추기경의 사회와 장 바니에(Jean Vanier)의 찬하로 진행된 장례 미사에 이어, 나우웬의 시신은 마켐(Markham)의 이웃한 마을의 예수 변용 기념 슬로벡 비잔틴 카톨릭 대성당에서 진행된 3시간 짜리 부활 미사를 위해 토론토로 되돌아왔다. 공동체를 향한 필사적인 갈망을 품고 있었던 이 고독한 자의 삶의 열매, 곧 내면을 향한 열정을 담지하고 살았던 이 목회자의 삶의 열매는 이제야 온전하게 스스로를 드러내기 시작했다.

정신책단어들: 동정점(*point vierge*), 심학(*scientia cordis*), 상처입은 치유자. 우리 시대를 위한 치유책인가 만병통치약인가? 아마도. 보다 심층적인 자기-인식으로의 초대? 보다 분명히 그렇다.

1) Richard Ouzounian (theater critic), *The Toronto Star*, January 29, 2006.

2) Rex Murphy, The Globe and Mail, April 9, 2005.

3) Dom Laurence Freeman, O.S.B.의 말은 다음에서 재인용되었다: James Roose-Evans, "Into the Light," *The Tablet* (December 17/24, 2005): 30.

4) J.S. Porter, *Spirit Book Word: An Inquiry into Literature and Spirituality* (Ottawa: Novalis, 2001), 30.

5) Ibid., 32.

6) Thomas Merton, *Hagia Sophia* (Lexington: Stamperia del Santuccino, 1962).

7) Thomas Merton, *Conjectures of a Guilty Bystander* (New York: Doubleday Image, 1968), 131-32.

8) Thomas Merton, *Turning toward the World: The Journals of Thomas Merton*, vol.4, 1960-1963, ed. Victor Kramer (New York: HarperCollins, 1996), 17.

9) Merton, *Conjectures of a Guilty Bystander*, 158.

10) Austin Smith, 이하에서 재인용: Donald Nicholl, "Holiness-A Call to Radical Living," *Grail: An Ecumenical Journal* 5 (December 1989): 68-69.

11) Donald Nicholl, "Scientia Cordis," in *The Beautitude of Truth: Reflections of a Life-time* (London: Darton, Longman and Todd, 1997), 161.

12) Michael Ford, *Wounded Prophet: A Portrait of Henri J.M. Nouwen* (New York: Doubleday, 1999), 46.

13) Henri J.M. Nouwen, *Show Me the Way: Readings for Each Day of Lent* (New York: Crossroad, 1995), 134.

14) Henri J.M. Nouwen, *Making All Things New: An Invitation to the Spiritual Life* (San Francisco: HarperSanFrancisco, 1981), 36.

15) *The Heart of Henri Nouwen: His Words of Blessing*, ed. Rebecca Laird and Michael J. Christensen (New York: Crossroad, 2003), 139-40.

16) Henri J.M. Nouwen, "A Spirituality of Peace-Making," inaugural Devlin lecture delivered at St. Jerome's University, Waterloo, Ontario, September 12, 1982.

17) Henri. J.M. Nouwen, *Our Greatest Gift: A Meditation on Dying and Caring* (San Francisco: HarperSanFrancisco, 1994), 38.

07 나우웬, 에머슨, 그리고 미국적 비전의 출현

– 마이클 오로린 (Michael O'Laughlin)

마지막 안식년을 보내는 동안 헨리 나우웬은 여러 곳으로 여행을 떠났다. 아마도 그가 성령을 따라 이 장소로 저 장소로 이끌려갔기 때문이거나 혹은 그 자신이 안고 있던 고유한 불안정성 때문이었을 것이다. 그중 단 몇몇 장소들만 언급하자면, 메사추세츠, 캘리포니아, 뉴욕, 독일, 시카고 그리고 아일랜드 등을 방문했고, 그리고 물론 네덜란드로 돌아왔다. 여행 중 한번은 체코슬로바키아 프라하의 산 살바도르 교회에서 청중들에게 연설한 적이 있었다. 그 강연은 상당히 잘 진행되었지만, 강연 후 그는 약간의 부정적 반응들을 받았는데, 그것이 그를 매우 질리게 만들었다; 체코의 청중들 가운데 있던 한 집단의 학생들이 그의 스타일을 "너무나 미국적"이라고 생각했던 것이다.

분명히 그는 너무 많은 몸동작을 사용하고, 너무 극단적으로 표현하는 잘못을 범했고 그래서 이런 방식은 체코식이 아니라는 말을 듣게 되었다. 그날 내내 헨리는 이 비판을 붙들고 씨름하였다. 왜 그들은 이렇게 말했을까? 여기 있는 사신은 캐나다에 사는 네덜란드 사람인데 어떻게 자신이 너무 미국적이라고 비난받을 수 있을까?라고 다소 애처롭게 그는 일기에 기록하고 있다. 그들은 내가 "너무 미국적"이 아니라 "너무 헨리 나우웬답다"라고 말했어야 했다.[1] 헨리는 자신이 말하는 방식 혹은 영성이 모두 자신 스스로 창조해낸 무엇이라기보다는, 미국적 유형이라는 생각을 달가워하지 않았다. 자신이 유럽 청중들에게 "너무 미국적"이라는 사실을 그는 결코 받아들이지 않았을 것이다.

하지만, 헨리에게 진심으로 사죄하는 마음을 가지고 내 생각을 말하자면, 그의 스타일에는 미국적인 요소가 있다. 나우웬의 전형적 특징처럼 된 괴팍하고 개인적인 강렬함과 풍성함은 미국의 노틀 담 대학에서 강의하기 전에는 드러나지 않았던 특징들이었다는 사실이 그를 예증한다. 일반적으로 인정하는 바와 같이, 네덜란드에서 그는 남다른 사람으로 인정되었지만, 그러나 대학원시절 그는 심오한 질문들에 사로잡혀, 무척 심각한 사람으로 기억된다. 미국에 와서야, 특별히 노틀 담 대학에서 헨리는 긴장감을 풀어놓기 시작했다.[2]

이것은 그가 미국인의 성품(persona)을 갖게 되었다는 것이 아니다. 오히려 그는 미국적 삶과 문화에 노출되면서 형질변환을, 말하자면 거의 화학 반응을 일으켰다. 동시에 그는 가족적 제약들로부터 자유롭게 발걸음을 내딛게 되면서, 보다 더 진정한 자아가 되어갔다. 그가 미국에 이르러, 보다 진정으로 살고자 했던 첫 번째 유럽인이었던 것은 아니었다. 예술사와 관련하여 존 업다이크(John Updike)는 언급하기를, "미국은 서구인(Western Man)이 거기 있는 것은 있는 것이라는 사실을 발견한 곳이지만, 그 마저도 처음으로 발견한 것은 아니다."[3] 미국은 다른 곳으로부터 오는 사람들에게 이전의 관습이나 가정(assumptions)등을 벗어던지도록 강요하는 관습이나 틀(template)이 없는 땅이다. 헨리의 경우 눈에 보일만큼 미국적 가치와 관심들에 동조되면서 풍성한 관점이 형성되었다. 거기에는 미국적 관점이라고 말하여질 무엇인가가 있고, 나는 헨리가 그것에 노출되면서 형질변환을 겪게 되었다고 믿는다.

오늘날 우리가 미국적인 것이라고 간주하는 것들—즉 언제나 변함없이 무역과 진보에 초점을 맞추는 정신, 대개 너무 관대하거나 너무 보수적으로 여겨지는 정신, 위험을 감수할 각오가 되어 있고 혁신적인 것을 추구하는 정신—의 태도 대부분은 사실상 네덜란드적 발명이라는 생각을 나는 오랫동안 품어왔다. 만약 당신이 17-18세기의 네덜란드에 관하여 많이 읽게 된다면, 동일한 시기의 영국보다 오히려 네덜란드가 오늘날의 미국적 모습의 선구자에 훨씬 더 가깝다는 사실을 알게 될 것이다. 수년 간 이런 생각을 품어왔지만, 이제 누군가 나의 직감이 옳다는 것을 증명하기 위해 이미 많은 일을 해왔음을 알게 되니 기쁘다; 러셀 쇼토(Russell Shorto)의 『세계의 중심에 있는 섬』(*The Island at the Center of the World*)이란 책은 미국적 정신은 무엇보다도 네덜란드 식민지 령이었던 맨하탄 섬에서 만들어졌다고 주장한다.[4] 만약 우리가 미국적 태도들이 네덜란드적 기원을 가지고 있다는 쇼토의 주장을 받아들인다면, 미국적인 사람이 되어가면 될수록, 보다 더 이 네덜란드적 유산과 동조하게 된다. 아마도 헨리에게 그의 네덜란드적 뿌리에 충직한 것과 그의 미국인 청중들에게 적응하는 것 사이에는 어떤 실재적인 갈등도 있었던 것 같지 않다. 왜냐하면 네덜란드 정신과 미국 정신은 하나이고 같기 때문이다!

오늘 우리는 결정적인 상황 속에서 헨리의 메시지를 탐구할 유일무이한 기회를 갖고 있기 때문에, 나는 헨리 나우웬의 미국주의(Americanism)에 대한 하나의 통찰을 제시하고자 한다: 그의 모든 창조성과 고유성을 고려해 볼 때, 미국 역사 속에서 너무나 헨리와 닮아 보이는 인물을 찾아볼 수 있는데, 그는 주창적 인물(formative figure)이었다. 내가 말하는 사람은 바로 콩코드의 현자, 랄프 왈도 에머슨(Ralph Waldo Emerson)인데, 그는 19세기 미국에서 최고로 유명한 지식인이었다. 에머슨은 세계적인 인물이었다; 참으로 그는 미국적 가치들과 지적 스타일의 형성과 표현에 아주 중요한 인물이었고, 이점에 관해서는 거의 필적할만한 인물을 찾아보기 어렵다. 그는 에브라함 링컨(Abraham Lincoln)과 동 시대에 살았고, 그리고 그는 링컨이 갖고 있던 엄청난 지적 능력과 소박한 겸손 그리고 강력한 카리스마를 공유하고 있었다. 가장 위대한 미국인들 중 하나가 우리가 좋아하는 네덜란드 사람과 상당히 많은 공통점들을 갖고 있는 듯 보인다는 사실을 발견하는 것이 내게는 무척 흥미롭다. 왜 이런 말을 하는지에 대한 몇 가지 근거들을 제시하고, 그리고 그것이 무엇을 의미하는지를 묻고자 한다.

랄프 왈도 에머슨(1803-82)은 보스턴의 비천한 환경에서 자라나, 하버드를 갔지만, 거기서 썩 잘 하지는 못했어도, 가문의 전통을 이어받아 목회와 연관된 일자리를 얻을 수는 있었다. 하지만, 자신의 직업 이력이 채 시작도 하기 전에 그는 위기를 맞이하고 삶의 급격한 변화를 겪게 된다. 그 얼마 전 에머슨은 엘렌 터커(Ellen Tucker)라는 이름의 부유하고 훨씬 어린 여인과 결혼하였다. 엘렌은 결핵을 앓았고, 결혼식 이후 겨우 16개월밖에 살지 못했다. 그녀가 죽자, 에머슨은 피폐해졌다. 동시에 그는 심오한 영적 깨달음의 시간을 겪고 있었다. 이 깨달음이 그의 신앙을 의문시하게 했고, 유럽 대륙으로부터 등장한 관념론적 생각과 비판적 관념들을 신봉하게 만들었다.

따라서, 당시 최고의 자리였던 보스턴 제2교회로 부름 받았을 때, 그는 행복하지 않았고, 동요하고 있었다. 비록 그 자리를 받아들이긴 했지만, 그는 결코 거기서 편안함을 느끼지 못했다. 자신이 목사 안수 받던 날을 그는 사형집행일이라 불렀고, 그는 훌륭한 목사가 되기에는 너무나 많은 의심들로 가득 차 있었다. 쉴라이에르마허(Schliermacher)와 같은 철학자들을 읽어가면서, 에머슨은 그의 교구 교인들 사이에 일반적으로 용인되는 류의 신앙은 인격적 공명이나 실재성을 거의 갖고 있지 못하다고 결론내리게 된다. 이 시기 이래로 그의 저술들 속에서 우리는 "기독교는 각 사람의 삶과 경험 속에서 타당성을 획득하며, 그렇지 않다면 아무것도 아니다"[5]와 같은 진술들을 보게 된다. 진정한 종교의 근원에 대한 그의 기로가 깊어가면서, 그는 조제프 드 제롱(Jeseph de Gerando)의 『철학 체계의 역사적 비교』(*Histoire comparée des systèmes de philosphie*)로 눈을 돌리게 되었고, 그 속에서 관념론(idealism), 즉 도덕과 법은 인류의 삶에 근본적인 것이어서, 기독교와 그리스-로마 전통을 초월한다는 믿음에 대한 열정적인 보증을 찾아 볼 수 있었다. 도덕과 정의는 또한 고대 중국과 인도의 경전들 속에서도 찾아볼 수 있다고 드 제롱(de Gerande)은 기술하였다. 만일 이것이 사실이라면, 에머슨이 이제 막 깨닫기 시작했듯, 단지 기독교인들만이 아니라 모든 사람들은 도덕과 심지어 종교를 갖고 있는 것이다.

그래서, 아직 많이 어릴 적에 에머슨은 한 세기 후의 헨리 나우웬이라면 약간 다른 방식으로 포용했을 두 입장들을 견지하게 되었다 — 진정한 영성은 개인과 그의 경험에 근거해 있다는 입장과 모든 사람들과 모든 종교들은 하나님의 계획과 사랑의 일부라는 입장 말이다. 하지만 기독교와 에머슨의 관계는 헨리 나우웬이 맺었던 관계와는 상당히 다른 방식으로 진화해 갔다. 헨리는 성직을 진심으로 천직으로 여기고 있었고 그래서 결코 사신의 복회에로의 부름을 의문시하지 않았다. 에머슨의 목회는 자신의 영적이고 개인적인 위기를 배겨내지 못했다. 아내의 죽음에 여전히 짓눌려 있던 에머슨은 성만찬 집전에 대한 양심의 문제를 갖고 있다고 선언하고는, 보스턴 교구의 목사직을 사임하였다.

상당히 떠도는 느낌을 안은 채, 에머슨은 미국을 떠나 유럽으로 여행을 갔다. 거기서 에머슨은 당대의 선구적인 여러 철학자들을 만났고, 그래서 영국을 방문했을 때 만났던 토마스 칼라일(Thomas Carlyle)①의 본을 따라 에세이 작가가 되어야겠다는 결론에 이르게 되었다. 결국 설교자였을 때, 그는 무언가 언제나 언급될 가치가 있는 것을 찾았다고 생각했다. 랄프 왈도 엠머슨이 작가와 대중 연설가로서 이력을 시작했다는 것은 나우웬의 인생 이력과 갖는 또 하나의 평행점이다. 매스컴 이전의 시대에 에머슨은 역마차와 철도를 타고 다녔는데, 당시에는 매우 혁신적인 형태의 여행이었고, 그 때문에 미국 전역을 다니며 도시와 작은 마을의 청중들 앞에 설수 있었다. 연설가로서 그는 매우 끔찍한 인상을 풍긴다고 신문 논평자들은 불평했지만, 그러나 그의 연설을 들은 사람들은 자신들이 개인적으로 접촉되었다는 느낌을 받고 돌아갔다. 랄프 왈도 에머슨의 연설

① 역자 - 토마스 칼라일(1795-1881)은 에머슨 당대의 영국의 사상가이면서 역사가로서, 당시 사상계를 편만하던 물질주의와 공리주의에 반하여 인간의 정신성을 강조하는 이상주의를 제창하였다. 대표작으로는 『프랑스 혁명』과 『영웅숭배론』 등이 있다.

을 듣는 것은 사기를 진작하고 변혁을 가져오는 경험이었다. 그는 다른 사람들에게 영감을 불어 넣어 주었다. 왜냐하면 그는 많은 사람들이 동일하게 느끼지만 그러나 말로 표현할 수 없었던 것들을 말하고 있었기 때문이다. 나우웬도 후일 했던 바처럼, 에머슨은 사람들을 접촉하고, 그들의 인생들을 변화시키는 사람으로 유명해졌다.

에머슨이 전하는 메시지의 핵심에는 진정성(authenticity)과 자존성(self-reliance)으로의 부름(call)이 있었다. 그는 사람들이 자기 스스로 독립적으로 설수 있기를 원했으며, 따라서 [그 누군가의] 단순한 추종자나 모방자가 되지 않기를 바랬다. 그는 고전적이고 유럽적인 모델들의 가치들을 의문시하면서, 모든 사람은 우선적으로 그 자신의 마음을 알도록 노력해야 한다고 권면하였다. 친한 친구 헨리 데이빗 소로(Henry David Thoreau)와 더불어, 그는 미국 대륙의 광대한 아름다움을 새로운 영적 조망을 위한 출발점으로 포용하기를 주창하였다. 대륙을 가로질러 캘리포니아의 열광적인 자연주의자인 존 뮤어(John Muir)가 에머슨의 애호자가 되었고, 에머슨이 캘리포니아에 이르렀을 때, 뮤어는 접대와 안내를 맡아 시에라 네바다 고산지의 탐험을 인도하기도 하였다. 에머슨의 에세이 "자연"은 초월주의 운동을 촉발시켰고 그리고 미국 자연주의 저작의 기초 본문들 중 하나가 되었다. 자연에 대한 에머슨의 몰입은 나우웬이 예술로부터 특별히 빈센트 반 고흐(Vincent van Gogh)로부터 배운 것, 즉 세상의 중심을 적나라하게 드러내는 명상적 관점을 그에게 가져다 주었던 것으로 보인다.

자신의 가슴은 세상을 비추는 거울이라고 이해하고 있었다는 점에서 에머슨은 나우웬과 더욱 더 닮았다. 자기 자신의 영혼(psyche)을 탐구하고, 자기 자신의 싸움들을 드러내면서, 그는 다른 사람들의 경험들을 접축하고 있다는 것 그리고 "가장 개인적인 것이 가장 보편적인 것"[6]이라는 점을 헨리는 자주 언급했었다. 한 세기 전의 에머슨도 동일한 감각을 갖고 있었다. 그는 자신의 청중들이 그들 자신의 느낌들을 신뢰하라고 권면하면서 미국 학자에 대한 자신의 기술을 제시한다:

> 그[미국 학자]는 ... 그 자신의 마음의 비밀 속으로 내려가면서 모든 정신들의 비밀 속으로 내려왔다는 사실을 배우게 된다. ... 자발적인 생각들을 기억하고 기록하며 감당하는 전적인 고독 속에서 그 시인은 붐비는 도심지의 사람들이 자신들에게 맞다고 생각하는 것을 기록했음을 알게 되었다. 연설가는 처음에 자신의 솔직한 고백들의 적절성을 불신하지만, 즉 그가 연설하는 사람들에 대하여 자신이 아는 바가 부족하다고 느끼지만, 결국 그는 그 청중들의 보완물임을 발견하게 된다;—말하자면 그들은 그의 말들을 마신다. 왜냐하면 그는 그들을 위해 그들 자신의 본성을 실현하기 때문이다; 그가 그의 가장 개인적이고 가장 비밀스런 육감 속으로 깊이 몰입해 들어가면 갈수록, 이것은 가장 받아들일만한, 가장 공적이고 그리고 보편적으로 참된 것이라는 사실을 그는 발견하게 되면서 놀라움을 금치 못하게 된다.[7]

에머슨과 나우웬 모두 그들 자신의 심연의 깊이들을 측량하여, 거기서 모든 이들이 공유할 수 있는 진리를 발견할 수 있었다. 이 발견에 영감을 받아, 그들은 자신들의 청중들에게 책들을 옆에 내려놓고 자기 자신들 속으로 들어가도록 요청하였다. 헨리는 순전히 지적이거나 객관적이고 전문적인 접근방법을 취하는 목회자나 학자들에게 역효과를 낳았다.[8] 당대에 에머슨은 자신만의 이단적인 사상들을 갖고 있었는데, 특별히 객관적 학자정신에 관하여 그랬다. 그는 하버드의 청중들에게 말했다:

> 패기 없는 젊은이들은 도서실에서 성장하면서, 키케로가 로크가 그

> 리고 베이콘이 물려준 관점들을 받아들이는 것이 자신들의 의무라고 믿는다; 그러면서 키케로와 로크와 베이콘도 이 책들을 저술할 무렵에는 도서실에서 살아가는 젊은이들에 불과했다는 사실을 망각한다. 그러므로 '사유하는 사람'(Man Thinking) 대신에 우리는 책벌레를 물려받은 것이다. ... 책들은 최선으로는 잘 사용되는 것이지만; 최악으로는 남용된다.9)

책을 통한 배움에 대한 에머슨의 경고는 부분적으로 그러한 배움이 자주 실제의 삶과 실제의 사유를 위한 대치물이 된다는 사실에 기인한다. 책 속에서 지식을 탐색하는 사람들은 그들 자신의 겸손한 길을 도모해가는 대신 고대의 권위들을 더 신뢰한다는 사실도 또 하나의 문제였다. 에머슨의 이 겸애 속에서 우리는 우리 시대의 그 네덜란드 사람과 또 하나의 흥미로운 평행점을 보게 된다. 에머슨은 나우웬의 장엄한 것에 대한 경시를 전적으로 공유한다. 그는 정원을 가꾸고, 길을 걸으며, 콩코드의 마을 사람들과 친교하는 일상의 삶 속에서 상당히 심오한 진리를 발견하였다. 당대의 선구적인 사상가들과 접촉을 유지하는 한편으로 에머슨은 사실 그 마을에서의 삶과 숲 속의 고요 등과 같은 것들을 선호하였다. 나우웬과 에머슨은 모두 일상의 삶들을 살아가는 일상적인 사람들과 자신을 우선적으로 동일시하였다.

하지만, 일상적 삶을 사랑했던 이들 중 누구도 실제로 일상적인 사람은 아니었다. 억제할 수 없는 타고난 천재성을 가지고 그들은 화젯거리들을 뒤집어, 새로운 관점을 사람들에게 가져다주었다. 두 사람 모두 개인적 경험의 옹호자이면서 또한 영(the Spirit)이 빛을 발하는 명상의 순간에 드러나는 영감을 공유하기를 주창하는 사람이었다. 영은 무엇이고 그리고 진리는 무엇인가? 바로 여기서 그들은 분명코 다를 수밖에 없었다.

비록 예수를 세계 영성의 시금석으로 보긴 했어도, 그에 대한 에머슨의 관점은 헨리 나우웬과 공유될 수 없는 부분이었다. 에머슨은 말하기를, 예수의 이름은 "쓰여진 것이 아니라, 이 세계의 역사 속으로 돌진해 들어오는 것이다."[10] 콩코드의 에머슨의 집은 이탈리아 장인들이 그린 복음적 주제들의 인쇄물로 거의 전체가 장식되어 있었다. 전국을 순회하는 여행 중에 그는 단 한 번도 그의 청중들이 갖고 있는 예수에 대한 신앙을 도발한 적이 없었다.

하지만 예수에 대한 그 자신의 개인적 관점들은 달랐다. 하버드 신학부에서 행한 악명높은 연설에서 그는 인간 마음의 완전한 식자(knower)인 예수는 완전히 곡해되었다고 탄식했다. 예수가 그랬던 것처럼, 신성(the Divine)을 살아 활동하도록 하는 대신에 에머슨 시대의 사람들은 과거에 존재했던 하나님을 뒤돌아보고 있었고, 그분은 지금 현존하는 하나님이 아니시다. 예수를 우리의 신앙의 초점으로 만드는 것은 잘못된 일이라고 그는 생각하였다; 예수 자신이 인류의 무한성을 가르쳤다는 사실을 염두에 둔다면, 그것은 종교를 부차적인 것으로 받아들이는 것과 맞먹는 일이었다:

> 예수 그리스도는 예언자들의 진정한 혈통에 속했다. 그는 열린 눈으로 영혼의 신비를 보았다. 그 엄밀한 조화에 이끌리고 그리고 그 아름다움에 매혹되어, 그는 그 신비 속에 살았고 그리고 거기에서 그의 존재를 누렸다. 모든 역사 속에서 홀로 그는 인간의 위대함을 평가하였다. 한 사람으로서 당신 안에 그리고 내 안에 있는 것에 충실하였다. … 이 숭고한 감정의 희년 속에서 나는 신이다고 그는 말했다. 나를 통하여 하나님이 활동하신다; 나를 통하여 말씀하신다. 당신이 하나님을 보기 원하다면, 나를 보아라; 혹은 그분을 보아라, 왜냐하면 그분은 내가 지금 생각하는 대로 생각하시기 때문이다.[11]

그래서 하나님은 모든 이들 안에 있고, 그리고 이것이 바로 예수가 이해했던 진리이다. 하버드 대학의 교수들을 분명히 화나게 만들 이 모든 것들을 에머슨은 의도적으로 말했고, 그리고 그 하버드 신학부에서 행한 연설 때문에 그는 결과적으로 추후 30년 동안 하버드에서 다시는 연설할 기회를 갖지 못했다. 나우웬처럼 에머슨도 결코 하버드에서 맘이 편치 않았다; 어쨌든 그 자리는 그와 궁합이 맞지 않았다. 그럼에도 불구하고, 이 연설과 관련하여 아마도 나우웬은 하버드의 편을 들어 에머슨에 반대했을 것이다. 왜냐하면 그 연설 속에서 에머슨은 역사적 기독교가 영혼론을 "예수의 인격에 관한 유해한 과장"[12]으로 대치했다고 주장했기 때문이다. 에머슨은 그리스도를 참 하나님이 아니라 참 사람으로 그래서 모두에게 가능한 수준의 깨달음을 얻었던 사람으로 보았다. 이는 상당히 자유주의적인 요소이지만, 그러나 헨리가 이런 식의 기독교적 이해를 알지 못했다고 상상해서는 안된다. 일전에 그는 자신을 "여러 스타일의 신학적 자유주의에 노출되어왔던 사람"[13]으로 기술한 바 있고, 기독교적 사유방식에 대한 나우웬의 가장 위대한 공헌들 중 하나는 우리 모두를 하나님의 사랑받는 자로서 그리스도와 동렬로 위치시킨 것이다. 그의 생애 동안 나우웬은 에머슨적 방향으로 꾸준히 나아갔다.

이 시점에서 신학적 차이들에 너무 초점을 맞추는 것은 잘못일 것이다. 오히려 양자 간의 평행점들을 좀 더 관찰해 보자: 에머슨은 나우웬처럼 학자는 아니었지만, 하지만 그는 방대한 독서를 통해, 누가 무엇을 말했는지를 알고 있었고, 그리고 자신의 논지들을 뒷받침하기 위해 끊임없이 책 속을 파고 들었다. 그는 나우웬처럼 작가였지, 독자는 아니었다. 그는 추종자들과 전국적 명성을 얻고 있던 사람이었다. 참으로, 나우웬처럼, 그는 세계 도처에서 읽혀지는 인물이었다. 많은 사람들이 에머슨의 다음

책 혹은 에세이를 기다리고 있었고, 바로 거기에 나우웬과의 또 다른 평행점이 있다—에머슨은 에세이 작가, 혹은 단편적 연구들을 출판하는 자가였다. 헨리는 그 누구에게도 자신을 에세이 작가로 범주화시킨 적이 없었지만, 그러나 그가 공중그네에 매료되어 자신이 썼던 통상적인 짧은 책과는 다른 어떤 것을 저술하기를 원한다고 내게 말했던 것을 기억한다. 사실, 그는 이렇게 말했다, "단지 또 다른 에세이를 쓰고 싶진 않아." 자신의 책들이 실제로는 에세이들이었음을 그는 알고 있었던 것이다—이 점에서 그는 에머슨과 같은 물을 먹고 있었던 셈이다.

마지막으로 거기에는 그 사람 자신이 있다. 에머슨은 그의 삶의 스타일과 다른 사람들을 대하는데 있어서 나우웬과 상당히 닮아있다. 첫 번째 아내의 죽음과 더불어 에머슨은 안정적인 수입을 물려 받았고, 그 돈으로 그는 콩코드에 집을 사서 두 번째 아내와 가족을 부양하였다. 이는 엄청난 운세의 변화였다. 왜냐하면 에머슨은 좋은 가문이지만 아주 가난한 집안에서 자라났기 때문이다. 그는 또한 인기 있고, 벌이가 좋은 강연들을 하러 일년 중 6개월을 여행했기 때문에 중년의 에머슨은 재정적으로 여유가 있었다. 헨리 나우웬처럼, 그가 버는 돈의 상당부분은 친구들을 후원하고, 가치 있는 대의들을 위해 쓰였다. 소로가 월덴 연못에 은둔처를 지을 때, 에머슨 소유의 땅에 야영하였고, 그리고 실로 에머슨의 친구들과 그리고 그와 관계하는 측근들 전체가 곧 콩코드의 그의 집 주위에 거주하게 되었다. 집에는 항상 손님들이 있었고, 그들 중 많은 사람들은 중요한 작가들과 혁신가들이었으며, 그래서 에머슨은 자신의 시간을 글 쓰는 시간과 여러 흥미로운 손님들을 맞이하는 시간으로 쪼개야 했다. 이 이야기가 무척 친숙하게 들리지 않는가?

콩코드는 정확히 말하자면 아주 시골 마을도 아니고, 그렇다고 도심지도 아니었다. 콩코드는 상당부분 리치먼드 힐(Richmond Hill)처럼 도심지 근처의 마을이었고, 에머슨은 거기서 정원들과 과수원들과 동물 농장들과 자연에 둘러 쌓여 있었다. 실재로 그는 자신의 거대한 정원을 갖고 있었다. 그는 그 과수원들과 숲들을 자신의 연구 분야라 불렀고, 그리고 그는 다른 어떤 것보다 나무들 사이를 걸을 때 훨씬 더 많은 것을 배운다고 주장했다. 에머슨은 진정한 미국적 학자를 지적인 것 이상의 성품을 지닌 사람으로 지칭하였고, 그리고 "괭이와 가래에는 배운 사람뿐만 아니라 배우지 못한 사람의 손에 필요한 덕이 있다"14)고 주장했다. 이 시골과 손으로 흙을 파서 먹고사는 삶으로의 귀환 속에서 에머슨은 라르슈식 삶의 스타일을 포용했던 나우웬을 반영하고 있다.

학식있는 세계의 가치 보다는—유럽의 문화적 원리들과 그의 식민지 패권의 가치들 보다는—직접적 경험과 소박한 즉자성의 가치들을 선호했던 에머슨은, 한 세기 후의 나우웬이 배우고 우리에게 가르쳤던 것과 같이, 복음의 제일 교의들 중 하나를 재발견하고 있었다. 하나님은 마음으로 교만한 자들을 흩으시고, 낮은 자들을 높이신다. 이러한 관점에서 하나님의 활동은 종결된 것이 아니며, 세계는 정의와 갱신을 부르짖는다. 정치와 사회 변동에 관해서 우리는 다시금 에머슨과 나우웬이 유사한 입장을 취하고 있음을 발견한다. 그 두 사람은 모두 자신들의 시대가 처한 큰 문제들을 제시한다. 에머슨에게는 그것들이 노예제도, 여성의 권리 그리고 전쟁이었다; 나우웬에게는 에이즈, 라틴 아메리카 그리고 전쟁이었다. 두 사람은 모두 다른 사람들을, 그중 특별히 극단적인 인물들을 감정적으로 그리고 재정적으로 후원하였다. 에머슨은 존 브라운(John Brown)②같은 사람을 후원했다; 헨리는 존 디어 신부(Fr. John Dear)③와 같은

② 역자 – 존 브라운(1800–1859)은 미국의 노예제도 폐지 운동가이지만, 그가 유명한

인물을 후원했다. 양자 모두 사회 정치적 정의의 분야에서 다른 사람들이 기수와 지도자가 되도록 후원하였다. 양자 모두 여러 분야들을 섭렵하면서 다양한 관심사들을 갖고 있던 사람으로서, 결코 하나의 대의에 몰두하여 전념하는 순교자가 아니었다.

그래서 헨리 나우웬이 자신보다 한 세기 이상을 일찍 살았던 또 다른 위대한 공공의 교사의 삶과 두드러지게 평행적인 삶을 살았다는 사실은 무엇을 의미하는가? 내가 언급한 이 평행점들에 관하여 많은 것들이 언급될 수 있을 터이지만, 나의 첫 번째 요지로 되돌아가 보자: 랄프 왈도 에머슨은 특정한 미국적 태도를 정의 혹은 정제한 인물로 일컬어질 수 있는데, 이는 독립적(self-reliant)이고, 소박하고, 평등주의적이며, 자연을 알고 있었고 그리고 직접적 경험을 고집하는 태도를 가리킨다. 다른 시대, 다른 이유들로 헨리 나우웬은 개인적 경험과 하나님의 영감 그리고 하나님을 가장 쉽게 찾아볼 수 있는 비천한 자리를 강조하였다. 나우웬은 미국적 국면이라 불릴법한 긴 시기를 겪었다. 이 시기는 그가 안톤 보이센(Anton Boisen), 칼 메닝어(Karl Menninger) 그리고 토마스 머튼같은 인물들의 보호감독을 받던 시기로부터 시작하여, 라틴 아메리카 선교 현장을 향해 예일을 떠날 때 끝났다. 그 무렵 나우웬은 보다 큰 아메리카, 즉 북과 남으로 구성된 아메리카를 발견하게 되었다.[15] 나중에 캐나다는 그가 모든 것을 함께 모을 수 있는 장소가 되었다—부유한 자와 가난한 자, 미국과 유럽, 동성애자와 이성애자, 카톨릭과 개신교. 결국 나우웬은 자신의 미국적 국면을 넘어서서, '모든 곳에 있는 모든 사람'(Everyman

---

것은 그를 위해 광적이고 극단적인 행동을 서슴치 않았기 때문이다.

③ 역자 - 존 디어 신부는 예수회 신부이면서, 평화운동가로서 비폭력을 주제로 20여 권이 넘는 책들을 저술한 작가이기도 하지만, 또한 그 때문에 평생 75번씩 투옥당하는 일도 마다하지 않는 강성 운동가였다.

going Everywhere)이 되었다.

헨리는 프랑스로 가면서 미국적 국면을 끝냈고, 필자 역시 프랑스로 가면서 미국적 국면을 끝냈다. 포도주는 그 특성을 포도의 종류로부터가 아니라 포도가 재배된 특정한 자리로부터 얻는다고 프랑스 사람들은 말한다. 프랑스어에서 이는 "떼르와"(terroir)라 불리는데, 이는 땅과 강우, 햇빛, 경사지 그리고 여러 다른 환경적 요소들을 가리킨다. 어느 와인 전문가가 주장하듯이, "영어에는 그와 동일한 것을 의미하는 단어가 전혀 없다."[16] 헨리 나우웬과 랄프 왈도 에머슨은 그들이 지닌 동일한 "떼르와"로 인해 여러 모로 중첩되고 조화한다; 그들은 같은 땅 덩어리에서 성장했고 그리고 양자 모두 그 감사한 나라를 향해 소리치고 주시하였다.

---

1) Henri Nouwen, *Sabattical Journey: The Diary of His Final Year* (New York: Crossroad, 1998), 92.

2) 이러한 변화에 관해서는 Michael O'Laughlin, *Henri Nouwen: His Life and Vision* (Maryknoll, NY: Orbis Books, 2005), 56를 보라. 또한 Michael Ford, *Wounded Prophet: A Portrait of Henri J. M. Nouwen* (London: Dartman, Longman and Todd, 1999), 101, 109에서 인용되는 Peter Naus와 Fr. Don McNeill의 관찰들을 참조하라.

3) John Updike, *Still Looking: Essays on American Art* (New York: Knopf, 2005), 35.

4) Russell Shorto, *The Island at the Center of the World: The Epic Story of Dutch Manhattan and the Forgotten Colony that Shaped America* (New York: Random House, 2005).

5) Ralph W미애 Emerson, 다음에서 재인용, Robert Richardson, *Emerson: The Mind on Fire* (Berkeley and Los Angeles: Unversity of California

Press, 1995), 97.

6) Henri Nouwen, *Bread for the Journey: A Daybook of Wisdom and Faith* (New York: HarperSanFrancisco, 1997), April 14. 아울러 Michael O'Laughlin, *God's Beloved: A Spiritual Biography of Henri Nouwen* (Maryknoll, NY: Orbis Books, 2004), 84-85를 참조하라.

7) "The American Scholar," in *The Selected Writings of Ralph Waldo Emerson*, ed. Brooks Atkinson, The Modern Library (New York: Random House, 1950), 56-57.

8) O'Laughlin, *God's Beloved*, 44-45.

9) Emerson, "The American Scholar," 49.

10) Richard W. Fox, *Jesus in America* (New York: HarperSanFrancisco, 2004), 19.

11) R.W. Emerson, "An Address," in Atkinson, *The Selected Writings of Ralph Waldo Emerson*, 72.

12) Ibid., 73.

13) Henri Nouwen, "Foreword," in Gustavo Gutiérrez, *We Drink from Our Own Wells: The Spiritual Journey of a People* (Maryknoll, NY: Orbis Books, 1984), xviii.

14) Emerson, "American Scholar," 100.

15) Henri Nouwen, *¡Grasias¡ A Latin American Journal* (Maryknoll, NY: Orbis Books, 1983), xiii-xiv.

16) Karen MacNeil, *The Wine Bible* (New York: Workman, 2001), 21.

08 폴 리쾨르(Paul Recoeur)와 헨리 나우웬의 사상 속에서 조망하는 타자성(otherness)과 정의

– 제레미 위비(Jeremy Wiebe)

이 에세이는 타자성과 정의라는 주제를 중심으로 프랑스의 기독교 철학자 폴 리쾨르(1913-2005)와 헨리 나우웬을 함께 조명해 보고자 한다. 비록 나우웬의 저작들은 영성에 관한 것이고 그리고 리쾨르의 저술들은 대체로 그 본성 상 철학적이긴 하지만, 그럼에도 불구하고 양자 사이에 유사점들에 초점을 맞출 것이다. 나우웬과 리쾨르 모두 북 아메리카에 살면서 여러 해들을 보냈고, 유명 대학들에서 가르쳤고 그리고 인간 조건에 대하여 깊은 통찰을 보여주는 저술들을 펴냈다. 하지만 리쾨르는 나우웬

보다 대학 생활을 편안하게 느꼈고, 그리고 먼저 철학자로서 글을 썼으며, 철학적 윤리에 대하여 자신의 입장을 명시적으로 개진한 글들을 저술하였지만, 자신의 신앙을 괄호로 닫아 버렸다.[1] 이는 부분적으로 프랑스의 철학적 풍토에 기인하는데, 그 주된 특징은 신학적 관심들이나 하나님에 관하여 말을 아끼는 편이다. 나우웬은 영성에 관하여 웅변적으로 저술하고, 자신의 개인적 신앙 경험들에 대하여 솔직하게 기술하고 그리고 하나님과 자신 사이를 평화롭게 하고자 분투하였다. 타자성과 정의라는 주제를 중심으로 나우웬의 다소 신학적인 목소리와 리쾨르의 철학적 목소리를 함께 엮어보면서, 우리가 어떻게 타자를 사랑하고 정의를 추구하라는 부르심을 이해하고 포용할 수 있을지에 관해 풍성한 그림이 출현할 수 있기를 소망한다.

『또 다른 자아로서 자기 자아』(*Oneself as Another*)에서 리쾨르는 인간이 된다는 것이 무엇을 의미하는지를 묻는데, 보다 구체적으로, 윤리적인 자아가 된다는 것은 무엇을 의미하는지를 묻는다. 그는 기재하기를, 윤리적 자아가 된다는 것은 자기-반성적(self-reflexive)이 된다는 것이다—우리의 즉자적 경험들과 다소 객관적인 경험들 사이에는 움직임이 있는데, 후자의 경험 속에서 우리는 우리 자신의 사고들과 감정들과 말들과 행위들에 대하여 멀리 떨어져 반성하게 된다.[2] "나는 누구인가?" 혹은 "나는 어떤 사람이 되어야 하는가?"같은 물음을 물을 때, 우리가 우리 자신에게, 부분적이지만, 반성적인 거리감을 발휘한다. 인간이 소유한 기본적인 자기-반성적 속성의 일부는 우리의 욕망들에 관한 욕망을 갖는 것이라고 리쾨르의 친구이자 캐나다 철학자인 찰스 테일러(Charles Taylor)는 언급했다.[3] 흔히 우리는 화났기 때문에 화내고 그리고 좌절하거나 혹은 수치심과 씨름하고 있기 때문에 수치심을 느낀다. 우리는 당장의 나와 다르기를 욕망하고 그리고 우리는 온당한 모습의 우리(who we should be) 혹은 기대되는 모습의 우리(who we are meant to be)가 아님을 감지한다. 우리의 욕망들과 사고들과 행위에 대한 이 가치평가적 욕망들과 더불어 맞물려 있는 것이 바로 창조적으로 활동하고 상호 반응을 통해 변화할 수 있는 역량이다.

리쾨르에 따르면, 한 사람의 정체성(identity)은 부분적으로 동일성 혹은 불변성의 느낌으로 표식되지만 또한 변화에 대한 느낌으로 표식되기도 한다. 한 자아가 되는 표식들 중 하나는 한 사람이 자기-결정적(self-determined) 행위를 할 수 있고 그리고 한 개인으로서 변화할 수 있다는 사실이다. 우리의 정체성들에는 통일성의 측면이 있다—우리는 통상 동일한 성을 지키며, 상대적으로 불변하는 육체적 몸을 가지고, 유사한 행위와 사고의 패턴들을 갖고 있다. 우리가 어떤 사람을 기술할 때, 우리는 통상 그 사람을 부분적으로 정의하는 불변의 특징들을 찾는다. 동시에 우리는 자기-반성과 선택을 할 수 있고, 발전하고 변화할 역량들과 창조적 잠재성으로 충만하며, 다른 사람들과 더불어 살고 사랑하고 나눌 수 있는 자아들이다.[4] 개별자로서 우리들은 이 존재의 불변성과 동일성을 경험할 뿐만 아니라, 새로운 삶과 존재 방식을 선택할 수 있는 욕망들과 역량들을 경험한다. 이 경험들 사이에서 왔다 갔다 하면서, 한 사람은 정체성의 불변성과 또한 한 "타자"(an other)로서 자기 자신을 모두 경험하는데, 특별히 그 타자란 자기가 바라고 욕망하던 타자를 가리킨다. 통상 타자성은 자기 자신과는 다른 것 혹은 다른 사람을 기술하지만, 그러나 이러한 통상적 의미에 덧붙여, 리쾨르는 어떻게 자아가 자기 자신에게 타자가 될 수 있는 지를 그려내고 싶어했다.

자아에 대한 물음과 연관되는 물음이 바로 타자에 대한 물음인데, 일반적으로 이해되는 바로서 타자는 다른 사람 그리고 사회나 공동체의 타자를 말한다. 우리의 삶과 이야기들은 우리 주변의 다른 사람들의 삶들과 그 이야기들로 엮여져 있다는 사실을 리꾀르와 나우웬은 모두 인지하고 있었다. 타자와 연관하여 우리는 그들이 우리와 동일한 것만큼이나 또한 동시에 우리와 다르다는 사실을 이내 이해하게 된다. 다양한 형태의 공동체와 관계들 속에서 함께 여행해 나갈 때 우리가 나누게 되는 공통의 갈등들과 기쁨들이 있지만, 또한 우리들 각사는 우리 자신의 고유성을 갖고 있는데, 이는 우리에게 주어진 것일 뿐만 아니라 우리 스스로 그 형성에 참여하며 이루어낸 것이다. 타자는 우리와 가까운 사람이어서, 아마도 가족이나 친구 혹은 우리 공동체 내의 어떤 사람일수도 있고, 아니면 우리와 대적하고 있는 타자로서 이방인이나 적일수도 있을 것이다. 우리가 다른 사람들에게 어떻게 관계하느냐는 상당 부분 자아에 대한 우리 자신들의 경험에 의존하는데, 이는 다른 말로 나우웬의 1975년 작품 『손 내밀기』(*Reaching Out*)에서 말하는 성장, 즉 외로움(loneliness)으로부터 독거(solitude)로 나아가는 성장에 의존한다.[5]

나우웬의 마음의 외로움과 독거 사이의 운동에 관하여 말해보자. 그것은 "진정한 동료애(fellowship)를 가능케"[6] 하는 것으로 헨리가 기술한 독거의 삶을 경험하고 살아내는 것이다. 외로움으로부터 독거로 나아가면서 우리는 우리의 내적 자아를, 우리가 갖고 있는 깊은 물음들을 그리고 때로는 해답들을 그리고 우리의 펼쳐져 나아가는 사명들을 발견하게 된다. 바로 우리 자신에게 현존함으로 우리는 타자들에게 현재할 수 있고 그리고 사랑의 공동체를 만들어 갈수 있다. 나우웬은 관계들 속에서 독거가 차지하는 중요성에 대하여 적는다: "마음의 독거가 없다면, 우정의 친밀감도 결혼도 공동체 생활도 창조적일수 없다."[7] 나우웬과 리꾀르에게는 우리가 타자에 대한 물음에 이르기 전에, 말하자면, 우리가 타자와 어떻게 관계하는 지에 대한 물음을 던지기에 앞서, 우리는 우리 자신과 더불어 시작해야만 한다. 나는 누구인가? 나는 어디로부터 왔는가? 나는 어디를 향해 나아가는가? 나는 어떤 사람이 될 것인가? 하지만, 같은 동전의 반대면으로, 나우웬과 리쾨르에게는 바로 우리가 타자와 맺는 관계로부터 유익하고 자기-성찰적인 방식으로 우리는 자신에게 되돌아오게 된다.

다른 사람들을 내 자신과 같으면서 동시에 다른 사람으로 경험하는 것은 상당히 자명한 관찰이다. 우리와 유사한 입맛과 관심과 욕망과 취미를 공유하는 사람들이 있다. 그리고 우리와는 거의 공통점이 없어 보여서, 다른 사람으로, 아마도 극단적으로 "타자"로 인식하게 되는 사람들을 우리는 대면하기도 한다. 인간 경험의 즐거움들 중 하나는 달라 보이는 사람들과 공통기반을 발견하는 것이다. 물론 우리가 다른 개인들에게서 그리고 우리가 속한 공동체들 속에서 발견하는 차이와 "얼룩무늬의 아름다움"(pied beauty) 속에는 또한 고뇌가 있다. 리쾨르는 타자들을 나와 전적으로 다른 존재나 아니면 나와 동일한 존재로 환원하지 말라는 말을 했었고, 나우웬도 유사한 방식으로 하나님의 사랑받는 자로서 우리들 각자의 고유성을 우리들 각자가 선물이라는 말로 그리고 우리들 자신을 고유한 선물로서 드린다는 말로 표현한 바가 있다. 공동체는 연대성과 동료애 속에서 우리를 한데로 모을 수 있지만 그러나 우리 각자의 고유한 정체성들과 공동체에 대한 각자의 고유한 공헌들을 보존할 수 있어야 한다. 리쾨르나 나우웬은 타자성의 극복을 주장하는 것이 아니라, 오히려 그들이 주장하는 것은 타자성(otherness)과 동일성(sameness) 사이의 움직임인데, 이것이 우리가 타자를 바라보고 반응하는 방식을 변화시키기 때문이다.

타자의 동일성과 차이는 우리가 사회 정의에 대한 물음과 타자에 대한 책임성의 문제를 고려할 때 흥미로운 방식으로 작용한다. 정의(*justice*)라는 말을 통해 필자는 다른 사람과 사회의 "타자"(the other)에 대하여 저질러지는 부정의에 대한 관심과 실천을 의미하는 것으로 광범위하게 사용한다. 정의라는 말에 대한 체계적인 정의(definition)를 제공하지는 않을 터인데, 리꾀르와 나우웬이 그렇게 하지 않을 뿐만 아니라, 그 용어가 사회 정의에 대한 광범위한 이해를 지향하도록 하고 싶기 때문이다. 플라톤과 아리스토텔레스를 따라서, 리꾀르는 정의를 제기하기에 앞서 부정의를 성찰한다. 바로 그 부정의의 절규로부터 우리는 먼저 정의를 향한 우리의 깊은 갈망들과 욕구들을 알게 된다고 제안한다. 왜 나는 부당하게 대우받아왔는가? 세계 안의 다른 사람들은 어떠한 종류의 부정의를 경험하고 있는가? 그 문제를 위해서는 어떤 일이 행해져야만 하는가? 부정의의 외침은 인간의 기본적인 경험이고 그리고 그것은 "불균형한 보복, 배반당한 약속들, [그리고] 불평등한 분배"[8]와 같은 공통적 경험들로부터 유래한다고 리꾀르는 말한다. 부정의가 무엇이고, 무엇이 잘못됐고 혹은 고통을 야기하는 원인들이 무엇이든지 간에, 거기에는 또 다른 사람으로부터의 응답을 요구하는 정의를 향한 외침이 있다.

리꾀르는 연약함(fragility)과 책임성의 언어를 사용하여 부정의와 정의에 관하여 말한다. 리꾀르에게, 인간의 조건은 심층적 파탄과 악 그리고 연약함을 드러내는 무수한 방식들로 스스로를 표현한다. 연약한 자는 바로 자연적으로 연약한 사람들과 또한 소외당하거나 혹은 육체적으로 파멸당할 위험에 빠져 있는 사람들처럼 인간 행위들의 결과로서 고통 받는 이들을 말한다. 연약한 자를 접하게 될 때, 연약한 자에 대한 책임감이 일어난다 — 그리고 책임감은 행동할 수 있는 능력과 가능성으로부터 일어나는 데, 우리는 그러한 힘을 지니고 있다. 연약함과 그에 동반되는 책임감을 분석하면서, 리꾀르는 약점을 통해서든 혹은 부당하게 행위 하려는 우리의 성향을 통해서든 간에 우리 모두는 연약하다는 점을 지적한다. 리꾀르는 유대인 철학자 에마뉴엘 레비나스의 개념인 윤리적 책임성에 근거하는데, 레비나스가 말하는 윤리적 책임성은, 그 연약한 타자가 누구이든지 간에, 우리가 타자의 얼굴을 대면할 때 일어난다.[9] 도움이 필요한 사람들의 입장에 서서 행위 하려는 윤리적 책임감은 나를 호출하는 타자로부터 일어난다. 하지만, 레비나스가 타자의 총체적 타자성(alterity)을 강조하는 곳에서, 리꾀르는 타자의 타자성 뿐만 아니라 자아와 타자 사이에서 일어나는 근본적인 동일성 모두를 말한다.[10] 리꾀르에 따르면, 바로 동일성과 차이가 다른 사람을 향한 우리의 윤리적 반응을 호출한다. 또한, 레비나스가 다른 사람에게 도움을 청하는 연약한 사람의 일방적인 호출을 강조하는 곳에서, 리꾀르는 그 호출이 다른 사람으로부터 뿐만 아니라 자기 자신으로부터도 도래한다고 본다.

우리는 연약한 자를 위해(*for*) 책임을 느끼고 그리고 그에 의해(*by*) 책임을 지게 된다고 리꾀르는 말한다.[11] 연약한 자를 "위해"("for") 책임을 느낀다는 말은 우리가 연약한 사람들을 대면할 때 느끼는 짐 혹은 부담감을 가리킨다. 이 상태에서는 연약한 사람이 도움이나 정의를 요청하기에 앞서 우리는 그/그녀의 필요성을 보고, 긍휼(compassion)을 느껴, 그 사람의 입장에 서서 행위해야 할 일종의 의무감으로 나아간다. 연약한 사람은 타자로서 우리에게 의존하게 되고 그리고 우리가 도움과 보살핌을 제공할 것이라는 것을 신뢰한다. 따라서 우리는 연약한 자에 "의해" 책임을 진다. 바로 이 자기 자신 안에서 일어나는 부담감과 타자의 기대가 사람으로 하여금 자기 자신이 "책임을 진다"고 느끼도록 만든다. 연약한 사람은 어떤 형태로 고통을 당하고 있고, 반면 다른 사람은 이에 반응하여 긍휼을 보인다. 리꾀르에게 책임감이란 연약한 자를 대면할 때의 즉자적 현재성을 갖고 있지만, 그러나 그것은 또한 과거와 미래를 위한 책임감과도 관계한다.

고통받는 약자와 그 사람의 고통에 반응하여 행위하는 사람 간의 관계 속에는 일정 정도의 불평등이 일어날 수 있다. 하지만 리꾀르는 이것이 그렇게 되어야만 하는 것은 아니라고 제안한다; 개인들 사이에 상호작용이 가능하다. 자신의 고통 속에서 정의와 보살핌을 절규하는 타자는 우리를 향한 권리를 갖고 있다. 우리가 우리 안에서 흘러나오는 동정(sympathy)과 긍휼(compassion)을 발견할 때, 우리는 우리보다 못한 사람에게 베푸는 것이 아니다. 왜냐하면 우리 또한 연약하기 때문이다. 그는 적는다: "타자로부터 도래하는 명령의 경우 평등이 우정(friendship)에 전제되지만, 평등은 다른 사람의 권위의 우월성을 자아가 인정함을 통해서만 복구된다; 자아로부터 유래하여 타자에게로 확장되는 공감의 경우, 평등은 연약함과, 최종적으로, 죽을 운명(mortality)에 대한 공통의 승인을 통해서만 복구된다."[12] 리꾀르의 짧은 논문 "책임감과 연약함"("Responsibility and Fragility")은 우리 공통의 인간성(humanity)을 강조하면서 타자에 대한 우리의 책임감을 대체로 다른 사람들과 우리의 유사성에 정초한다. 타자에 대한 책임감과 관련하여, 그는 적기를, "그것은 결국 상호 인정(mutual recognition)의 물음, 즉 타자를 이방인으로 대우하기를 그치고 인간의 근원적 유사성에 따라 나와 비슷한 누군가처럼 대우하도록 만드는 인정의 문제 아닌가?"[13]

리꾀르는 자신의 여러 삶의 경험들을 통해 인생의 연약함을 증언한다. 그는 2세에 고아가 되어, 2차 세계 대전 중 대부분을 포로수용소에서 보냈고, 자신의 앞에서 프랑스 군 대령이 살해되는 것을 목도하였고, 사랑하는 아들을 자살로 잃었다.[14] 삶의 이런 저런 비극들의 한 복판에서 그의 작품은 하나님을 신뢰하는 신앙과 인간들 속에서 세상을 통하여 작용하시는 하나님의 선하심을 신뢰하는 신앙으로 특징지워진다. 악의 문제와 관련하여, 그의 자연스런 출현이든 인간적인 출현이든 그 모두에서, 리꾀르는 악의 문제란 해결되어야 할 어떤 것이 아니라, 응답되어야 할 어떤 것임을 제안한다.[15] 하나님에 대한 우리의 믿음과 신앙은 우리 각자가 대면해야만 하는 악과 고통과 고난에도 불구하고 살아남는다. 희망은 창조적 응답들로 인도한다; 따라서, 우리는 고통 받는 사람들일 뿐만 아니라, 또한 행위하고 반응하는 사람들이다.[16]

연약함과 책임감에 대한 리꾀르의 입장과 유사하게, 헨리 나우웬은 적대감(hostility)으로부터 환대(hospitality)로 나아가는 움직임으로 타자와 우리의 관계를 말한다. 이방인인 타자를 위한 자리를 창출하는 것은 당장 타자성과 차이를 함축한다. 그러나 타자를 이해하고 그리고 우리가 어떻게 환대할 수 있을 지를 이해하려면, 우리는 환대를 위한 필요성을 보고 느낄 필요가 있다. "환대가 무엇을 의미할 수 있는지를 온전히 인식하려면, 우리는 먼저 우리 자신이 이방인이 되어야만 한다"[17]고 나우웬은 제안한다. 우리는 타자들을 위한 환대의 여지들을 창출하면서 주인(host)이 되는 경험과 또한 우리가 환대받을 수 있는 자리 그래서 우리의 진정한 자아들과 우리 자신의 선물을 가져올 수 있는 자리를 찾는 이방인(stranger)이 되는 경험 사이를 오락가락 하고 있는 우리 자신을 발견한다. 나우웬은 손님과 주인 사이에서 발생하는 통일성 그래서 그들 사이의 구별을 소멸시키는 통일성에 관하여 말한다. 아주 심오한 방식으로 타자와의 이 통일성을 통해 출현하는 심오한 동일성이 있다. 동시에, 그 이방인 혹은 손님은 나누어 줄 독특한 선물들을 갖고 있으며, 이 선물들은 만일 주인이 그에게 선물들을 가져올 자유를 허락한다면 모습을 드러낼 것이라고 나우웬은 우리에게 말한다.

『그 잔을 마실 수 있습니까?』(*Can You Drink the Cup?*)에서 나우웬은 우리의 기쁨들과 슬픔들을 모두 표현하고 용납하는 하나됨의 공동체 속에서 공유하는 삶에 관하여 말한다. 우리 각자는, 그 안에 무엇이 담겨있든지 간에, 우리 자신의 삶의 잔을 대면하고 들이 마실 필요가 있다. 하지만, 그 잔은 사랑하는 다른 사람들과 함께 하는 공동체 안에서 마셔지도록 되어있다.[18] 만일 우리가 기꺼이 우리가 누구인지를 즉 우리의 강점들과 약점들 모두를, 기쁨들과 슬픔들을 모두 대면하고 공유할 준비가 되어있다면, 우리는 다른 사람들에게 그리고 우리 자신에게 선물이 된다. 다른 사람과 잔을 나누는 이미지는, 나우웬에 따르면, "우정과 친밀감 그리고 평화"의 기호이고, 그리고 그것은 단지 "목마른 것"이상의 어떤 것을 반영한다.[19] 잔을 함께 나누는 것은 우리가 주인되기와 손님되기 사이를 향해해 나갈 때 출현하는 우리 공통의 인간성에 대한 표현이다.

리쾨르와 유사하게, 나우웬은 주는 자와 받는 자 사이, 즉 주인과 손님 사이에 형성될 수 있는 다소간의 불평등한 관계를 성찰한다. 그는 부모와 자식 간의, 교사와 학생 간의 그리고 치유자와 환자 간의 관계를 자세히 살펴보고는 그 각각의 관계 속에서 손님들이 자신들이 누구인지를 보여줄 수 있는 자유 공간이 만들어져야 한다는 사실을 강조한다. 이 공간은 다른 사람에 대한 수용성 뿐만 아니라, 우리의 사고와 관념들과 의견들과 삶의 스타일들을—즉 우리가 누구인지를—드러냄으로써 도래하는 불가피한 대면들을 동반한다. 주인으로서 마음과 가슴의 가난은 다른 사람에 대한 수용성을 나타내는데, 이 가난이 이방인과 관계할 때 일종의 상호성(mutuality)을 열어준다. 문제들을 해결하고, 신속한 조언을 해주고 혹은 그 이방인이 자신의 선물들을 어떻게 표현해야 할지를 명령하는 방향으로 나아가는 대신, 그 사람이 이 선물들을 표현할 여지(space)가 (이 마음의 가난을 통해) 만들어진다.[20] 여기에는 바로 나우웬과 리쾨르 사이에 놓여있는 명백한 평행들이 있는데, 그들은 우리가 타자와 관계할 때 동일성을 확증하고 차이를 드러내는 것 사이를 오가는 움직임을 포착하고 있기 때문이다. 우리는 고유한 개인들이지만, 그러나 우리는 똑같다. 왜냐하면 우리 모두는 독거(solitude)를 찾고 그리고 환대를 찾고 있기 때문이고 그리고 그러한 움직임들은 바로 하나님을 향해 손을 내미는 가운데 가능하기 때문이다.

독거와 환대는 가치 있는 이상들이지만, 그러나 그것들은 하나님을 향해 손을 내밈과 기도를 통한 친밀감 속에서 하나님을 만나기를 배울 때에만 그의 온전한 성취를 이룰 수 있다. 나우웬은 말한다: "하나님을 향해 손을 내미는 것은 우리의 사명이고 .... 그리고 그것은 결코 멈추지 않을 기도를 통해 깊은 바다와 높은 하늘로 우리의 팔을 내미는 것이다. 우리가 환각(illusion)으로부터 기도로 나아갈 때, 우리는 인간적 피난처로부터 하나님에게로 나아간다. 바로 거기서 우리의 독거 뿐만 아니라 우리의 환대도 지속될 수 있다."[21] 나우웬은 기도를 배우는 것이라는 사실과 기도란 오직 선물로서 받을 수 있을 뿐이라는 사실 간의 역설(paradox)에 관하여 말한다. 하나님과 더불어 우리는 친밀한 연합과 소원한 거리감(estrangement)을 동시적으로 한번에 경험하는 듯하다. 우리는 현존과 부재, 이미와 아직을 동시에 경험하지만, 그러나 우리는 하나님을 향해 우리 손을 내밀어 하나님과 친교를 나눌 수 있는 공간들을 창출하도록 부름받았다. 하나님은 여전히 전적인 타자로 남아 계시지만, 동시에 우리와 연합하시고, (자신을) 모방하고 따르도록 우리를 부르신다. 다른 관계들에서처럼, 하나님과 더불어 우리는 친밀함과 소원함을 동시에 경험한다. 우리 자신과 유익한 독거를 찾고 그리고 다른 이웃들과 환대를 나누기 위해 우리는 하나님을 향해 손을 내밀어야만 한다.

나는 우리가 우리 자신 속에서 그리고 타자들과 더불어 그리고 하나님과 더불어 타자성을 대면하고 경험하는 몇 가지 방식들을 살펴보았다. 나우웬의 저작들 도처에는 타자를 향한 반응을 강조하는 대목들이 배어 있는데, 대체로 정의와 평화에 관심한다. 이 관심은 우리가 타자로 경험하는 사람들로부터 유래하는 동일성과 차이 모두로부터 일어난다. 헨리는 경쟁과 비교를 통해 우리의 차이들을 과도하게 강조하는 것의 위험을 경고한다. 그는 적는다, "나라들과 대륙들이 이 길을 따를 때, 폭력과 전쟁 심지어 지구적 자살이 실재적 가능성들이 된다. 그러나 우리가 인간 존재로서 우리의 밀접한 연관성을 기꺼이 인식하고 심지어 찬양할 의지가 있을 때, 우리는 평화로 가는 길 위를 걷는다."[22] 어느 때 우리는 정의와 회복과 전일성과 긍휼을 부르짖는 사람들이다. 또 다른 때 우리는 다른 사람들의 부르짖음을 듣는 사람들이다. 우리는 모두가 경험하는 공통의 연약함으로 인해 뿐만 아니라 치유와 회복을 부르짖는 상황들 속에서 벌어지는 불평등으로 인해 충격 받는다. 우리 모두는 상처입은 치유자들이 되어, 서로의 상처들을 싸매주는 일을 하며 나누도록 요청받는다.

광범위하게 말해서, 정의의 핵심에는 평등이 있다고 리꾀르는 생각한다. 부정의가 있는 곳에는 용납할 수 없는 유형의 불평등과 그를 교정하라는 요구들이 있다. 하지만 정의라는 주제에 관한 자신의 명시적인 신학적 저술들 중 하나에서 리꾀르는 사랑에 대한 성찰과 정의가 사랑으로 누그러져야 한다는 필연적 요구를 담고 있다. 리꾀르는 *lex talionis* 즉

"눈에는 눈"이라는 관념과 "네가 다른 사람들로부터 받고 싶은대로 다른 사람들에게 행하라"고 말하는 황금율 속에 반영된 상식적 수준의 '세계 속의 정의'라는 개념들 몇몇을 추적한다. 예수는 네 이웃을 네 자신으로 사랑하라는 이중 명령과 보답을 기대하지 말고 자신의 원수들을 사랑하라는 극단적 명령과 더불어 정의로운 것에 대한 이 상식적 이해를 과격하게 제시한다.[23] 사랑하라는 명령을 살아내는 유일한 길은 먼저 하나님으로부터 도래하는 사랑의 선물을 받음에 기초하는 것임을 리꾀르는 성찰한다. 타자를 사랑하고 자신의 삶을 내려 놓을 수 있도록 만드는 것은 곧 우리가 먼저 사랑의 선물을 받았다는 사실을 인식하는 것이다.

마찬가지로 나우웬은 "우리가 먼저 사랑받았기 때문에 우리는 사랑할 수 있고, 우리가 하나님 자신과의 내적 친밀성을 통해 태어났기 때문에 우리는 친밀감을 제공할 수 있다는 생각이 점점 더 크게 다가온다"[24]고 적고 있다. 친밀감은 기도와 명상을 통해 도래하지만, 그러나 그것은 공동체와 우리를 둘러싼 세계가 필요로 하는 것들로부터 도피하는 내적 전회(a turn inward)는 아니다. 토마스 머튼의 말을 반영하여 나우웬은 적기를, "외로움으로부터 독거로 나아가는 것은 자기 안으로의 침잠(withdrawal)이 점점 비대해지는 것이 아니라, 그 대신 우리 시대의 긴급한 이슈들과 보다 심층적인 관계를 맺으며 나아가는 것이다."[25] 나우웬의 삶과 저작들 속에는 명상과 실천 즉 기도의 삶과 섬김과 평화운동의 삶 간의 분명한 연결고리가 존재한다. 하나님과의 친밀감이 없다면, 우리는 사랑으로 타자에게 응답하여, 우리 자신을 상처입은 치유자들로 제공할 수 있는 지혜나 자원을 갖지 못한다. 리꾀르가 지적했듯이, 우리를 향한 하나님의 사랑의 선물은 단순히 공짜가 아니다; 그것은 다른 사람들을 사랑하라는 부르심과 책임감을 동반한다. 하나님과 타인들을 사랑하라는

명령은 명령된 것이지만, 그러나 그것은 하나님의 사랑으로부터 나오는 것이다.[26)]

필자의 의도는 타자성과 정의라는 주제에 관해서 폴 리쾨르의 저술들과 헨리 나우웬의 저술들 속에 드러나는 유사성들의 일부를 간략하게 스케치하는 것이었다. 리쾨르가 전반적으로 철학적 언어로 말하는 것을 나우웬은 다소 평범하게 직설적인 신학적 언어로 말한다. 우리가 우리 자아의 타자, 다른 사람, 사회 그리고 하나님을 대면할 때, 그것은 받아들이고 반응할 수 있는 기회, 즉 회심을 위한 기회이다. 우리는 연약하고, 혹은 부상당한 채 걸어가고 있지만, 동시에 우리는 치유와 변화를 위한 능력과 창조적 잠재력으로 충만하다. 타자와 우리의 만남은 연대성과 우리의 유사성에 대한 인식으로 우리를 부르지만, 다른 한편으로 우리의 한 가운데서 하나님이 주신 위대한 다양성을 보기도 한다. 부분적으로 우리의 타자성과 상처로 인해 일어나는 정의를 향한 외침은 우리가 사랑받고 있다는 것을 받아들이고 그리고 우리 가운데 있는 저들도 사랑받고 있음을 인식하면서, 사랑으로 걸어갈 수 있는 엄청난 기회가 된다. 나우웬이 우리에게 주지시키듯, 상처입은 치유자가 되라는 부르심은 우리가 받아들이고 마셔야만 하는 우리 잔의 일부이다. 여전히 물음이 남는다: 우리는 그 잔을 마실 수 있을까?

---

1) Paul Ricoeur, *Oneself as Another*, trans. Kathleen Blamey (Chicago: The University of Chicago Press, 1992), 24. 리쾨르의 저술들 중 가장 신학적인 작품을 꼽는다면 "Evil, a Challenge to Philosophy and Theology," in

Figuring the Sacred: Religion, Narrative, and Imagination, ed. Mark Wallace (Minneapolis: Augsburg Fortress, 1995)가 있다.

2) Ricoeur, *Oneself as Another*, 2-4.

3) Charles Taylor, *Human Agency and Language*, Philosophical Papers 1 (Cambridge: Cambridge University Press, 1985), 15-16.

4) Ricoeur, *Oneself as Another*, 118-22.

5) Henri. J.M. Nouwen, *Reaching Out: The Three Movements of the Spiritual Life* (New York: Doubleday, 1975), 49-50.

6) Ibid., 42.

7) Ibid., 43.

8) Paul Recoeur, *The Just*, trans. David Pellauer (Chicago: University of Chicago Press, 2000), xi.

9) Emmanuel Levinas, *Ethics and Infinity*, trans. Richard A. Cohen (Pittburgh: Duquesne University Press, 1985), 89.

10) Ricoeur, *Oneself as Another*, 190.

11) Paul Ricoeur, "Responsibility and Fragility: An Ethical Reflection," *The Journal of the Faculty of Religious Studies, McGill University* 21 (1993): 9.

12) Ricoeur, *Oneself as Another*, 192.

13) Ricoeur, "Responsibility and Fragility," 10.

14) Charles Reagan, *Paul Ricoeur: His Life and Work* (Chicago: The University of Chicago Press, 1996).

15) Ricoeur, "Evil, a Challenge to Philosophy and Theology," 258.

16) Ricoeur, *Oneself as Another*, 190.

17) Nouwen, *Reaching Out*, 68.

18) Henri J.M. Nouwen, *Can You Drink the Cup?* (Notre Dame, IN: Ave Maria Press, 1996), 57.

19) Ibid., 80.

20) Nouwen, *Reaching Out*, 103.

21) Ibid., 121.

22) Henri J.M. Nouwen, *Peacework: Prayer, Resistance, Community* (Maryknoll, NY: Orbis Books, 2005), 78.

23) Paul Ricoeur, "Ethical and Theological Considerations on the Golden Rule," in Wallace, *Figuring the Sacred*, 300.

24) Nouwen, *Reaching Out*, 129.

25) Ibidl., 46.

26) Paul Ricoeur, "Love and Justice," in Wallace, *Figuring the Sacred*, 319.

09 불완전의 영성

– 윌 에르난데즈(Wil Hernandez)

영적 아이콘으로서 헨리 나우웬은 심지어 사망한지 10년이 지난 후에도 그의 삶과 작품이 계속적으로 미치는 영향력을 통하여 여전히 미국의 종교적 풍경을 만들어가고 있다. 이 연구는 나우웬의 영적 형성에 담긴 역동성과 그가 살아낸 영성에 초점을 맞춘다. 첫 번째 부분은 전일적인 영성에 대한 접근방법을, 즉 나우웬이 영혼 치유와 영적 형성의 목회를 통해 구축한 접근방법을 제시한다. 나우웬은 영적 여행을—영성과 신학과 심리학과 목회를 매끄럽게 통합시킴으로서—통전적으로 구축하였다.

이 통합적 관점은 영적 삶의 본성에 대한 나우웬의 근본적 이해로부터 유래하는데, 나우웬이 이해하는 영적 삶은 사람이 자기 자신(self)과 그리고 타자들과(others) 그리고 하나님과의 관계를—내적으로(inwardly), 외적으로(outwardly) 그리고 위로 향해(upwardly)—연마하는 일(cultivating)을 수반한다. 『손 내밀기』(*Reaching Out*)에서 이 개념을 도식적으로 펼쳐보이면서, 영성과 더불어 심리학, 목회 그리고 신학의 서로 맞물린 관계를 해명하는데, 이를 "한 분야가 타분야의 완전한 실재 속에 온전하고 상호적으로 공유되는 것"[1]이라 하였다. 이러한 류의 공속(coinherence)은 목회에 대한 나우웬의 통합적 접근방법을 기틀짓는 것이다.[2]

이 논문의 두 번째 부분은 결정적으로 반-직관적이고 반-문화적인 류의 영성, 즉 나우웬이 그의 삶을 통해 예증한 불완전의 영성(*spirituality of imperfection*)을 탐구한다. 그는 완전으로 나아가는 영적인 여행을 불완전을 통한 여행으로 인식하면서, 갈등과 연약함과 불완전의 실재들을 포함시켰다.

전체적으로 이 연구는 한 불완전한 성자가 영적, 신학적, 심리학적 그리고 목회적 통찰들을 비범하게 결합하여 기독교인들을 영적 삶과 그의 형성에 대한 보다 더 실재적이고 통합적인 관점으로 지향하게 했는지를—그리고 자신의 저술들을 통하여 오늘날까지 그렇게 지속적인 힘을 발휘하게 되었는지를—보여주고자 한다.

심리학과 영성

전기 작가 마이클 포드(Michael Ford)는 심리적인 것과 영적인 것을 통합하는 헨리 나우웬의 본능적인 능력을 다음과 같이 핵심적으로 표현한다: "심리학 교육을 받고 기독교적 영성의 풍성함에 흠뻑 빠져든 나우웬은 인간 영혼의 역동성에 대한 자신의 깨달음을 영의 활동들에 대한 자신의 개방성으로 균형을 맞추어 조절했다."[3] 그는 자아의 이해에 유용한 심리학의 모체를 숙고하면서, 그것이 영적 삶의 발전에 없어서는 안될 것이라고 믿었다. 그러나 그는 자기-지식(self-knowledge)을 언제나 하나님과 연관하여 고려하였다. 어거스틴처럼, 자아에 대한 앎과 하나님에 대한 앎은 불가분리하게 함께 엮여져 있다고 나우웬은 주장했다. 그들의 상호적인 역동성을 묘사하면서, "우리가 하나님 앞에서 이방인으로서 행위하면 할수록, 우리는 우리 자신에게 이방인들이 된다"[4]고 그는 선포하였다. 나우웬이 보았던 바처럼, "우리가 가장 하나님 같을 때 가장 우리 자신이 될 수 있다"[5]는 점에서 자아는 궁극적으로 하나님과의 관계성 속에서 그 의미를 유래한다. 그가 확증하듯이, "나는 하나님 안에 숨겨져 있고 그리고 나는 그 관계 속에서 내 자신을 발견해야만 한다."[6]

장 칼뱅(John Calvin)이 "이중 지식"(double knowledge)이라고 지칭한 것에 대한 나우웬 자신의 이해는 이론적인 수준을 넘어선다; 그는 그것을 보완할 경험을 갖고 있었다. 『제네시 일지』(The Genesse Diary)를 읽을 때, 우리는 나우웬이 보여주는 "자기-지식과 하나님-지식의 [분명한] 성장"을 감지할 수 있는데, 이를 통해 그의 여정은 보다 더 광대한 통합성을 이룰수 있었다.[7] 참으로, 심리학과 영성 사이의 역동성에 대한 그의 경험은 우리로 하여금 전일성(wholeness)과 성스러움(holiness)을 함께 추구하도록 촉구한다.

영성과 목회

단지 심리학만이 영성과 통합되어진 것이 아니라, 영성 자체가 목회와 뒤얽혀 있다. 우리의 이웃을 네 자신처럼 사랑하라는 성서의 명령은 우리가 사실상 우리 자신을 진실로 사랑한다는 사실을 가정한다. 만일 우리가 온전히 용납하고 친밀하게 알고 있는 자아를 갖고 있지 못하다면, 우리는 우리 자신을 다른 사람들에게 내어 줄 수 없다. 우리가 우리 자신을 사랑하는 만큼, 우리는 우리 자신을 사랑하고, 다른 사람들에게 우리 자신을 기꺼이 내어 줄 수 있다. 목회는 정확히 그것—즉 "자신을 내어 줌"("giving of self")[8]—을 요구한다.

따라서 하나님에 대한 사랑과 이웃에 대한 사랑은 분리되어질 수 없다(참조 - 요한일서 4:20-21). 따라서 나우웬은 지상 대계명①의 역동성을 다음과 같이 풀어낸다: (지상 대계명의) "첫 번째 계명②은 두 번째 계명③을 통해 구체성과 전문성을 부여받는다; 두 번째 계명은 ... 첫 번째 계명을 통해 가능케 된다."[9] 하나님을 사랑하는 것은 우리로 하여금 진정으로 다른 사람들을 사랑할 수 있도록 해준다; 다른 사람들을 사랑하는 것은 우리가 진정으로 하나님을 사랑한다는 것을 증명한다. 이 두 계명의 융합은 영성과 목회 간의 결혼에 상응한다.

목회가 효율적이기 위해서는 진정한 영성에 의해 추진력을 얻어야만 한다. 영성이 진정하려면(authentic), 목회라는 현실적 실천을 배태해야

---

① 역자 - 마가복음 12:30-31절에 나오는 예수의 명령을 가리키는 것으로 "네 마음을 다하고 목숨을 다하고 뜻을 다하고 힘을 다하여 주 너의 하나님을 사랑하라. 네 이웃을 네 몸과 같이 사랑하라"는 내용이다. 이는 구약의 십계명을 압축한 명령인 셈이다.

② 역자 - "네 마음을 다하고 목숨을 다하고 뜻을 다하고 힘을 다하여 주 너의 하나님을 사랑하라"는 계명을 가리킨다.

③ 역자 - "네 이웃을 네 몸과 같이 사랑하라"는 계명을 가리킨다.

만 한다. 하나님과의 친교는 다른 사람들과 깊은 친교를 낳고 그리고 진정한 공동체는 창조적 목회로 나아간다는 신념을 나우웬은 포용하고 있었다. 영성과 목회는 손에 손잡고 함께 나아간다.

신학과 영성

신학은 영성의 공속 삼인조를 고정시키는 마지막 영역이다. 심리학과 목회처럼, 신학은 불가분리하게 영성과 융합한다. 헨리 나우웬은 그들 사이에 어떤 불일치도 보지 못했다. 그는 신학(theologia)이라는 말을 "최고 수준의 기도"로 이해하였는데, 사막 교부들은 기도를 "하나님과의 직접적이고 친밀한 교제"와 동일시하였다.[10)]

나우웬에게 모든 신학은 영성적이고 실천적이다. 한 학자가 증언하듯이, "그[나우웬]는 목회 신학자, 즉 신학이 살아있는 신학이 되기에 충분할 만큼 실존적으로 만든 사람이었다."[11)] 한 예로, 그는 항상 "우리의 하나님에 대한 앎을 우리 실존의 구체적인 정황들 속에 위치[시키기]"[12)]를 주장했다. 우리의 교리적 삶은 결코 우리의 신앙의 삶으로부터 분리되지 않는다는 그의 신념은 『마크에게 보내는 편지』(*Letters to Marc*)에서 입증되는데, 그 책은 영적 삶에 대한 나우웬의 원칙을 포착하는 책으로서, 그 안에서 그의 신앙은 그가 "살아온 그리고 살아낸"[13)] 것을 통해 살을 입게 된다. 나우웬은 그의 영적인 삶에서 결코 완전한 균형을 드러내지 못하지만, 그러나 그의 저술들은 그가 온전함을 살아내며 이루기 위해 노력했음을 보여준다.[14)]

신학과 영성의 연합 상태와 관련하여 나우웬은 신학적 계기들을 "하나님을 아는 것과 하나님을 사랑하는 것과 하나님을 찬양하는 것이 하나가 되는 송영의 순간들"[15]로 간주하였다. 중첩적 방식으로 그것들은 하나님과의 살아있는 만남의 수반을 구성한다.

온전(integrity)과 불완전(imperfection)의 여행

헨리 나우웬의 통합적 성향은 전일성(wholeness)을 향한 주요한 발걸음을 대변한다. 보다 심층적인 분석을 해보면, 그것을 추구하는 나우웬의 헌신은 완전을 향한 강박적 충동이라기 보다는 오히려 인간의 파타난 조건에 대한 그의 고양된 깨달음을 말해주고 있다. 나우웬의 영적 삶의 통합적 추구는 심리학적, 목회적 그리고 신학적 불완전성들의 측면들을 제거하는 대신 통합하였다. 그에게 온전함(integration)은 불완전과 공존하는 것이었다.

영성은 심리학(가장 깊은 자아를 향한 내적인 나아감)과 실로 통합하지만, 그러나 그것은 불완전의 심리학이다—이점에서 확장된 전일성으로 나아가는 통로는 파탄(brokenness)의 심리적 실재들을 수반한다. 우리의 보편적 인간 조건을 가리키면서 나우웬은 노골적으로 인정하기를, "우리의 파탄은 너무나 가시적이고 실체적이고, 너무나 구체적이고 분명하다."[16] 물론, 그는 스스로 깊이 파탄난 사람으로서, 즉 "심리적 상처들과 육체적 한계들과 감정적 결핍들로 인해 상처난"[17] 사람으로서 스스로를 말한다. 하지만 나우웬은 파탄을, 프레더릭 부케너(Frederick Buechner)가 표현하듯이, "이 세계 안에서 인간이 되는 길, 즉 전일성으로 나아가는 길"[18]로 간주한다.

일면 나우웬의 삶은 성만찬 때 기도하는 성만찬 공식문구를 반영한다: "피택됨 혹은 선택됨, 축복받음, 파탄 그리고 주어짐." "그의 삶은 다른 사람들을 위한 영적 빵과 포도주, 몸과 피가 되었다"[19]고 말할 수도 있을 것이다. 오늘의 우리는 나우웬의 파탄으로부터 흘러넘친 무언의 축복들을 수령하는 사람들이다. 진정한 자기-지식을 그 특징으로 하는 그의 불완전성의 내적 여행은 전일성을 향한 우리 자신의 추구 속에서 우리에게 계속적으로 영감을 제공한다.

유사하게 영성은 목회(다른 사람들을 향해 외적으로 나아감)를 통합하지만, 그러나 그것은 능력 있는 목회로 나아가는 열쇠가 무력함의 훈련을 통해서만 열려지는 불완전의 목회다. 하나님의 길은 자발적인 무력함을 발휘한 그리스도의 탄생과 죽음 속에 현시하는 약함의 길(the way of weakness)이라고 나우웬은 주장한다.[20] 그리스도의 본보기에 호소하면서 나우웬은 기독교 목회자의 길은 "위로 올라가는 길이 아니라 ... 십자가에서 최후를 맞이하는 아래로 내려가는 길"[21]이라는 사실을 강조한다. 목회의 신비는 바로 "목회자들은 자신들의 약함 외에는 자랑할 것이 전혀 없는 무력한 사람들"[22]이라는 실재 속에 놓여있다. 사도 바울처럼, "정확히 바로 그러한 '약함' 속에서 참된 힘이 즉 하나님의 능력이 [우리의] 목회를 통해 능력을 발휘한다."[23]

능력의 통로는 약함을 통해서이지만, 그러나 그 약한 자는 "힘, 하나님의 능력 즉 모든 것을 변화시키는 사랑의 힘을 주장한다."[24] 다시금, 바울은 이를 그 자신의 목회 속에서 시연해 보였다: "예수 그리스도의 십자가처럼, 바울의 약함은 사랑의 표현이다... (고후 4:15)."[25] 그렇다면, 다른 사람을 향해 나아가는 운동으로서 목회는, 비록 약함을 통해서이긴 하지만, 행위로 실천하는 강력한 사랑의 활동이다.

마지막으로 영성은 신학(하나님을 향해 위로 나아감)을 통합하지만, 그러나 그것은 그럼에도 불구하고 불완전의 신학으로 대변되는데, 그 신학 속에서 하나님과의 하나됨을 향한 노정은 그 영광의 서곡을 고난으로 포장하고 있다. 나우웬은 확실하게 선언한다: "예수가 나아갔던 여행 외에는 하나님으로 나아가는 여행이 없다"[26) — 그리고 이는 불가피하게 고난의 길을 포함한다. 나우웬이 보기에, "하나님을 향해 [손을] 내미는 것은 우리를 고통과 고난으로부터 자유케 할 것이다"[27) 고 생각하는 것은 착각이다. 그 어떤 승리주의적 흔적도 없이, 그는 우리에게 잔존하는 타락을 고난의 인자로 용납하고, 그래서 고난은 이제 우리의 불가피한 운명이 되었다.[28) 끝없는 투쟁이 자신의 실존에 파멸의 원인임을 몸소 입증한 사람으로서 나우웬은 고난을 구체적으로 알고 있었다. 그 어떤 기준으로 보아도, 나우웬은 무척 고난 받은 사람이었다.[29)

더 나아가, 만일 "예수와의 교제가 그 분처럼 되는 것을 의미한다면 … 우리를 새로운 존재의 영역으로 인도하는 것을 의미한다면 … 우리를 하나님 나라로 안내한다면,"[30) 그렇다면 고난은 하나님 나라로 나아가는 예견된 경로라는 사실을 나우웬은 인식했다. 하나님과의 교제는 고난과의 그리고 고난을 통한 교제이다.

요약해 보자: 내적, 외적, 상향적 여행들은 헨리 나우웬이 스스로 예증한 불완전의 여행들이다. 하지만, 파탄과 약함과 고난의 경험들과 결부된 불완전성의 또렷한 실재들과 개인적으로 대면하는 와중에서 나우웬은 목회의 길을 통해, 말하자면 특별히 영적 보살핌과 영적 형성의 목회를 통해 자신을 다른 사람들에게 내어주기를 결코 멈추지 않았다.

영적 보살핌과 영적 형성에 대한 통합적 접근방법

헨리 나우웬의 목회적 스타일은 한 눈에 봐도 통이 넓다. 목회자로서 그는 전문가라기 보다는 오히려 팔방미인(generalist)으로 기능하면서, 영혼의 보살핌과 영적 형성의 역동성을 단번에 본능적으로 결합시켜, 하나님을 위한 공간을 창출해 내기 위한 마음과 가슴과 몸의 훈련들에 매달렸다.[31] 그러한 통합적인 사고방식과 접근방법이 그의 실천적 목회 스타일을 상당부분 설명한다.

그러한 전일적인 접근방법을 암시하듯, 나우웬은 치유(healing)와 보살핌(sustaining)과 인도(guiding)의 목회적 업무들을 결합시켰는데, 이 모든 업무들은 다 같이 메닝어 클리닉에서 나우웬의 멘토들 중 하나였던 시워드 힐트너(Seward Hiltner)가 주창한 목회 신학의 근본 원리들을 가리킨다. 그는 그 원리들을 자신의 이해에 적용시켜 통합하였다. 나우웬은 이 세 가지 목양의 기능들을 담임자(pastor, 과거의 상처들을 치유하는 사람)와 사제(priest, 현재의 삶을 유지하는 자) 그리고 예언자(prophet, 다른 사람들을 미래로 안내하는 자)의 중첩적 역할들로 개조한다.[32]

그 형성의 목회 속에서 나우웬은 거의 구별되지 않는 방식으로, 말하자면, 이 세 모자를 함께 썼다. 나우웬을 어느 한 가지 역할에만 국한시켜 구별 정리하는 것이, 불가능한 일은 아니겠지만, 쉬운 일은 아니다. 상황에 따라, 나우웬은 그의 목회적 접근방법에서 유연성을 보여주기도 하였다. 영적 우정, 영적 안내, 영적 멘토링 그리고 영적 지도 등을 포함하여 영적 보살핌과 영적 형성의 전 영역에 정통한 나우웬은 그렇게 결합된 요소들을 창조성과 여유를 가지고 생산적으로 활용할 수 있었다.[33]

통합적 목회의 역동성

헨리 나우웬은 진정한 목회자란 행사주최자—즉 그가 환대의 실천과 등가시한 업무—라고 믿었다.[34] 그의 생각 속에서, 목회의 전부는 바로 환대(hospitality)로 보여질 수 있어야 한다: "돕고, 섬기고, 돌보고, 안내하고, 치유하는 ... 모든 일은 우리의 이웃을 향해 [손을] 내ala을 표현하기 위해 사용되는데, 그럼으로써 우리는 삶을 소유하는 것이 아니라 나누어야 할 선물로 인식하게 된다."[35]

영혼 보살피기(soul care)란 정확히 다음과 같은 것이다: 다른 사람의 삶을 진정으로 깊게 보살핌으로서 동기를 부여받은 자신의 삶의 사심 없는 공유. 나우웬이 정의하듯이, 보살핌은 "다른 사람을 사랑으로 주의 깊게 관심 갖는 것이다."[36] 그에게, "영혼 보살피기란 영혼 치유가 아니며, 우리 자신의 영성을 심화시켜 나가는데 필수적인 첫 번째 발 걸음으로서 가장 중요하다."[37]

나우웬의 목회적 시선의 지향점이 형성적이라는 사실은 분명하다. 하지만 그는 결코 다른 사람들을 형성하는 것이 자기의 일이라고 주장한 적은 없다. 그는 성령이 그의 활동을 위해 해방될 수 있도록 우리의 가슴을 비우는 과정으로서 영적 형성을 보았다.[38] 그가 상술하듯: "영적 형성의 지점은 어떤 일이 일어나고 있는 곳 .... 즉 하나님이 어떤 일을 하시고 계신 [곳]을 분별하는 것이다. 우리의 할 일은 현재 하나님이 어디서 어떻게 활동하고 계신지를 알고, 바로 하나님이 활동하신다는 사실을 인지하는 것이다."[39]

불완전의 영적 여행

영성, 심리학, 목회 그리고 신학의 공속성(coinherence)에 대한 분명한 이해에 기반한 헨리 나우웬의 목회에 대한 통합적 접근방법은 불완전에 대한 그 자신의 경험으로 추동되고 조절되었다. 자신만의 고유한 정직성을 가지고 나우웬은 고백했다: "난 여행을 마쳤다고 말할 수 없다; 이 생에서는 결코 그럴 수 없을 것이다."[40] 사실 그는 다음과 같은 경고를 제시한 바 있다: "도착했다고 생각하는 이들은 길을 잃은 것이다. 자신의 목표를 달성했다고 생각하는 이들은 목표를 상실한 것이다."[41] 분명히, "나우웬에게 영적 여행은 결코 완전에 대한 것이 아니라, 다른 사람들의 삶 속에서 열매 맺을 하나님과의 깊고 의미 있는 관계 안에서 살아가려고 투쟁하는 것에 관한 것이다."[42]

헨리 나우웬은 자기 자신의 영적인 무능함들을 드러내는데 결코 주저하지 않았는데, 심지어 그럼으로써 자신이 선포하고자 하는 복음의 힘이 표면적으로 상쇄되게 될 것으로 여겨질 때조차 그랬다. 이럴 때 그의 증언이 의혹을 받기는커녕 오히려 나우웬에 대한 신뢰는 더 높아졌는데, 심지어 "[우리의] 하늘 아버지가 완전하신만큼 날마다 완전하게 되기를 이르는데 실패하는 우리 모든 기독교인들을 위한 거울이 되었기" 때문이다.[43]

동시에 복음의 능력의 빛 안에서 불완전을 기꺼이 대면하려는 의지와 용기만큼 불완전이 그의 인생에 최우선적인 주제가 되지 않도록 하는 영적인 지혜를 나우웬은 소유하고 있었다. 그의 투명한 삶은 자기의 한계들에 대한 온전한 자각 속에서만 우리는 하나님의 광대한 능력과 은혜의 공급을 발견하게 된다는 진리를 입증했다. 여기에 불완전한 실존의 은혜로운 면이 드러난다.[44] 부단한 구도자로서, 상처입은 치유자로서 그리고 신실한 투쟁가(struggler)로서 헨리 나우웬은 불완전한 인격 속에 하숙하는 진정한 영성의 체현(embodiment)으로 등장한다.

나우웬은 자신을 찾으며, 타인들과 세계를 찾으며 그리고 하나님을 깊이 갈망하는 그래서 휴식치 못하고 방랑하는 영혼의 전형적인 예증이다. 그의 부단한 탐색을 통해, 나우웬은 자신의 곤궁한 자아와 타인들과 갈등하는 자신의 관계성들과 때로 동요하는 하나님과 자신의 관계성을 대면하였다. 놀랍게도 그는 한번은 다음과 같이 고백했다: "내 자신의 불안함은 … 독거(solitude)를 발견하자마자… 그로부터 도망치도록 만들었다."[45)]

제네시의 대수도원에서 수도승으로 살았던 7달의 경험을 바치고 나오면서, 나우웬은 뒤돌아보며, 노골적으로 솔직하게 탄식했다, "어쨌든 나는 나의 불안이 고요함으로, 나의 긴장감들이 평화로운 삶의 스타일로, 그리고 나의 모호함과 양면성이 하나님을 향한 일편단심의 헌신으로 변할 것을 기대했었다."[46)]

자신의 54세 생일 날에, 즉 라르슈 데이브레이크 공동체에서 새로 발견한 자신의 집에 정착하기 6개월 전에 나우웬은 자신의 인생과 자신을 여전히 괴롭히는 불안에 대하여 성찰한다: "만일 내적 통일성과 평화를 향한 나의 탐구와 관련하여 어떤 변화가 있었다면, 매우 조금밖에 일어나지 않았을 것이다. 내가 이 영적인 여행을 출발할 때처럼 나는 여전히 불안하고, 과민하고, 격앙되었고, 산만하고 그리고 충동적인 사람이다."[47)]

영혼을 위한 평화와 고요를 확보하려는 평생의 싸움을 나우웬은 결코 멈추지 않았다고 말하는 것으로 충분할 것 같다. 비록 자신의 불안을 완전히 해결하지는 못했지만, 바로 그 불안이 언제나 자신이 궁극적으로 찾는 완전자이신 하나님에게로 되돌아오게끔 만들었다는 것을 그는 깨달았다. 따라서, 불완전성의 한 복판에서 나우웬은 최소한 완전으로 보다 가깝게 이끌리고 있었다고 말할 수 있을 것 같다.

우리들 중 누구도 온전하지 못하다, 적어도 아직은 아니다. 우리는 하자가 생기고, 깨어지고 그리고 상처입은 무리이다. 나우웬은 모든 인류의 이 고유한 조건을 인정했을 뿐만 아니라, 그는 "상처입은 성자"(a "saint with wounds")로서 그 실재를 생생히 살아냈다.[48] 그는 흔히 자신의 영성의 실질적인 모퉁이돌이 된 인상적인 문구와 동일시되었다: "상처입은 치유자."

나우웬은 그의 전 생애에 걸쳐 이 땅의 그 어떤 관계도 충족시켜줄 수 없는 외로움의 깊은 상처를 붙들고 씨름하였다. 그는 스스로 이 외로움을 "애정을 향한 이 엄청난 욕구, 그리고 거절에 대한 이 엄청난 두려움"이라는 말로 특색 있게 표현하면서, 자신의 삶에 담겨진 연약함을 가리키기도 했다.[49]

자신의 내적 상처와 더불어 살아야만 한다는 것과 함께 도래하는 짜증나는 투쟁에도 불구하고 나우웬은 다른 상처 입은 영혼들을 치유하는데 자신의 에너지를 바쳤다: "그는 의심과 신앙 상실의 어두운 자리들을 헤치고 나아갈 수 있도록 많은 사람들을 안내했다. 다른 사람들을 위해서는 이렇게 했지만, 그 자신은 어두운 생각들과 정신적 고통들로 인해 심하게 시달렸다. 그는 불안과 우울증을 앓고 있었는데, 그것들로부터는 오직 일시적인 해제만이 있을 뿐이었다."[50]

나우웬의 상처입은 치유자라는 지속력있는 개념은 그럼에도 불구하고 그에 대한 비판의 목소리들이 없지 않았다. 특별히 한 사람은 다음과 같이 불평했다: "많은 사람들은 나우웬식의 목회자를 약골로 간주합니다. ... 상처입은 치유자같은 목사는 감정을 돌보느라 내면을 살피는 목사가 되어, 하나님의 예언자로서 그리고 궁핍한 이들을 섬기는 종으로서의 자신의 역할을 잊을수도 있습니다."[51] 사실상 나우웬은 『상처입은 치유자』에서 그 상처입은 치유자 개념을 총체적으로 남용하는 "영적 과시벽"("spiritual exhibitionism")의 형태를 주의하라고 경고했었다.[52] 그는

사실 "우리의 상처들을 넘어서서 자유를 찾으라"고 우리에게 촉구했었다.[53)]

실재로 나우웬의 상처입음은 하나님의 무한한 능력이 드러날 수 있는 광대한 통로로 작용했다. "참으로 우리의 깨어지고, 연약하고, 죽을 수밖에 없는 존재 방식들을 통하여 영원하신 하나님의 치유력이 우리에게 가시적으로 드러나기 시작한다"고 나우웬은 주장했다.[54)] 나우웬은 난지 자신의 인성과 자신의 고유한 부르심을 살아냈을 뿐이다. 그의 인성(humanity)의 핵심은 자신의 "상처입음"이었고, 그의 진정한 부르심의 핵심은 그가 "치유자"가 되는 것이었다.[55)] 그는 그 두 핵심들 모두를 지키며 삶을 영위하였다.

상처 속에서처럼 불안 속에서도 나우웬은 불완전성을 육화해내었다. 투쟁(struggle)은 그가 겪는 경험의 공통된 실마리였던 것으로 입증되었다. 진실된 구도자로서 나우웬은 불안해했다. 진정한 치유자로서 그는 깊이 상처 입었다. 진정한 투쟁가로서 그는 투철했다.

진정한 영적 삶의 핵심에는 투쟁의 영구적인 경험이 놓여있다. 나우웬이 그려주듯이, 우리의 새로운 삶은 "기쁨의 삶이자, 또한 희생의 삶이기도 하다. 그것은 영광된 삶이기도 하지만 또한 고난의 삶이기도 한다. 그것은 평화의 삶이지만, 또한 투쟁의 삶이다."[56)] 투쟁은 그가 함께 품고 살아야 했던 불완전성의 원료였음을 그는 경험을 통해 거듭 거듭 증언해주었다.

많은 이들에게 영적인 삶은 줄다리기를 닮았다. 끊임없이 반대 양편으로 잡아 당겨지는 경험을 했던 나우웬도 예외는 아니다. 그의 일기들은 때로 자신의 생각들에 대한 일관성 있는 표현이라기보다는 오히려 모순된 진술들의 어지러운 기록처럼 읽혀질 때가 더 많다. 그것들은 자신의 의도들을 행동으로, 생각들을 실재로, 그리고 자신의 끝없는 공언들을 구체적 표현으로 번역해 내려는 나우웬의 계속적인 투쟁을 보여준다. 그는 결론짓는다: "내 안에는 수많은 모순들이 있다. ... 통찰과 실천 사이의 거리는 막대하다."[57] "이상과 실재 사이의 틈을 메우려는 [나우웬의] 투쟁은 너무나 실재적이었고, 너무나 고통스러웠고 그리고 너무나 인간적이었다!"고 수 모스텔러(Sue Mosteller)는 결론짓는다.[58]

나우웬의 투쟁들은 우리 자신의 경험들과 무척 닮았지만, 대부분의 우리들과 달리 나우웬은 스스럼없이 그 투쟁들에 대하여 내놓고 이야기했다는 점만은 예외였다. 하지만, 우리들처럼, 그는 이 평생의 싸움을 극복하기를 진정으로 갈망하였다. 나우웬은 계발적 질문을 던지고, 자진해서 자신의 대답을 제시한다: "그 긴장이 통전된 삶 속에서 해결될 수 있을까? ... 이 전일성을 이루어낸 사람은 거의 없다. 나는 분명코 그러지 못했다."[59] 그 긴장의 현존은 우리 모두의 내외로 점점 다가오는 어둠의 피할 수 없는 현존으로 인해 더욱 더 악화된다.

쫓아버리고 싶은 마음이야 간절했겠지만, 어둠은 나우웬의 삶에 드리운 두터운 구름처럼 주위를 맴돌았다. 심지어 길고 어두운 여행 끝에 라르슈에서 마침내 "빛"을 찾았던 것처럼 여겨질 때에도, 나우웬은 다음과 같이 인정해야 했다: "공동체 생활은 어둠을 몰아내지 못했다. 오히려 그와는 반대였다. 라르슈로 나를 유혹했던 빛은 또한 내 자신 안에 있는 어둠 또한 의식하게 만들었던 것 같다. ... 공동체 생활은 나에게 진정한 영적 싸움을 열어주었다: 어둠이 그토록 생생할 때 빛을 향해 계속해서 나아가려는 투쟁."[60] 어둠의 시간들은 신앙적 삶에 표준적 요소라는 자신의 깨달음에도 불구하고, 나우웬이 스스로 그 최악의 시간들을 지나갈 것이라는 상상조차 하지 못했다.

라르슈에서 담임자로 섬기는 동안이 바로 나우웬이 인생의 가장 어두운 이야기들을 마주친 때였다. 그것은 나단 볼(Nathan Ball)과의 우정이 깨진 일과 관련된다. 그의 번민에 찬 기술을 통해 우리는 나우웬이 겪었던 "어두운 밤"을 어렴풋이 감지한다: "난 여기에 ... 바닥에 납작 엎드려 완전한 어둠 속에 있다. ... 내 삶에 의미를 부여하던 모든 것이 마치 다 떨어져 나가고 내 앞에는 밑바닥이 보이지 않는 심연 말고는 볼수가 없다. ... 하나님이 나를 버린신 듯이 느껴진다. ... 그 번민이 나를 완전히 마비시켰다. ... 모든 것이 어둠으로 변했다."[61] 하나님의 은혜로 나우웬은 더욱 깊이 사랑하려는 보다 더 강력한 동기를 얻어 자신의 어두운 밤으로부터 헤어 나올수 있었다. "그 모든 것 앞에서 죽음이 아니라 삶을 선택하기로" 결정했기 때문에 나우웬은 "그 삶의 시간을 되돌아보고 그리고 새로운 내적 자유와 새로운 희망 그리고 새로운 창조성으로 인도해갔던 충실한 성화의 시간으로 그때를 볼"수 있었다.[62]

헨리 나우웬은 영적 불완전성의 규범적 경험으로서 투쟁의 실재를 솔직하게 포용했다. 그는 영적인 긴장을 반갑게 맞아들였고 그리고 그의 당당한 현존을 다루는 법을 배웠다. 그는 영적인 어둠을 용납하고 그리고 자신의 영적인 비전을 잃지 않은 채 그 어두운 회랑을 기꺼이 지나갔다. 그 모든 과정을 통해 나우웬은 투쟁을 단념하지 않고 충실하게 지켜냈다.

충실성(faithfulness)은 나우웬과 가장 가까이 있던 사람들이 그에 대해 기억하는 것 중 가장 눈에 뜨이는 특징이다. 나단 볼의 회고에 따르면, "아주 자주 그리고 아주 여러 번 헨리는 충실하고자 하는 그의 욕망을 표현했다—하나님과 그 자신의 내적 자아와 사랑의 요구들과 우정과 그리고 사제가 되기로 선택한 그의 소명에 충실하고자 말이다."[63] 결단력이 그가 충실성을 발휘하는데 핵심이었던 것으로 보인다.

그러한 결단에 의지하여 나우웬은 그의 투쟁의 가장 어려운 십자가였던 것으로 대다수가 가정하는 일, 즉 자신의 동성애적 지향성을 다루는 일을 대면했다. 마이클 포드(Michael Ford)가 폭로하는 나우웬의 초상은 깊숙이 숨겨져 있던 이 투쟁을 까발려, 특별히 "독신 맹세를 살아내려는 [그의 불굴의] 헌신"으로 인해 가중된 "깊은 불안과 갈등의 근원"으로 그 사제의 성욕을 묘사했다.[64]

독신은 나우웬에게 적지 않은 문제였는데, 특별히 그가 순결한 삶을 살려고 노력하는 일에 수반되는 복잡성을 잘 이해하고 있었기 때문이다.[65] 그럼에도 불구하고, 그는 어떠한 경우에도 마음의 순수성을 가지고 자신의 "비밀스럽고 숨겨진 삶"을 처신해 나가기 위해 충실하게 전력을 다했다.[66] 인간적인 사랑과 애정을 향한 갈망이 탐욕을 부리고 있는 사람에게 장시간의 투쟁은 벌받는 듯이 고통스러울 것이다. 그의 가까운 친구들이 알고 있는 최선에 정보들에 따르면, "나우웬은 투쟁했을지 모르지만, 그러나 자신의 신념들과 결코 타협하지는 않았다."[67] "우리 사이에 거하시는 하나님의 충실한 현존을 나타내는 살아있는 지표들이 되도록 우리는 부름 받았다는 깊은 깨달음의 안내를 받으며," 나우웬은 충실한 자세로 삶의 끝날 까지 조용히 자신의 길을 걸어가도록 투쟁하였다.[68]

헨리 나우웬은 그의 모든 저술들을 통하여 자신을 솔직하게 드러내기로 기꺼이 선택하였다; 따라서 그 스스로 예리하게 묘사한 것보다 더 정확하게 그의 영성을 그려주는 다른 자료가 필요치는 않다. 그것은 바로 불완전의 영성이고, 그것은 깊고 진정한 것이었다. 나우웬은 심지어 "우리 자신의 약함과 한계들로 인해 우리 스스로 압도되었을 때조차, 여전히 우리는 투명한 자들이 되어, 보혜사(the divine counselor)이신 하나님의 영이 우리를 통하여 빛을 발하여, 다른 사람들에게 빛을 비출 수 있다"고 믿었던 신념의 사람이었다.[69] 보기에 따라서는 바로 그의 불완전성이 그가 다른 사람들의 목회자가 될 수 있는 자격을 부여해준 셈이다.

『거룩한 갈망』(*The Holy Longing*)에서 로날드 롤해저(Ronald Rolheiser)는 헨리 나우웬에게 바치는 감동적인 헌정사를 적고 있는데, 이는 그토록 많은 사람들에게 미쳤던 나우웬의 "불완전한" 영향력을 가장 잘 포착해 주고 있다: 자신의 투쟁들을 나누어줌으로서, 그는 어떻게 기도해야 할지를 알지 못하는 동안에 우리가 기도하도록, 불안감을 느끼는 동안에 휴식할 수 있도록, 유혹받는 동안에 평화를 누릴 수 있도록, 여전히 근심 중에 있을 때에 안전함을 느끼도록, 여전히 어둠 속에 있을 때 빛의 구름에 에워싸여 지낼 수 있도록, 그리고 여전히 의심 중에 있을 때 사랑할 수 있도록 도우며, 우리 모두에게 선한 가르침(mentored)을 주었다.[70]

그렇게 불완전한 그릇이 어떻게 풍성한 축복들이 넘쳐 나오는 샘이 될 수 있는가? 헨리 나우웬의 영성이 미치는 충격을 무엇으로 기술할 수 있을 것인가? 평범한 수사에 불과하게 들릴지도 모르지만, 예수, 즉 나우웬의 예수가 바로 그 모든 차이를 만들어 낸 것임에 분명하다고 여겨진다: "나우웬은 그의 십자가들을 기꺼이 감수하고, 그것들을 짊어지고, 그 십자가들이 그를 예수에게로 인도하도록 하였다."[71] 많은 사람들이 나우웬의 상처입음이 그의 삶 속에서 덜 부각되기를 바랐음에도 불구하고, 그의 가까운 친구 로버트 조나스(Robert Jonas)는 "그의 못내 상존하며 따라 다녔던 그림자는 오직 그가 걸어갔던 빛 때문에 거기 있었다"는 사실을 우리에게 주지시킨다.[72] 헨리 나우웬은 그의 진정한 사랑이자 상처 입은 자신의 영혼의 진정한 연인이었던 예수와 함께 걸었다.

1996년 9월21일 하나님의 사랑받는 자로서 그 불안하고, 상처입고,

투쟁하는 영혼은 하나님의 영원한 집에서 그의 영원한 연인(Lover)의 품에 안겨 평화와 전일성과 만족을 찾았다. 세계는 그렇게 상처입고 흉터투성이의 불완전한 한 성인의 죽음을 애도했고 그래서 그가 속했던 교회는 시성(canonization)보다는 훨씬 못하지만 그래도 시복(beatification) 후보자로 고려했다. 하지만 기독교계는 완전을 향한 여행은 불완전성을 통한다는 사실을 자신의 삶으로 예증했던 진정한 성자를 잃었다.

헨리 나우웬의 저작들은—오늘날 심지어 보다 더 큰 목소리로—여전히 말하고 있으며, 계속해서 우리의 영적인 왜곡들을 저지하고 있다. 그 글들은 우리를 손짓하며 들으러 오라고하지만, 다소 다른 양식으로 전한다: 반직관적으로 그리고 반문화적으로. "각 문화에 필요한 성인은 그를 가장 반대하는 사람이다"고 체스터톤(G.K. Chesterton)은 언급한다.[73] 나우웬은 심지어 오늘날에까지도 그 역할을 떠맡고 있다.

여전히 너무나 개인적인 문화에 헨리 나우웬은 공동체의 이상들을 심어주고 있다; 주류 다수의 자기애적(narcissistic) 성향들에 그는 사랑을 베푸는 삶(compassionate living)의 가치를 장려한다; 성공과 생산성을 과도하게 강조하는 상향 이동이라는 소중히 여겨져온 개념 대신에, 그는 자기-희생과 겸손의 주제들을 강조하는 하향(downward) 이동의 길을 고양한다; 회복과 치유를 찾아 헤매는 상처입은 운명들에게 그는 영혼의 치유(cure)보다는 영혼의 보살핌(care)을 보다 강화하였다; 마지막으로, 힘과 완전을 추구하는 자칭 "영적" 세대에게 그는 약함과 무기력과 불완전의 신학을 소개한다. 무엇보다도 헨리 나우웬의 영성은 단순하지만 호소력 있는 어구로 압축된다: 불완전의 영성.

1) Henri J.M. Nouwen, *Reaching Out: Three Movements of the Spiritual Life* (New York: Doubleday, 1975), 13-14.

2) 참조 - Timothy George and Alistair McGrath, eds., *For All the Sanits: Evangelical Theology and Christian Spirituality* (Louisville, KY: Westminster John Knox Press, 2003), 3.

3) Michael Ford, *Wounded Prophet: A Portrait of Henri J.M. Nouwen* (New York: Doubleday, 1999), 15.

4) Henri J.M. Nouwen, "Spiritual Direction," *Worship 55* (September 1981): 402.

5) Henri J.M. Nouwen, *Lifesigns: Intimacy, Fecundity, and Ecstasy in Christian Perspective* (New York: Doubleday, 1986), 26.

6) James R. and Elizabeth Newby, *Between Peril and Promise* (Nashville, TN: Thomas Nelson, 1984), 40.

7) 참조 - Luci Shaw, *Life Path* (East Sussex, England: Christian Press, 1997), 13. 또한 Henri J.M. Nouwen, *The Genesse Diary: Report from a Trappist Monastery* (New York: Doubleday, 1976)을 참조하라.

8) Henri J.M. Nouwen, *¡Gracias! A Latin American Journal* (Maryknoll, NY: Orbis Books, 1993), 85; 참조) Henri J.M. Nouwen, *Creative Ministry* (New York: Image Books, 1978), 51.

9) Henri J.M. Nouwen, *The Living Reminder: Service and Prayer in Memory of Jesus Christ* (San Francisco: HarperSanFrancisco, 1977), 32.

10) Henri J.M. Nouwen, "Theology as Doxology: Reflections on Theological Education," in *Caring for the Commonweal: Education for Religious and Public Life*, ed. Parker J. Palmer, Barbara G. Wheeler, and James W. Fowler (Macon, GA: Mercer University Press, 1990), 96.

11) James E. Dittes, 다음에서 재인용: Ford, *Wounded Prophet*, 113.

12) Nouwen, "Theology as Doxology," 94.

13) Henri J.M. Nouwen, *Letters to Marc about Jesus: Living a Spiritual Life in a Material World* (San Francisco: HarperSanFrancisco, 1988), 6-7.

14) 특별히 다음을 참조하라 - Henri J.M. Nouwen, *Spiritual Journals: Three*

Books in One (New York: Continuum, 1997).

15) Nouwen, "Theology as Doxology," 109.

16) Henri J.M. Nouwen, *Life of the Beloved: Spiritual Living in a Secular World* (New York: Crossroad, 1992), 69.

17) Rebecca Laird and Michael J. Christensen, *The Heart of Henri Nouwen: His Words of Blessing* (New York: Crossroad, 2003), 131.

18) Frederick Buechner, *The Longing for Home: Recollections and Reflections* (New York: HarperCollins, 1996), 109-10; 참조) Nouwen, *Life of the Beloved*, 75.

19) Laird and Christensen, *The Heart of Henri Nouwen*, 14.

20) Henri J.M. Nouwen, *Finding My Way Home: Pathways to Life and the Spirit* (New York: Crossroad, 2001), 33, 35.

21) Henri J.M. Nouwen, *In the Name of Jesus: Reflections on Christian Leadership* (New York: Crossroad, 1989), 62.

22) Henri J.M. Nouwen, "The Monk and the Cripple: Toward a Spirituality of Ministry," *America* 142 (March 1980): 207, 205.

23) Timothy B. Savage, *Power through Weakness: Paul's Understanding of the Christian Ministry in 2 Corinthians* (Cambridge: Cambridge University Press, 1996), 185-86.

24) Nouwen, *Finding My Way Home*, 42.

25) Michael J. Gorman, *Cruciformity: Paul's Narrative Spirituality of the Cross* (Grand Rapids, MI: Eerdmans, 2001), 293.

26) Henri J.M. Nouwen, *The Return of the Prodigal Son: A Story of Homecoming* (New York: Image Books, 1992), 56.

27) Nouwen, *Reaching Out*, 150.

28) 참조 - Henri J.M. Nouwen, "Living the Spiritual Life: An Interview with Henri Nouwen," by Catherine Walsh, *Saint Anthony Messenger* 93 (April 1986): 11-15.

29) 마이클 오로린(Michael O'Laughlin)은 나우웬을 "그 자신의 개인적 '슬픔의 길'(via dolorosa)를 걷는 슬픔의 사람"으로 기술한다 (*God's Beloved: A Spiritual Biography of Henri Nouwen* [Maryknoll, NY: Orbis Books, 2004], 7).

30) Henri J.M. Nouwen, *With Burning Hearts: A Meditation on the Eucharistic Life* (Maryknoll, NY: Orbis Books, 2002), 74.

31) 참조 - Henri J.M. Nouwen, "Prayer and Health Care," *CHAC Review*

17 (Winter 1989): 11-16.

32) Nouwen, *The Living Reminder*, 75.

33) 참조 - Beth Porter with Susan S. Brown and Philip Coulter, eds., *Befriending Life: Encounter with Henri Nouwen* (New York: Doubleday, 2001); 그리고 또한 Christopher de Vinck, ed., *Nouwen Then: Personal Reflections on Henri* (Grand Rapids, MI: Zondervan, 1999)도 참조하라.

34) 참조 - Henri J.M. Nouwen, "A Visit with Henri Nouwen," an interview by Todd Brennan, *The Critic* 36 (Summer 1978): 46.

35) Nouwen, *Reaching Out,* 109.

36) Henri J.M. Nouwen, *Our Greatest Gift: A Meditation on Death and Dying* (New York: HarperCollins, 1995), 58.

37) Jay M. Uomoto, "Human Suffering, Psychotheraphy, and Soul Care: the Spirituality of Henri J.M. Nouwen at the Nexus," *Journal of Psychology and Christianity* 14 (Winter 1995): 347, 352.

38) Henri J.M. Nouwen, *From Resentment to Gratitude* (Chicago: Franciscan Herald Press, 1974), 30.

39) Nouwen, "A Visit with Henri Nouwen," 45.

40) Nouwen, *The Return of the Prodigal Son*, 17.

41) Nouwen, *The Genesse Diary*, 133.

42) Deidre LaNoue, *The Spiritual Legacy of Henri Nouwen* (New York: Continuum, 2000), 108.

43) Robert Waldron, *Walking with Henri Nouwen: A Reflective Journey* (Mahwah, NJ: Paulist Press, 2003), 9.

44) 왈라스 스티븐(Wallace Steven)의 시적 은유: "불완전한 것은 우리의 낙원이다" 라는 말과 비교해 보라 (다음에서 재인용: Philip Simmons, *Learning to Fall: The Blessings of an Imperfect Life* [New York: Bantam Books, 2002], 32).

45) Nouwen, *Our Greatest Gift*, 1.

46) Nouwen, *The Genesse Diary*, 217.

47) Henri J.M. Nouwen, *The Road to Daybreak: A Spiritual Journey* (New York: Doubleday, 1988), 127.

48) Ford, *Wounded Prophet*, 8, 44, 50.

49) Henri J.M. Nouwen, *Sabbatical Journey: The Diary of His Final Year* (New York: Crossroad, 1998), 25.

50) Vera Philips and Edwin Robertson, *The Wounded Healer* (London: SPCK, 1984), vii-viii.

51) John McFarland, "The Minister as Narrator," *The Christian Ministry* 189 (January 1987): 20.

52) Henri J.M. Nouwen, *The Wounded Healer* (New York: Image Books, 1979), 88.

53) Henri J.M. Nouwen, *Here and Now: Living in the Spirit* (New York: Crossroad, 1994), 45.

54) Henri J.M. Nouwen, *A Cry for Mercy: Prayers from the Genesse* (New York: Image Books, 2002), 144.

55) Nathan Ball, interview with author, tape recording, Richmond Hill, Ontario, April 28, 2004.

56) Henri J.M. Nouwen, *Heart Speaks to Heart: Three Prayers to Jesus* (Notre Dame, IN: Ave Maria Press, 1989), 43-44.

57) Nouwen, *Sabbatical Journey*, 13.

58) Sue Mosteller, "Foreword," in Nouwen, *Sabbatical Journey*, ix.

59) Nouwen, *Sabbatical Journey*, 39.

60) Nouwen, *The Return of the Prodigal Son*, 136.

61) Henri J.M. Nouwen, *The Inner Voice of Love: A Journey through Anguish to Freedom* (New York: Image Books, 1998), xiii-xiv.

62) Ibid., xvii-xviii, 59-60.

63) Nathan Ball, "A Covenant of Friendship," in Porter, Brown and Coulter, *Befriending Life*, 95.

64) 참조 - Robert Durback, "Henri Nouwen: Memories of a Wounded Healer," *America* 181 (July 3-10, 1999): 16-17.

65) Nouwen, *The Road to Daybreak*, 169.

66) Nouwen, *Sabbatical Journey*, 24.

67) Ibid., 17.

68) Nouwen, *Here and Now*, 129.

69) Nouwen, *The Living Reminder*, 68.

70) Ronald Rolheiser, *The Holy Longing: The Search for a Christian Spirituality* (New York: Doubleday, 1999).

71) Waldron, *Walking with Henri Nouwen*, 86.

72) Henri Nouwen and Robert A. Jonas, *Henri Nouwen: Writings*

Selected with an Introduction by Robert A. Jonas (Maryknoll, NY: Orbis Books, 1998), xiv.

73) G.K. Chesterton, 다음에서 재인용: Mark S. Burrows, "Gospel Fantasy," *Christian Century* (June 1, 2004): 23.

10 전기 작가 토론회 정리

– **피터 나우스(Peter Naus)**

비록 '수레바퀴를 돌려라'는 제목의 추모학술회의는 헨리 나우웬의 죽음 10주기를 기리고 그리고 그의 영적인 유산을 평가하기 위한 자리이긴 하지만, 그것이 곧 오로지 그에게만 초점을 맞추라는 것은 아니다. 영성의 최근 발전들, 특별히 나우웬의 삶과 저작들에 의해 영감을 받은 이들도 검토되어야만 했다. 대회 조직자들은 하나의 사람으로서 나우웬에 대하여 보다 더 진척된 이해를 하는 것이 그의 유산을 평가하는데 도움을 줄 수도 있다는 믿음으로 대회 프로그램에 전기 작가들의 토론회를 포함시키기로 결정하였다. 그들은 또한 그의 인격과 삶에 대해 대답되지 않은 질문들이 있다고 느꼈는데, 여태껏 권위 있는 전기가 부재하다는 상황을 고려한다면 놀랄 일도 아니다. 더 나아가, 그 토론회에 참석한 사람들에게 헨리 나우웬과 그의 가르침들에 새로운 빛을 비추어 줄 기회를 제공하리라고 대회 조직자들은 희망했다.

전기작가 토론회 구성원들은 위르헨 뵈머(Jurjen Beumer), 로버트 조나스(Robert Jonas), 드아드르 라누에(Deirdre LaNoue) 그리고 마이클 오로린(Michael O'Laughlin)이었다. 뵈머는 헨리의 첫 번째 전기서를 저술하였는데, 이는 1996년 네덜란드에서 처음 출판되었고, 나중에 『헨리 나우웬: 하나님을 향한 부단한 탐구』(*Henri Nouwen: A Restless Seeking for God*)라는 제목 하에 미국에서 출판되었다. 조나스는 자신의 책 『헨리 나우웬 선집』(*Henri Nouwen: Writings Selected with an Introduction by Robert A. Jonas*)의 서문에서 헨리에 대한 광범위한 전기적 개요를 저술하였다. 드아드르 라노우에는 전기서 자체를 쓰지는 않았고, 오히려 나우웬의 저술들이 미국적 영성에 미친 충격에 대한 평가서를 작성하였다. 그녀의 책 『헨리 나우웬의 영적 유산』(*The Spiritual Legacy of Henri Nouwen*)은 2000년에 출고되었다. 마이클 오로린은 헨리에 관한 2권의 책을 완간하였다: 『하나님의 사랑받는 자: 헨리 나우웬의 영적 전기서』(*God's Beloved: A Spiritual Biography of Henri Nouwen*)와 『헨리 나우웬: 그의 삶과 비전』(*Henri Nouwen: His Life and Vision*)을 각각 2004년과 2005년에 출판하였다. 불행히도 헨리에 대한 책 분량의 전기서를 저술한 또 다른 작가인 마이클 포드(Michael Ford)는 회의에 참석할 수 없었다. 그의 책 『상처 입은 예언자: 헨리 나우웬의 초상』(*A Wounded Prophet: A Portrait of Henri Nouwen*)은 1999년에 출간되었다. 나는 그 토론회의 진행자로 섬겼다. 헨리와 나는 네덜란드에서 학교 다니던 1950년 대 친구가 되었다. 우린 또한 1966-1967에 노틀 담 대학 심리학과에서 함께 가르치기도 했다.

토론 과정은 청중 참여를 극대화하도록 의도되었다. 이 때문에, 토론자들 사이의 의견 교환들처럼, 소개들은 간결하게 진행되었다. 비록 그 토론의 초점이 된 논제는 다소간 헨리의 동성애 문제였지만, 몇몇 논제들이 토론자들이나 청중들에 의해 제기되었다. 한 토론자가 언급을 하자, 다른 사람들이 연관된 언급들을 이어갔고 그리고 뿐만 아니라 청중들로부터의 질문들과 평들이 이어졌다. 헨리와 가까운 친구들 몇몇은 오랜 동안 그 문제를 알고 있었지만, 헨리는 가까운 모든 사람에게 말하지는 않았으며, 공개적으로 자신의 성적 선호도를 드러내지는 않기로 작심했다는 사실을 알게 되었다. 아마도 헨리가 "커밍아웃"을 하지 않았던 주된 이유는 그렇게 하는 것이 선정적으로 다루어져, 자신의 영적 메시지가 훼손될 수도 있을 것이라는 두려움 때문이었다. 헨리가 이 결정에 대해 계속적으로 고뇌했었다는 지표들이 있다. 헨리의 고난은 개인들의 성적인 기호를 용납하지 않는 사회 속에서 동성애자들이 느끼는 깊은 아픔과 고통을 예증한다고 한 사람이 시사하기도 했다.

자신의 성적인 취향을 공개하지 않으려는 헨리의 결정은 토론회에 등장한 또 다른 이슈를 설명한다: 헨리의 고백이 담지한 주도면밀하고 방어적인 성격. 헨리의 고백적인 글쓰기 스타일이 그의 영혼의 가감 없는 벌거벗음으로 혼동되어서는 안된다. 한 토론자가 지적했듯이, 헨리는 자신의 고백들이 미칠 가능한 충격에 대해서 항상 의식하고 있었고 그리고 자신에게 진실되고 참되고 싶다는 것과 존경받기를 혹은 아마도 칭송받기를 욕망하는 것 사이의 특정한 긴장을 자주 경험하였다. 그의 고백은 오히려 심도 있는 편집을 거친 고백 스타일이다. 헨리는 글 속에서 자신에 대한 이미지를 만들어내고 있는데, 이 이미지는 독자들에게는 영감을 주는 것이지만, 그 자신에게는 구속복①이 되고 말았음을 또 다른 토론자는 시사했다. 자신의 고백이 담지한 불완전성 때문에 헨리에 대한 우리의 이해는 기껏해야 잠정적일 뿐이다. 그래서 토론자들 중 한 사람은 헨리의 내적인 역동성을 간파하고자 노력하는 일은 마치 양파껍질을 벗겨내는 것과 같다고 언급하였다; 그의 성격의 한 단면을 벗겨내자 마자 또 다른 단면이 등장한다. 청중들 중 한 사람은 헨리의 성품을 해부하려는 시도들이 불편하다는 의견을 피력하였다. 그는 성서에 나오는 맹인 이야기를 인용하였는데, 바리새인들이 예수를 죄인으로 생각하는지 물었을 때, 그 맹인은 대답하기를 "그가 죄인인지는 모르겠습니다; 나는 단지 내가 맹인이었지만 지금은 볼 수 있다는 것을 알뿐입니다" (요 9:25-26). 마찬가지로 헨리가 누구였고 무엇을 하는 사람이었는지는 중요하지 않다. 중요한 것은 그가 어떻게 사람들에게 영향을 미쳤는가 이다.

상당한 이목을 끌었던 세 번째 이슈는 헨리의 가르침과 그가 살았던 것 사이의 일관성의 정도를 둘러싼 물음이었다. 사실상 토론자들과 나는 예정보다 빨리 이 물음을 토론을 위한 출발점으로 삼기로 동의했다. 한 토론자는 헨리가 자신의 삶을 그의 메시지의 필수불가결한 부분으로 삼았음을 강조했다. 그는 자신의 일상 삶 속에서 복음적 가치들을 구현해내기 위해 진정으로 노력했지만, 그렇다고 이러한 면에서 저지른 자신의 실수들을 숨기거나 혹은 자신의 영적인 통찰들을 실천하면서 겪는 갈등들을 은폐하지 않았다. 이 이슈를 언급했던 모든 이들 사이에는 일치된

① 역자 - 구속복(straitjacket)은 폭력적 행동을 하는 정신이상자들을 제어하기 위해 입히는 옷을 말한다.

의견들이 모아진 듯 했는데, 그것은 곧 헨리는 자신이 설교한 바를 충실히 살수 없었지만, 그러나 그는 이점에 대해 상당히 솔직했다는 것 그리고, 보다 중요하게도, 이 불완전은, 만일 우리가 그것을 그렇게 부르기 원한다면, 나우웬의 저작이 호소력을 갖는 중요한 이유였다는 것이다. 청중 가운데 한 사람이 표현하듯, 헨리의 삶 속에 담겨진 괴리들과 모순들은 그의 영적인 욕망을 일깨우고 그리고 차례로 다른 사람들 속에 영적인 욕망을 불붙였던 공간을 창출했다. 더구나 헨리는 투명한 언어를 사용하여, 독자들이 그들 자신의 투쟁들과 영적 욕망들을 표현해 내는 것을 도와주었다. 사람들은 헨리의 망가짐 속에서 그들 자신의 망가짐을 인식했고, 결과적으로 그와 연결되어 그로부터 인정받음을 느꼈다. 헨리의 전기를 담은 비디오에서 누군가 이런 마음을 표현하는 말로 "그는 내 마음의 지도를 안다"는 말을 한 적이 있다.

헨리 나우웬의 저술들 속에 드러나는 발전이, 특별히 그가 다루는 핵심 주제들의 발전이 그 다음으로 제시된 물음이었다. 헨리는 그의 가장 초기 저서들에 속하는 『손 내밀기』(*Reaching Out*)에서 핵심 주제들을 포함한 그의 영성의 기본적인 뼈대를 펼쳐보여 주고 있고, 그의 이후 저술들의 대부분은 이 주제들에 대한 상술에 진력하고 있다는 생각을 한 토론자가 제시하였다. 그러나 헨리의 후기 저작들은 그 본래의 통찰들보다 더 성숙하고 영적인 논의를 표상하고 있다고 다른 토론자들은 지적하였다. 『탕자의 귀환』(*The Return of the Prodigal Son*)은 그 한 예이다. 일부 주제들은 처음부터 현존하지만, 다른 주제들은 그의 삶 속에 일어난 사건들에 대한 반응으로 출현했다고 다른 토론자들은 제안하기도 했다. 그는 또한 빈센트 반 고흐(Vincent van Goah)의 영성과 같은 특정한 주제들에 몰입하다가, 이전의 열정적인 심취에 대해 전혀 언급하지 않은 채 다른 주제들로 옮겨가 몰입하는 성향을 갖고 있었다.

두 개의 다른 주제들이 제시되기도 했다. 한 토론자는 헨리의 저술들에 담긴 다양한 복합적 문제들에 대한 자신의 의구심을 표현하였다. 헨리의 생각들이 그들 고유의 문맥에서 벗어나 옮겨지게 될 때, 헨리가 의도했던 연관성들이 절단된다는 점을 그는 염려했다. 그 대신 그는 "계속적인 번역"에 주의를 기울이기 위한 보다 합동의 노력들을 보기 원했다; 말하자면 헨리의 아이디어를 상시 변화하고 있는 상황 속에서 우리 자신의 방식으로, 우리 자신의 말로 전달해 내는 일 말이다. 한 예로, 어떤 사람은 헨리의 영 속에서 성적 취향에 관하여 저술할 수도 있을 것이라고 그는 제안하였다. 청중 가운데 한 사람이 헨리의 전기서들이 "신화 형성"(myth making)과 "신화 해체"(myth breaking)에 어느 정도까지 기여했는가에 대한 중요하고 흥미로운 물음을 물었다. 불행히도 그녀의 질문은 마땅한 이목을 받지 못했다.

전기 작가 토론회는 그 목적을 달성했는가? 앞에서 예시되었듯이, 그 토론회는 헨리가 남긴 유산에 대한 평가를 가능하게 하고, 그에 대한 우리의 앎 속에 담겨진 간극들을 보충하고, 추모회의 참석자들에게 헨리에 대한 자신들의 그림을 개선하고 그리고 한 사람으로서의 헨리와 그의 사역 간의 관계성을 보다 잘 이해할 수 있는 기회를 제공하기 위한 프로그램의 일환으로 기획되었다. 이런 점에서 중요한 물음들이나 이슈들이 간과되지는 않았는가? 토론회는 한 사람에 대한 그림과 그의 유산이 남긴 후광들을 균형 있게 묘사하고 있는가?

첫 번째 물음에 대한 답은 분명하지 않다. 토론이 그의 유산에 대한 평가에 실로 기여했는지를 확신하기란 어렵다. 그 이유는 단지 특정한 전기적 정보를 그가 남긴 유산에 연관시키려는 시도들이 전혀 없었기 때문이다. 헨리에 대한 우리의 지식은 진일보 하였다고 나는 믿는다. 왜냐하면 토론자들은 자신들이 저술한 것을 보다 정교히 상술하고 그리고 심지어 새로운 정보들과 생각들을 제공하기도 했기 때문이다. 참석자들이 토론자들의 생각에 비추어 그들 자신들이 갖고 있는 헨리에 대한 인상들을 시험할 방대한 기회가 있었기는 했지만, 그들이 자신들의 관점들을 바로잡을 수 있었는지는 알 수 없었다. 적어도 참여자들 중 일부는 헨리에 관해서 이전에는 알지 못했던 것들을 들을 수 있었다는 사실을 비공식적인 피드백(feedback)을 통해 전해 듣게 되었다.

완전성과 균형의 물음에 관한 대답들은 상당히 분명하다. 일부 중요한 문제들이 간과되었고, 그리고 헨리의 성적인 기호에 너무 많은 초점들이 놓여졌다는 비판이 제기될 수도 있을법하다. 하지만, 그러한 편향이 회피될 수 있었을지는 전혀 장담할 수 없는 문제이다. 비록 마이클 포드가 자신이 저술한 전기에서 헨리의 동성애 문제를 상당히 활발하게 거론했지만, 이 주제는 책의 출판 이후 거의 세인의 이목을 받지 못했다. 다른 전기작가들은 이를 언급하지 않았고, 다른 출판물들은 그의 사람됨 보다는 그의 영성적 저술들에 보다 비중을 두었다. 본 추모회의가 헨리의 사망 이후 그의 영적인 유산을 성찰하기 위한 첫 번째 주요 모임으로서 한명을 제외한 그의 전기 작가들 모두 뿐만 아니라 그의 예전 가까운 친구들과 동료들 중 다수를 함께 모았다는 사실을 전제로 할 때, 그의 동성애가 토론 주제가 되었다는 것은 놀라운 일도 아니다. 우리 사회의 동성애에 대한 이중적이고 때로는 적대적인 태도와 그를 둘러싼 신화들 때문에 헨리가 게이였다는 제안은 참여자들의 이목을 사로잡을 수밖에 없었다. 게다가, 어떤 사람이 게이라는 사실을 안다는 것은 어떤 사람이 이성애자라는 사실을 아는 것보다 더 많은 것을 그에 관하여 말해준다는 믿음이 더 호소력이 있는 듯하다. 하지만 한 가지 모두에게 분명한 것은 성적 기호도 때문에 그 사람은 용납의 결핍 심지어는 거절의 경험을 억지로 다루게 되었다는 사실이다. 통탄스럽게도, 헨리의 동성애가 그 혹은 그의 영성을 이해하는데 전혀 적절했었는지를 누구도 드러내놓고 묻지 않았다. 그가 자신의 성적 취향과 씨름했고 그리고 이것이 그의 불안과 내적 혼란에 기여했다는 사실에 대한 증거가 있다. 그러나 내가 어느 곳에선가 (『삶과 친구하기』[*Befriending Life*]를 참고하라) 논쟁했듯이, 그의 감정적 도전들에는 보다 근본적인 이유들이 있을 수 있다.

헨리의 동성애가 강조되었기 때문에 그의 성품과 작업에 대한 다른 중요한 질문들 일부가 부각되지 못했다. 예를 들어, 전기 작가들의 출석은 헨리에게 때로 상당한 고통과 고난을 야기했지만, 동시에 그의 영적인 통찰들과 방침들의 풍성한 원천이 된 것으로 보이는 내적 투쟁들과 긴장들을 보다 상세히 검토할 수 있는 소중한 기회를 제공했다. 많은 창조적이고 독창적인 사람들에게 적용되는 사례가 마찬가지로 헨리에게도 적용된다: 그는 그 자신의 연약함들과 불완전성들에도 불구하고가 아니라 바로 그것들 때문에 위대한 영적 안내자였다.

하지만 헨리의 "그림자 측면"에 대한 기술이 그의 영성과 사람들에게 미친 충격의 근원에 대한 보다 온전한 이해가 얼마나 소중한 것이든지간에, 그것은 그의 성품에 대한 일방적인 관점을 우리에게 전해주기 쉽다. 그는 문제가 많은 사람이었지만, 그러나 그는 삶을 기분 좋은 유머감각과 많은 매력적이고 성실한 성품들로 채워갔었다. 그의 이 밝은 면은 토론회 동안 전혀 언급조차 되지 않았다. 왜 헨리의 저작들이 그토록 광범위한 독자층들에게 호소력을 지니는가라는 물음을 성찰해 보는 것이 또한 도움이 될 것이라 생각한다. 북아메리카 외부에서는 비록 적은 수의 참가자들만이 올수 있었지만, 헨리의 저작들을 다른 나라들에서 수용하면서 생길 수 있는 가능한 차이들에 관한 인상들을 나누는 일도 해볼법한 일이었을 것이다. 토론자들끼리의 논의를 통해 다소 활발한 교환이 이루어지던 중 토론자들 중 한 사람이 다른 토론자에게 헨리에 대한 그의 수식에서 사용하는 다소 칭송적인(exalted) 언어에 관해 물음을 제기할 때, 그 차이들에 대한 힌트가 있었다. 이런 점에서 왜 그의 본국에서 헨리의 인기는 북아메리카에서 누렸던 인기와 전혀 비교되지 못할 만큼 높지 않았을까라는 물음은 흥미를 부추긴다. 그것은 그의 고유한 영성이 그의 동포들이 안고 있는 영적 물음들과 공명하지 않았기 때문인가? 하나의 제도로서 교회 내에서 벌어지는 갱신의 노력들과 연합하는데 주저했던 헨리에게 그들은 분개하고 있는가? 아니면 그들은 그의 고백적인 글쓰기 스타일을 불편해 하는 것인가?

이 추모 회의의 주요 목표가 그의 사망 10주기를 맞이하여 헨리의 유산을 평가하고 그리고 그의 영성이 우리 시대에 갖는 적합성을 확인하는 것이었음을 염두에 둔다면, 우리는 아마도 전기 작가들에게 그들의 관점들을 물어보았어야 했다. 그가 여전히 살아 있었다면, 쓰고 있었을 글의 주제들에 대하여 그들에게 추정해 보도록 부탁을 했더라면 유익하지 않았을까? 헨리의 생각들에 대한 "지속적인 번역"이 진짜 필요한가? 이 물음들은 제기될 수 있었던 아마도 제기되었어야만 했을 질문들 중 몇 가지이다. 뒤늦게 되돌아보면서 생각나는 일이지만, 아마도 난 토론을 보다 노련하게 운영해서, 주요한 주제들이 보다 균형 있고 보다 성실하게 다루어질 수 있도록 토론회 진행자로서 내 역할이 주는 힘을 사용했었어야 했던 것 같다.

공개 토론회를 되돌아보면, 언급되어져야 만 할 마지막 한 질문이 있다. 그 토론은 헨리에 관해서 그리고 참석한 사람들의 입장에서 그에 대한 느낌들이 충분히 존중되었는가? 일부 사람들은 헨리의 성격과 인품에 대한 철저한 검토를 그의 사생활에 대한 위반으로 느꼈을 법도 하다. 다른 사람들은 오직 작가로서의 헨리만이 검토의 가치가 있다고 믿으면서, 한 사람으로서의 헨리에 대한 심도 있는 분석의 가치에 의구심을 던졌을 수도 있다. 다른 사람들은 이 회의에서 새로울 뿐만 아니라 충격적이기까지 한 헨리에 대한 이야기들을 접했을 수도 있다. 그 토론회에 대한 청중들의 인식과 해석들이 다양할 것이라고 기대되고, 그리고 일부 사람들의 입장에서 오해와 혼돈을 회피하기란 사실상 불가능했을 것이다. 그러나, 그것이 일방성이나 존중심의 결여를 정당화 해주지는 못할 것이다. 토론회 말미에 정리하는 평을 하면서 나는 추모 회의에 주 강사들 중 하나였던 마이클 히긴스(Michael Higgins)의 말을 인용했는데, 그는 한 신문 논설에서 전기 작가의 주요 책임감은 그 주제 인물의 "영혼을 존중하는" 것이라고 언급했다. 그 토론회가 그 책임감에 부합했다고, 그리고 우리는 헨리의 영혼을 영광스럽게 했다고 제안했지만, 그러나 내 판단을 청중들이 공유했을 지에 대해서는 알지 못한다. 헨리는 자신이 죽은 후 사람들이 자신에 대해서 어떻게 말할 지를 염려했다는 이야기를 들었다. 그가 그 토론회에 참석했다면, 그가 들은 내용에 기뻐했을까?

11

오직 그리스도만을 택하기: 성 베네딕트 규범이 현대 하나님의 구도자들에게 미치는 영향

- 콘스탄스 조안나 게퍼트(Constance Joanna Gefvert, S.S.J.D.)

20세기 후반부는 평신도들 사이에서 시토 수도회를 포함하여 베네딕트의 전통에 대한 관심이 상당히 높아지고 있다는 것을 증거한다. 1950년대와 60년대 토마스 머튼(Thomas Merton)과 그 세기 후반부의 헨리 나우웬은 다른 사람들과 함께 다음 두 현상에 심원한 영향력을 미쳤다: 여러 지역에서 수도원 생활의 부흥; 그리고 수도원주의에 대한 평신도들의 관심.

나는 머튼이나 나우웬을 연구하는 학자라고 주장할 수는 없다—나는 오히려 그들의 추앙자이자 그들과 더불어 동행하는 영적 동료 여행자이다. 학문적 이력을 좇던 삶으로부터 베네딕트회의 에토스를 기반으로 하는 영국 성공회 수도원 공동체로 나아갔던 내 자신의 여행은 그 두사람으로부터 상당한 영향을 받았다. 대학원생 시절 영어로 『칠층 산』(*Seven Story Mountain*)을 읽고, 명상의 삶을 향한 머튼의 갈망에 이끌림을 느꼈다. 대학에서 정년보장 교수직을 획득한 직후 나우웬의 『제네시 일지』(*Genesse Diary*)를 읽었다—그리고 다시금 학문의 세계를 벗어나 수도원적 생활로 나가고 싶은 강한 끌림을 느꼈다. 마침내 스스로 단호한 결심을 하고 성공회 소속의 성 요한 수녀회(Anglican Sisters of St. John the Divine)에 합류하기 위해 토론토로 오기까지 수년의 시간이 걸렸다. 그러나 그 씨앗들은 수년전에 심어졌었다.

머튼과 나우웬의 영향을 통하여 수도원 생활로의 부름을 받고 자신들의 삶을 포기했거나 혹은 수도원 공동체들와 연관된 구성원—예를 들어, 평신도 수도자, 준 수사, 제3회원① —이 될 소명을 받았다고 느끼는 아마도 수천의 사람들을 쉽사리 찾아볼 수 있다.

그래서 나는 내 자신의 경험에 기반하여 말하고자 한다—다시 말해 객관적 학자의 입장에서가 아니라, 내부자 즉 연인 혹은 열렬한 애호가(aficionado)로서 말하고자 하는 것이다.

1974년 6월2일 헨리 나우웬은 임시 수도자로서 시토회 소속의 제네시 대수도원에 들어갔다. 『제네시 일지』는 거기서 수행했던 그의 영적 여행을 일별로 서술한 책인데, 그 서문에서 그는 자신의 동기에 관하여 적고 있다:

---

① 역자 - '제3회원'(tertiary)란 속세에 적을 두고 있는 수도회원을 가리키는 말이다.

손님으로서가 아니라 수도자로서 트래피스트 수도원에서 7달을 살려는 나의 욕망은 하룻밤에 일어난 것이 아니었다. 그것은 수년에 걸친 부단한 탐구의 결과였다. 독거(solitude)와 내적 자유 그리고 마음의 평화가 지닌 중요성에 관하여 가르치고 강의하고 저술하는 동안 나는 내 자신의 강박적 충동들과 환상들에 계속 걸려 넘어지고 있었다. 무엇이 나를 이 책으로부터 저 책으로, 이 자리에서 저 자리로, 이 프로젝트로부터 다음 프로젝트로 계속 몰아가고 있는가? 무엇이 나로 하여금 실재하는 모든 것을 본 사람의 진지함을 가지고 "보이지 않는 분의 실재"를 생각하고 말하게 만드는가? 무엇이 하나님의 사랑의 증인이 되고자 하는 나의 소명을 고단한 직업으로 전락시키고 있는가? 이 물음들이 나의 거의 텅빈 시간들을 잠식해 들어와 나로 하여금 나의 불안한 자아를 대면하도록 요구하고 있었다.[1)]

칠 개월 간 제네시 수도원에서 성 베네딕트회의 규범 아래 사는 것이 그로 하여금 이 물음들과 그리고 이 불안한 구도자의 마음에 나타날 다른 물음들에 대한 답을 발견할 수 있도록 도움을 줄 것이라는 큰 소망을 헨리는 갖고 있었다. 그는 성 베네딕트회의 규범 아래 사는 것 뿐만이 아니라, 그의 영적 멘토 토마스 머튼처럼, 베네딕트 계열 수도회 중 가장 도전적인 곳을 선택하였다—트라피스트 혹은 엄격한 규율준수의 시토수도회라고 공식적으로 알려진 수도회 말이다. 무엇이 그를 그 때에 그 특정한 장소로 이끌었을까?

그 질문에 답하기 전에, 몇 가지 연관된 물음들을 던지고자 한다.

1. 왜 사실상 거의 모든 기독교 종파들의 수많은 여성과 남성, 평신도들과 성직자들이 베네딕트 공동체들을 방문하는 것뿐만 아니라, 그들와 관계를 맺고 싶은 끌림을 느끼고 있는 것인가?
2. 왜 그토록 많은 사람들이 베네딕트 공동체들에서의 자신들의 경

험을 글로 적도록 선택되었는가?

3. 수도원 생활을 포함하여 전통적인 종교적 삶의 양식들이 수많은 곳에서 쇠퇴하고 있는 것처럼 보이는 때에, 왜 수도원 공동체들의 평신도 수도자들과 준수사들과 제3회원들의 숫자가 상보적으로 증가하고 있는 듯이 보이는가?

과도한 단순화의 위험을 인지하면서, 그럼에도 불구하고—나우웬이 『제네시 일시』 서분에서 제기한 물음들 뿐만 아니라—이상의 세 물음 모두에 대한 답은 기본적으로 동일하다고 생각한다. 그것은 복잡하고 다면적인 대답이지만, 그러나 그것은 실재로는 단일한 대답이다: 기독교적 경험을 조롱적으로 파괴하면서, 비인간화되어가고 그리고 (실존의) 파편화와 극단적 개인주의를 고무하는 세계 속에서 기독교인들은 자신들의 인간성과 다시 연결점을 찾을 길을 갈망하고 있고, 그 길은 물론 하나님과 자신들의 관계성을 포함하는 길이다.

기독교인이 아닌 사람들은 직관적으로 더 알고 싶다는 끌림을 느끼는 듯 하다—그러므로 (엘리스 피터스Ellis Peters의 소설들에 등장하는) 중세의 캐드페일 수사(Brother Cadfael) 그리고 (피터 트레메인Peter Tremayne의 소설들 속에서) 휘트비 회의 직후 8세기 켈트 교회의 휘델마 수녀(Sister Fidelma)와 같은 허구적 인물들의 인기는 이를 반영한다. 이들 소설들은 역사 추리 장르의 최고 모범들일 뿐만 아니라, (적어도 휘델마 수녀의 경우처럼) 시민사회와 교회조직에서 권위를 갖고 있던 여성들을 포용하던 보다 단순하고 보다 인간적인 시절의 자명한 기독교적 문화의 가치들과 다시 연결될 수 있는 길을 독자들에게 제공한다.

소설 속의 수도사들에도 불구하고, 나우웬은 지난 30년 간 베네딕트 공동체들에 대한 경험들을 저술했던 많은 사람들 중 단지 한사람일 뿐이며, 의식적으로 수도원 공동체 내에서 혹은 그 주변에 살며 시간을 보냈던 수천 사람들 중의 단지 한 사람일 뿐이다. 이 모든 사람들은 6세기에 쓰여진 무해하게 보이는 작은 책 한권으로 함께 묶여진다—성서를 제외하고는 지난 15세기 동안 그 어떤 책보다 많은 기독교인들에게 영향을 미쳤던 책 한권. 물론 그것은 성 베네딕트의 규범집인데, 그의 가르침을 나우웬은 『제네시 일지』에서 언급하고 있다. 그 규범집은 수천 공동체들의 핵심에 있다—전통적인 베네딕트 공동체들, 시토 수도회나 트라피스트와 같은 개혁파 베네딕트 공동체들, 존 메인(John Main)이 설립한 몬트리올 수도원처럼 현대의 실험적인 베네딕트 공동체들, 그리고 많은 성공회와 개신교와 교회연합운동에 참여하는 베네딕트 공동체들.

캔터베리의 대주교 로완 윌리암스(Rowan Williams)는 2003년 연설에서 성 베네딕트 규범집의 영성에 관하여 이렇게 말했다:

> 교회와 문화로서 그 규범집의 거룩함과 온전한 정신에 대한 소묘는 [우리에게 몇 가지 물음을 제기한다.] 우리의 주요 문제들 중 하나는 우리로 하여금 두려움 없이 성장할 여지를 갖게 할 안정적인 관계들을 어디서 찾아야 할지를 모른다는 것이다. 하나님과의 계약뿐만 아니라 서로와의 계약을 구체적으로 실현해야(embody)할 교회가 사람들이 함께 성장하고 양육하고 도전하며 누려야 할 무제한의 시간이 제공되는 공동체의 느낌을 언제나 허락하는 것은 아니다. 우리가 교회적인 환경 속에서 산다고 할지라도 우리는 서로와 더불어 마음을 여는데 조금도 도움을 받지 못하고 있다. 정치적 갈등과 다양한 종류의 불만들이 거기서 지배적 통화이기 때문이다. 그리고 믿는 신자나 안 믿는 이들이나 우리는 내적인 작업 없이 평화의 사도들(peacemakers)이 되고 싶어하지만, 그러나 그러한 내적 작업만이 전쟁 중의 (임시적인) 휴전이 아닌 진정한 평화를 만들어 갈수 있다. 우리는 부패한 수동성과 공모하는 수동성 사이의 애매한 균형을 찾는데 능하지 못하고, 이는 곧 압제

가 살아 활동하게 만들고 그리고 내가 마땅히 있어야 할 자리에 있는지를 계속해서 묻게 만드는 소송지상주의의 망령을 살아 활동하게 만든다. ... 그렇다면 우리는 이 모든 것의 핵심에 있는 안정성(stability)을 구현할 공동체들을 주위에 갖고 있어야 할 것으로 보인다.[2)]

윌리암스 대주교는 나우웬이 개인적 차원에서 묻고 있는 동일한 질문들을 공동체 차원에서 묻고 있다. 하나님과의 그리고 우리 서로와의 깊은 친밀감으로부터 일어나는 그래서 인간 삶과 우리 행성의 생존을 새로운 마음으로 존중할 수 있는 삶의 안정성과 거룩함을 우리는 어떻게 발견할 수 있을까?

이는 6세기의 베네딕트가 다루었던 그리고 많은 현대 작가들이 다루고 있는 동일한 물음들이다. 나는 그들 중 특별히 세 작가들에 관하여 말하고자 한다—그 셋 모두는 나우웬이 『제네시 일지』을 출판한 이후 활동했으며 그리고 그들 모두 그 책에 영향을 받았다고 믿는다:

◉ 에스더 드 발(Esther de Waal)은 성공회 평신도 여성으로서 캔터베리에 살고 있을 때 성 베네딕트에 관심을 갖게 되었다. 성공회 사제인 그녀의 남편은 당시 캔터베리 대성당의 주임 사제였고, 그래서 그녀는 켄터베리의 베네딕트 역사에 흥미를 갖게 되면서 대성당 교구들에서 일주일 일정의 일련의 퇴수회들을 시작했는데, 베네딕트 체험이라 불렀다—평신도들이 베네딕트 공동체의 기도, 공동체 시간, 휴식, 공부 그리고 육체 노동으로 균형잡힌 생활방식을 경험해 볼 수 있는 기회인데, 중세에 성 어거스틴의 후예들이 캔터베리에서 수행했던 생활방식과 다르지 않다. 이 퇴수회들을 통해 영감을 받아 저술하기 시작한 책이 바로 『하나님을 찾아서: 성 베네딕트의 길』(*Seeking God: The Way of St. Benedict*)이다; 이 책은 1984년에 처음 출판되었는데, 그해 캔터베리 대주교의 사순절 묵상집으로 출판되었다.

◉ 폴 존스(W. Paul Jones)는 콜로라도, 스노우매스의 트라피스트 수도원에서 4달을 보냈고, 그리고 나우웬처럼 그 공동체로부터 진심 어린 환대를 받았다. 그 자신의 경험을 일별순으로 기록하여 『강 너머 지방』(*The Province beyond the River*)이라는 제목으로 출판하였다. 존스는 아팔라치안 산맥에서 자라나, 급진적 사회 활동에 헌신하는 공동체의 일원으로서 캔사스시티 도심지로 이주하기 전까지 예일대학 신학부와 프린스턴 대학교 신학부에서 가르치기도 했던 감리교 목사였다. 캔사스시티에 가서 그는 또한 성 요한 신학대학에서 가르쳤다. 결국 그는 이혼을 겪으면서, 로마 카톨릭 사제로 서품을 받고, 트리피스트들의 사제 수사가 되었다. 지금 그는 오자크 산맥에서 은둔자로 살고 있으며, 영적 여행 중에 있는 사람들의 방문을 받고 있다.

◉ 캐스린 노리스(Kathleen Noris)는 장로교 평신도여성으로서 『다코타』(*Dakota*)와 『베닝턴의 처녀』(*The Virgin of Bennington*)와 같은 논픽션 책을 저술한 작가이자 시인으로 널리 알려진 인물이다. 그녀가 사우쓰 다코타와 호노눌루에 사는 아내이자 어머니이며, 노쓰 다코타의 시토 수도회 혹은 트라피스트 대수도원(Assumption Abbey)의 평신도 수도자이다. 그녀는 미네소타 쿨리지빌의 성 요한 대수도원의 에큐메니칼 연구소에서 2년을 보냈다. 그녀의 최근 작 『수도원 회랑 산책』(*The Cloister Walk*)과 『놀라운 은혜』(*Amazing Grace*)는 이 두 베네딕트 공동체들에서 겪었던 그녀의 경험을 반영한다.

나우웬처럼 이 세 사람들 모두 평신도와 성직자들을 포함하여 수많은 사람들에게 영향을 끼쳤다—그들은 (가장 유명한 곳들 중 하나인) 성 요한 쿨리지빌과 (성공회 공동체인) 나의 토론토 성요한 수녀원처럼 다르면서 유사한 수도원 회원들로 구성된 확대 가족의 일부를 이루는 이들이다. 이 모든 곳들에서, 준수사들과 평신도 수도자들은 각각 공동체에서 시간을 나누게 되고, 그리고 공동체들은 전통적인 수도원적 환대를 베풀며 문을 열어, 공식적 퇴수회를 위해 찾아오는 사람들뿐만 아니라, 침묵, 평화, 하나님과의 친밀감 그리고 영적 동반자 관계를 적대적으로 훼방하는 문화 속에서 생명을 위한 공간과 고요함과 후원을 찾기 위해 다소간 길거나 짧은 기간 동안 찾아오는 모든 류의 사람들을 환영한다.

수도원 회원들 중 위의 세 사람에 관해서 약간의 언급을 하자면, 이들 모두는 분명히 머튼과 나우웬 그리고 그들과 같은 다른 사람들에게 영향을 받았다. 『하나님을 찾아서』의 서문에서 에스더 드 발은 지적하기를:

> 성 베네딕트가 태어난 세상은 불안하고, 갈라지고, 불확실한 세계였다. 거기서 안전이나 안정은 사치스러운 명사들이며, 교회는 거의 세속 권력들만큼이나 불안정했다. 그것은 경계들을 갖고 있지 않은 세계였다. 이러한 모습은 20세기의 모습과 공통적이다: 삶은 벌어지고 있는 일을 이해하기 위한 긴급한 투쟁이었다.3)

그녀는 로마 제국이 분열하게 된 폭력과 그에 상응하는 교회의 분열을 말하는데, 그것은

> 전쟁들과 정치적 불안정으로 인한 고난이었을 뿐만 아니라, 신학적 분열로 인한 고난이었다. ... 기독교인들은 교부들의 시대를 되돌아보면서 향수를 느끼고 있었고, 그래서 교회가 평화와 질서의 약속을 제공하기 위해 성 어거스틴과 하나님의 도성을 다시금 건설하고 그리고 급격히 혼돈으로 침몰하고 있는 것처럼 보이는 정세에 다시금 빛을 밝힐 수 있는지 스스로 물어보아야만 했었다. 그러자 이 정세에 한 사람이 나타나 거세지는 폭풍을 배겨낼 방주를 지었는데, 그 방주는 손으로 지어지지 않았으며, 인간적 가치와 영원한 가치를 둘씩 짝지어 담아, 물이 누그러질 때까지 방주 속에서 보존하였고, 더 나아가 그 방주는 단지 곤궁한 한 세기 동안만이 아니라 15세기 동안 존속했고, 여전히 많은 이들을 안전하게 뭍으로 실어 나를 능력을 갖고 있다.4)

천오백년 후 우리는 다시금—문명적이고 교회적인—문화의 붕괴의 와중에 서있는 우리 자신을 발견한다. 사람들은—특별히 베네딕트회의 전통 속에서—수도원적 삶을 단지 "거세지는 폭풍을 배겨낼" 뿐만 아니라, 바라건대는 새롭게 회복될 기독교와 새롭게 회복될 세계의 씨앗들을 비옥한 땅으로 인도해 줄 일종의 방주로 경험하는 것 같다.

그 방주는 또한—불가피하게 나우웬의 문맥에서—라르슈(L'Arche) 운동②을, 즉 모든 하나님의 자녀들의 인도적 포용을 향한 장 바니에와 그의 세상으로의 소명을 주지시켜주는데, 이 공동체는 신학적으로 정교하거나 학문적으로 훈련받은 이들을 위한 공동체가 아니다. 비록 라르슈는, 엄밀히 말해서, 베네딕트회가 아니지만, 라르슈를 기초하는 원리들—즉 모든 사람 안에 계신 그리스도—에 대한 인지, 공동체의 중심성, 각 사람의 필요들에 긍휼과 감수성을 발휘하는 가운데 합법적 권위에 대한 인정, 자기 자신의 취약함으로부터 즉 그리스도의 자기비움(kenosis)으로부터 다른 사람과 관계하는 일과 투명성의 절대적 필연성—은 성 베네딕트 규범에 나오는 중심 주제들이다. 그 주제들은 나우웬의 모든 저술들 속에서 아름다운 켈트식 매듭처럼 엮여진다. 『데이브레이크로 가는 길』(*The Road to Daybreak*)에서 나우웬은 자신의 욕망에 관하여 적고 있다. 그 욕망은

> 기도의 독거(solitude) 속에서 뿐만 아니라, 또한 사랑의 공동체 안에서도 예수를 알고자 하는 욕망이다. 따라서 내 마음에 가장 내밀한 자리에 스스로를 드러내시는 그 동일한 주님이 또한 약한 자들과의 유대 속에서도 또한 자신을 드러내실 것이다. 이에 충실하기란 쉽지 않

---

② 역자 - 장 바니에(Jean Vanier)가 설립한 장애인 공동체 운동을 가리키는데, 라르슈(L'Arche)라는 말은 곧 방주(Ark)를 의미한다.

을 것이다. 왜냐하면 자신들만의 우정의 친밀성 속에서 위로와 위안을 찾고 싶은 유혹이, 특별히 우울하고 영적으로 피곤한 시기에는 무척 커지기 때문이다.[5)]

성 베네딕트의 규범은 우리 세계를 새롭게 할 능력을 지닌 방주이고, 그리고 기독교 신앙은 베네딕트회의 "확장된 가족"(extended family)의 관점으로부터 글을 쓰는 모든 사람의 마음에 놓여있다. 수도원에서 세달 가량을 보낸 후 폴 존스는 자신의 발견에 관해 다음과 같이 적고 있다:

이곳의 수도사들은 체제 전복자들이다. 그들이 말하거나 혹은 생각하는 것 때문이 아니라, 그것이 그들의 본연의 모습이다. ... 소음의 문화 한 복판에서 종을 울리며 놀기를 좋아하는 이 길고 헐렁한 하얀 겉옷을 입고 있는 작은 사람들은 침묵을 선택한다; 노동의 문화 속에서 그들은 명상을 택한다; 자기-실현의 문화 속에서 그들은 자아(the self)를 포기한다; 성취의 문화 속에서 그들은 승자가 패자가 될 것이고, 오직 패자만이 승자가 될 것이라고 선포한다; 경제가 전적으로 소비에 의존하고 있는 문화 속에서 그들은 '비움'(emptiness)을 고집한다; 소유에 의해 구조화되어 있는 문화 속에서 그들은 무심(detachment)을 고집한다; 사실들과 교육에 중독된 사회 속에서 그들은 지혜의 기초로서 무지를 주장한다; 복잡성의 문화 속에서 그들은 한 가지를 의지하는(willing) 단순성으로 우리를 부른다; 삶의 표준을 높이는데 몰두하는 문화 속에서 그들은 생명의 표준을 높이기를 고집한다. 성취 대 은혜; 비움을 충만히 이해하기 위해 충만의 비어있음을 폭로하기. ... 이 전복의 핵심은 한 사람 안에 침묵을 향한 욕구를 심는데 있다. 그리고 일단 심어지면, 일단 침묵을 맛보게 되면, 그리고 듣고 멈추어서, 모든 말을 넘어선 심연(Depth)으로 잠겨지게 되면, 일단 그런 일이 일어나 처음으로 우리의 손이 텅비게 되면, 일단 당신이 아무것도 안하게 되면, 아무 말도 안하게 되면, 아무 생각도 안하게 되면, 그래서 당신

> 자신이 캐피탈 피크(Capital Peak)의 한 복판에 혹은 콜룸바인 들판이 나 스노우매스 크릭 혹은 아침 계곡의 한 복판에 내버려진다면—만일 이런 일이 생기도록 당신을 내맡긴다면, 당신은 도처에서 그것을 볼 것이다. 그때부터 모든 다른 것은 미친 짓처럼 여겨질 것이다.[6)]

나는 이것이 나우웬에게 일어났다고 믿는다. 네덜란드의 교구 주교의 사제로서, 노틀 담과 예일과 하버드의 대학 교수로서, 그는 홀로 살았고, 그의 유일한 공동체는 그의 교구 혹은 그가 가르치는 학생들이었다. 그는 자신의 외로움을 공동체로 바꾸기 위해 유일무이한 관계 혹은 유일무이한 우정에 시선을 돌리곤 했지만, 그러나 그것들 중 어느 것도 이런 저런 이유로 충분치 못했다. 제네시에서 시간을 보내고 나서야, 그는 베네딕트 수도원 운동의 기막힌 통찰을—즉 하나님은 공동체 안에서 발견된다는 사실과 하나님은 우리가 우리의 공적인 가면을 내려놓고 연약해야 할 필요성을 받아들일 때 발견된다는 사실을—발견할 수 있었다. 일단 그것을 발견하자, 그는 매료되고 말았다. 대학 생활은 더 이상 이전 같을 수 없었고, 이 일이 없었다면 그는 그 갈망하는 공동체를 향한 부단한 탐색을 계속했을 것인데, 그 탐색은 그를, 『오 은혜!』(*¡Gracias!*)에서 일별로 기록해 두었듯이, 남아메리카로 이끌고 가기도 했고, 그리고 다른 장소들과 다른 역할들로 이끌고 가기도 했었다. 라르슈에서 공동체의 근본적인 본성을 발견하고 나서야, 그의 부단한 영혼은 어느 정도 안식을 찾을 수 있었다.

스노우매스(snowmass)에서 보내던 네 달이 끝나갈 무렵, 존스는—헨리처럼—수도원 생활을 경험하는 그의 실험이 어떻게 보다 더한 어떤 것을 향한 갈망을 창출하게 되었는지를 말한다:

삶처럼, 일지들도 끝나지 않는다—다만 멈출 뿐이다. 실재의 "강 저쪽 너머 지역"은 갈망하는 영혼이다. 누구든지 그에 사로잡히게 되면 그 어둠의 시험 속에서 안절부절못하게 된다. 나의 수도원 경험은, 이런 방식으로든 저런 방식으로든, 그 어떤 확실성도 가져다주지 않았다. 그것은 그보다 훨씬 최악이었다. 그것은 우아하게 파괴적인 모든 이율배반들 속에서 어둠 자체에 대한 중독을 가져다주었다—냉혹한 텅빔이 어떻든 따뜻한 침묵으로 지속되면서 동반되는 보편적 슬픔의 기쁨, 더 이상 의심할 수 없는 신비(the Mystery)를 향한 길망을 품고 생존해 갈 때 솟아나는, 그와 도저히 어울릴 것 같지 않은, 언표 불가능한 선물.7)

『수도원 회랑 산책』 말미에 캐스린 노리스는 종과(저녁기도) 즉 수도원의 밤 기도 업무의 맥락에서 어둠을 성찰한다:

위대한 사막의 수도자 앤토니(Anthony)는 일전에 말하기를, "수도자의 기도는 그가 더 이상 그 자신을 혹은 자신이 기도하고 있다는 사실을 깨닫지 못하게 될 때 까지는 완전한 것이 아니다." 프랭크 오하라(Frank O'Hara)는 "... 그 자신에 대한 의식을 가정하는 사랑에 관하여 ..." 말한다. 이 두 양극단 사이에서 우리는 완전하게 되기를 추구한다고 여겨진다: 우리의 자의식(self-consciousness)을 탈피하기와 새로운 자각으로 옷 입기 사이에, 우리를 움츠리게 만드는 무시무시한 두려움들과 측량할 수 없이 우리를 확장시키는 사랑의 능력 사이에, 위험을 앞에 두고 벌이는 경계의 필요성과 우리에게 잠을 허락하는 신뢰 사이에 밤(Night)이 오고 ... 그리고 우리는 우리의 삶을 하나님에게 넘겨드린다. 우리는 오래된 찬송의 가사처럼 "약속들 위에서" 휴식할 수 있다; 우리는 "영원하신 팔에" 기꺼이 의지한다.8)

베네딕트의 규범집이 현대의 하나님의 구도자들에게 미친 영향력은 단지 나우웬과 조나스, 드발 그리고 노리스에게만 자명한 것이 아니다. 그것은 또한 새로운 혹은 "다소 새로운"(new-ish) 공동체들의 탄생에서도 자명한데, 이들은 (성 베네딕트의 규범집을 그들 공동체의 규범으로 따르며) 직접적으로 베네딕트회 소속이거나 혹은 성 베네딕트의 규범집에 강하게 영향을 받았다.

이 운동은 19세기 전반기로 거슬러 올라가는데, 그때 종교적 삶의 이중적 부흥이 영국에서 일어났었다. 그중 첫 번째는 종교개혁 이전에 존재했었지만, 그러나 이후 거의 250년이 넘는 기간 동안 유럽 대륙에서 (전혀 생존하고 있었다면) 망명하며 생존했어야 했던 수도회들의 재건이었다. 신 베네딕트회, 시토 수도회 그리고 트라피스트회 설립이 영국과 아일랜드와 웨일즈에서 이루어졌다. 동시에 영국 국교회 안에서 카톨릭 전통의 부흥이 일어났다. 그 부흥은 옥스퍼드 운동으로 알려진다: 그 지도자들 중 한 사람이 로마 카톨릭으로 개종하기 이전의 존 헨리 뉴먼(John Henry Newman)이었다.

옥스퍼드 운동의 주요한 유산은 영국 국교회 내 수도회들의 설립이었다. 그로부터 영국 성공회의 카톨릭파 운동(Anglo-Catholic movement)은 그 수도회들과 더불어 (미국과 캐나다를 포함하여) 범세계적인 성공회 연합(Anglican Communion)의 다른 교회들로 빠르게 전파되어 나갔다. 이 새로운 공동체들은 종교개혁 이전 공동체들의—즉 프란치스코회, 베네딕트회, 시토회, 어거스틴회 등등에—규범집들에 영감을 얻고, 그것들을 채택하였다. 많은 성공회의 베네디트파 재단들이 살아남았고 그리고 오늘날까지 번성하고 있다. 그 중 가장 주목할만한 공동체는 웨스트 몰링 대수도원(West Malling Abbey)인데, 옥스퍼드 인근에 있는 성공회 산하 베네딕트파 여성들의 공동체이다; 또 다른 공동체로 성 십자가 회(the

Society of the Holy Cross)가 있는데, 웨일즈의 성공회 여성들의 시토파 공동체이다 (로완 윌리암스 대주교는 이 공동체의 준수사인데, 베네딕트회의 평신도 수도자와 흡사하다). 성공회 내 베네딕트파 공동체들이 또한 미국과 캐나다에 설립되었는데, 예를 들어 성 십자가 수도회(the Order of the Holy Cross)의 수녀원 본부는 뉴욕 주에 있다. 내가 속한 공동체는 1884년에 토론토에 설립되었는데, 그처럼 세계 도처에 여러 많은 성공회 공동체들이 있고, 그들은 각각 종단의 고유한 규범을 갖고 있지만, 그러나 베네딕트적 가치들에 의식적으로 뿌리를 두고 있다.

그 중 가장 흥미로운 일은 최소한 부분적으로라도 베네딕트적 영감을 지닌 교회연합적(ecumenical) 공동체들이 지난 50년 동안 성장해 왔다는 사실이다. 그들 중 몇몇을 추려 소개하고자 한다.

• 아이오나 공동체(the Iona Community)는 1938년 스코틀랜드의 장로교 목사인 조지 마클라우드(George McLeod)에 의해 창설되었는데, 그는 (성 콜룸바St. Columba가 563년 켈틱 패턴을 따라 창설했고, 중세에는 베네딕트회 소속이었던) 아이오나 섬에 고대 대성당을 다시 건축하였다. 아이오나는 대략 250명의 서약한 구성원들과 더불어 약 1,500여명의 준구성원들로 거느리는 교회연합 공동체이다. 이 공동체는 영국 제도에 걸쳐 분산되어 존재하는 공동체이다. 그 구성원들은 일 년에 4차례 함께 모여, 환대(hospitality)의 목회에 조력하면서 아이오나 섬에서 함께 시간을 보내게 되는데, 이 환대 목회는 그들의 베네딕트 전통이 담지한 공동체 카리스마에 핵심이다. 조지 벨(George Bell)을 위시한 여러 다른 사람들의 음악을 통하여, 이 켈트적/베네디트적 전통은 평화와 정의 그리고 땅의 존엄성을 강조하면서 모든 기독교 교파들에게 공유되어왔다. 아이오나의 출판부인

와일드 구스 출판사(Wild Goose Publications)는 공동체의 음악과 서적들을 배포한다.[9)]

• 떼제 공동체(Taizé Community)는 1949년 로저 슐츠(Roger Schultz)에 의해 창설되었는데, 그가 형제수사들과 함께 저녁 기도를 드리던 중에 살해되던 2005년까지 그 공동체의 수장으로 남아있었다. 떼제의 서약한 100명 남짓한 형제수사들은 둘씩 셋씩 나가서, 세계 각지에서 가장 빈곤한 조건들 속에서 살아가는 사람들과 더불어 살면서, 그들과 기독교 공동체를 공유한다. 프랑스의 떼제에서 이루어지는 환대 목회는 세계적으로 유명하며, 특별히 그들이 젊은 사람들에게 미치는 영향력으로 유명하다. 아이오나 공동체처럼, 떼제로부터 발매되는 음악, 특별히 명상적인 성가 음악은 그리스도의 십자가를 통한 떼제의 평화의 메시지를 세계 도처로 전파한다.[10)]

• 예수 공동체(Community of Jesus)는 1958년 케이프 코드(Cape Cod)에서 두 성공회 여성들에 의해 창설되어, 대략 350명의 구성원을 거느릴 만큼 성장해왔고, 가족들뿐만 아니라 수녀원과 형제 수사들의 거처로 구성되어 있다. 결혼한 부부들은 복종, 정주 그리고 삶의 개종이라는 베네딕트 전통의 세 가지 서약들을 맹세한다. 수녀들과 수도자들은 그 맹세에 더하여 청빈 서약과 독신 순결의 서약을 한다. 이 공동체는 성장하고 있으며, 수녀원과 수도원과 거대한 수도원 교회를 지어 놓은 케이프 코드 만의 본부 캠퍼스에 더하여, 다양한 문파들이 지난 40여 년 동안, 가능할 적마다, 인근 집들을 사들였다. 떼제와 아이오와처럼, 예수 공동체는 그 카리스마의 핵심에 음악과 다른 형태의 예술들을 지니고 있다. 이 공동체는 보수와 자유주의라는 전통적 범주들을 가교하는 공동체이다. 성무 일과는 라틴어로 그레고리 성가를 솔렘(Solesmes) 수도원의 창법에 따라 노

래한다. 성만찬은 성공회의 예식서(Book of Common Prayer)에 기초하지만, 그 교회연합적 상황에 적합하게 수정된 현대적 예식에 따라 매일 시행된다. 이 공동체의 출판부는 파라클레트 출판사(Paraclete Press)인데, 베네딕트와 베네딕트적 영성 그리고 그것이 오늘날의 세계에 미치는 영향에 관하여 저술하는 많은 현대 작가들의 작품들을 출판했다.11)

• 세계 기독교 명상 공동체(World Community for Christian Meditation, WCCM)는 문자 그대로 범세계적으로 분산된 공동체로서 수도원장 로렌스 프리만(Lawrence Freeman, O.S.B.)이 수장으로 있으며, 그는 몬트리올의 베네딕트 소 수도원의 돔 존 메인(Dom Jon Main)의 지도를 받고 있다. 세계기독교명상공동체는 평신도들 사이에 명상 기도를 장려하기 위해 존재하는데, 명상 기도(contemplative prayer)는 개인적 경건만을 위한 것이 아니라, 마음의 수도원(the monastery of the heart) 속으로 나아가는 길이고 그리고 궁극적으로 세계를 평화로 전환시키는 길이라는 존 메인과 로렌스 프리만의 강력한 믿음에 기인한다. 이 공동체는 메인과 프리만 그리고 그 외 여러 사람들의 작품들을 출판하며, 지역 공동체들 속에서 명상 기도 그룹들의 형성을 장려하고 있다.12)

이 네 공동체들 모두 특별히 일치성에 헌신하고 있다—기독교인들 사이의 일치 뿐만 아니라 종교들을 믿으며 선한의지를 갖고 있는 모든 사람들 사이의 일치까지 포괄한다. 그들은 모두 대화에 열려있고 그리고 다른 신앙 전통들의 사람들과 기도를 공유할 수 있는 기독교를 꿈꾸던 토마스 머튼의 비전에 영향을 받았다. 그들 모두는 우리 지구 행성과 인간 문화의 생존에—지역 공동체의 연장으로서—기독교가 결정적으로 중요하다고 믿고 있다.

이는 다시 우리를 나우웬과 그의 공동체를 향한 탐구로 되돌아가게 한다. 궁극적으로 그는—엄밀히 말해서, 베네딕트회가 아니라—라르슈 데이브레이크에서 자신의 고향을 찾았지만, 공동체, 정주 그리고 신/인 친밀성을 향한 헌신을 표방하는 베네딕트적 가치들에 분명히 영향을 받았다. 나우엔처럼, 세계 각지의 수십만의 사람들이 성 베네딕트 규범집의 가치들로 살아갈 길을 찾고 있는 중이다. 전통적인 베네딕트 공동체들, 성공회와 개신교의 공동체들 그리고 교회연합적 공동체들 모두를 함께 고려해 볼 때, 이들은 현대의 하나님의 구도자들(seekers)이 이 세계 속에서 인간적으로 살아갈 수 있는 새로운 길을 위한 격려를 그 베네딕트 전통 속에서 찾고자 할 때 염두에 두어야 할 세력들이다.

오늘날 성 베네딕트의 규범을 평신도들이 접할 수 있도록 해주는 많은 작가들이 있다: 조앤 치티스터(Joan Chittister), 노린 베스트(Noreen Vest) 그리고 브라이언 테일러(Brain Taylor)는 그 중 가장 탁월하고 통찰력 있는 작가들이다. 성 베네딕트 규범집에 대한 그들의 번안물들과 주석서들이 누리는 인기가 공동체를 향한, 정주(stability)를 향한 그리고 마음의 회심을 향한 갈망들에 대한 증거가 되는데, 이 갈망들은 상당부분 현대 기독교인들의 삶의 일부이면서, 베네딕트회 가치들의 핵심이다.

특별히 관상 기도(觀想 contemplative prayer)와 향심 기도(centering prayer)에 관하여 글을 쓰고 있는 다른 작가들이 있다—특별히 윌리암 메닝어(William Menninger), 베이실 페닝턴(Basil Pennington) 그리고 토마스 키팅(Thomas Keating)과 같은 시도회 수사들이 있다. 성공회 사제이면서 은둔자인 신시아 부어졸트(Cynthia Bourgeault)와 더불어 이들은 세계 기독교 명상 공동체와 유사한 목적들과 가치들을 가지고 그보다 작은 규모의 명상 학회를 설립하였다.

이 작가들 모두 도처의 사람들 마음 속에서 울리고 있는 친밀감을 향한 갈망, 사랑받는 자로 자신을 인식하고 싶어 하는 갈망 그리고 그 관계로부터 하나님 나라의 도래를 위해 일하고 싶은 엄청난 갈망을 반영한다. 나우웬처럼, 그들도 우리들 모두와 함께 영적 삶의 핵심에 놓여있는 부단한 갈망을 공유한다.

나는 우리가 나우웬, 존스, 드 발, 그리고 노리스의 마음에서 발견하는 의미를 향한 갈망과 탐구를 반영하는 성 베네딕트 규범집의 한 구절을 인용하며 글을 마칠까 한다. "이 규범은 단지 완전의 시작일 뿐이다"는 제목의 73장에서, 베네딕트는 자신은 덕과 거룩함의 단초들을 주입하기 위해 "초보자를 위한 작은 규범집"을 저술했다고 말하며, 그는 독자들이 교회 교부들과 존 카시안(John Cassian)의 저작들과 성 바실의 규범집을 참고하도록 권했다. 그리고는 그는 우리들에게 도전을 던진다:

> 당신은 당신의 하늘의 고향을 향해서 서두르고 있습니까? 그렇다면 그리스도의 도움과 더불어, 우리가 초보자들을 위해 저술한 이 작은 규범집을 간직하시오. 그 후에야 당신은 우리가 위에서 언급한 가르침과 덕들의 보다 우뚝선 정상들을 향해 출발할 수 있을 것이고, 그리고 하나님의 보호 아래, 당신은 거기에 이를 것입니다. 아멘.[13]

나우웬은 이 규범집의 결말이 가장 격려가 된다고 생각했음에 틀림없다고 나는 믿는다. 하나님은 언제나 우리 앞에 소망할만한 어떤 것을 놓아두신다. 신적인 연합(divine union)을 희구하는 것이 인간적이 된다는 말이 의미하는 것의 핵심에 있다. 평화로운 통일을 향해 일하는 것이 시민 사회와 국제 사회의 핵심에 놓여있다. 베네딕트와 더불어 그리고 나우웬과 더불어, 영적 여행은 언제나 짝사랑하는 연인들과 같은 느낌을 우리에게 남겨주고, 그래서 하나님과 그리고 우리 동료 인간들과 더불어 그 여행으로 더 깊이 깊이 이끌려 간다는 사실을 우리는 인정한다.

---

1) Henri J.M. Nouwen, *The Genesse Diary: Report from a Trappist Monastery* (Garden City, NY: Doubleday, 1976), xi.

2) Archibiship Rowan Williams, "God's Workshop," address at the Trinity Institute, Shaping Holy Lives: Benedictine Spirituality in the Contemporary World, April 29, 2003.

3) Esther de Waal, *Seeking God: The Way of St. Benedict* (Collegeville, MN: Liturgical Press, 2001), 15.

4) Ibid., 15.

5) Henri J.M. Nouwen, *The Road to Daybreak: A Spiritual Journey* (New York: Doubleday, 1988), 226.

6) W. Paul Jones, *The Province beyond the River* (Nashville, TN: The Upper Room, 1981), vii.

7) Ibid., 150.

8) Kathleen Noris, *The Cloister Walk* (New York: Riverhead Books, 1996), 382.

9) 보다 자세한 정보를 위해서는 *Iona Worship Book* (Glasgow: Wild Goose Publications, 2001)의 "서문"을 참고하라; 또한 iona.org.uk 홈페이지를 참고하라.

10) 보다 상세한 정보를 위해서는 Roger, Brother of Taizé, *Parable of Community* (London: Mowbray, 1980)을 참고하라; 아울러 taize.fr 홈페이지를 참고하라.

11) 보다 상세한 정보를 위해서는 communityofjesus.org 홈페이지를 참고하라.

12) 보다 상세한 정보를 위해서는 wccm.org 홈페이지를 참고하라.

13) Joan B. Chittister, O.S.B., *The Rule of Benedict: Insihghts for the Ages* (New York: Crossread, 1993), 179에서 재인용.

12

빈센트 반 고흐와 헨리 나우웬의 삶 속에 드러나는 긍휼(compassion)

— 캐롤 베리(Carol Berry)

빈센트-헨리의 성인

밤에 로스앤젤리스 위를 날아가다 보면, 반짝거리는 불빛들의 태피스트리가 눈으로 볼수 있는 끝까지 이어진다. 그것은 별들로 채워진 하늘, 즉 높은 산꼭대기에서 맑은 날 밤에 볼 수 있는 것 같은 하늘을 생각나게 한다. 이 불빛들의 태피스트리는 또한 저 아래 수백만의 사람들이 살고 있다는 사실을 그림처럼 생각나게 만든다.

로스앤젤리스 인구의 거의 1/4(821,004명)이 1999년 〈반 고흐의 반 고흐들〉(*Van Gogh's Van Goghs*)라는 주제로 열린 3개월간의 전시회 기간 동안 로스앤젤리스 카운티 미술관에 몰려들었고, 그리고 나는 이틀 밖에 남지 않은 전시회의 표를 구하려고 복달하는 사람들의 무리 속에 뒤섞여 있었다.

그때가 새벽 1시였고, 줄을 선 행렬은 각계각층의 수많은 사람들로 북적대고 있었다—유모차에 아기를 싣고 나온 젊은 부부들, 휠체어를 타고 온 노약자들, 헐렁한 바지 복장에 거칠어 보이는 십대들, 옷을 입은 듯 만 듯 하고 나온 십대 소녀들. 모든 사회계층들과 인종들이 나와 있었다. 자기 당대의 사람들로부터 가치 없다고 여겨졌고 그래서 평생 단 두 점의 그림밖에 팔지 못했던 예술가의 그림 70점을 보기 위해 로스앤젤리스 카운티 미술관의 작은 별관 바깥에서 사막의 싸늘한 밤 아래 몇 시간씩 기다리는 그들은 과연 빈센트에 관해서 무엇을 알고 있었을까?

빈센트 반 고흐(Vincent van Gogh)가 우리와 같이 줄을 서서 기다렸더라도, 그는 놀라지 않았을 것이다. 그는, 자신의 예술을 통해 실재적이고 솔직한 어떤 것을 계속 표현해 내다보면, 조만간 그의 작품들이 사람들의 반응을 불러일으킬 것이라고 믿었다.

줄을 서서 기다리고 있던 사람들 중 누구도 1979년 예일 대학 신학부에서 헨리 나우웬이 "빈센트 반 고흐의 긍휼"(The Compassion of Vincent van Gogh)이라는 강의를 했을 때, 참석하거나 알았던 사람은 아니었을 것이다. 또한 그들은 빈센트가 그의 형제 테오(Theo)에게 쓴 800편의 영혼이 담긴 편지들을 읽어본 적이 없었다. 왜 그들은 대부분의 사람들이 미쳤다고 간주했던, 성질이 까다롭고 사회적으로 내쫓긴 사람이었고, 자신의 귀의 일부를 잘라냄으로서 스스로를 자해했고, 폭음하고 창녀촌을 찾아다녔고, 그리고 결국 자살하고만 사람의 예술을 보기 위해 왔는가?

무엇 때문에 반 고흐의 그림들을 보러 왔느냐고 일부 사람들에게 물어 보았을 때, 그들은 명쾌한 대답들을 주지 못했다. 하지만 그들 대부분은 고흐의 '해바라기'와 그의 '닳아빠진 작업 부츠' 그리고 '별이 빛나는 밤'의 이미지들에 감동받았다; 그래서 이제 그들은 어떤 저항할 수 없는 힘에 이끌리어 빈센트가 줄 수 있는 어떤 것을 보기 위해 왔다.

반 고흐처럼 한 명의 네덜란드 사람으로서 헨리도 빈센트 반 고흐의 작품에 이끌렸다. 그러나 그도 그 이른 아침 시간에 내가 마주쳤던 사람들과 마찬가지로 저항할 수 없는 힘에 이끌렸을 것이다.

예일 대학 신학부에서 헨리는 몇 년 동안 "긍휼"(Compassion)① 이라는 과목을 가르쳤다. 비록 그는 매우 학문적인 풍토에서 강의를 하고 있었지만, 이 미래의 목회자들이 매우 효과적인 목회를 준비할 수 있도록 하기 위해 헨리가 주입해야만 할 것은 가장 근본적인 자질—즉 긍휼히 여기는 마음(compassionate heart)이였다. 빈센트 반 고흐가 그보다 백년 앞서 평신도 선교사로 훈련받을 때 깨달았듯이, 그의 억압받는 교구민들은 신학적으로 건전한 설교들이 아니라, 일상 삶의 투쟁들을 배겨나가는데 필요한 실천적 뒷받침과 더불어 기본적으로 긍휼어린 이해를 필요로 했다.

1975년 예일대학 신학부에서 가르치는 동안 헨리는 빈센트 반 고흐의 조카, 즉 테오의 아들을 만날 기회를 갖게 되었는데, 그의 이름도 빈센트 반 고흐였다. 헨리는 왜 수많은 사람들이 그의 삼촌의 그림들을 보러 오는지 그에게 물었다. 반 고흐씨는 이렇게 진술했다: "빈센트는 위로를 제

① 역자 – compassion이라는 단어는 통상 '연민'으로 사전에 나와 있지만, 이는 이 단어가 사용되어지는 문맥에 매우 빈약한 번역이다. 카푸토(J.D. Caputo)가 지적하듯, 이 말은 라틴어에서 유래하는데, com + passion으로 구성된 말로서, 고난 함께 받기 즉 together + suffering이라는 말이다. 그것은 상대방을 불쌍히 여기고 측은히 여기는데 그치는 것이 아니라, 상대방의 아픔과 고난을 내 내장이 끊어지는 듯한 공감으로 받아들이는 것을 말한다. 성서는 이를 '긍휼'이라고 표현한다.

공하기 때문입니다. 그는 자연과 사람의 외피 아래로 기어들어가, 거기서 진실된 어떤 것, 아름다운 어떤 것, 즐거운 어떤 것을 찾아낼 수 있었다. 그는 그가 본 것의 내적 비밀을 그려낼 수 있었다."[1] 바로 이 비밀을 그는 그의 예술의 언어를 통해 표현하고 드러낼 수 있었다.[2] 그 조카의 대답은 빈센트의 예술과 편지들에 대한 헨리 자신의 심도 있는 연구를 자극했다. 편지들과 빈센트를 알았던 사람들의 회고록들을 읽으면서, 위로를 제공하는 것이 정확히 빈센트 반 고흐의 사명이자 의도였다는 사실을 헨리의 연구는 드러내었다. 이 연구가 "빈센트 반 고흐의 긍휼"이라는 강의의 기초가 되었고, 그리고 나를 그의 수업으로 이끌었던 제목이었다.

헨리의 강의와 슬라이드들을 통하여 우리는 빈센트 반 고흐와의 깊고 인격적인 대면을 할 수 있는 소중한 기회를 제공받았다. 헨리는 빈센트를 고통 받는 사람으로서, 위로자로서, 구도자로서, 연민하는 형제로서, 상처 입은 치유자로서 우리에게 소개하였다. 헨리는 빈센트 속에서 그 자신의 삶의 투쟁들을 통해서 그리고 자신이 보고 느낀 것을 솔직하게 표현할 수 있는 능력을 통해서 희망과 기쁨과 용기를 맛볼 수 있도록 하는 목회자의 모습을 심지어 오늘날까지도 우리가 인지할 수 있도록 해 주었다.

헨리는 빈센트와 그의 하나님을 향한 탐색에 동질감을 느꼈는데, 빈센트의 하나님을 향한 탐색은 강렬하고 실재적이었고 그리고 깊은 갈망과 의심과 절망과 소망과 기쁨을 통해 표현되었다 (빈센트와 테오가 선호하던 표현들 중의 하나는 "아주 슬픈, 그러나 언제나 아주 기쁜"["sorrowful, yet always rejoicing"]이었다). 빈센트의 말들과 그림들을 통해서 헨리는 빈센트가 어떻게 하나님을 향한 그의 탐색 속에서 그의 모든 감각들을 의식적으로 사용했는지를 발견하고, 그것을 우리에게 보여주었다.

네덜란드의 축축한 토양에서 일하면서, 막 잘라진 건초와 연기 자욱한 농부의 집들에서 나오는 냄새들을 들이쉬면서, 영국의 시골 대로를 몇 시간 동안 걸으면서 혹은 덴하그(Den Haag)의 집 없는 사람들과 궁핍한 사람들 사이에 살면서, 빈센트의 마음과 영혼은 지속적으로 하나님의 현존과 그 자신의 목적과 의무를 탐색하며 묻고 있었다. 프랑스의 밝은 태양을 경험하고 그리고 변화하는 계절의 색깔들에 기뻐할 때, 옹이진 올리브 나무들과 하늘로 이어지는 불타는 사이프러스 나무들과 동질감을 느끼는 곳에서, 빈센트는 자연을 통해 하나님의 현존이 계시되어진다는 사실을 가슴 깊이 느꼈다. 그를 둘러싼 모든 것들 속에서 하나님을 찾으려는 이 감각적이고 흙냄새 나는 갈망이 바로 헨리가 확인한 것이었다.

그것은 바로 인류를 결코 포기하지 않으시고 오히려 그의 현존으로 모든 피조물에 충만하실 하나님을 향한 갈망이었다. 그것은 바로 가난한 농부들과 광부들과 외롭고 억압받는 자들 사이에 살았던 하나님이시고 그리고 그들을 위로하시고, 그들 삶의 가장 어두운 구석들 마다 그의 사랑과 빛을 비추시는 하나님이셨다. 헨리는 우리에게 말하기를:

> 나는 빈센트와 가까워졌다고 느낀다. 왜냐하면 그는 실제적인 영적인 물음들과 더불어 진정으로 씨름했고 그래서 삶 속에서 하나님을 찾으며 그리하여 자신의 동료 인간들에게 복음을 가져다주기를 원하는 사람들에게 많은 할 말을 갖고 있는 사람이라고 생각하기 때문이다. 내가 오래 살면 살수록, 더욱 더 나는 내 자신의 투쟁들을 이해하고자 노력할 것이고, 그럴수록 더욱 더 나는 빈센트의 진정한 동무(companion)가 된다고 생각할 것이다. 이상하게도 나는 그를 나의 성인(my saint)으로 생각한다.3)

"빈센트 반 고흐의 긍휼"

헨리는 긍휼히 여기는 삶(compassionate life)의 세 구성요소들—연대, 위안 그리고 위로—을 자신의 학생들에게 소개하기 위해 빈센트 반 고흐의 삶을 강력한 사례 연구로 사용하였다.

연대(solidarity): "긍휼히 여기는 사람(compassionate)은 고통 받고 있는 사람들과 함께 부르짖음으로서 그들의 인간적 연대를 분명히 표명한다" (헨리 나우웬).

헨리는 먼저 목사이신 아버지가 교구민들 심방에 나설 때 자주 동행했던 소년으로 빈센트를 제시하는데, 그 교구민들은 대개 네덜란드 남부 브라반트의 촌락들에서 힘들게 일하는 농부들이었다.

몇 년 후 자신의 아버지에게 비판적이 되면서, 그는 항상 엄청난 긍휼(compassion)을 가지고 가난하고 애쓰는 농부들의 집으로 이끌림을 느꼈던 반면, 아버지는 단지 목양적 돌봄을 수행하기 위해 보다 높은 위치에서 잠시 몸을 웅크렸을 뿐이라고 믿는다고 적고 있다. 예민하고 주의 깊은 빈센트에게 그의 아버지는 자신의 교구민들의 짐들을 짊어지기 위해 자신의 자리를 이탈하거나 포기하지 않으시는 분이셨다. 아버지는 그들의 삶의 발걸음에 동참하지 않았다. 아버지는 그리스도가 명령한 바대로 자신의 삶을 내어주지 않았다.

소년이었던 빈센트는 아직 그런 일들을 감당하기엔 자유롭지 못했지만, 그는 네덜란드 농부들의 가난과 몸부림을 목격했다. 일단 부모의 통제와 구속이라는 족쇄들을 털어내자, 그는 더 멀리 발걸음을 내디뎠다. 그는 인류의 고난으로 끌려 들어가, 그들과 하나가 되었는데, 그들의 곤궁함을 그는 아버지의 교구민들 집에서 무수히 보았기 때문이고, 지친 여인들과 굶주린 아이들의 얼굴들 위에 표현된 슬픔을 그는 보았기 때문이다.

그러나 먼저, 그의 나이 15세 때, 여전히 그는 가족적 인연들과 기대들이 요구하는 진로를 따르고 있었다. 예술품 거래상, 교사 그리고 책 판매원이 되고자 교육받는 몇 번의 시도들이 실패하는 동안, 그는 성서와 토마스 아 캠퍼스(Thomas à Kempis)의 『그리스도를 본받아』(*Imitation of Christ*)와 같은 책의 연구에 진지하게 몰두하기 시작했다. 스스로를 부양할 대책을 마련하라는 압력을 떠안고 몰두한 이 집중적인 공부는 다시금 또 다른 교육과정에 착수해야 겠다는 확신을 그에게 가져다주었다—목회자가 되기 위한 과정. 그의 열렬한 욕망이 테오에게 적어 보낸 편지 속에서 들려진다: "복음을 설교하기 원하는 사람은 그 누구든지 그것을 먼저 그 자신의 마음으로 담고 가야만 한다 오! 나로 그것을 발견케 하소서. 충만한 가슴으로부터 그리고 진지하게 말하여진 말만이 열매를 맺을 수 있기 때문이다."[4)]

처음에 빈센트는 교회가 요구하는 전통적인 진로를 따르고자 노력했지만, 그러나 그 분야의 다소 비밀스런 측면들에 대한 그의 무관심 때문에 그는 신학 공부들에 실패했다. 그는 라틴어와 희랍어 개인교사인 멘데스 다 코스타(Mendes da Costa)에게 말하기를, "당신은 진짜로 그런 끔찍한 것들이 내가 하고 싶은 것, 말하자면 불쌍한 피조물들에게 평화를 주고 그리고 그들에게 여기 이 땅에서 감내하는 그들의 실존을 감당하도록 하는일, 그런 일을 하고 싶은 사람에게 필요불가결한 것이라고 믿어요?"[5)]

그는 또한 벨기에 선교 협회(Belgian Missionary Society)가 주관하는 평신도 선교사 훈련에서도 쫓겨났는데, 벨기에의 가난에 찌든 광구, 보르나주에서 그의 교구민들을 목양할 때 과도하게 열정적이었기 때문이었다. 선교 협회의 훈련에서 제외되면서 그는 교회의 모든 제도적 규칙들과 제약들을 거절하게 되었다.

마침내 자유롭게 그는 그 자신의 마음을 따르기 시작했다. 그는 더 이상 말씀을 설교하려고 노력하지 않았다; 이제 그는 그 말씀을 살아가기 시작했다. 보르나주에 머무르면서, 그는 광부들 중의 한명으로서 살아가기 시작했다. 그는 그의 옷들을 광부들에게 줘버렸고 그리고 그의 마지막 남은 빵 껍질 조차 그들과 나누었다. 그는 광부들의 집으로 찾아가, 그 아내들의 빨래를 하고 아이들을 돌보는 일을 도왔다. 그는 광산 사고로 아주 심한 화상을 입고 죽기만을 기다리던 광부를 보살펴 건강을 회복시켰다. 그는 그의 마지막 셔츠를 찢어 붕대로 사용하였다. 그의 목회는 땅으로 내려가는 목회(a down-to-earth ministry)였고, "길나는 대로 따라가는"(the rubber hists the road) 목회였다.

헨리는 빈센트의 편지들과 그를 알았던 사람들의 회고들 속에 담긴 이 모든 기술들을 비중 있게 받아들였음에 분명하다. 빈센트는 한 광부의 가족이 환대하는 집을 떠나 아주 가난한 가족의 오두막에 가서 살기로 결정했을 때, 빈센트는 그가 떠나는 것을 극구 반대하는 광부의 아내에게 설명하기를, "에스더, 우리는 선한 하나님처럼 행해야 합니다; 때때로 우리는 떠나가서, 그분 자신의 가족들 가운데 살아야합니다."6) 이것을 읽으면서, 헨리는 분명하게 "그래 — 이것이 바로 나로 하여금 내 학생들을 준비시키도록 부름 받은 류의 목회, 긍휼의 목회(compassionate ministry)야!"라고 말했을 것이다.

연대성이란 당신이 그들 중의 하나가 되기를 선택할 때, 당신이 가장 기본적인 인간적 특성들을 모든 인류와 더불어 공유하고 있다는 사실을 깨달을 때, 당신이 (그들과) 다르지 않고 같은 사람이라고 스스로를 정의하는데 두려워하지 않을 때 존재하는 것이다.

후일 빈센트가 화가로서의 자신의 이력을 시작하고 난 뒤, 그는 자신의 그림들에 단순하게 "빈센트"라는 서명만을 남겼는데, 이는 (그 그림들을) 헌정하려는 이들에게 자신도 그들 중 하나라는 메시지를 전달하고자 했기 때문이다.

위안(consolation): "긍휼히 여기는 사람(the compassionate)은 삶의 상처를 깊이 느낌으로서 그들의 위안을 드러낸다" (헨리 나우웬).

위안은 고통을 회피하는 것이 아니라 나눌 수 있는 수준까지 고통을 심화시키는 것이라고 헨리는 말했다. 위안은 우리가 그 외로운 타자와 더불어 "함께 홀로"(cum solo)가 될 것을 그리고 다른 곳이 아닌 그 혹은 그녀가 외롭고 상처받는 바로 그 자리에서 그 사람과 함께 있을 것을 요구한다. 빈센트의 모습 속에서 우리는 위안의 가장 감동적인 묘사를 본다고 헨리는 느꼈다. 바로 그 보르나주에서 빈센트는 광부들과 그 가족들이 고통 받는 삶의 상처들을 깊이 느낌으로서 위안을 주는 능력을 개발하였던 것이다.

빈센트는 자신이 목회로 보살피는 사람들과 하나가 되었다. 빈센트는 그들처럼 살고, 자신이 누릴 모든 위로를 부인하고 그리고 광부들에게 보다 높은 임금을 지불할 것을 요구하기 위해 광산주를 대면함으로서 그들의 절망과 궁핍함과 연약함과 좌절의 경험 속으로 들어갔다.

이 연대와 위안의 경험은 과거에 그를 규정하던 것—목사의 아들, 유명한 예술품 거래상 코넬리우스 반 고흐의 조카—으로부터 마침내 그를 해방시켰다. 광부들과 가장 기본적인 생존을 위한 투쟁들을 공유하면서 그는 마침내 (인생의) 바닥을 치고 올라가기 시작했다. 그가 이전 삶에서 가졌던 지위나 어떤 사람에 의해서가 아니라 오직 그만의 것이었던 내적 생명의 불꽃에 의해 그는 구원받을 수 있었다. 전적인 외로움과 절망에 휩싸인 그의 가장 고뇌에 찬 순간들 속에서 그는 그 불꽃에 매달렸다. 그 불꽃은 그에게 자신의 소명을 완수할 유일무이한 수단을 발견토록 했다. 왜냐하면 바로 그 광부들 사이에서 그는 자신이 가는 곳 어디서나 찾아볼 수 있는 석탄 덩어리들을 가지고 "간단한 스케치들"(hasty sketches)을 그리기 시작했기 때문이다. 이 시기 그는 테오에게 다음과 같이 적어 보냈다: "난 내가 오가는 길에 마주치는 많은 것들 중 일부를 거칠게 스케치에 담기 시작하지만, 그것이 나의 실재 활동을 못하도록 한다면, 시작하지 않을 것이다."[7] 이 "실재적인 활동"(real work)을 하려면 자신의 마음에 담고 있는 복음의 메시지가 열매를 맺을 새로운 방법을 개발해야 한다는 사실을 그는 아직 완전히 인지하고 있지는 못했다.

헨리가 강조하는 편지들 중 하나는 편지번호 133인데, 빈센트의 입장에서 오랜 동안의 침묵기를 보낸 후 테오에게 쓴 편지이다. 빈센트는 부모님들과 심지어 테오에게 게으르다고, 어떤 목표 의식도 없다고, 생계를 꾸릴 능력이 없다고 그리고 짐이 된다고 책망 받아왔었다. 빈센트는 몇 달간 침묵을 지키며, 상처받고, 분을 내고, 이해받지 못했지만 그러나 그 자신이 해야 할 필요가 있던 일, 즉 자신의 마음의 가장 깊은 후미들 속에서 스스로를 대면해야만 하는 일을 하고 있었다. 그때가 27세였다.

빈센트는 갱도 깊숙이, 말 그대로 지옥의 구렁텅이 속으로 내려갔다, 광부들과 연대감을 형성할 즈음에 이르러, 그는 보살피고, 위안을 주고 위로하기 위해서는, 목회하고자 하는 자신의 욕망을 추구하기 위해서는 하나님의 말씀을 설교하는 것이 아니라 그 말씀을 번역으로 표현해야 한다는 사실을 이해하기 시작했다. 그는 가난한 사람들을 목회로 보살피고자 하는 욕망을 결코 포기하지 않았던 것 같다; 그와 반대로 그는 위안을 주고 위로하는 일을 더 강렬하게 수행했던 것 같다. 그가 칭송하고 그리고 그를 깊이 감동시켰던 작품들을 만들어낸 램브란트(Rmabrandt)처럼, 그는 복음의 메시지를 전파하기 위해 예술의 언어를 사용했던 것 같다. 광부들이 묵는 소박한 오두막에 머무르는 동안, 대개는 아이들과 방을 같이 쓰기도 하면서, 그는 자신에게 말을 걸어오고 위로하는 작가들의 인쇄본 작품들을 벽에 걸어 두었던 것 같다. 문득 가난한 사람들의 집 벽에 걸려, 그들의 삶에 기쁨과 위로를 가져다 줄 그림들을 자기도 마찬가지로 그릴 수 있다는 사실을 깨달았다.

133번 편지에서 빈센트는 보르나주에서 소비한 3년을 털갈이 시간으로 비유하였다. 새들이 깃털갈이를 해야 새로운 깃털이 나오듯이, 빈센트 역시 광부들 사이에서 그의 마지막 셔츠를 벗었다. 보르나주를 떠날 때는 새로운 계획을 실현할 사명을 품은 한 남자로서, 그리고 이번에는, 자신 스스로를 훈련시켰다.

그는 마음으로 복음을 품고 있었고, 그가 존경하는 예술가들의 작품을 충분히 관찰했으며, 예술의 언어를 통하여 사람들에게 이르는 것이 무엇인지를 알만큼 충분한 독서를 했고 그리고 인류의 고통을 얼굴과 얼굴로, 가슴과 가슴으로 마주쳤던 곳에서 3년을 살았다. 그는 적기를, “그러한 지역에서 항상 배우고 관찰하면서 3년 동안 조용히 작업할 수 있었다면, 정말로 들려줄 만한 가치가 있는 어떤 것을 품지 않은 채 돌아올 수는 없을 것이다. 난 가장 겸손하게 그러나 확신을 가지고 이렇게 이야기 한다.”8)

네덜란드와 벨기에에서 이후의 시간을 보내는 동안 빈센트의 작품은 새로운 방식으로 인간 영의 심연과 접속하기 위한 새로운 언어를 개발하느라 수백 개의 습작들을 그려내며 씨름하는 과정으로 구성되어있다. 그는 적기를, "그림을 그리는 것은—그것은 자신이 느끼는 것과 자신이 할 수 있는 것 사이에 세워져 있는 것처럼 보이는 보이지 않는 철벽을 통해 진력을 다하는 것이다."[9]

빈센트는 보루나주의 가난한 사람들과 억압받는 사람들과 더불어 깊은 연대감을 느끼기를 배웠고, 그리고 이 연대감은 자신이 뒤섞여 살았던 사람들의 노고와 시련들을 그림들 속에서 표현하려는 그의 노력의 기반이 되었다. 4년간 그는 자신의 마음-눈-손으로 이어지는 조정력을 익히기 위해 쉬지 않고 노동하였다 (그는 자신의 그림을 흔히 "노동"[laboring]이라고 불렀다). 그는 그의 손들이 단지 자신의 눈으로 본 것뿐만이 아니라 자신의 영혼이 느낀 것도 따라갈 수 있게 하기를 원했다. 그는 시골 마을의 가난한 사람들이 벌이는 매일의 투쟁들의 본질을 포착하기 원했는데, 그가 이해하는 투쟁이란:

그림 1 땅 파는 사람, 1885년 여름, 뉴에넨에서

사랑하는 테오, 난 네가 나의 예술 개념을 분명하게 이해하기를 바란다. 본질을 파악하기 위해서는 오래 그리고 힘들게 작업해야만 한다. 우리는 실재적이고 정직한 어떤 것을 계속해서 주어야만 한다. 농부의 삶을 그리는 것은 진지한 일이고, 그리고 예술과 인생에 대하여 진지하게 생각하는 사람에게 진지한 사유를 불러일으킬 그림을 그려내려고 노력하지 않는다면 나는 자책해야 마땅하다. … 화가는 그들 중의 한 사람이 됨으로서, 그들이 하는 대로 느끼고 생각하는 사람으로서, 농부들을 그려야만 한다.[10]

그는 들판의 일상적인 노동들과 더불어 농부들이 짊어져야 하는 엄청난 희생들에 소망을 줄 수 있기를 바랬다. 그는 그들의 역경을 밝혀, 그들이 생명의 체계 속에서 합당한 자리를 부여받고 그래서 가치 있다고 느끼며, 그를 통해 축복받고 위로를 받았다고 느끼기를 원했다:

그림 2 "영원의 문가에서"(At Eternity's Gate), 1882년 가을, 덴하그(헤이그)에서.

> 나의 작업은 사람들의 마음 속에 놓여 있다고, 나는 땅에 가까이 있어야만 한다고, 나는 삶을 심연들 속에서 파악해서 많은 근심과 역경들을 통해 발전해 나가야만 한다고 느낀다. 난 단지 외로운 타자들과 더불어 동일한 수준의 느낌들을 나누기 위해 거기에 있다는 것 말고 … 그 외 다른 길을 생각할 수가 없다.[11]

그는 (때로 밀레처럼 자신이 존경하면서도 그림의 주제가 자신처럼 땅의 사람들인 화가들을 모방하면서) 씨 뿌리는 사람, 감자 깍는 여인들, 땅 파는 사람들, 목동들 그리고 쟁기질 한 밭과 어둡고 이엉으로 지붕을 얹은 오두막집들을 수없이 스케치했다. 그는 두 팔로 머리를 감싸고 팔꿈치를 무릎위에 얹은 채 불가에 의자를 놓고 앉아있는 병든 농부를 스케치했다.

> 이 그림에서 나는 내게 "quelque chose là-haut" 즉 "위에 있는 어떤 것" … 말하자면 하나님의 존재와 영원에 대한 가장 강력한 증거들 중의 하나로 여겨지는 것을 표현하려고 노력했다 — 화로 근처 구석에 조용히 앉아 있을 때, 그 자신도 미처 의식하지 못하고 있는 그 작은

노인의 무한히 감동적인 표현 속에서 말이지. 동시에 거기에는 벌레가 갉아 먹을 수 없는 고매한 어떤 것이, 혹은 위대한 어떤 것이 있어.[12)]

헤이그에서 그는 무료 급식소의 남녀들과 씨엔(Sien)이라 불리는 창녀를 그의 모델들로 선택했는데, 씨엔의 이미지는 슬픔의 정수로 불멸성을 부여받았다:

그림 3 "슬픔" 1882년 4월, 덴하그에서

> 나는 사람들을 감동시키는 소묘들을 그리고 싶다. "슬픔"은 작은 시작이다; 아마도 그러한 작은 풍경들도 ... 또한 작은 출발일 것이다. 그것들 속에는 내 자신의 가슴으로부터 솔직하게 우러나오는 무언가가 있다. 인물이나 풍경 속에서 나는 감성적인 비애가 아니라 진지한 슬픔을 표현하기를 원한다. 단적으로 말해 나는 사람들이 내 작품에 대해—'소위 거칠음에도 불구하고 혹은 심지어 바로 그 때문에—그는 깊이 있게 느낀다 혹은 섬세하게 느낀다' 고 말할 정도까지 발전하기를 원한다. 대부분의 사람들의 눈에 비친 나는 무엇인가? 별 볼일 없는 자 혹은 괴짜면서 무뚝뚝한 사람—사회적 지위가 없는 그리고 결코 가진 것 없는 어떤 사람, 즉, 낮은 자 중에 가장 낮고 천한 자. 좋다, 심지어 이게 사실이라 할지라도, 나는 내 작품이 그러한 괴짜의 마음 속에, 그 보잘것 없는 사람의 마음 속에 있는 것을 보여줄 수 있도록 할 것이다. 이것이 바로 그 모든 것에도 불구하고 분노보다는 사랑에 기초한 나의 야망이다.[13)]

남부 시골에서 부모님들과 살면서 그는 감자 농사꾼들과 모든 순간들을 나누며, 그들의 선명한 특징들을 소묘하였다. 그리고 머리 모양새들과 인물들을 무수히 연구한 후에 마침내 그는 자신의 첫 번째 대작 "감자 먹

는 사람들"을 그렸다:

사람이 다른 사람들과 살면서 애정의 느낌으로 하나가 되었을 때, 그는 살아갈 이유를 인식하게 되고 그리고 자신이 무척 무가치하다거나 불필요한 것이 아니라, 아마도 어떤 유용한 목적(good for something)을 갖고 있다고 인지하게 된다; 우리는 서로를 필요로 하고 그리고 함께 여행하는 동반자로서 똑같이 여행을 하고 있다.[14)]

그림 4 감자먹는 사람들

위로(comfort): "긍휼히 여기는 사람은 인간의 고통들을 넘어 용기와 소망의 자리를 가리켜 줌으로써 위로를 준다" (헨리 나우웬).

소묘로부터 그림 그리기로 분야를 이동하면서, 지금까지 그의 모든 작품 중 가장 표현적인 작품 "감자먹는 사람들"의 완성과 더불어 "자신의 배를 진수"하면서, 빈센트는 토탄 늪지의 어두운 색과 감자밭 그리고 농부의 오두막을 뒤로 남기고 떠났다.

그의 형제이자 예술품 거래상인 테오와 함께 지내기 위해 파리로 떠난 시기는 예술사에서 절대적으로 딱 알맞은 시간이었다. 조만간 인상주의 화가들(Impressionists)이라 불릴 아방가르드 예술가들의 팔레트들은 빛의 강렬하고 상시 변화하는 색깔들로 흠뻑 젖어 있었다. 다른 문화권의 예술들이, 특별히 일본의 그림들이, 미술가들이 구성 원리들을 사용하는 방식에 영향을 미치기 시작했다.

표현주의적인 선의 질감들을 익히고 그리고 색칠 할 붓을 사용하기 시작할 용기를 얻으면서, 빈센트는 자신의 작품을 구성할 혁신적인 방법들을 가지고 실험하기 시작했다. 지칠 줄 모르는 훈련과 연습을 통하여 획득한 능력, 즉 자신이 보고 느낀 것을 그릴 수 있는 능력과 더불어, 그는 위로를 주는 것들(예를 들어 해바라기들)에 색을 입히기 위해 색의 표현 에너지를 사용할 준비를 갖추게 되었는데, 이렇게 그려진 그림들은 보다 더한 어떤 것 즉 그가 일상에서 말하자면 삶의 일상적 순간들 속에서 보았던 "위에 있는 어떤 것"(quelque chose là-haut)을 보다 강력하게 그리고 분명하게 드러내는 그림들이었다. "색은 영혼의 언어다"는 괴테의 명언에 충실하여 빈센트는 이 새로운 차원을 그의 예술에 덧붙여, 인간 영혼의 보다 깊은 심연들에 호소하였다.

파리에서 2년을 보낸 후, 빈센트는 자신의 여행가방 속에 강렬한 색들의 물감들을 담아 프랑스 남부로 떠났다. 그는 자신이 어릴 적 알고 지냈던 시골 전원의 삶의 방식에 다시금 이끌렸다. 그러나 이 시골 풍경은 자신이 떠나왔던 토탄 늪지들과 감자 밭보다 훨씬 더 밝은 색으로 그 앞에

펼쳐졌다. 여기 프로방스에서 태양은 경작된 들판과 과수원들과 농부들의 삶 위로 훨씬 더 밝게 빛을 뿜어내고 있었다.

바로 이 빛을 그는 자연에서 느끼는 잠시간의 인상들로서가 아니라, 신성한 창조주의 따뜻함과 사랑을 위한 확고한 진술들과 상징들로서 색칠하기 시작했다. 자연과 더불어 씨름하면서, 빈센트는 그의 비밀—즉 가시적인 모든 것은 창조의 보다 심층적인 진리를 가리키고 그리고 모든 실재는 동시에 영원한 것의 상징이라는 비밀—을 이해하기 시작했다.

이때부터 빈센트는 예술을 통해 자신이 깊이 느꼈던 확신 즉 하나님은 그를 둘러싼 모든 것 속에 현재하신다는 확신을 표현하는데 자신의 삶을 바쳤다. 그는 사람들이 자신의 그림들을 바라보면서 위로를 얻을 것이고 그리고 자신들의 삶의 일상적인 것들 속에서 신성(the Divine)의 현존을 인지하게 될 것이라고 믿었다. 빈센트는 사람들을 이해하도록 만들기 원했다. 왜냐하면 이해 속에 위로가 있기 때문이다. 친숙한 것들—태양, 변화하는 계절들, 씨 뿌리고 추수하는 순환적 노동들—의 강렬한 이미지들이 빈센트의 그림들 속에서 하나님의 영원하시고 위로를 주시는 현존의 초월적 메시지들이 되었다고 헨리는 말했다. 태양은 어둠 속의 빛을 상징화했다. 헨리는 자신의 예술을 복음을 전하는 목회자로서 자신의 소명과 연결하는 의미 있는 길을 찾기 위한 빈센트의 탐구 속에서 긍휼히 여기는 목회(compassionate ministry)의 예증을 보았다. 빈센트의 위안을 베풀고 위로를 주는 작품은 먼저 인간 삶의 기초적인 어두운 그림들과 더불어 시작한다고 그는 말했다—이는 빈센트의 연대성을 보여줄 뿐만 아니라, 또한 우리 즉 그림을 보는 사람들로 하여금 이 그림들 속에서 우리 자신들을 인식하도록, 우리의 인간적 기본 조건에 의해 동일성을 인식하도록, 말하자면, 생존을 위한 투쟁, 동지애, 고독, 기초적 욕구들, 기초적 물음들, 질병, 죽음, 고된 노동 등을 인식하도록 하기 위함이었다.

기초 작업 즉 우리 모두가 공유하는 공통성을 확립하면서 빈센트는 태양을 택하여 그것이 모든 어둠위에 즉 모든 난국들과 곤궁 위에 비추게 하였는데, 이는 그 어둠을 부정하기 위함이 아니라 그것을 우리 모두를 함께 묶어주고, 우리에게 소망을 주고 그리고 모든 투쟁을 의미 있게 만들어주는 힘으로 뒤덮기 위함이었다.

인간의 소건 속에서는 아무것도 변하지 않았다. 그 인간 조건에 하나의 목적이 주어져 있다는 사실을 제외한다면 말이다: 모든 인간의 투쟁들은 포용하고, 치유하고, 위로를 주는 사랑을 통하여 함께 엮어져있다. 긍휼(compassion)은 무엇보다도 자신이 인류의 일부라는 의식 속에서, 인간종의 하나됨의 자각 속에서, 시공간의 어느 곳에 거주하든지, 모든 사람들은 동일한 인간 조건에 의해 함께 묶여있다는 친밀한 앎 속에서 스스로를 나타낸다. 연대성과 위안이라는 이 내적 의미를 통하여, 모든 피조물과의 보다 심층적인 유대가 감지될 수있다—그리고 그것이 우리에게 용기를 준다.

결론

빈센트는 자신의 편지들을 흔히 다음과 같은 인사말로 맺었다: "손 꼭 잡고 악수하며, 그럼 이만, 빈센트." 헨리를 생각할 때, 그에 대한 나의 기억들은 언제나 무언가를 강조하기 위해 그가 손을 사용하던 방식들의 이미지들을 담고 있다. 헨리는 우리를 이야기에 끌어들여, 소위 말해, 그의 표현적인 몸동작들로 우리를 엮어 넣는다. 강의실이나 집에서 비공식적인 토론들이 이루어질 때, 우리는 그의 손들이 표현하는 활발한 동작들이나 부드러운 어루만짐을 통하여 그의 이야기들이 시각적으로 번역되는 것을 본다. 단상 사방으로 날아다니는 그의 손과 더불어 강연들이 이루어지고, 그 손들을 통해 허공에 이미지들이 그려지고, 그리고 그를 따라 그의 몸 전체를 움직이면서, 헨리는 단지 그의 말들을 통해서 뿐만이 아니라 그의 전체 존재를 통해서 우리에게 그의 강렬한 감정들을 전달한다.

빈센트의 그림에서 힘 있는 붓질이 질감 있는 물감으로 고랑을 남겨놓은 것을 볼 때, 그가 자신의 그림과 보다 촉감적이고 친밀한 연관성을 필요로 할 때 그의 손가락으로 남겨놓은 자국들을 발견할 때, 프로방스의 강한 미스트랄 바람들 속에서 색칠할 때 그림에 달라붙은 날파리들과 모래 조각들을 보게 될 때—우리는 아주 실재적이고 단호한 화가와의 대화로 "낚여 들어간다"(roped into). 만일 헨리가 빈센트가 프랑스 남부에서 사용했던 것과 같은 색의 두꺼운 유화용 물감 튜브들과 그림 붓을 손에 들고 있다면, 헨리의 그림 스타일은 빈센트의 스타일과 상당히 비슷했을 것이라고 나는 상상한다. 빈센트의 조각하듯이 그래서 손에 만져질 듯이 그린 그림들은 그의 현존을 오늘에도 느낄 수 있도록 만든다. 헨리의 책들을 읽을 때, 독자들은 헨리가 직접 그들에게 말하고 있는 듯한 느낌을 받는다.

헨리와 빈센트는 진정했다—그들은 자신들의 상처들에, 욕구들에, 결점들에, 고통들에, 기쁨들에 솔직했다. 글로 쓴 그리고 그림으로 그려진 메시지들을 통해 그들은 우리를 보다 의식적이게 만들고, 우리 자신의 느낌들과 투쟁들과 희망들을 보다 자각하게 만든다. 그들은 그들 자신의 욕구들과 상처에 대한 감각을 통하여 목회하기를 추구하였다. 간질 발작이 시작된 이후 빈센트는 스스로를 위로하려는 욕구로부터 그림을 그렸다—그리고 이 그림들은 위로에 대한 그의 가장 강력한 메시지들이 되었다. 헨리는 빈센트(의 그림) 속에서 그 자신의 투쟁들에 대한 긍정을 보게 되었다. 우리는 그들의 솔직함과 연약함, 희생 그리고 위로하려는 욕망으로 인해 감동을 받는다. 두 사람 모두 일상적인 사건들 속에서, 일상적인 만남들 속에서, 삶의 기본적인 순간들 속에서 그보다 더한 어떤 것, 고상한 어떤 것, 즉 일상적인 것 속에 현현된 창조의 실재를 보았다. 빈센트: 자연 속에서, 소작농들의 오두막 속에서, 인간의 얼굴 속에서. 헨리: 아담 속에서, 공중 그네 속에서, 수레 바퀴 속에서. 두 사람 모두 복음의 메시지를 내적으로 심화시켰고 그리고 그리스도의 예를 따라, 그를 모방하기보다는 오히려 전심전력으로 그를 믿고 행위로 실천하기를 추구하면서, 가능한 진정하게 살려고 노력하였다.

가장 지적인 설교보다 모범을 보여준 삶이 더 크게 다가온다는 사실을 우리 모두는 알고 있다. 헨리와 빈센트의 "설교들"은 모범을 보여준 삶의 활자화된 그리고 그림으로 그려진 표현들이다. 바로 그 때문에 우리는 그들에게 반응하고, 그들을 찾고, 그들을 활용하고, 그들 안에서 기뻐하고, 그들을 따라 살아간다. 바라보는 모든 것들을 지칠줄 모르고 소묘하면서 빈센트 반 고흐는 가장 지저분한 구석에서 한 줄기 빛을 찾을 수 있는 능력을 심화시켰다. 그림들을 통해 빛의 색깔을 사용하면서 빈센트는 창조적 에너지의 저 위대한 근원과 연결될 수 있었고 그리고 피조 세계 속에서 사랑으로 충만하며 위로를 주는 신적 현존(the Divine Presence)의 상징들을 볼 수 있었다.

빈센트와 헨리는 우리로 하여금 보다 큰 자각과 정직함을 가지고 보다 온전하게 살도록 청한다. 그들은 교사인 나로 하여금 학생들이 우리 세계에 대한 인식을 심화시켜 나가도록, 바라봄을 통하여, 말하자면 보기 위해 그리기를 배움으로써 연관성을 찾아가도록 초청한다. 헨리는 우리의 가슴이 말하도록 그리고 우리의 손을 서로를 향해 내밀어 우리가 연대성과 사랑 속에서 연결될 수 있도록 우리를 초청한다. 빈센트는 우리가 볼 때까지—이해할 때 까지—쳐다보도록 초대한다.

---

1) Henri Nouwen, "Introduction," lecture notes for his course "The Compassion of Vincent van Gogh," Yale Divinity School, 1979, Carol Berry's nothes.

2) Ibid.

3) Ibid.

4) Vincent to Theo and Mother (Letter 77), October 13, 1876, 다음에서 재인용 - *The Complete Letters of Vincent van Gogh (with reproductions of all the drawings in the correspondence)*, 3 vols. (Boston: Little Brown and Company, 2000), 1:71.

5) 암스테르담에 머무는 동안 빈센트 반 고흐의 개인적 기억들에 근거한다. Dr. M.B. Mendes da Costa (Letter 122a), December 2, 1910, in *Letters*, 1:69.

6) Reprint from Louis Peirard, *La vie tragique de Vincent van Gogh*, rev. ed. (Paris: Editions Correa and Cie, 1939); Letter 143a, in Letters, 1:230.

7) Vincet to Theo (Letter 126), November 15, 1878, in *Letters*, 1:177.

8) Ibid., 179.

9) Vincent to Theo (Letter 237), n.d., in *Letters*, 1:469.

10) Vincent to Theo (Letter 404), April 30, 1985, in *Letters*, 2:371. 빈센트는 언제나 자신의 예술 작업 과정에 테오를 ("우리는 ....을 계속해야만 한다"는 식으로 말하면서) 포함시켰다. 빈센트의 작업은 사실 그 두 형제들 사이의 공동 작업이었다. 왜냐하면 테오가 빈센트를 후원했기 때문이다.

11) Vincent to Theo (Letter 197), May 11, 1882, in *Letters*, 1:365.

12) Vincent to Theo (Letter 248), n.d., in *Letters*, 1:416.

13) Vincent to Theo (Letter 218), n.d., in *Letters*, 1:416.

14) Vincent to Theo (Letter 132) October 15, 1879, in *Letters*, 1:191.

13

풍성한 추수: 문서로 남겨진 헨리 나우웬의 유산들

– 가브리엘 언샤(Gabrielle Earnshaw)와 안나 온지(Anna St. Onge)

> 우리 삶의 열매는 우리가 죽은 후에라야 그 온전한 모습을 보여준다. 우리 자신은 우리 자신의 열매를 거의 보거나 경험하지 못한다. 대개 우리는 우리의 성과물에 사로잡혀 우리가 살아가는 것의 결실을 볼 눈을 갖고 있지 못하다. 그러나 삶의 아름다움은 바로 삶 그 자체는 그 종말을 고한 후 오래 지나서야 열매를 맺는다는 사실에 있다. 예수는 말하기를, "내가 진실로 너희에게 말하노니 한 알의 밀알이 땅에 떨어져 죽지 아니하면, 그것은 그저 한 알의 낱알로 머물지만, 그러나 만일 죽으면 풍성한 수확을 이루게 한다" (요 12:23).
>
> – 헨리 나우웬, 『우리의 가장 위대한 선물』

헨리 나우웬의 삶은 다른 사람들에게 위대한 선물이었고, 앞으로도 계속 그럴 것이다. 그가 소천한지 10년이 지난 지금 그가 남긴 유산의 열매는 자신의 기록들을 보존하고 돌보기 위해 생전에 해두었던 준비로부터 부분적으로 비롯될 수 있었다. 이 장은 나우웬이 자신의 기록들을 안전하게 보존했던 방식들을 기술하고 그리고 나우웬 아카이브들(기록 보관소들)에 소장되어 있는 문서들을 취사선택하여, 연구와 공부에 활용할 일차 자료와 이차 자료의 풍성한 자원을 탐구하고자 한다. 특별히 나우웬의 방대한 서신들에 주의를 기울일 것이다.

내 친구들을 위해 내 삶을 내려놓기: 헨리 나우웬 자료 수집과 문서기록 보관소들의 기원들

공식적으로, 나우웬 문서기록 보관소는 2000년 9월21일에 창립되었다. 하지만 나우웬은 자신의 생애 대부분 동안 자신의 아카이브(문서기록 보관소)를 의식적으로 짓고 보존하고 있었다. 그는 모든 것을 문서화하려는 생래적인 성향을 갖고 있었고, 그리고 그는 결코 어떤 것도 내버리지 않았다. 그의 고등학교 성적표들, 수업 배포물 복사비 청구서들 그리고 지속적인 사용으로 닳아 떨어진 주소록들이 자신의 저서들 원고만큼이나 조심스럽게 보관되었다. 그리고 이내 그는 상자들과 문서 보관장들과 가방들을 기록들로 채워나갔다.

나우웬은 다음과 같은 두 가지 이유에서 자신의 기록들에 가치를 부여하는 철학적 성향을 갖고 있었다. 첫째, 그는 자신의 연구에 보관된 문서기록들을 사용했다. 예를 들어, 빈센트 반 고흐(Vincent van Gogh)의 긍휼(compassion)에 대한 통찰들은 반 고흐의 편지들을 읽으면서 얻어진 것들이다. 그에 더하여, 그는 안톤 보이센(Anton Boisen)과 토마스 머튼의 아카이브들을 방문했고 그리고 자신의 강의와 저술을 위해 기록들과 연구 노트들을 사용했다. 둘째로, 나우웬은 영적 생활에 관한 자신의 글쓰기를 위해 다른 사람들의 삶의 이야기들과 문학적 유산들을 방대하게 끌어왔다. 이러한 예들은 무수히 많다. 그는 『명상적 비판자』(*Contemplative Critic*)에서 토마스 머튼에 관한 짧은 전기를 저술했고,

그리고 『탕자』(*The Prodigal Son*)에서 렘브란트 판 레인(Rembrandt van Rijn)에 관한 전기적 상술을 포함한다. 그는 또한 그의 친구 리차드 화이트(Richard White)의 미간행 전기를 저술했고, 언젠가 출판한 요량으로 데이브레이크의 보조간사 로렌조 스포르자-세사리니(Lorenzo Sforza-Cesarini)의 삶에 대해 세심한 노트를 작성해 두었으며 또한 공중곡예의 영성을 주제로 한 책을 계획하면서 서커스 공중곡예단 '날아가는 로드레이'(The Flying Rodleigh)와 방대한 양의 구술 역사 인터뷰를 수행하였다. 나우웬은 우리의 삶을 우리의 친구들을 위해 내려놓도록 권면하는 성서 문장들을 자주 인용했고, 그리고 그가 영적 삶을 탐구하기 위해 전기를 사용하는 다양한 방식들은 부분적으로 그가 자신의 문서 기록에 부여하는 중요성을 설명해 준다.

비록 나우웬이 타고난 수집가였고 전반적으로 아카이브의 후원자였다 해도, 저장 공간과 그의 기록 사본들에 대한 점증하는 수요라는 실제적인 문제가 결국 1975년 여름 예일 대학 신학부 도서관의 사서인 마르타 스멜리(Martha Smally)와 임시적인 문서 보관을 위한 대안을 상담하기 위한 약속을 잡도록 만들었다. 스맬리는 나우웬이 회오리 바람처럼 들어와 그의 팔에 문서 꾸러미들을 든 채 자신이 라틴 아메리카에 가있는 동안 임시적으로 자신의 서류들을 보관해 주기를 요청하면 실례가 되지 않을는지 숨 가쁘게 묻던 그 날을 생생하게 회고하고 있었다. 그녀는 단기간 기꺼이 도움을 주기로 동의했지만, 이 한 아름의 문서들이 향후 24년간 한 줄로 늘어놓으면 10미터가 훌쩍 넘을 기록들을 매년 쌓아두게 될 일로 이어질는지는 전혀 예감하지 못했다. 예일 신학부와의 동의는 비공식적인 것이어서, 증여 형식의 어떤 증서도 작성되지 않았고, 문서들을 이관시킬 일정도 전혀 계획된 바 없었다; 나우웬이 방을 뛰쳐나가자, 문건들은 그저 도착했을 뿐이다. 이 합의는 그가 죽기까지 계속되었다.

예일에 보관된 그의 수집물들을 숙고하려 할 때 흥미로운 물음은 나우엔이 보관을 위해 선택한 문서들의 유형이다. 그는 자신의 삶의 어떤 측면들이 미래 세대의 목회자들과 종교 교사들과 영적 구도자들과 그 외 사람들에게 유용할 것이라고 생각했을까? 예일 대학교의 검색 안내에 대한 연구는 우리에게 약간의 통찰을 제공한다. 그 검색 안내는 나우웬 수집물의 기록들에 대하여 여섯 가지 유형 혹은 시리즈를 열거하고 있다. 시리즈 번호 1은 '노트들과 필사본들'(*Notes and Manuscripts*)인데, 이는 나우웬이 출판하거나 미간행한 작품들로 구성되어 있다. 이는 그의 많은 저술들의 초고를 담고 있을 뿐만 아니라 또한 그의 논문들, 대담들 그리고 설교들을 담고 있다. 그의 설교들은 가죽 제본된 책의 묶음으로 함께 전달되었는데, 이는 나우웬이 이 문서들에 부여하는 가치에 대한 좋은 지표가 된다. 시리즈 번호 2, 강의 자료들(*Teaching Material*)은 그의 강의와 독서 노트를 담고 있다. 설교처럼 이 문서들도 학기 말에 제본되어 아카이브로 보내졌다. 시리즈 번호 3은 수집된 자료들(*Collected Material*)로서 그가 그 자신의 연구와 탐구를 위해 사용한 자료들로 구성되어 있다. 이는 그가 미국의 병원 목회상담 교육 운동의 창설자인 안톤 보이센에 관하여 수집한 기록들과 그의 미완성된 신학박사 학위논문 뿐만 아니라 나우웬 자신의 논문 주제들을 담고 있다; 심리학과 신학 간의 접목에 초점을 두었던 시워드 힐트너(Seward Hiltner); 그리고 토마스 머튼. 시리즈 번호 4는 출판된 작품들(*Published Works*)인데, 이는 책들(과 그 번역본들과) 뿐만 아니라 그에 의한 혹은 그에 관한 논문들을 포함하여 나우웬의 출판 간행물들의 사본으로 구성되어 있다. 시리즈 번호 5는 테입들(*Tapes*)인데, 강연들과 퇴수회들 그리고 그 외 다른 행사들의 녹음 테입들과 영상 테입들을 포함한다. 마지막 시리즈 번호 6은 개인적 글들과 수집품들(*Personal Papers and Memorabilia*)인데, 홍보 포스터들, 상장들, 학위증들 그리고 다른 잡단한 항목들로 구성되어 있다.

대수도원으로부터 제만(Zeman)에게로: 나우웬의 서신왕래에 담지된 간략한 구도

아카이브 연구에 몰두하는 많은 연구자들은 서신왕래를 여느 조직체의 행정적 중추로 간주한다. 분명히 일반 문서들(General Files)로 알려진 것들이 나우웬의 삶에서 이런 역할을 감당했다. 1964년부터 1996년에 이르는 기간 동안 수신된 편지를 모아둔 파일들에는 1만6천 편의 서신들이 담겨있다. 이는 일렬로 세우면 4미터 길이에 해당하는 양인데, 대부분 문서로 왕래했던 서신들이지만 가끔 오디오 카세트도 있고 최소한 한편의 영상 편지가 있다. 나우웬은 장소와 상황의 수없는 변화에도 불구하고 자신의 성인기 내내 이 문서들을 관리하고 저장해 두었다. 노틀 담으로부터 라르슈에 이르기까지 나우웬과 그 보조간사는 주의 깊게 여러 다양한 문서들을 보관철 해 두었다: 팬 레터들과 교회 주보들, 정치적일만큼 딱딱한 형식의 편지로부터 어려움의 처한 발신자의 가장 내밀한 고백들까지, 그리고 친구들, 가족들, 정치가들과 주교들, 사회 활동가들과 가정주부들, 죄수들과 외국 선교사들로부터 날아 온 편지들. 나우웬이 자신이 받은 편지들을 무척 가치 있게 여겼다는 사실은 분명하다; 실로 이 편지들에 대한 자신의 답신을 자신의 종교적 목회와 사역의 연장으로 여겼다고 주장할 만 하다.

사제로서 지켜야 하는 비밀사항들, 사생활 보호 문제 그리고 많은 서신들의 개인적인 성격들에도 불구하고, 나우웬의 서신왕래는 그의 전기적 기록들이 갖고 있는 많은 틈새들에 대한 답을 제공할 수 있다. 그것은 20세기 후반의 영적 사회 역사를 증언하는 유일무이한 원천을

제공한다. 아카이브의 연구자들은 비서들로서, 조교로서, 목회 조력자로서 나우웬이 사명을 수행하도록 도왔던 일군의 전문적인 사람들을 일별해 볼수 있을 뿐만 아니라, 일반 시민들과 가정주부들과 평신도들과 학생들과 풀뿌리 시민운동가들과 수녀들과 부제들과 사제들과 수도사들과 목회자들, 말하자면 서신왕래나 공동작업을 통해 나우웬의 아카이브 유산에 자신의 흔적들을 남겨놓은 사람들의 생각들과 견해들과 조언들이 벌이는 합창을 일별해 볼 수 있다.

이 시리즈들을 검토해 볼 때, 우리는 나우웬이 교사와 작가로서 자신의 전문가적 역할을 문서화한 기록들을 선택했다는 것을 볼 수 있다. 사제로서 그의 삶은 설교들을 통해 단지 주변적으로만 대표되고 있으며, 또한 아들로서, 형제로서, 친구로서 그의 개인적 삶에 대한 기록들은 모두 누락되어 있다. 그의 유년기 기록들과 신학교 시절 작성한 논문들과 기록들은 어디에 있는가? 그의 사진들과 재정관련 서류들은 어디에 있는가? 라르슈 데이브레이크의 담임 사제로서 자신의 업무에 관한 기록들은 어디에 있는가? 예일에 기탁된 기록들 대부분이 손질되고 완성된 작품들이라는 사실을 우리는 또한 주목하게 된다. 그가 살아가는 동안의 과정들을 문서화한 기록들은 어디에 있는가? 책의 출판과 관련된 행정 서류들은 어디에 있는가? 그의 빡빡한 강연 일정을 추적할 수 있는 문건들은 어디에 있는가? 수천에 이르는 그의 전설적인 친구들과 주고받은 서신들은 어디에 있는가?

예일의 이 불완전한 아카이브는 나우웬이 자신의 문학적 유산을 위해 마련한 마지막 준비가 없었다면 헨리 나우웬에 대해서 우리가 갖고 있는 유일한 초상이 될 뻔했다: 그것은 바로 그의 유저 관리자 수 모스텔러(Sue Mosteller, S.S.J.)의 선택이었다. 라르슈 데이브레이크 공동체 때부터 그의 좋은 친구였던 모스텔러는 이 특권적이지만 동시에 부담스러운 선물에 대해 사전에 고지 받은 바가 없었다; 그러나 나우웬의 유산에 대한 그녀의 책임감을 인식하면서, 그녀는 당장 그녀 친구의 공적이고 사사로운 기록들을 통합하기 시작했다. 또한 그녀는 그 기록들을 나우웬의 데이브레이크와 보다 가까운 자리로, 즉 토론토 북쪽 지역으로 가져오는 과정에 착수했다. 1999년 경 예일 대학 신학부의 친절한 협조로 이 통합과정이 완결되었고, 예일에 있던 자료들은 토론토 대학 산하 카톨릭 대학인 세인트 미카엘 대학으로 이전되었다. 그러자 2000년 6월경 일렬로 세운다면 30미터가 넘을 자료들이 라르슈 데이브레이크로부터 이전되고, 그러면서 헨리 나우웬에 관한 전 세계에서 가장 크고 방대한 아카이브가 탄생하게 되었다.

라르슈로부터 도착한 기록들은 예일 대학의 소장품들이 빠뜨리고 있는 모든 것을 포함하고 있었다: (서신왕래, 초고들, 예술 작품, 계약서, 교정쇄들과 시험쇄 본들로 구성된) 출판사 문건; 강의와 퇴수회, 설교, 결혼 주례, 장례식 인도 등 그가 수락했던 수많은 초청들과 관련한 행정 문건들(그들 대부분은 필사한 본래의 노트들이 포함되어 있다); 그의 납세 신고서들, 신용 카드 사용 내역서들 그리고 그 외 재정 관련 서류들; 친구들과 가족들을 담은 수백장의 사진들과 젊을 때 자신의 광범위한 여행들 사진을 정리한 슬라이드들; 네덜란드에서 보낸 자신의 학창 시절과 신학교 시절을 담은 네덜란드어로 작성된 기록들; 불교와 독신 그리고 핵 무장 등을 포함하여 그가 보관하고 있던 다양한 주제의 문건들; 그리고 데이브레이크 공동체의 담임사제로서 자신의 역할과 관련된 행정 기록들. 이 상자들 속에서는 또한 편지 문건들도 찾아볼 수 있었다.

소장품의 중요한 부분들

아카이브는 영감과 정보의 보고이다. 여기에 그 중 네 보석들의 사본과 서술을 제시한다.

1

The signs of the last days, of the coming of the son of man are always ~~there~~. present

One of the signs, we feel so terribly deep, is the doubt. We ask: where is Jesus Christ in this world. Even on a small ship as this there are different places of whorship. It has become very difficult to reckognize Jesus Christ in this world. Perhaps is that one of the reasons that on a ship with about 1000 people only a few want to give an hour of whorship to God.

There are so many different ways of thinking and so many opinions, so many Churches, and so many customs, that many people get lost and are not able to reckognize Jesus Christ behind the curtain of human weakness.

– 나우웬 "네덜란드–미국 노선를 위한 설교" 1962년, 항목번호 9a, 단편 사본, 나우웬 아카이브.

헨리가 네덜란드-미국 간 증기선의 담당 목사로 1962년 임명받았을 때, 그의 나이 30으로서 신학교를 졸업한지 겨우 5년 정도 지난 시기였다. 이때 쓴 설교문들은 배에서 우편엽서 위에 손으로 쓴 노트들이었다. 비록 아카이브가 네덜란드에서 그의 신학교 시절 작성한 보다 초기의 설교 원고들을 소장하고는 있지만, 이 설교(그림)는 아카이브에 소장된 가장 초기의 영어 설교이다. 설교문 안에서 몇몇 철자를 잘못쓰는 실수는, 그가 영어로 쓴 대부분의 책에서 발견되는 류의 실수로서, 영어가 그의 모국어가 아니라는 사실을 우리에게 주지시킨다. 우편엽서들 위에 작성한 설교의 편성은 독특하다. 만일 누군가 아카이브에 보관된 100편 이상의 설교들을 활용하여 나우웬의 설교 스타일의 진화를 연구한다면, 분명한 발전의 상황을 식별해 볼 수 있을 것이다. 나우웬은 초기에 큐 카드①를 필요로 했을는지 모르지만, 그의 생애 말기에 나우웬은 설교를 때 종이에 적은 3가지 요점 이상의 것을 거의 필요로 하지 않았다.

① 역자 - 방송 중 출연자에게 보여주는 대사를 적은 큰 카드 판을 가리킨다.

GROUP SESSIONS

For me the group meetings were extremely important and revealing. Although I have the feeling that our group is still in an elementary phase of development I felt this group experience of essential value for the training program.

1. Group interaction in ecumenical perspective.

To begin with I feel that in this case I have to see as of primary importance the experience of a group from the standpoint of a Catholic.

I don't think that I ever had the experience of group work before. It even seems to me that I come from a tradition in which real group work never is applied in its full consequences. Here the same experience comes back as I had in supervision. My frame of reference still was that of teaching and therefore authority. In this frame I tried to conceive group discussions as a better tool for the authority to get his message across. I knew better but I don't think I ever lived better. In the past I was accustomed that you were allowed to discuss your ideas and feelings freely but that it was then up to the authorities to decide what had to be done.

One of my first discoveries was that most of the ministers came from a background in which shared responsibility meant shared authority, and in which group interaction and group decisions are a part of their daily church life. Especially the set-up of the Presbyterian church shows clearly the striking differences between the Catholic and Protestant way of approach.

I mention this because I felt that for most of the group members the proceedings of the group were in line with what they had done before. Not so for me. This means that really using the group hours was a difficult thing in the beginning. Or I wanted to get some helpful information, or I wanted to teach. That a group has different lines

– 나우웬, "6개월 간의 목회상담 훈련 평가," 연구 노트, 미분류, 나우웬 아카이브.

1964년부터 1966년 까지 나우웬은 캔사스 주 토페카(Topeka)의 메닝어 클리닉에서 진행하는 종교와 정신 치료 프로그램의 연구원이었다. 이 문서는 목회상담 임상 훈련의 처음 6개월을 보내며 작성한 자기 평과서 과제의 두 번 째 장 첫 번째 쪽이다. (260쪽에 실린) 이 문서는 다른 무엇보다도 세계교회주의(ecumenism)의 가치에 대한 나우웬의 생각과 그의 초기 성찰들에 대한 통찰들을 제공한다. 우리는 또한 여기서 한 사제로서의 삶을 살아가야 했을 그에게 영향을 끼쳤던 권위에 대한 권위들이 넌지시 드러나고 있음을 보게 된다. 메닝어 클리닉에서의 그의 경험을 보여주는 문건들은 방대한데, 논문뿐만 아니라 연구와 독서 노트 등을 포함하고 있다. 이 문건들은 또한 임상 목회상담 운동에 대한 그의 관심, 특별히 안톤 보이센에 대한 그의 관심이 시작되는 지점을 표시해 주고 있다.

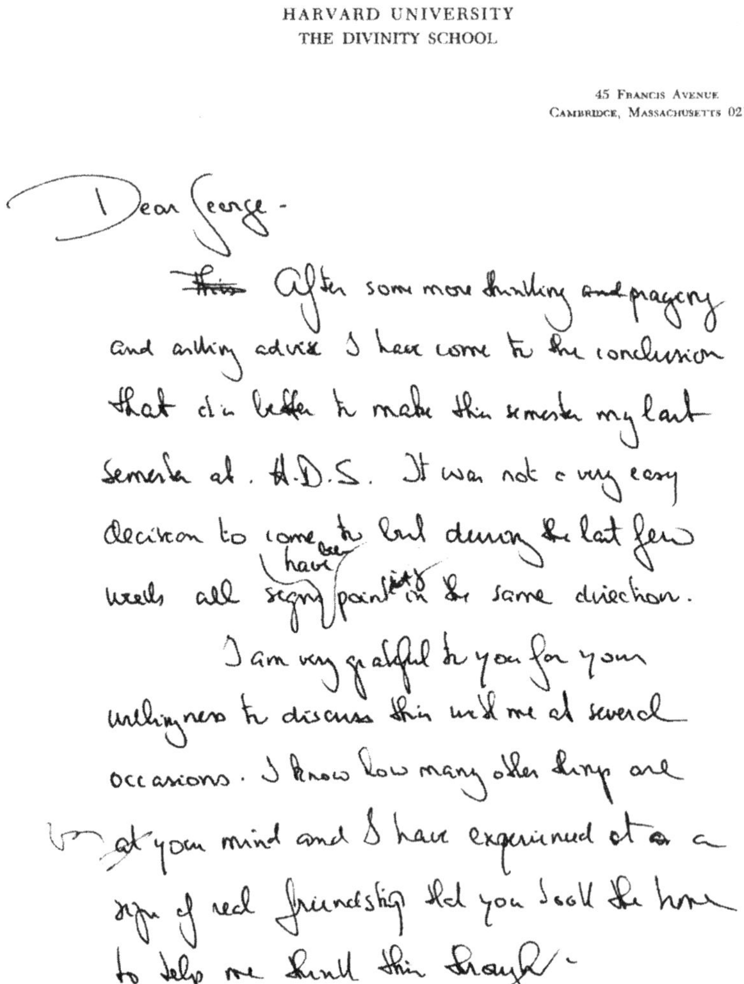
HARVARD UNIVERSITY
THE DIVINITY SCHOOL

45 Francis Avenue
Cambridge, Massachusetts 02138

Dear George -

~~This~~ After some more thinking and praying and asking advice I have come to the conclusion that it is better to make this semester my last semester at H.D.S. It was not a very easy decision to come to but during the last few weeks all signs have been pointing in the same direction.

I am very grateful to you for your willingness to discuss this with me at several occasions. I know how many other things are on your mind and I have experienced it as a sign of real friendship that you took the time to help me think this through.

헨리 나우웬, “1985년 5월 9일 자 하버드 대학 신학부 조지 러프(George Rupp)에게 보낸 편지,” 파일 번호 4657, 일반 문건들, 나우웬 아카이브.

이 편지는 1985년 5월9일 자로 하버드 대학 신학부의 학장인 조지 러프에게 보낸 나우웬의 사직서로서 손으로 필사되었다. 제출된 공식 서한은 여기서 우리가 읽고 있는 편지와 크게 다르지 않다. 이 편지는 나우웬이 자신을 사제로 세우기 위한 하나님의 의지를 분별하고자 노력하는 가운데 그가 매우 어려운 시기를 감당하고 있음을 보여준다. 그러나 오래지 않아서 그는 캐나다 온타리오의 리치몬드 힐(Richmond Hill)이라는 전혀 엉뚱한 곳으로부터 들려오는 소명의 부르심을 듣게 된다.

하버드 대학 신학부 학장에게 보낸 편지에 덧붙여 나우웬은 또한 하버드를 떠나려는 자신의 결정에 대해 설명하는 약간 다른 내용의 편지를 작성하여 친구들과 학생들에게 보냈다. 자신의 인생에 일어난 주요한 변화들을 설명하기 위해 나우웬이 편지 형식을 사용한 것이 이번이 처음은 아니다. 1982년 남미에서 돌아오면서 나우웬은 친구들과 동료들에게 봇물 터지듯 편지들을 써서 보냈는데, 각 편지는 인생의 미래 행보에 대한 자신의 우유부단함을 전해주고 있다. 이 서신들은 동일한 사실들을 담고 있지만, 다른 방식들로 표현되어있다. 헨리 나우웬의 저술들에 담긴 개인적 음조가 상당부분 독자들을 현혹해, 거기에는 오직 한 사람의 헨리 “오직 나”(Just Me)② 나우웬만이 존재한다고 믿게 만든다—인쇄된 활자 위에 자신의 개인적 영적 여행을 쏟아 붓고 있는 개인으로서의 나우웬 말이다. 나우웬에 대하여 우리가 알 필요가 있거나 알고 싶은 그 어떤 것이라도 그가 출판한 작품들 속에서 찾아볼 수 있음을 유념할 필요가 있다. 사실, 나우웬은 동일한 목적을 광범위한 개인들에게 호소하기 위해 여러 공적이고 개인적인 (다른) 음성들을 사용하는데 상당히 능통했었다. 일반 문서들의 창조적 활용을 통해 우리는 나우웬이 사제로서, 작가로서, 친구로서, 교수로서 그리고 강연 연사로서 자신을 위해 구축해 놓은 많은 역할들뿐만 아니라 가족들과 친구들과 더불어 나누던 그의 보다 친밀하고 개인적인 자아를 드러내 보여줄 수 있다.

② 역자 – 헨리 나우웬의 ‘미들 네임 이니셜’이 J.M.인 것을 재치있게 활용하여, 그것을 “Just Me”의 약자인 것처럼 표현한 것이다.

L'ARCHE DAYBREAK

May 17, 1994

John Dear SJ
Chowan County Jail
P. O. Box 78
Edenton, NC
27932

Dear John:

It is so good to hear from you, and I am grateful for all that you are sharing with me. There was a time in which I thought about prison as a place where I could be quiet, pray, and write, but your story makes it very clear that all of this is pure fantasy. I am deeply aware of the suffering that the noise, and the restlessness around you creates. For me that too, that would be the greatest source of pain. Hopefully you can gradually find some inner silence and inner space in the midst of all the clamour and shouts, it certainly must ask for a generous discipline.

As far as my life is concerned I have been extremely busy. I went to Edmonton, Vancouver, and Mobile, Alabama to give retreats to l'Arche communities there, and to help them in their fundraising. There were always large groups of people who came to the talks, and mostly I did not have much time for myself. After most of the presentations, there were two hours of signing books and talking with individual people about their struggles and pains. I really want to be very attentive to people's suffering but after a long time of listening, I often feel very exhausted and sometimes a little depleted and am in need for a more intimate space, and my desire for personal friendship always grows in these situations. I also went to Houston, Forth Worth and to Manhattan and to Rye, New York with two members of my community to speak about l'Arche and to offer some reflections on solitude, community and care. Although these retreats were very intense, and demanding spiritually, as well as emotionally, at the same time I felt that many good things happened and people felt called to a deeper relationship with God and a deeper knowledge of their call to live in community. Now I am back in my community for a few days trying to keep up with the mail and with all the community events. Next week I will give a seven day covenant retreat in Toronto. On the 2nd of June I will receive an honorary degree from the Chicago Theological Society and then I fly on to Brussels to give two l'Arche retreats in Belgium and Holland.

- 나우웬, "1994년 5월 17일 자 헨리 나우웬이 존 디어(John Dear)에게 보내는 편지," 수납번호 2001 43, 나우웬 아카이브.

이 서신은 1998년 12월 존 디어(John Dear)가 유저 관리자 수 모스텔러(Sue Mosteller)에게 기증한 편지들의 일부이다. 그 당시 모스텔러는 나우웬과 서신왕래를 했던 수천의 사람들로부터 나우웬이 손으로 직접 쓴 편지들을 수집하고자 운동을 시작했었다. 감옥에 있는 디어에게 쓴 이 편지는 사회 정의 활동가들에 대한 나우웬의 깊은 헌신을 보여주고 있다. 이 편지는 또한 당장에 보더라도 나우웬의 삶이 얼마나 바빴는가를 보여주고 있다. 1994년 한 해에만 그는 『여기 그리고 지금』(*Here and Now*), 『우리의 가장 위대한 선물』(*Our Greatest Gift*) 그리고 『불타는 가슴으로』(*With Burning Hearts*)를 출판했고, 사망할 무렵 사후에 출판될 여러 권의 책들을 진행하고 있었다: 『아담』, 『여행을 위한 빵』(*Bread for Journey*), 『그 잔을 마시렵니까?』(*Can You Drink the Cup?*), 『안식년 여행』 그리고 『사랑의 내적 음성』 등이 그것들이다.

일반문서들: 사회 활동가들에 대한 헨리 나우웬의 목회상담적 보살핌에 대한 통찰

일부 저명한 정치가들과 로마 카톨릭 위계조직의 구성원들에 더하여, 나우웬은 또한 사회활동가들과 죄수들과 급진적 운동가들과 전세계의 선교사들로부터 개인적 서신들과 소식지 그리고 최근 현황 등을 전해 받았다. 실로, 일반 문서들(the General Files)은 나우웬이 그러한 개인들 간의 관계들을 얼마나 자주 활용했는지 그리고 사회 정의 운동에 사람들을 소개하고 지지하기위해 그의 영향력과 방대한 지인 관계들을 어떻게 활용하였는지를 보여줄 수 있다. 이 편지들을 통해 드러나는 후원과 안내와 격려는 나우웬의 영적 목회가 담지한 또 다른 측면을 드러낸다. 비록 자신의 수업이나 출판된 작품들을 통해 특정 이슈들에 대하여 공개적으로 언급하지는 않았지만, 서신을 매개로 나우웬은 핵 무장해제, 에이즈 위기, 빈곤 그리고 그 당대의 사회 정의 이슈들을 위해 적극적으로 투쟁하는 사람들을 조용히 목양하였다.

결론

나우웬 아카이브는 2000년 문을 연 이래로 14개 이상의 국가들에 살고 있는 사람들로부터 580여 건의 연구 청탁을 받아들였다. 나우웬이 남긴 유산들의 유익함은 죽기전에 직접 관리하고 보존한 아카이브 기록들의 계속적인 활용을 통해 드러날 것이다. 학자들이 연구하는 다양하고 풍성한 주제들은 영향력있는 사상가로서 그리고 교사로서 나우웬의 여전한 생명력을 증언하고 있다. 종교 교육가들이 아카이브를 활용하는 것을 통해 영적 지도자로서의 나우웬의 여전한 생명력이 입증되고 있다. 목회적

인 이유 때문에 혹은 그 외 다른 이유들 때문에 아카이브에 문의된 질문들은 마음을 변화시켰던 그의 말의 힘을 증언한다. 나우웬은 그의 친구들을 위해 자신의 삶을 내려놓았고, 그리고 그 수확은 풍성하고, 앞으로도 그러할 것이다. 로버트 더박(Robert Durback)이 나우웬의 장례식에서 적었듯이, "이것이 헨리 나우웬의 목회의 끝은 아니다. 이것은 새로운 시작이다. 그는 단지 땅 아래로 내려갔을 뿐이다."[1)]

---

1) Robert Durback, "Ministry and Friendship—Pastor and Friend: Remembering Henri Nouwen," *Christian Century* 113, no.29 (October 16, 1996): 957.

14

뉴 올리언스 허리케인 생존자를 위로하지 않는 법: 헨리 나우웬의 "고백과 용서"

- 캐롤린 휘트니-브라운(Carolyn Whitney-Brown)

'수레바퀴를 돌려라' 추모학술회의에서 이 워크숍은 노틀 담 대학 근처 유니테리언 회중에게 헨리 나우웬이 한 1966년의 미출판 연설을 탐구한다.[1] 헨리의 연설 "고백과 용서"는 그의 근원적인 영성과 확신들이 이루어 간 발전을 들여다 볼 수 있는 주목할 만한 생생하고 압축적인 창문이다. 연설은 1965년 뉴 올리언스의 친구를 방문한 헨리의 진술로 시작하는데, 그 친구가 허리케인 벳지(Betsy) 때문에 발생한 끔찍한 상실로 고난을 겪은 직후에 이루어졌다. 이 워크숍을 시작하면서, 나는 참여자들에게 두 가지를 준비시켰다: 첫째, 전체 일정 출석하기; 그리고 둘째, 이 워크숍에서 탐구된 물음들의 기원을 이해하기.

그의 생애를 통하여 헨리는 사람들이 그들 자신의 경험을 소유하기를 원했다. 왜냐하면 바로 거기에 우리의 권위(authority)가 놓여있기 때문이다. 이 워크숍은 참여자들이 헨리의 초기 연설을 단지 생각하는데 그치지 않고 "경험하도록" 돕기 위해 고안되었다. 우리가 이 경험에 현재할수 있도록 돕기 위해 우리는 헨리가 1983년에 구스타프 구띠에레즈(Gustavo Gutiérrez)의 책 『우리의 우물에서 생수를 마시련다』(*We Drink from Our Own Wells*)의 머리말로 쓴 글의 한 부분을 들었다.

> 당신 자신의 우물에서 마시는 것은 당신의 구체적인 역사적 실재 속에서 마주쳤던 예수의 영 속에서 당신 자신의 삶을 사는 것이다. 이는 추상적 견해들이나 확신들 혹은 관념들과 아무런 관련이 없으며, 그것은 전적으로 하나님에 대한 만질 수 있고, 들을 수 있고 그리고 볼 수 있는 경험과 관계하는데, 이 경험은 너무나 실재적이어서 삶을 구상하는 토대가 되는 경험을 말한다. 요한1서가 표현하듯이, "우리가 들어왔던 것, 우리가 우리 눈으로 보아왔던 것, 우리가 쳐다보고 우리 손으로 만져왔던 것—즉 우리는 생명의 말을 말한다."2)

헨리의 1966년 연설은 그의 역사적 실재 속에서 시작했을 것이고, 그리고 이 워크숍은 참여자들에게 초기의 헨리가 담지하던 통찰의 "만질 수 있고, 들을 수 있고 그리고 볼 수 있는 경험"을 제공한다. 우리는 우리의 귀와 눈과 감각이—그리고 또한 우리의 유머 감각이—깨어 준비되어 있는 가를 확인하기 위해 몇 가지 연습을 했었다.

둘째, 나는 어떤 물음들이 나를 헨리의 이 연설로 이끌고 갔는지를 참여자들이 이해하기를 원했다. 1990년 이래로 라르슈 데이브레이크에서 공동체 생활을 하는 동안, 나는 헨리에게 고해를 하러가곤 했다. 미사 후나 그의 사무실로 헨리를 찾아가곤 했다. "헨리, 우리 성례전적 대화를 나눌 수 있을까요?"하고 나는 묻곤 했다. 그는 기대감에 기쁨을 발하면서 그의 두꺼운 일정표 수첩을 집어든다. 그는 일정표 수첩을 앞뒤로 넘겨가면서, 약간 상기되어, 자신이 얼마나 바쁜지, 얼마나 많은 사람들이 자신을 보기 원하는지 불평하면서, 괜한 약속을 잡았다고 후회하면서도 당장 급한 여행을 위해 필요한 준비들에 대하여 응얼거리곤 했다. 동정심으로 귀 기울이다가, 그럴때면 나는 그로 하여금 궁지를 벗어나게 해주고 싶어 입을 열어, 아마도 지금은 적당한 시간이 아닌 것 같고, 내 어려운 일은 당장 급한 일이 아니니, 다음 번에 보자고 말한다. 내가 그 말을 꺼내기 직전, 헨리는 오후나 혹은 다음 날 두 시간쯤 시간이 있을 것 같다고 말한다. 그는 언제나 하루 중에 시간을 찾았고, 그리고 헨리의 마술 달력에 탄복하면서 도대체 어디서 시간을 찾을 수 있었을까 감탄하며 방을 나서곤 했다.

헨리와 나누었던 고해에 대한 나의 경험은 다른 곳에서 보다 상세히 기술하려 한다. 그 전에 간략하게 말하자면, 내가 용서받았다는 단정과 더불어 따라오는 것은 바로 모든 나의 경험들이 유용하다는 것, 심지어는 내 삶에 본질적이라는 확신이었다. 그것은 헨리가 내 말들을 받아주는 방식과 어느 정도 관계가 있다; 그에게는 아무런 것이나 말해도 분명히 부담스럽지 않았다. 왜냐하면 내 고해가 보다 어렵고 고통스러울수록, 그는 내가 내 삶과 목회를 구축할 그러한 중요하고 심오한 자료들을 갖게 되었다고 말하며 더욱 흥분하였다.

이는 헨리의 인생 주제였다: 우리가 우리의 삶과 가슴으로 태워 없애버리거나 거절하고 싶을 것들은 바로 우리를 우리 자신으로 만들어 주고,

우리의 마음을 넓혀주고, 우리를 사랑과 성숙의 공동체로 이끌어주는 생명력 충일한 원료이다. 그러나 우리의 충동들과 공격성들과 분노와 두려움을 우리 삶에 통합된 유용한 원료로 전환시키려면 노력과 은혜가 필요하다. 이 경험은 성례전적 고해에 대한 나의 다른 경험과 너무나 달라서, 헨리의 죽음 이후 나는 그의 이해가 어떻게 진화해 나갔는지를 궁금해하게 되었다. 나는 고해에 관하여 내가 찾을 수 있는 헨리의 가장 초기 글들을 검색하였다.

뉴 올리언스 허리케인 이후

1966년 헨리가 한 연설은 생생한 이야기로 시작한다:

> 뉴 올리언스의 일부를 파괴한 허리케인과 홍수 바로 직후에 나는 오닐 부인을 방문했는데, 그녀는 이 고난당한 지역의 한 복판에 살고 있었다. 나는 그곳에서 자신의 집이 입은 피해를 절망적으로 바라보며 홀로 있는 그녀를 보게 되었고, 그토록 개방적이고 입담좋던 그녀가 이제 나를 거의 알아보지 못하고 있음을 보았다. 그녀는 거기서 그저 혼잣말을 하며 앉아 있었다: "난 불필요해. 내 남편이 죽은 이래로 나는 내 자신과 내 아이들과 내 이웃들에게 그저 짐이 될 뿐이야. 내게 남겨진 유일한 할 일이 있지—죽는 거."

헨리의 이야기는 너무나 구체적이어서, 나는 워크숍 참여자들이 헨리가 기술하고 있는 원동력의 내부로 들어가 보기를 원했다. 또한 워크숍과 대화들이 오고 간 며칠 후 참여자들 중 일부는 헨리가 되어 볼 기회를 맛보고, 다른 참여자들은 그에게 반응할 기회를 즐기기를 기대했었다.

우리는 세 사람으로 이루어진 그룹들로 나누었다: 한 사람은 오닐 부인의 역할을 하고, 한 사람은 헨리의 역할을 하고 그리고 세 번째 사람은 관찰자가 되는 것이다. 그 "오닐 부인들"은 자신들의 대사를 부드럽게 리허설하면서, 헨리가 기술했던 그 감정들과 인격을 깊이 잡아가기 시작했다. "1965년입니다. 당신은 33세의 헨리 나우웬입니다"라고 나는 그 "헨리들"에게 지시했다. "당신은 사제서품 받은 지 8년이 지났습니다. 당신은 캔사스의 유명한 임상 심리학 프로그램을 막 마쳤고, 그 동안 거기서 사례 연구들을 저술하고, 다양한 사람들을 진단하고 보살폈습니다. 당신은 영적으로 그리고 심리학적으로 모두 훈련받았고, 주의깊고 보살피려는 마음가짐을 갖추고 있습니다. 당신은 뉴 올리언스의 파괴된 지역에 왔고, 거기는 홍수가 인근지역 상당부분을 파괴한 지역이고, 당신은 거기서 당신이 아는 누군가를 찾고 있습니다."

각자의 역할을 맡은 워크숍 참여자들과 함께 나는 헨리의 이야기를 계속한다:

> 그러한 상황에 당신은 어떻게 반응하겠습니까? 난 다음과 같이 말했다. "당신은 우울해 할 이유가 없습니다"라고 말했다. "보세요. 당신은 당신을 사랑하고 당신을 찾아와 방문할 자녀들이 있습니다; 당신은 자기들과 시간을 보내줄 수 있는 할머니가 있어서 행복하게 여길 예쁜 손주들이 있습니다. 당신의 아들은 와서 당신의 집을 수리할 모든 준비가 되어 있고 그리고 아마도 이 인근에는 당신만큼 잘사는 사람이 거의 없습니다.

이제 각 그룹들은 즉흥적으로 연기를 한다. 각각의 헨리는 이러한 방식으로 위안을 주려 노력하는 동안, 오닐 부인들은 짜증과 슬픔과 고통과 거절로 반응했다. 관찰자들은 자신들이 보고 있는 것을 해석했다: 진정한 참여의식의 결여, 들으려는 노력의 부재, 너무나 적극적으로 참여하는 것에 대한 헨리의 두려움.

우리는 이 경험에 대하여 이야기를 나누었고, 그리고 헨리의 분석에 귀를 기울였다:

> 나는 전혀 말들로 그녀를 위로하지 못했다. 내가 했던 유일한 일은 그녀를 더 암울하게 만들었고, 그녀로 하여금 더 자책감을 느끼게 만들었을 뿐이다. 그녀를 향한 나의 말은 위안이라기보다는 비난에 더 가까웠다. 내가 실제로 그녀에게 한 말은 "결국 좋은 느낌을 가지라는 나의 주장들은 나쁜 느낌을 갖는다는 당신의 주장보다 더 낫습니다." 난 심지어 그녀의 느낌들조차 받아들이질 못했고, 오히려 논쟁의 미묘한 논거를 놓고 당장 그녀와 설전을 시작했다. 내가 떠났을 때, 나는 한 부인을 이전보다 더 슬프고 암울하게 남겨두고, 그리고 보다 더 자책감을 느끼게 만들고 떠나고 말았다. 왜냐하면 내가 그러한 슬픈 순간에 심지어 그녀가 슬프게 느끼는 것조차 허락하지 않았기 때문이다.

또 다른 이야기

그와 달리, 헨리는 또 다른 이야기, 즉 존이라 부르는 젊은이의 이야기를 제공한다. 워크숍에 참여한 내 친구들 중 한명이 친절하게도 나뉜 그룹을 위해 존의 역할을 연기했고, 그리고 그는 존의 번뇌를 생생하게 만들었다:

> 존은 20세의 남성입니다. 그 생애의 한 순간에 그에겐 모든 것이 부담이 되고 말았습니다. 네, 모든 것이 말입니다. 그러나 그는 말할 용기를 찾았습니다. 그는 긴장하고 떨고 있습니다; 그는 뱃 속에서 무언가 스멀거리는 것을 느끼고 있습니다; 그는 극히 불안하고 집중할 수가 없습니다. 그는 말하기를, "…. 난 더 이상 구실을 할 수가 없어

요. 근데 재밌는 것은 모든 사람이 나를 좋아하지만 .... 그러나 그들은 나를 알지 못한다는 거예요." ... 그러자 그는 울기 시작했다. 그가 부여잡고 있는 냉정의 벽들이 무너져 내리고 그리고 그는 그의 가장 깊은 절망, 그의 약함, 증오 그리고 질투, 그의 비열함과 위선—즉 그의 내적인 분열—을 드러냈다. 난 무엇을 해야 할지 몰랐다. 내가 느낄 수 있었던 유일한 것은 그가 나에게 그 자신의 감정들만큼이나 내 자신의 감정들에 대하여 말했다는 것이다.

헨리의 침묵은 우리에게 충격이었다. 헨리는 그 나이든 (뉴 올리온스의) 여인보다 젊은이이게 감정적으로 더 가깝게 느끼고 있었다는 것을 우리는 알게 됐다. 우리 모두는 이 인기 있고 젊은 사제이자 교수인 사람이 고스란히 드러내는 번뇌를 이해했다.

그 이래로 30년 간 그가 출판한 자기-고백적인 글들을 되돌아보면, 헨리의 이 이야기는 당장 눈에 띄지 않는다. 그러나 1966년 헨리는 자신의 전문직 인생을 발전시키고 있었다. 그는 아직 한권의 책도 저술하지 않았다. 그의 명성은 이제 막 알려지기 시작했을 뿐이다. 그 자신의 내적 분열과 두려움에 대한 이 공개적인 고백은 진지하게 취급받기 원하는 젊은 교수에게 비정상적일만큼 취약하고 심지어 위험하기까지 하다.

그러나 그것은 계산된 위험이다. 요점은, 우리가 보게 되듯이, 진지하게 취하여지는 것과는 상당히 무관하게, 헨리는 자신이 전혀 "취하여지기"를 원하는지를 묻는다는 것이다.

나는 두 가지 본질적으로 다른 실존 형식들을 묘사하기 위해 이상의 두 개인적 경험들을 여러분에게 제시했습니다. 그 두 가지 형식을 나는 "취하는 형식"(taking form)과 "용서하는 형식"(forgiving form)이라 부를 것입니다.

취하는 실존 형식

> 당신이 티컵을 그 손으로 들면, 그것을 멀찍이 떨어져서 들 수 있고, 그것을 모든 방향에서 관찰할 수 있어서, 그 컵을 충직한 도구로 만들 수 있다. ... 정직한 것은 위험한 일이다. 왜냐하면 누군가 당신을 당신의 약점으로 데려가 그것을 당신을 대적하는데 활용할 수도 있기 때문이다. 우리의 고백은 우리를 파괴할 수도 있다. 그리고 존이 "만일 내 친구들이 내가 실재로 어떻게 느끼는지를 안다면, 나를 사랑하기 보다는 나를 싫어할 것이다"고 말할 때, 그는 실재적인 가능성을 말한 것이다.

헨리는 왜 그의 청중들에게 존을 만난 이야기를 말하고 있는가? 헨리는 여기서 어떤 것을 만들어 내는 중인데, 말하자면 훗날의 그의 저술과 강연에서 발전시킬 것을 연습하는 중이다: 그 자신의 내적 고뇌와 "위선"을 이름함으로써, 그는 자신의 청중들이 그들의 반응들을 자각하도록 요청한다. 그렇게 자기-고백적(self-revealing)이 됨으로써 헨리는 그의 청중들 각자가 그들 안에서 일어나는 것을 관찰하고 해석할 수 있는 틀구조를 제공한다. 그들은 거리감을 창출하고 그리고 이제 취하는 형식으로 자신들이 이제 헨리를 안다고 가정하는가?

헨리의 『데이브레이크로 가는 길』이 1988년 출판되었을 때, 나는 그 책에 대한 가혹한 비판을 듣게 되었는데, 일부 독자들이 헨리의 요동하는 내적 고뇌를 혐오감과 심지어는 경멸로 반응했기 때문이다. 수년의 시간이 흐른 후, 그 책의 출판 10주년 기념판의 서문을 써달라는 부탁을 받았을 때, 나는 이 독자들에게 그 책으로 들어가는 길을 제시하길 원했다. 나는 적기를:

『데이브레이크로 가는 길』은 읽기에 고통스러울 수 있다. 왜냐하면 여기서 헨리는 그의 내적 삶의 상당 부분을 엄청나게 취약하도록 발가 벗겨 놓았기 때문이다. 사람들은 이를 심판적 태도를 가지고 읽고 싶은 유혹을 느낄 수도 있다. ... 혹은 그렇게 노출된 헨리에게 당혹감을 느낄 수도 있고 혹은 그가 자신에 관하여 드러내는 것이 너무 개인적인 것이라고 비판적인 태도를 가질 수도 있다. 이러한 방식으로 읽는 것은 이 주목할 만한 책의 의미를 놓칠 수도 있다. ... 당신이 헨리의 투쟁들이 담지한 진실을 사랑할 수 있다면, 아마도 당신은 당신 자신의 투쟁들이 담지한 진실을 사랑할 수 있을 것이다.[3)]

이미 1960년대 중반 헨리는 두려움과 지배와 조작의 근원적인 역동성에 대한 분석을 체계화하고 있었다. 헨리의 1966년 연설은 이어진다:

이 취하는 형식의 세계 속에서 우리는 힘에 의해 작동하고 그리고 두려움으로 동기 유발된다. 우리는 완전무장한 채, 정확한 순간에 취약한 지점에서 반격하기 위해 다른 사람의 움직임을 주의 깊게 따르고 있다. 아주 세밀한 형식에서 우리는 대개 이 세계의 피해자들이다.

33세의 헨리는 자신을 전문가적인 자리에 정초시키고 있었다. 그는 노틀 담 대학에서 학문적 기대치들과 연관하여, 그가 훈련받은 임상 심리학과 사례 연구들의 틀구조와 연관해서, 그리고 자신을 사제로 서품한 제2회 바티칸 공의회 이후 로마 카톨릭 교회와 연관하여 자신을 정초하고 있었다. 그곳은 복잡하고, 협상하기에 다소 위험한 지역이었고, 그리고 헨리는 야심이 있었다.

그의 모든 생애에 걸쳐서 헨리는 취하여진다(being taken)는 생각에 괴로워했지만, 그는 그 위험이 그를 마비시키지 못하도록 했다. 거듭해서 그는 사람들에게 경쟁적인 취함의 모드 속에서 그를 물리칠 무기를 그리고 보다 용서하고 자비로운 모드 속에서 그와 그들 자신들을 들을 수 있는 자유를 발휘할 도구를 제공한다. "그러나 보다 더한 것이 있다"고 말하면서 그는 계속 이어간다. 용서하는 형식(forgiving form)에 대한 자신의 이해를 펼쳐 보이기에 앞서 헨리는 또 다른 수준에 대한 그의 분석을 밀어붙여, 그의 청중이 따라오도록 초청한다.

악의 역전불가능성

헨리가 가리키는 그 "더한 것"(more)은 그가 "심리학이 도달 할 수 있는 것보다 더 심층적인" 것으로 보고 있는 신학적 받침이다. 그것은 토마스 머튼의 "악의 역전불가능성"에 대한 분명한 입장과 일체감이 느껴진다: "이 상황에서 악은 명확한 그리고 변할 수 없는 어떤 것이다. 당신이 그것에 대해 할 수 있는 유일한 일은 그것을 잘라내어, 제거하고, 뿌리를 뽑아내는 것이다."

2차 세계대전 중 점령당한 네덜란드에서 긴장과 물리적 배고픔으로 유년기를 보냈던 헨리는 이 신학적 믿음 속에 담겨있는 정치적 이해관계를 식별해 낸다:

> 이에 의거해서 행동한 사람은 아돌프 히틀러(Adolph Hitler)로서, 그는 악의 용서불가능성과 죄의 최종성(finality)을 확고하게 믿었다. 머튼이 적고 있듯이, "이것은 참으로 최종해법을 향한 욕망과 모든 불확실성들을 제거하는데 관심을 기울인 나찌즘의 전체 사고방식에 근본적인 것이다."

용서하는 형식(the forgiving form)

대조적으로 헨리는 "용서하는 실존 형식"을 구체화시킨다. 비록 그의 1966년 논문을 통하여 고백과 용서의 틀구조를 사용하고는 있지만, 그는 이 단어들을 구체적인 과실들에 대한 용인과 자비로운 인정에 한정시키지 않았다. 오히려, 그는 설명하기를, "이 용서는 용인된 고백으로부터—특정한 행위들 혹은 활동들 혹은 사건들이 아니라 바로 우리 자신으로부터—태동한다."

용서하는 형식은 두려움이나 경쟁으로부터 성숙한 연대성으로 상호작용을 이동시킨다:

> 용서는 취하는 형식(taking form)이 초월되어질 때, 모든 두려움이 고백으로부터 받아들여질 때에만 일어날 수 있다. 당신의 연약함과 고통, 당신의 원한서린 동기들, 그리고 당신이 사랑하는 이들에게 드러낸 당신의 어두운 이면을 보여줄 수 있었던 몇몇 기회들을 기억할 것이다. 아마도 이럴 수 있는 것은 엄청난 용기를 요구하지만, 당신의 죄들이 용납되었을 뿐만 아니라, 그것들이 공통의 약점이 된 순간 새로운 어떤 일이 벌이지게 되었음을 당신은 경험했었다.

그러자 헨리는 해방의 구체적인 역동성을 탐구하고, 그리고 우리는 헨리가 임상 심리학에서 받은 일부 훈련에 대한 비판을 은연 중에 듣는다:

> 용서는 사람들로 하여금 말로 끄집어내게 하는 것보다 더한 것이다. 만일 우리가 고백의 배설 효과에 대하여 말한다면, 마치 그 모든 것이 굴뚝 청소 같은 값싼 형식 즉 말로-끄집어내는 치료에 불과하다는 듯이 말한다면, 마치 단순한 내려놓음(letting-go)의 사실이 어떤 의미를 갖고 있는 듯이 말한다면, 우린 조금 과도하게 단순한 것 아닌가?

그는 계속해서 개인의 이력을 단순히 분석하는 것의 한계들을 명확히 한다:

> 용서는 자기-이해 형식보다 더한 어떤 것이다. 만일 당신이 길을 건너가는 것을 두려워하고 그리고 누군가가 이것은 당신의 유년기에 외상성 경험에 의해 야기되는 것이라는 사실을 이해하도록 도와준다면, 그 (이해로 인한) 유일한 결과는 아직도 당신은 길을 건널 수 없지만, 이제 왜 당신이 그럴 수 없는지를 알게 된 것 뿐이다. 당신이 아직도 길을 건널 수 없다는 문제는 그대로 남아있게 된다.

용서는 실재적 변화를 창조한다고 헨리는 주장한다: "용서는 이해보다 더한 어떤 것이다; 그것은 기동 중이다; 그리고 그것은 새로운 삶을 창조하고 그리고 그 낡은 삶을 이해하는데에서 멈추지 않는다."

약한 자의 동료의식(the Fellowship of the Weak)

이 기동하는 용서가 어떻게 일어나는가? 헨리는 다른 사람에게 두려움 없이 약점을 고백함을 통하여 구축된 공동체 속에서 이 역동성의 핵심을 본다:

> 용서는 초래되지 않는다. 단지 내가 당신의 고통들을 듣기 때문에 혹은 내가 그 모든 것이 어떻게 초래되었는지를 당신이 볼 수 있도록 돕기 때문에 용서가 초래되지는 않는다. 오히려 용서는 내가 참으로 다음과 같이 말할 때에만 일어날 수 있다: "당신의 약함은 나의 약함이고, 당신의 고통은 나의 고통이고, 당신의 죄는 나의 죄입니다." 바로 정확히 그렇게 약함을 나눔 속에 용서는 일어난다. 바로 이 약자의 동료관계가 용서하는 실존 형식의 핵심을 구성한다.

이미 1966년 헨리는 그 핵심에 취약성을 간직한 공동체의 일원이 되기를 갈망했다. 20년 후 그는 라르슈 데이브레이크로 옮겨가, 지적으로 육체적으로 부자유한 사람들과 함께 살게 되는데, 이들을 사람들은 핵심 구성원들이라 불렀다. 왜냐하면 가장 연약한 구성원들이 공동체 생활의 핵심을 창출하기 때문이다. 우리는 또한 헨리의 후기 저작들 속에서 특징적으로 평화 만들기의 깊은 영적 뿌리들에 대한 약속을 듣는데, 그는 다음의 말로, 즉 "바로 이 연약함의 나눔 속에서 폭력은 극복될 수 있습니다"는 말로 그를 표현했다.

악덕과 미덕

용서하는 실존 형식에 의해 창조되어지는 "약한 자의 동료의식"이란 무엇인가? 그것은 모든 것을 올바르게 세우려는 도덕적 입장에 관한 것이 아니라고 헨리는 고찰한다:

> 이 약한 자의 동료의식은 단순한 관용 이상의 것이다. 아마도 약함과 강함은 서로 친밀하게 상관되어 있어서, 마치 나쁜 잡초를 뽑아냄으로서 기름진 밀까지도 또한 뽑아내 버릴 수 있음을 인지하게 되는 곳, 그 신비의 심연까지 그 약한 자의 동료의식은 내려간다. 그 어떠한 악덕도 행하지 않으려고 노력함으로서, 우리는 그 어떤 미덕도 베풀지 못하고 끝날 수도 있다.

비범하고 번뜩이는 유머로 헨리는 자신이 의미하는 바를 구체적인 용어로 계속해서 기술한다:

> 어떤 사람들은 특정의 일들을 하지 않으려고 너무 열심히 노력해서

—예를 들어, 저주하지 않기, 술 마시지 않기, 담배피지 않기 그리고 완전하고 성인답게 되어가기 등처럼—함께 사는 것이 불가능한 사람들이 된다. 그들은 엄청난 자제심을 가지고 삶을 활보해 나가지만, 마치 부활절 초를 삼키고 살아가는 것처럼 보인다.

마지막으로 헨리는 자신이 핵심 문제라고 본 것을 이름한다: 실수들을 저지를 모든 가능성을 포기하는 것은 사람다움의 너무 많은 것을 포기하는 것이다: "그들은 결코 성급하지도 않지만, 또한 결코 열정적이지도 않다; 결코 차지 않지만, 결코 뜨겁지도 않다; 결코 과장하지 않지만, 결코 영감을 불어 넣어주지도 않는다." 다른 말로 표현하자면, 미덕들과 악덕들은 결코 대립적인 것이 아니다. 사실, 헨리는 정직한 인간의 삶 속에서 무엇이 미덕이고 무엇이 악덕인지는 결코 분명치 않다고 제안하는 듯 하다. 그가 도덕적 이분법의 대립들을 함축적으로 비판하고 있었다는 점에서 자신의 시대를 앞서 있었다. "내 생각에 우리의 자발적 공감은 약한 자와 더불어 이루어진다"고 헨리는 제안하면서, "특별히 자기 자신의 죄책감으로 억눌림 없이 자신의 약함들과 더불어 살 수 있는 사람들과 더불어"라고 자기-고백적으로 덧붙인다.

악의 역전가능성

헨리는 악의 역전불가능성 혹은 역전 가능성의 신학적 기본으로 되돌아와, 그것을 다시금 폭력과 비폭력, 그리고 정치적 행위의 문제로 직접 연결시킨다:

그러므로 용서하는 실존 형식은 '취하는 형식'과 대조적으로, 악의 역전 가능성에 근거해 있다. 악은 최종적이고 불변한 것이 아니라, 사랑 안에서 되돌려질 수 있다. 간디의 비폭력 개념은 본질적으로 용서는 모든 적을 친구로 만들 수 있다는 그의 믿음, 그리고 사랑은 증오 속에 숨겨진다는 믿음에 근거한다.

헨리의 책『기도하며 살기』(*Pray to Love*)는 영어로 1972년에 출판되었는데, 이 책에서 그는 토마스 머튼과 모한다스 간디의 친화성을 토로하면서, 이 문제를 더 설명한다. 헨리는 "머튼의 통찰들 중 가장 심오한 것 중 하나로서" 다음과 같이 열거한다:

> 진리의 영은 비폭력의 영이다. ... 비폭력은 악에 대한 비전에 따라서 일어나기도 하고 무너지기도 한다. 만일 악이 역전 불가능한, 분명하게 가시적인 그리고 분명한 윤곽을 지닌 종양으로만 간주된다면, 가능성은 오직 하나뿐이다: 잘라내기. 그때에 폭력은 필연적이다. 그러나 악이 역전가능하고 그리고 용서를 통하여 선으로 전환될 수 있다면, 그렇다면 비폭력이 가능해진다.[4)]

헨리는 계속해서 "폭력적 변화는 전혀 변화가 될 수 없다. 유일하게 실재적인 해방은 폭력적 과정들을 수반하면서 자체 안에 역전 불가능성의 저주를 담고 있는 그 동일한 압제적 자동기계로부터 억압자와 억압받는 자 모두를 동시에 해방하는 것이다"[5)]는 머튼의 열정적 주장을 인용한다.

주변 상황에 대한 보다 상세한 설명이 헨리에게 악의 역전 가능성 혹은 역전 불가능성의 물음이 지닌 중요성을 설명하는데 도움을 제공할 것 같다. 이 연설은 그가 셀마(Selma)로부터 몽고메리까지 시민권 투쟁 행진을 하는 마틴 루터 킹(Martin Luther King, Jr.)과 수천의 다른 사람들에 합류했던 사건 이후 일년 후에 행해졌다.[6)] 토페카로부터 셀마로 그리고 다시 토페카로 돌아가는 여행과 그 인권 행진 자체는 그의 삶의 중추적인 경험들이다. 그는 그의 "구체적인 역사적 실재" 속에서 악과 공동체라는 구체적인 경험들과 씨름하고 있었다.

워크숍을 마치며

헨리는 그의 첫 번째 책 『친밀감: 목회심리학적 에세이』(*Intimacy: Pastoral Psychological Essays*, 1969)에서 이 개념들을 보다 상세하게 구현해 내면서, 적절한 사회적 경계들을 표현하는 것으로서 일부 '취하는' 형식의 필연성을 인지한다:

> 취하는 구조는 우리 실존의 상당부분이라서 우리가 그것을 회피할 수 없다는 것은 명백하다. 전화교환원에게 오늘 기분 어떠시냐고 물어보지 말라. 우체국에 우표사러 갔으면서, 카운터 직원에게 그의 기도생활에 관한 대화를 하지 말라. 당신 선생님에게 그의 성 생활에 대한 물음들을 던지지 말라. (그러면) 당신은 인간의 소통을 파괴한다. 왜냐하면 당신은 규칙없이 게임하기를 원하는 꼴이고, 그것은 곧 전혀 게임이 아니라는 것을 의미하기 때문이다. ... 그러므로 우리의 문제는 어떻게 완전히 삶의 취하는 구조를 박멸하느냐가 아니라, 이 구조를 초월할 가능성이 전혀 거기에 있느냐 하는 것이다.[7]

헨리는 용서하는 형식이 넓게 열어놓은 취약성 속에서만 살아가도록 그의 청중들에게 촉구하지 않는다. 그는 용서하는 형식이 요구하는 정직한 자각(self-awareness)을 그들이 발전시킬 것을 기대하는데, 그가 뉴 올리언스 허리케인의 생존자 오닐 부인과 자신과의 만남을 솔직하게 분석하면서 이루려는 것이 이것이다. "우리의 삶은 대개 이 두 실존 모드, 즉 취하는 모드와 용서하는 모드 사이에서 이루어지는 매우 고통스런 요동이다"고 그는 인정한다.

라르슈에서 헨리에게 고해했던 나의 경험은 이 초기 연설을 통해 조명된다. 헨리에게 우리 인간의 문제들과 투쟁들은 변혁되어 활용되어져야 하는 것이지, 제거되어져야 할 것이 아니다. 그 어떤 것도 거절될 필요는 없다. 헨리의 이해는 라르슈를 기반하는 전체 철학과 더불어, 선과 악, 유용과 무용, 정상과 장애의 단순한 이분법들에 대한 거절과 깊이 공명한다.[8)]

심지어 30대 초반에도 헨리는 사제로서 그리고 심리학자로서 자신의 전문적 훈련을 받으며 겁 없이 자유롭게 살아가고자 열심히 일하고 있었다. 성찰하는 인간의 삶은 거대하고, 다양하며, 대개 모순들로 가득 차 있을 것임을 헨리의 삶과 저작들은 증언한다. 자신의 삶을 통하여 헨리는 삶에 대한 복잡하고 다중적인 방향정위를 애호하였다.

워크숍이 끝나갈 무렵까지 우리는 헨리의 연설에 대한 많은 이야기들과 개인적 반응들을 나누었다. 방은 웃음 소리와 깊은 감정들이 가득차 있었다—그리고 많은 말들도 있었다. 그것은 침묵을 위한 시간, 즉 우리의 경험이 우리의 마음속으로 보다 깊이 들어가 정착하도록 하는 시간이었다. 워크숍이 끝날 때, 우리는 함께 서서, 손을 잡고, 말없이 이 임시적 공동체의 친애와 선물 속에 흠뻑 잠겼다.

그리고 그날 오후 허리케인 카트리나 이후 9개월이 지나서야 우리는 우리의 사랑과 연대를 뉴 올리온스의 사람들에게 보냈다.

1) Henri Nouwen, "Confessions and Forgiveness," File 9, item 5, Manuscript-Short-Collected Sermons, 1960-1975, the Henri J.M. Nouwen Archives and Research Collection. 다른 언급이 없는 한 모든 인용은 이 사본으로부터 인용된 것들이다. 헨리의 미출판 노트들 인용하도록 허락해준 유저 관리자, 수 모스텔러에게 감사를 표한다.

2) Henri Nouwen, "Foreword," in Gustav Gutiérrez, *We Drink from Our Own Wells* (Maryknoll, NY: Orbis Books, 1984), xiv.

3) Carolyn Whitney-Brown, "Introduction," In Henri J.M. Nouwen, *The Road to Daybreak: A Spiritual Journey* (London: Darton, Longman and Todd, 1997), xi.

4) Henri Nouwen, *Pray to Live* (Notre Dame, IN: Fides Publishers, 1972), 66.

5) Thomas Merton, 앞의 책에서 재인용, 66.

6) 이 여행에 대한 헨리의 기술은 "We Shall Overcome: A Pilgrimage to Selma, 1965"에 담겨있는데, 이 글은 John Dear, ed., *The Road to Peace: Writings on Peace and Justice* (Maryknoll, NY: Orbis Books, 1998), 75-95에 실려있다.

7) Henri Nouwen, *Intimacy: Pastoral Psychological Essays* (Notre Dame, IN: Fides Press, 1969), 34.

8) 필자는 데이브레이크에서 헨리의 시간을 "Henri at Daybreak: Celebration and Hard Work," in *Remembering Henri*, ed. Gerald S. Twomey and Claude Pomerleau, 119-37 (Maryknoll, NY: Orbis Books, 2006)에서 보다 깊이있게 상술하였다.

15

사랑의 내적 음성으로 가르치기

– 캐쓰린 피셔(Kathleen M. Fisher)

가르치는 사람은 누구나 수업 첫 날의 흥분과 공포를 모두 안다. 흥분은 새로운 시작에서, 새로운 지적 여행의 짧지만 신선한 출발로부터 유래한다. 공포는 학생들이 그 흥분을 공유할지를 알지 못함으로부터 온다; 가르치는 일은 언제나 우리에게 실망의 위험을 품게 한다. 우리의 학생들도 마찬가지로 만감의 교차를 경험한다. 어떤 학생들은 열심이 있어서 새 노트북들을 꼭 붙들고 맨 앞줄로 나와 앉는다. 다른 학생들은 주저하며 혹은 소심하게 나타나 눈을 내리깔고 거의 알아들을 수 없는 성량으로

'안녕하세요'라고 말한다. 또 다른 학생들은 과도하게 자신감이 넘쳐, 특별한 허세 혹은 자기 과시의 몸짓으로 교실 문을 열고 성큼 성큼 걸어 들어온다. 나머지 대부분의 학생들도 아마 이러한 혹은 그 이상의 다양한 감정들이 교차하는 것을 경험할 것이다. 그러나 그들과 교사를 다르게 만드는 것은 바로 이 교실이 그들에게는 새로운 영토라는 사실이다. 우리(교사)들에겐 여러 번 가르쳤을 수도 있을 과목이지만, 그들에게 그 과목은 주제 면에서나 혹은 분야 면에서나 혹은 교수진 면에서나 처녀항해인 것이다. 그들은 헨리 나우웬이 "새로운 나라"라 부르는 것에 진입하고 있는 중이다.

나우웬은 참담한 우울증을 통해 나아갔던 그의 영적 여행의 결과를 기술하기 위해 이 구절—"새로운 나라"—을 사용하였다. 『사랑의 내적 음성』에서 그는 자신의 트레이드마크인 솔직함을 가지고 자신의 삶의 심리적이고 감정적인 전투들의 한 복판에서 하나님을 향한 탐구에 관하여 적고 있다. 그는 "상향 이동"(upward mobility)에 저항하는—영향력, 성공, 애정과 칭송의 유혹적인 잡아당김에 저항하는—자신의 투쟁을 기술한다. 그는 이 상향 상승을 추동하는 성공에 대한 관심을 포기하고, "하향 이동"(downward mobility)을 향한 욕망을 포용해야만 한다고 결론짓는다. 나우웬의 조교였으며 또한 그의 전기작가이기도 한 마이클 오로린(Michael O'Laughlin)은 "하향 이동"을 "어려움에 처한, 고통 중에 있고 그리고 괴로워하고 있는 이들과 연대의 정신 속에서 타자들의 자리로 내려와, 그들을 찾는 것"으로 기술한다.[1] 그것은 타자들을 향한 철저한 환대와 겸손을 포용하기 위해 사리사욕과 자기 결정권의 투항을 요구한다. 나우웬은 이 철저한 환대를 그리스도의 길로 그리고 하나님을 향한 자신의 가장 깊은 욕망을 충족할 수 있는 유일한 길로 인식하였다. 생애 말기에 그는 토론토 라르슈 데이브레이크 공동체의 구성원들 사이에서 그 자신의 "새로운 나라"를 찾았을 것이다.

교육의 일은 새로운 나라로 들어가는 것과 상당히 흡사하다. 많은 학생들이 기본적으로 일자리를 얻기 위해 대학에 온다. 경력들을 준비하는 과정에서 그들은 확립된 사실들과 견해에 대한 그들의 지식을 입증해 보일 것을 요구받을 것이다. 따라서 학생들은 역사, 신, 과학, 정치 그리고 도덕에 대한 많은 공리들과 확신들을 가져가려는 성향을 갖는다. 그러나 만일 교육이 오랫동안 인문학의 목표였던 것 즉 학생들의 마음과 가슴을 넓히는 것이라면, 교육은 학생들이 이미 알고 느끼는 것을 단순히 단언하는 것이어서는 안 된다. 오히려 교육은 학생들을 익숙하고 편안한 믿음들로부터 끄집어내어, 이론들과 경험들이 시험되고, 수정되고, 일신되어 심지어는 버려질 수도 있는 자리로 이끌고 가야만 한다. 학생들의 입장에서 이는 대개 자신들에 세계관에 도전하는 사람들과 관념들에 스스로를 여는 일을 의미한다. 이는 그들의 눈을 새로운 전망으로 여는 것을 의미한다.

1980년 대 중반 가르치는 일을 하면서 나우웬은 미국 문화에 배어든 지적이고 물질적인 안락함의 기대에 도전하였다. 나우웬이 예일과 하버드에 있던 이래로 학생들의 물질적 기대치들이 상당히 변하지는 않았다고 많은 사람들은 주장할 수도 있다. 심지어 일화적으로라도 오늘날의 학생들은 미래의 재정적 안정성에 보다 더 몰두하고 있고 그리고 대학 교육을 성공을 일구어내는데 본질적인 것으로 간주하고 있는 것처럼 보인다. 그 결과, 대학들이 학사학위를 위해 요구하는 다양한 형식의 인문학 교육과정은 학생들에게 산만하고, 지루하며 또한 자신들이 "실제 세계"로 나아가는 준비를 하는데 부적당한 것으로 느껴진다. 2006년 한 인터뷰에서 외향적인 하버드 대학 총장 로렌스 서머스(Lawrence Summers)는 이 세대의 학생들이 삶의 철학적 이슈들을 성찰하는데 덜 흥미를 갖도록 만드는 이 세계관을 중단 없는 활동과 스트레스 탓으로 돌렸다.

하지만 직업적 포부들을 열망하는 가운데 흔히 영적 갈망의 불빛이 깜박거리고 있으며, 학생들은 이 영적 갈망을 제한된 언어와 아주 막연한 이해로 인해 포착하지 못하고 있다. 카톨릭 계열의 대학에서 가르치면서 나는 다양한 종교적 경험들과 교단들에 소속된 학생들을 만나게 된다. 많은 학생들은 전통적인 카톨릭적 풍토에서 양육 받았고, 이제는 그것을 열정적으로 변호하거나 거절하는 성향을 갖고 있다. 다른 학생들은 자신들 스스로를 불가지론자 혹은 무신론자로 동일시하고, 그 어떤 종교적 전통조차 대담하게 거절한다. 또 다른 학생들은 여전히 자신들을 기독교인으로 주저하며 동일시하지만, 그러나 비기독교적 종교들에 대한 당혹스런 호기심을 표현하기도 한다. 그래서 영적 삶에 대한 경험이 거기 있긴 하지만, 그러나 그것이 언제나 인지되거나 혹은 의식적으로 검토되어지지는 않는다. 그것은 그들의 "새로운 나라"의 일부이다.

그래서 어떻게 생계를 꾸려나갈 것인가에 관한 합리적 근심들로 포장된 영적 갈망에 응답하여 우리는 어떻게 인문학에 새로운 활력을 불어넣을 수 있을 것인가? 내 생각에 그것은 새롭고 개선된 교육과정의 문제라기보다는 태도 변화의 문제이다; 바로 여기서 『사랑의 내적 음성』이 길 안내를 제공한다.2) 헨리 나우웬은 이 일기를 고통스런 영적 심리적 파탄을 겪는 자신의 경험에 입각한 사적 기록으로 간직했다. 그는 결코 이것을 출판할 의도를 갖고 있지 않았고, 교육 철학으로 적용할 생각은 더 더욱 없었지만, 그러나 영적 성장에 대한 그의 가르침은 교사의 기술을 제공하는 상당한 내용들을 포함하고 있다. 하나님을 향한 그의 탐구는 지식을 향한 탐구와 어느 정도 동일한 영토를 가로질러 나간다. 그래서 나우웬의 영적 가르침에 근거한 교수법적 아이디어들이 따라 나오는데, 그 아이디어들은 '왜 인문학을 가르쳐야 하는가?'라는 물음으로 시작한다.

오랫동안 가르치면 가르칠수록, 나는 "무지의 족쇄들로부터 정신을 해방하는" 과정으로 정의되는 인문학의 전통적 기술에 불만족스럽다. 이 족쇄를 깨기 위해서, 내가 교육받은 기존의 학문적 모델은 이원론을 사용한다—참과 거짓, 주체와 객체, 정통과 이단, 신앙과 이성. 이 모델은 논쟁과 논증을 독려하기 위해 그의 교수법을 구조화하는데, 이 교수법은 해당 아이디어의 단지 두 측면만을 드러낸다. 우리는 "다른 한편으로," "그 이야기의 두 측면들은," "그와 대립되는 측면에서," 혹은 "대조적으로"와 같은 구절들을 사용하고 있는 우리 자신의 모습을 얼마나 자주 보게 되는가? 그것은 설계상 아이디어들을 경험으로부터, 사고를 감정으로부터, 몸을 마음으로부터 분리하면서, 그 쌍의 한쪽이 다른 쪽보다 우월하다고 선포하는 접근방식이다. 바로 이 탐구 형식이 인문학은 직업경력 준비로부터의 이탈이라는 지각—즉 학교는 "실재 세계"와 다르다는 지각—을 창출한다. 학생들의 "실재" 삶은 강의실 바깥이고, 기숙사 생활과 운동, 집, 레저, 직업경력 그리고 친구들로 구획이 나누어져 있고, 그 어떤 것도 이 경험들을 하나의 의미 있는 방식으로 함께 묶어주지 못한다.

인문학 교육의 목표에 대한 보다 만족스런 기술은 우리 존재의 핵심인 "통일성의 자리"(the place of unity)를 향한 길이라는 나우웬의 아이디어 속에서 찾아볼 수 있는데, 그 곳은 "인간의 모든 감성들이 진리 안에서 함께 담보되어지는 자리"[3)]이다. 신학적 용어로 표현하자면, 이는 바로 하나님이 원초적으로 성육신을 통하여 거주하시는 자리이고, 그리고 모든 인간 존재를 부르는 자리이다. 학문적 탐구는 또한 잘못된 선동을 솎

아내고 마침내 진리의 길을 드러내기 위해 그의 이원론들을 사용하면서 "진리"를 추구한다. 그러나 정치적 올바름과 문화적 가치들에 대한 전쟁들이 보여주듯이, 우리는 "진리"가 무엇과 같을 것인지에 대해서 일치할 수 없고, 그리고 아마도 이 논쟁은 지성인들의 삶에 활력을 더해주는 것에 불과하게 될 것이다. 인문학 교과과정을 목적 그 자체로 바라보기 보다는 오히려 통전성의 수단으로 간주해야 할 것이다. 만일 우리가 교과과정을 마음과 정신과 혼의 뒤죽박죽된 경험들을 조립 구성해 내는 길로서 해석한다면, 학생들은 그 자리를 자신들이, 나우웬이 적고 있듯, "진실하게 느끼고, 생각하고, 행동할"[4] 수 있는 자리로 보다 여기게 될 것이다. 그러한 교육은 이원론들을 내려놓고, 학문 분야들과 교수법들을 서로로부터 분리하고 분할하기 보다는 통합할 것이다. 그럴 때, 학생들은 모든 인간 경험이 진리의 근원으로서, 흔히 우리가 특권을 부여하는 객관화되고 합리화되고 무감각한 데이터가 아님을 보게 될 것이다.

우리는 학생들이 자신들의 통전성(integrity)을 찾도록 돕는다는 이 야심찬 목표를 어떻게 추구해 나갈 수 있을 것인가? 특별히 인문학에 대한 유서 깊은 접근 방법이 우리의 지성과 감성을 통합하기 보다는 분리하려는 성향에 익숙해 있는 시대에 말이다. 우리는 하나님을 향한 탐구로부터 무엇을 배워 우리의 지식 탐구를 안내할 것인가? 내적 "통일성의 자리"를 실현하기 위한 나우웬의 투쟁은 영적 삶에 대한 많은 교훈들을 생산해 내었다. 『사랑의 내적 음성』에 담긴 네 가지 예들이 교육을 위한 지혜로운 조언을 전하여 준다: 공동체를 추구하기, 개인적 한계점들을 설정하기, 다른 사람들의 제약들을 인지하기 그리고 한 사람의 인격이 담지한 다른 측면들을 존중하기.

첫째, 공동체를 추구하기. 만일 우리가 (나우웬과 다른 많은 사람들이 그러듯이) 가르치는 일을 사명(vocation)으로 간주한다면, 그렇다면 우리는 공동체 안에서 우리의 자리를 찾아, 소명(calling)이 요구하는 것들과 우리가 발휘할 수 있는 재능들(gifts) 간의 균형 맞추기를 배워야만 한다. 영적 안내자로서 자신의 역할에 관하여 기술하면서, 나우웬은 말하기를, "사람들을 양육하고 그들이 앞을 향해 나아갈 수 있게 하는 비전을 당신의 사람들에게 제시하는 일이 당신의 사명의 일부일 때, 스스로 시간과 공간을 만들어, 그 비전이 당신 자신 속에서 성숙하고 그리고 당신 존재의 통전적 부분이 되도록 하는 것이 결정적으로 중요하다."[5] 훌륭한 선생은 그 학생들에게 "비전"을 제시하여, 그를 통해 "학생들을 양육하고" 그리고 지적 영적 성장의 길을 따라 지속적으로 "앞으로 나아갈" 수 있도록 한다. 그러나 이 "비전"이 설득력을 가지려면, 그것이 학생들이 바라볼 수 있는 방식으로 "살아져야"만 한다.

하나님을 향한 탐구와 지식을 향한 탐구와 인격적 통전성을 향한 탐구 모두는 우리의 현존을 환대하고 그리고 우리의 독거(solitude)를 허용하는 공동체를 요구한다. 지성적 삶을 사랑하는 사람들은 동료들과 학생들과의 보다 깊은 교재(communion)를 추구할 것이라고 믿는 것이 합리적이다. 그러나 이 교재는 위험할 만큼 유혹적인 측면을 담지하고 있다. 첫째로, 가르치는 일은 칭찬과 책망으로 가득 찬 연기자들과 비판자들의 직업이다. 동료들의 업적 평가, 학생들의 평가, 수업 평가 그리고 종신교수직 결정 등의 모든 것은 감사와 반감과 흠모와 칭찬과 거절의 불확실하고 불균형한 혼합을 생산해 낸다. 그것들이 우리의 불안정성들을 드러내어, "심술부리는 아이처럼 선물과 호의"를 찾도록 우리를 몰아갈 수도 있다. 나우웬은 이렇게 적어 놓았다: "당신은 깊은 교재를 원하지만, 결국은 초대장이나 편지나 전화나 선물이나 그 외 유사한 몸짓을 기대하는 처지에

처하게 된다. 이러한 것들이 당신이 바라는 방식대로 오지 않을 때, 당신은 심지어 교재를 향한 당신의 깊은 욕망마저 불신하기 시작한다."[6] 영적인 탐구와 마찬가지로, 가르치는 일의 결과들과 보상들은 대개 즉각적이지 않다—우리는 우리가 지금 하고 있는 일의 미래적 효과들에 우리의 신앙을 정초해야만 한다. 우리는 우리의 효용가치에 대한 의심들을 덜기 위해 동료들과 학생들의 칭송을 필요로 할지도 모른다.

복음을 살아내고자 열심히 노력할 때, 나우웬은 예수의 말씀을 통해 용기를 얻었다: "나와 복음을 위하여 집이나 형제나 자매나 어머니나 아버지나 자식이나 전토를 버린 자는 현세에 있어 ... 백 배를 받고 ... 내세에 영생을 받지 못할 자가 없느니라"(막 10:29-30). 아마도 가르치는 일은 우리가 우리의 학생들을 위해 베풀고 행하는 것이 현재와 미래에, 대개 보이지 않는, 차이를 만들어 낼 것이라는 동일한 신뢰를 요구한다. 따라서 우리는 어떤 지적 혹은 영적 교제를 향한 우리의 욕망을 불신하지 말아야 하며 또한 그 욕망을 보다 직접적인 보상을 바라는 욕망으로 대치하지도 말아야 한다.

둘째 교훈은 개인적 한계들을 설정하는 것이다. 공동체를 추구하는 과정에서 우리는 다른 사람들에게 너무 개방적이 될 수 있다. 작은 대학들은 그들이 지향하는 개별화된 교육에 대한 공약 때문에 여기서 특별히 위험하다. 인문대학들은 주기적으로 자신들의 캠퍼스들을 학생 중심의 환경으로서, 가르치는 일과 지도하는 일과 봉사 활동에 능한 교수진을 갖추고 있다고 묘사한다. 내 자신이 속한 학교를 포함하여, 대부분의 카톨릭 대학들의 가르치는 사명은 "우리 학생들 각자의 지적, 인격적 그리고 영적 발전"으로 기술되어진다. 비록 이것이 칭찬할 만한 목표이긴 하지만, 우리는 우리의 봉사가 침해적이 되거나 무용하게 될 때, 특별히 우리가 학생들에게 우리의 내적 삶에 너무나 많은 접근을 용인하게 될 때를 인식하면서 주의를 기울여야만 한다. 나우웬은 이것을 "당신 자신의 도개교(drawbridge)①를 통제하기"라고 불렀다. 그는 다음과 같이 적고 있다: "결코 당신 자신이 공공의 소유물이 되어, 아무나 자신들이 원하는 때에 걸어 들어오고 나갈 수 있도록 용납하지 말아라. 들어오고 나가기를 원하는 누구에게나 접근을 허락하면서 당신은 관대하다고 생각할지 모르지만, 그러나 이내 당신은 당신의 영혼을 상실하는 자신을 발견하게 될 것이다."7) 이러한 일은 우리가 감정적으로 그리고 교육적으로 학생들에게 온전하고 지속적으로 소용이 될 필요가 있다는 믿음으로 흔히 모습을 드러낸다. 학생들의 삶에 차이를 만들어 내고 싶다는 욕망으로 우리가 개별적으로 혹은 이메일을 통해 혹은 전화로 그들과 소통할 때, 어떤 제한도 두지 않으려 할 것이다. 우리는 과제 제출기한들의 연장을 허락하거나 과제들을 평가하거나 혹은 개인적 상황들에 과잉된 동정을 베풀어 지나치게 관대하게 될 것이다.

그러한 일군의 관대한 기대들은 학생들을 혼동케하여 그들의 자기-회의(self-doubt)와 불안을 강화할 뿐이라는 사실을 알게 되었다. 이는 그들이 자기 자신에 대하여 책임적이 되지 못하고 그리고 자신들이 주도적으로 생각하고 행동할 수 없다는 것을 암시한다. 극단적인 관대함은 학생들이 자주적이 되지 못하도록 하거나 자기-확신적이 되지 못하도록 만든다. 나의 "도개교"를 통제하는 일에 실패하는 것은, 특별히 학생들의 요구사항들이 가장 커지는 학기말에, 나를 지치고 좌절하게 만들고, 학생들의 욕구들에 분개하게 만든다. 그것은 나의 정신적 육체적 에너지를 부담스럽게 만들고, 그리고 더욱 나쁜 것은 그것이 학생들로 하여금 나를 향한

---

① 역자 - 교량을 들어올리는 다리를 말한다.

의존심을 불러 일으켜 대학 공동체라는 보다 거대한 공동체로부터 학생들을 고립시킨다는 것이다. 그것은 곧 학생들에게 상호의존성(interdependence)이라는 선물을 빼앗고 만다.

가르치는 일은 홀로 하는 활동으로 구성된 어떤 것이다. 왜냐하면 우리는 일반적으로 우리 강의실의 주인들(masters)이다. 첨단 기술은 도처에서 어떤 사람에게 "현재한다"는 것이 의미하는 바를 재정립하면서, 역설적으로 인격적 소통으로부터 우리를 더욱 더 고립시킨다. 그래서 그보다 더 의도적인 물러섬을 주창하는 것은 문제의 소지가 있다고 여겨질 수도 있다. 그러나 만일 우리가 작은 인문대학의 덕을 체현하고자 한다면, 우리는 비인격적인 것에 저항해야만 한다; 이를 위해 우리는 우리의 직업적 삶 속에서 기도와 독거와 성찰과 글쓰기와 심지어 부재를 위한 가시적 공간을 만들어내야만 한다. 나우웬이 글로 표현하듯, "당신이 당신 자신을 위하여 당신의 도개교에 대한 권한을 주장할 때, 당신의 마음 속에서 새로운 기쁨과 평화를 발견하고 그리고 그 기쁨과 평화를 다른 사람들과 나눌 수 있는 당신 자신을 발견하게 될 것이다."[8] 만일 우리의 교육적 사명들을 즐거운 에너지로 수행하고자 한다면, 우리는 깊은 자기-이해와 영적인 전일성을 발전시킬 필요가 있다.

『사랑의 내적 음성』이 가져다주는 세 번째 교훈은 다른 이들의 제약들을 존중하라는 것이다. 교수들은 대개 매우 높은 기대치들을 가지고 매 학기를 시작하고 그리고 새로운 강의계획서와 더불어 그들이 기대하는 것은 자신의 학생들에게 도전적이지만 그러나 합리적인 목표들일 것이다. 학기가 진행되어 가고 그리고 학생들은 계속해서 똑같은 잘못을 저지르거나 동일한 물음들을 묻게 되고, 그러면서 교수들은 자신들의 교수법을, 때로는 방대하게, 수정하면서, 자신들이 지적 기대치를 너무 높게

잡았다고 가정할 것이다. 학기 말이 되어서 학생들이 자신들의 기대치와 욕망을 충족시키는데 실패했을 때, 교수들은 화가 나거나 실망감을 느낄 것이다. 그 과목이 어떤 식으로든 실패했다는 느낌을 회피하기란 어렵다. 그러나 유일한 실패는 바로 지적으로 그리고 인격적으로 학생들의 제약들을 인지하지 못한데 있다. 만일 그들이 기말 시험에 최선을 다하기 보다는 지레 포기한다면, 그들을 게으르다고 보기 쉽다. 만일 학생들이 수업 과제를 제출하는데 늦는다면, 그들은 무책임하게 보일 것이다. 만일 그들의 문법 수준이 학기 초보다 나아지지 않았다면, 그것은 바로 그 학생들이 그저 부주의했기 때문임에 틀림없다고 생각한다. 그러나 진실은 우리는 우리 학생들의 삶의 단지 한 부분만을 알고 있다는 것이고, 그리고 우리의 기대치들이 충족되지 못한 까닭은 다양하고 복잡할 가능성이 매우 높다. 그들은 단지 게으르거나 무책임하거나 무관심한 사람들은 아니다. "반항적인" 학생은 이제 막 부모를 암으로 잃었거나 우울증과 사투를 벌이는 중이거나 혹은 일자리를 얻으려고 근심 하고 있거나 혹은 그저 피곤해서 기력이 소진되었기 때문임을 나는 너무 자주 보게 된다. 어떤 다른 사람의 기대치라는 그림자 속에서 유사한 상황을 누구나 대면하지 않았는가? 학생들은 "[우리의] 욕구와 욕망에 대면하여 그들의 가난을 고백"[9])하고 있다고 헨리 나우웬은 말할 것이다. 우리가 설정한 기준들에 따라서 성공하려면 우리는 그들을 필요로 하고, 그리고 학생들은 단지 그들이 그 욕구를 충족시켜 줄 수 없다고 우리에게 말하고 있는지도 모른다.

나우웬이 전해주는 네 번째 교훈은 우리의 개별적인 성격들을 존중하라는 것이다. 우리의 영적, 직업적 그리고 사적 자아들은 건전한 방식으로 다중 인격들을 소유하고 있다. 그 다중 인격들 중 두 가지는 나우웬이 우리의 사자와 양이라 부르는 것들이다. 선생의 페르조나② 중 사자는 그가 강의실에서 소유하고 있는 권위이다. 그것은 전문 지식과 판단을 보여주고, 주도권을 행사하고, 결정을 내리고 그리고 때로는 학생들에게 겁을 줄 수도 있다. "양"이라는 페르조나는 보다 점잖은 측면인데, 권위적 인물이라기보다는 멘토(mentor)에 가깝다. 이 페르조나는 또한 학생들의 인기와 동료들의 존경을 받기 위한 지지와 확신을 필요로 한다. 이 양 페르조나 역시, 학생이 욕망하는 것보다 더 많은 개인적 상호작용을 제공한다면, 위협적일 수 있다.

나우웬은 다른 부분보다 어느 한 부분을 선호하는 것의 위험에 대하여 경고한다: "당신이 오직 당신의 사자에게만 주의를 기울인다면, 당신은 과로하고 지친 당신 자신을 발견하게 될 것이다. 당신이 당신의 양에게만 주목할 때, 당신은 아주 쉽사리 다른 사람들의 이목을 끌고 싶은 당신 자신의 욕구의 희생양이 될 것이다."10) 과하게 되면, 그 사자는 독재적이 되어, 기준들을 강화하거나 정보를 배분해 주고픈 욕구를 느끼게 될 것이다. 양은 학생들의 응석을 받아주면서, 너무 많은 시간을 학생 개인 지도에 소진하거나 과제들에 대한 학생들의 불평들을 달래느라 너무 힘겹게 노력하게 될 것이다.

물론 훌륭한 교수란 정직한 영적 생활처럼 사자와 양의 속성들 모두를 요구한다. "영적 삶의 기술은 당신의 사자와 양을 모두 전적으로 주장하는 것이다. 그러면 당신은 당신 자신의 욕구를 부정함이 없이 자신 있게

---

② 역자 – 페르조나(persona)는 융이 자아와 연관하여 도입한 용어인데, 자아의 편에서 외부 세계와 협상하는 의식의 일부를 가리키며, 어원적으로는 라틴어에서 연극의 가면을 가리키는 말이다. 페르조나는 사회적 계급, 직업, 문화, 국적, 인종, 지위 등에 따라 다양하게 존재하며, 우리는 다양한 상황 속에서 그때마다 각기 다른 페르조나를 사용한다.

행동할 수 있다. 그리고 당신은 리더십을 발휘할 수 있는 당신의 재능을 배반하지 않은 채 애정과 보살핌을 요청할 수 있다."[11] 가르치는 일에서 이는 학생들에게 보살핌과 존경을 (즉 양을) 가지고 우리의 최선의 교수법과 학문성을 (즉 사자를) 제공하는 것을 의미한다. 인문학을 공부할 충분한 이유가 있다고 믿으면서 우리의 전문가적 안내를 충분히 제공하여 학생들을 그들이 원하는 길로 보내고 그리고 그들이 다른 길을 택할 수도 있다는 사실을 인정해야 한다.

그렇다면 우리는 재정적 안정성이라는 아주 실재적인 욕구를 무시하지 않으면서 동시에 물질적 성취를 넘어서고자 하는 우리 학생들의 욕망을 어떻게 심화시켜 나갈 수 있을 것인가? 우리는 헨리 나우웬의 눈을 통하여 강의실을 세 가지 특별한 방식으로 상상해 볼 수 있을 것이다. 첫째, 우리는 학생들을 지식을 추구하며 다가오는 "가난하고, 궁핍하고, 무지한 거지들로" 보기를 거절해야만 한다. 그 대신, 우리는 환대의 풍토를 적용하여, 학생들을 "그들의 방문으로 우리 집을 영광스럽게 만들 그리고 자신들의 기여가 없이는 우리 집을 떠나지 않을 손님들처럼"[12] 대우해야만 한다. 나우웬은 그 방 안에 비움(emptiness)과 공간을 창출하여 변화가 일어날 수 있도록 그리고 학생들의 재능들과 재주들이 드러나고 단언될 수 있도록 하라고 우리에게 촉구한다.

그렇게 환대적인 교육 환경이 언제나 편안한 것만은 아니다; 그것은 물질적 성공을 향한 욕망을 충족시켜주지 않는다. 사실상, 그것은 상향적으로 이동하려는 학생들의 자연적인 성향에 도전한다. 나우웬이 그들에게 할법한 말은 다음과 같다: "그 옛날의 나라에서 당신을 돕고 안내하던 것이 더 이상 먹혀들지 않는 것을 당신은 알고 있지만, 그러나 그 외 어떤 것으로 당신은 길잡이를 삼아야만 할까요? 당신이 필요로 하는 것을 그 새 나라에서 찾게 될 것임을 신뢰하도록 요구받고 있습니다. 그것은 지금까지 당신에게 그토록 소중하게 여겨졌던 것의 죽음을 요구합니다: 즉 영향력, 성공, 긍정, 심지어 애정과 칭찬의 죽음 말입니다."[13)]

역사, 정치학, 신학 그리고 문학과 같은 주제들을 통하여 우리는 학생들에게 "하향 이동"(downward mobility)의 긴급성을 가르쳐야만 한다—이는 우리 동료 인간 존재들의 가장 깊은 욕구들에 응답하라는 촉구이다. 우리는 단순히 인문학을 학생들에게 부과하는 것만으로 학생들의 주의를 그들의 보다 깊은 욕구들로 향하도록 되 돌려놓을 수는 없다; 교육의 황금시대를 향한 어떤 원망적(wishful) 갈망은 단지 우리로 하여금 이 세대의 특정한 환경들을 보지 못하도록 하는데 기여할 따름이다. 그 대신, 우리는 인문학의 재능을 학생들의 적법한 관심들에 적용하기를 배워, 다른 사람들을 향하여 학생들이 눈을 바깥으로 돌리게 하여야만 한다.

두 번째, 선생으로서 우리는 우리 자신을, 독립적인 행위자로서가 아니라, 공동체의 일원으로서 보아야만 한다. 동료이자 친구인 한 교수는 올해의 스승 시상은 언제나 그녀를 곤혹스럽게 만든다고 일전에 언급한 적이 있다. 왜냐하면 그러한 시상은 곧 효과적인 교수행위란 많은 사람들이 학생의 교육에 기여하는 공동체적 활동이 아니라 개별적인 성과라는 것을 함의하기 때문이다. 하나님을 향한 탐구와 지식을 향한 탐구는 모두 기초 공동체(grounding community)를 필요로 한다; 우리는 우리 노력들의 성패들에 관심을 기울이며, 훌륭한 교사들이 되려는 우리의 욕망들을 나누는 보다 큰 공동체에 지속적으로 연합해 머물러 있어야만 한다.

마지막으로 우리는 우리에게 적합한 그 어떤 방식으로든 우리의 영혼을 계속해서 양육하여, 우리의 재능과 에너지를 끌어오는 원천이 항상 충만하도록 만들어야만 한다. 기도와 글쓰기와 명상과 성찰은 모두 우리의 가장 깊은 부르심으로부터 일하고, 고갈됨이 없이 여유 있게 나누어주고, 우리 학생들의 제약들을 인지하면서도 다른 한편으로 그 제약들을 넘어서도록 도전하는 사랑을 품고 우리가 강의실에 다가갈 수 있는 힘을 준다.

"사랑의 내적 음성"을 가지고 인문학을 접근하는 교사들은 이방인을 반가이 맞이하는 교육적 환대로 구별되는 "새로운 나라"에 들어가게 될 것이다. 그 나라가 획기적인 아이디어이거나 그를 제기하는 학생이든지 간에 말이다. 교과과정은 변하지 않거나 실재로는 변할 필요가 없을지도 모르지만, 그러나 관점은 극적으로 다르다:

> 당신이 깊이 사랑해 왔던 이들이 당신의 일부가 된다. 당신이 더 오래 살수록, 당신이 사랑하여 당신의 내적 공동체의 일원으로 삼는 사람도 더 많을 것이다. 당신의 내적 공동체가 더 넓어지면 질수록, 당신은 당신을 둘러싼 이방인들 속에서 더 쉽사리 당신의 형제들과 자매들을 인지하게 될 것이다. … 당신 마음의 공동체가 넓어지면 질수록, 당신을 둘러싼 공동체도 더 넓어진다.[14)]

이 공동체의 경계들은 유연하고 그리고 그의 행로들은 다양하다. 왜냐하면 이 공동체는 학생들이 받아들이고 있는 사회적이고 학문적인 가치들에 도전하기 때문이다—말하자면 상향 이동은 대학 교육을 통해서 가장 효과적으로 성취될 수 있는 가치 있는 야망이라는 믿음에 도전한다는 말이다. 기존 대학 교육의 틀 속에서 학생들은 누군가 진리에 이르기 전까지 자신들의 믿음과 상반되는 이들을 비판한다. 그러나 그 새로운 나라에서 교사들은 여전히 사회학과 화학과 경제학과 철학을 가르치지만, 그것들 자체가 규범적 목적은 아니다; 교사들은 그 주제들을 지적이고 도덕적이고 영적인 지식으로 나아가는 길들로서 재해석하고 그럼으로써 교육

받은 인간 존재란 무엇을 의미하는 지를 재정의한다. 커리어 지향의 압박감은 인문학으로부터 이 세대를 위한 적합성을 박탈하고 있지만, 그러나 영적 의미를 향한 욕망은 커지고 있다. 만약 인문학 교육이 이 역설에 응답해야 한다면, 완고하게 기존하는 (학문적) 경계들을 강화하기 보다는 오히려 학생들이 새로운 지성적 영적 나라들로 건너갈 수 있도록 도와주어야만 할 것이다.

---

1) Michael O'Laughlin, *God's Beloved: A Spiritual Biography of Henri Nouwen* (Maryknoll, NY: Orbis Books, 2004), 138.

2) Henri Nouwen, *The Inner Voice of Love: A Journey through Anguish to Freedom* (New York: Doubleday, 1996).

3) Ibid., 14.

4) Ibid.

5) Ibid., 68.

6) Ibid., 95.

7) Ibid., 84-85.

8) Ibid., 85.

9) Ibid., 13.

10) Ibid., 78.

11) Ibid.

12) Henri Nouwen, *Reaching Out: The Three Movements of the Spiritual Life* (New York: Doubleday, 1975), 89.

13) Nouwen, *The Inner Voice of Love*, 21.

14) Ibid., 59-60.

16

권면자 헨리: 환대로서 기독교적 증언

– 제임스 스미스(James D. Smith III)

헨리 나우웬의 마지막 해(1984-5 학년도의 봄학기)에 하버드에서 그의 조교로 섬길 수 있었던 것은 엄청난 특권이었다. 오늘날—고유한 인간 존재로서, 사제로서, 그리고 그의 저작들을 통하여 발휘되는—헨리의 조언자적 역할(mentorship)이 계속해서 내 삶의 영적 관계적 측면들 각각을 접촉하고 있다. 내가 그 학기부터 간직하고 있는 몇 가지 물리적 기념품들 중 하나는 헨리가 지도를 그린 종이 반장 크기의 색인 카드이다. 그는 근처 인도네시안 레스토랑에 친구들을 불러 모을 계획을 갖고 있었고 그래서 우리보고 참여하도록 초대하던 중이었다. 화살표와 교정된 철자들과 가위표 쳐진 항목들 등을 포함한 헨리의 캠브리지 거리 스케치는 그의 영적 재능은 지도 제작이 아니었음을 여실히 논증해 주고 있었다. 하지만 이 종이 조각을 무엇보다도 소중하게 만들어 준 것은 그 종이 상단에 적힌 글 "짐과 린다를 위하여"라는 문구였고, 그리고 레스토랑을 가리키는 강조 표시로 그려진 화살표 세 개가 기쁜 탄성으로 덧붙여져 있었는데, "우리는 여기있다!"였다. 그것은 헨리표 상표였다. 그것은 환대였다.

환대(hospitality)는 헨리 나우웬의 삶과 문학 속에서 가장 중요한 주제들 중 하나로 남아있다. 이 태도와 행위를 통하여 그는 그를 둘러싼 공동체들의 다양성에 대한 존중을 예언적으로 모형화하였다. 이 글을 통하여 나는 그의 저작들 속에 등장하는 환대에 대한 몇몇 표현들을 다시 찾아가, 이 개념과 실천의 범지구적 그리고 종교간 중요성을 주목해 보고자 한다. 그런 다음 그의 미출판 하버드 강의 노트들에 의존하여 무엇보다도 환대의 구속적 활동으로서 부활한 그리스도에 대한 증언을 묘사하고자 한다. 마지막으로 필자는 그의 개인적이고 문학적인 접근 방식을 권면적(protreptic)인 것으로 기술할 것인데, 권면적 방식은 글을 통한 초대 기독교인들의 초대장과 이방인 즉 외부인에 대한 수용적 공간의 제공을 반영하는 것을 말한다.

헨리의 첫 번째 주요 저서는 『친밀감』(*Intimacy*)인데, 노틀 담 대학에 재직하는 동안 출판된 목회 심리학적 에세이들의 모음집이다. "사랑에 대한 도전"이라는 제목이 붙은 장에서 그는 특별히 기억에 남을 만한 통찰을 제시한다: "식탁과 침대는 친밀감의 두 자리들로서, 사랑이 약함 가운데 스스로를 현현할 수 있는 자리이다."[1] 로마 카톨릭의 사제로서 — 친밀감과 성(sexuality)을 나타내는 — "침대"를 그렇게 눈에 확 띄는 자리에 솔직하게 놓는다는 것은 개인적 가담을 표시하는 주목할 만한 행동이다. 마찬가지로, 성이 인간 삶의 상처나 치유에서 감당하는 강력한 역할을 전제할 때, 그 옆에 나란히 혹은 심지어 그 앞에 "식탁"을 두는 것은 환대의 실천에 핵심적 중요성을 부여하여 격상시키는 일이다. 영감적으로나 설계상으로 한 사람에게 "식탁의 한 자리"를 제공하여, 세대들과 문화들을 형성해 나가는 것은 사랑과 정의의 예언자적 행위로 남아있다—우정에서, 사업에서, 정치에서 그리고 성만찬에서.

의심의 여지없이 헨리의 저작들 중 환대에 할애된 가장 일반적으로 언급되는 본문은 예일 대학 신학부에 재직하던 10년 간 출판된 작품에서 유래한다. 『손 내밀기』(*Reaching Out*)에서 그는 적대감으로부터 환대에로 나아가는 영적 운동을 우리 동료 인간 존재들과의 관계성을 결정하는 운동으로 인용한다. 과거 30년 동안 이 책의 통찰들과 경구들이 수없이 많은 순간들에 수 많은 방식으로 활용되었기에 여기서 상술할 필요는 없을 것이다. 하지만, 그의 토론에 핵심으로서 헨리는 환대의 작업적 정의를 제시한다: "우리가 이방인들에게 (손을) 내밀어, 그들을 우리의 친구가 되도록 초청할 수 있는 자유롭고 우호적인 공간의 창조."[2] 그런 다음 그는 세 가지 유형의 관계성들에 특별한 주의를 기울인다: 부모와 자녀, 교사와 학생 그리고 치유자와 환자. 이 중 세 번째 범주에서 나우웬의 핵심적 확신이 등장한다: 기독교적 영성의 관점에서 모든 인간존재는 치유자(healer)가 되도록 요청받았다.[3] 이는 대속자의 구원하는 능력에 굴복하여 (심리학적, 신학적, 전문직업적) "장사밑천"에 대한 집착을 넘어가는 것을 수반한다. "창조하는 공간, 수용성과 대면, 정신과 마음의 가난과 같은 말들은 기독교인의 영성이 일상 삶의 실재에 뿌리를 두고 있을 뿐만 아니라, 하나님의 선물에 의존하여 그것을 초월하는 것이라는 사실을 보여주었다."[4]

『손 내밀기』의 출판 이후 10년이 지난 후 나우웬은 하버드 대학 신학부에서 가르치는 일에 몰두하면서, (책 제목이 암시하듯) 『데이브레이크로 가는 길』을 발견하였다. 그 책의 서문에서, 라르슈 공동체로 나아가는 발걸음들을 인도하는데 주님이 사용하셨던 요소들을 성찰하면서, 그는 (허세라기 보다는 오히려) 전조가 되는 한 방문자의 중요성을 상술하고 있다. 1970년 대 후반 여전히 뉴 하벤①에 있는 동인 젠 리세(Jan Risse)가 헨리의 방으로 찾아와, 장 바니에(Jean Vanier)의 인사를 전해주었다. 놀라워하면서도 한편으로 무언가 할 일을 부탁받을 것이라 생각하다가, 그는 자신이 "충분한 환대를 보여주지 못했음"을 마침내 깨닫고는, 학교 일로부터 자유로운 시간에 자신의 아파트로 그녀를 초대하여 조용한 시간을 보내도록 했다. 돌아오는 길에, 그는 식탁이 아름답게 차려져 있고, 식사가 준비되어 있음을 발견하고는 .... 혼동스러워했다.

> "이 모든 것들을 어디서 다 찾았어요?"라고 나는 물었다. 그녀는 재밌다는 표정으로 나를 쳐다보면서 말했다, "당신의 부엌과 찬장에서요... 분명한 것은 당신이 그것들을 자주 사용하지 않는다는 것!" 그때 어떤 특별한 일이 벌이지고 있다는 생각이 나에게 미치기 시작했다. 한 이방인이 나의 집으로 걸어 들어와, 나에게 그 어떤 부탁도 하지 않은 채, 나에게 나의 집을 보여주고 있었다.[5]

집 주인에게 진정한 집의 발견이라는 선물을 손님으로부터 보답받은 이 환대의 경험은 각자에게 축복을 가져다주는 나눔의 환대에 대한 약속을 반영한다.

---

① 역자 - 예일 대학이 있는 곳의 지명을 말하는 것이다.

마침내 데이브레이크의 라르슈 공동체에서 사제로 섬기는 동안 헨리는 많은 사람들이 친애하는 작품으로 꼽는 『탕자의 귀환』(*The Return of the Prodigal Son*)을 내놓았다. 성서의 한 장면(눅 15:11-32)을 그린 램브란트의 대작에 영감을 받은 이 성찰 속에는 신적인 "귀가 이야기" 속에서 자신을 찾으라는 초대가 담겨있다. 여기서 다른 사람들에게 우리가 환대를 베푸는 것은 하나님의 첫 사랑의 포옹이며 우리를 환대하기 위한 준비하심을 반영하는 것이라는 사실이 아주 명명백백하게 진술된다. "나는 하나님이 성대한 잔치를 벌이는 이미지에 익숙하지 않다. 그것은 내가 언제나 하나님에게 귀속시켰던 장엄함과 진지함에 모순되는 것처럼 보인다. 그러나 내가 예수가 하나님 나라를 기술하는 방식들에 관하여 생각하게 되었을 때, 즐거운 만찬이 흔히 그 중심에 있었다. … 식사로의 초대는 곧 하나님과의 친밀함으로의 초대이다."[6)]

헨리 나우웬의 저작들 속에서 전하여지는 환대의 말들과 개념들과 이미지들의 충격은 막대하다. 대중적 수준에서 오늘날 "나우웬"과 "환대"를 인터넷 검색을 통해 찾으면, 3,270개의 검색 결과를 얻을 수 있다! 보다 구체적으로 학문적이고 목회적인 맥락에서 몇 가지 예들이 특별히 언급될 만하다. 이론의 여지는 있겠지만, 기독교적 전통과 현대적 실천으로서 환대에 대한 관심을 되살리기를 시도하는 가장 훌륭한 최근의 작품은 크리스틴 폴(Christine Pohl)의 『자리 만들기』(*Making Room*)이다. 그녀의 서문 첫 쪽에서 그녀는 헨리의 말을 인용한다: "만일 그 본래적 깊이와 그를 일깨울 잠재성을 복구시킬 가치가 있는 개념이 있다면, 그것은 환대 개념이다." 그녀는 또한 『손 내밀기』 속에서 헨리의 성찰들이 환대에 관한 현대의 많은 토론들에게 진입지점으로 작용하는 방식에 주목한다.[7)] 산타 클라라 대학교의 마쿨라 응용 윤리 센터의 한 출판물은 성지에서의 민족적 종교적 긴장 문제를 제기한다: "신학자 헨리 나우웬에 따르면, 환대는 '이방인이 들어와 적이 되기보다는 친구가 되는 공간'의 창출이다. 이 목표는 본래 이 개념을 낳았던 세계의 지역—즉 중동—에 아주 적절한 듯이 보인다."[8] 그 전 해에 역사가이자 성직자인 마틴 마트(Martin Marty)는 『신앙들이 충돌할 때』(*When Faiths Collide*)에서 이 주제의 범지구적이고, 다문화적이고 그리고 특별히 종교 간 측면들을 탐구하였다. 비록 구체적으로 나우웬을 거론하는 것은 아니었지만, "환대의 위험"이라는 장에서 그는 관용에 만족하기 보다는 오히려 타자 즉 이방인에 대한 두려움으로 괴로워하는 세상에서 환대가 담지하는 도전적 우선성을 지지하였다.[9] 그는 이방인 혹은 외국인을 의미하는 고대 그리스어 '제노스'(xenos)가 필로크세니아(philoxenia)②의 환영, 즉 환대를 받고, 이 헌신이 제자도의 행위로서 확장되어 신약성서의 풍성한 자료들을 통하여 지지되고 있음을 우리에게 주지시킨다.[10] 그것은 바로 내가 2006년 봄 종교적 극단주의를 다루는 학술회의에서 나누었던 메시지였다.[11]

공공 담론에서 환대는 친절함의 행위로서, 윤리적 혹은 신학적 덕목으로서 혹은 우리 인간 종의 생존에 필수적인 전략으로서 기술되어질 수도 있을 것이다. 드문 드문 기술한대로, 헨리는 이 세 가지 기술들의 가치를 모두 보았다. 하지만 자신의 마지막 학기에 이 세 개념들은 인상적이게도 그의 공유된 확신들과 삶으로 함께 도래하였다. 인류 가족의 붕괴에 직면하여 그리스도의 선교에 대한 비전으로 일신하면서, 그는 자신의 과목 "영적 삶 개론"(Introduction to the Spiritual Life)에 250명의 학생들을 환영하였다. 강의를 '여는 말'은 그의 목적을 표현한다:

---

② 역자 - philoxenia는 말 그대로 이방인에 대한 사랑을 말하는데, 낯선 길손을 후히 대접하는 사랑을 의미한다. 그리고 이것이 신약성서의 환대의 의미라는 것이다.

최근 30일 간의 퇴수회는 나로 하여금 다른 무엇보다 나의 가르침이 증언의 성격을 갖도록 해야 할 것이라는 확신을 불어넣어 주었습니다. 그러므로 구체적으로 요한이 그의 청중들과 독자들을 위하여 그러했듯이 나도 여러분을 위해 이렇게 존재하기를 원합니다: 부활한 그리스도의 살아있는 증언자. 나는 이것을 일종의 영적 환대(spiritual hospitality)로 봅니다. 나는 여러분을 내 공간으로 초대하고자 합니다. 여러분이 벽에 걸린 그림이나 책꽂이의 책들을 가져가지 않는다면 말입니다. 그러나 또한 나는 여러분이 안과 밖과 주변을 자유로이 걸어다닐 수 있는 충분한 자리를 남겨두어, 여러분이 여러분의 삶의 자리에서 응답할 수 있도록 하기를 원합니다. 내 투쟁의 일부는 내 공간이 언제 어떻게 진정한 환대를 베풀기에 너무 붐비거나 너무 허전하게 되는지를 찾는 일입니다. 오로지 여러분 만이 올바른 자리를 찾도록 도와주실 수 있습니다. 그것은 아마도 상당한 유연성을 요구할 것입니다. ... 나는 많은 위험들을 자각하고 있습니다: 개종시키기, 조작 그리고 심지어 압제와 같은 위험들 말입니다. 그러나 이 위험들을 인식하면서, "영적인 것을 영적으로 가르치는 일"은 또한 정신에게 정보를 제공하는 것으로부터 마음을 형성하는 일로 이동하는 것을 의미하며, 이는 또한 그것은 중성적 사건이 아니라, 보다 심층적인 개별적 차원에서 우리 모두를 가담시키는 사건입니다. 만일 요한이 그렇게 썼기 때문에 여러분이 그렇게 믿는다면, 나도 또한 동일한 방법으로 가르칠 것입니다. 그러나 나는 이것이 우리들 사이에 엄청나게 다양하게 존재하는 경험들과 역사들과 종교적 문화적 배경들에 대한 깊은 존중을 보여주는 길이 될 것이라고 깊이 확신하고 있습니다. 가장 개인적인 것이 흔히 가장 보편적인 것으로 판명되듯이, 마찬가지로 가장 구속적인 것이 가장 해방적인 것으로 입증될 수 있을 것입니다. 우리를 가장 구속하는 것, 즉 부활하신 그리스도에 대한 나의 신앙이 여러분을 자유롭게 하여 여러분 자신의 영적 확증들을 만들어 나갈 수 있도록 되기를 바라고 기도합니다.[12)]

그 마지막 학기에 헨리를 돕고자 했던 우리들 몇몇이 지난 해 동안 함께 모여 그 경험에 대해 성찰하고, 우리 삶에 미친 그의 충격에 감사했다.[13] 당시 박사과정 학생으로서 그리고 복음주의 전통의 목사로서 나는 이미 기독교적 증언의 중요성에 대하여 확신하고 있었다. 그러나 나는 한편으로 무감각한 열정과 다른 한편으로는 참되지 못한 어깨짓이라는 극단들에 너무 친숙해있었다. 말씀과 성육신으로 헨리가 가르친 바는 기독교 신앙의 핵심에 성서적 증언을 놓고 그리고 증언의 핵심에 성서적 환대를 정초하는 것이었다. 요한복음을 탐구해 들어가면서 "은혜와 진리[에] 충만"(요 1:14)하려는 그의 욕망이 나와 다른 사람들에게 새로운 기반을 열어주었고, 그리고 그것은 오늘날까지도 여전히 그러하다.

환대의 중요성과 헨리 나우웬의 삶 속에서 증언의 차원을 탐구하는 가운데 우리는 그의 저작들의 내용들뿐만 아니라 그 문학적 장르까지도 들여다 볼 수 있는 가치 있는 창문을 발견한다고 나는 믿는다. 우리 중 많은 사람들은 그의 작품에 대하여 감사하는 말들 뿐만이 아니라 또한 다른 목소리들도 들었다. "그는 자신의 글을 쓴다는 느낌으로 쓰지 않았어" 혹은 "그의 책들은 전부 똑같아" 혹은 "그는 단지 통속적인 청중을 얻기 위해서 글을 썼다"는 등의 이야기들을 들은 이들도 있다. 우리들 중 그 누구도 적법하고 건설적인 비판을 넘지 않았고, 그리고 헨리는 여러 다양한 종류의 비평을 받았다. 여기서 제안하고자 하는 것은 그의 저술들 대다수는 고대인들이 권면(protreptic)이라 불렀던 유형의 문학으로서 가장 잘 이해될 수 있으리란 것이다.

분명히 이것은 많은 사람들에게 친숙한 용어가 아닐 것이다. 언어의 권면적 접근방식 혹은 용법은 무엇인가? 광범위한 의미로 그것은 "초대" 담론, 즉 그리스어 어원이 제시하듯, 목적의식이 있는 삶을 "향하여 돌아서도록” 누군가를 부르는 말이었고 (그리고 지금도 그러하며), 그래서 본질적으로 환대의 문학 양식이다. 그와 연관된 그래서 보다 유사한 장르인 변증(apologetic)은 엄격하고 논리적인 논증을 통해 교리 신조의 변호를 강조하는 반면, 권면(protreptic)은 정보에 근거한 호소를 통해 이웃을 이끌어내기를 모색한다. 데이비드 언(David Aune)은 최근 그리스-로마 문화 속에서 이 형식이 감당하는 역할을 다시 논의해 주고 있다: “‘로고스 프로트렙티코스’(logos protreptikos) 혹은 ‘권면 담화’는 특정한 삶의 방식으로 회심자를 얻고 젊은이들을 끌기 위하여 구성된 담화이다.”14) 기본적으로 학교 환경에서 발견되는 이 형식은 대안적 삶의 방식들의 잘못들을 드러내고 그리고 특정한 전통이나 삶의 양식의 진리 주장들을 입증함으로써 지지자들을 끌어들인다. 그 중심 기능은 설득과 만류를 통하여 전향 즉 삶의 변화를 독려하려는 것이다.

이러한 종류의 글들 중 상대적으로 적은 수만이 그 고전 시대 이래 온전한 본문으로서 살아남았고 그리고 이러한 작품들 속에는, 어느 정도의 유동성이 있긴 하지만, 그 주된 구조적 요소들이 상당히 확고하게 자리를 잡고 있다. 권면 문학은 불건전하거나 공허한 삶과 사유의 지배적인 양식들에 대한 비평과 칭찬받을만하고 변호할만한 바로서 특정한 입장에 대한 설명과 “듣는 이에게 인격적 호소”를 제공함으로서, “권면에 대한 즉각적인 수용을 요청한다.”15) 기독교적으로 표현하자면, 듣는 사람이나 독자는 인생의 선택들을 비교 검토하여, 그리스도 안에 사는 삶의 탁월성을 발견할 수 있는 틀 구조를 맞이한다. 기독교의 가장 초기시대로부터 『디오그네투스에게 보내는 편지』(*Letter to Diognetus*)와 저스틴(Justin)의 『트리포와의 대화』(*Dialogue with Trypho*)의 서문은 학자들로부터 이러한 접근방식의 예증들로서 간주되었다. 아마도 가장 흥미로운 표현은 알렉

산드리아의 클레멘트(Clement of Alexandria)의 『권면』(*Protreptikos*)일 것이다. 에릭 오스본(Eric Osborn)이 논증하였듯이, 그 기능은 선교사로 나가는 기독교인들을 위한 핸드북으로서, 이는 공식적인 교리와 교리문답 가르침에 선행한다. 비록 광범위한 분석은 우리의 현재 토론의 범위를 넘어서는 일이지만, 복음(the "good news")에 대한 오스본의 요약은 여기서 도움이 될 듯하다:

> 이 경세의 중심에는 그리스도 안에서의 발생 반복(recapitulation)이 놓여있는데, 이는 죄된 인간성의 교정과 완전, 그리스도 안에서 새로운 인간성의 개시와 완성을 포함한다. … 그리스도의 것은 생명을 가져오고 그리고 중심으로부터 주변에 이르기까지 우주에 조화를 가져다주는 새로운 노래이다 (Protreptikos, 1.5.2). 하나님의 도구로서(1.6.1), 그는 눈을 열고 귀를 멈추지 않으며, 그는 절름발이와 방황하는 자들을 의로움으로 인도하고, 우둔한 자에게 하나님을 나타낸다. 그는 부패와 죽음을 파괴하고, 그리고 그는 인류에게 신성한 사랑과 은혜를 가져다준다. … 하나님의 전사의 활동으로 우리는 성숙한 인간에게는 어린애 같고 무가치한 우리 선조들의 풍습을 포기할 수 있다(10.109.3; 10.110.3). 하나님의 편으로 건너가는 것은 곧 무지로부터 앎으로, 우둔함으로부터 지혜에로, 방탕으로부터 자제로, 부정의로부터 의로움으로 그리고 신을 믿지 않는 사악함으로부터 하나님에게로의 변화이다 (10.93.1).[16]

대부분의 사람들은 헨리 나우웬의 저작들 속에서 이 초대 기독교적인 접근방법의 고유한 반향들을 쉽사리 확인할 수 있을 것이다. 간결한 신학적 교리주의나 통속의 심리학적 나르시시즘 대신에 헨리는 삶의 이슈들과 맞붙어, 영적으로 관계적으로 부적당하다고 심지어는 치명적이라고 판명된 세계관들을 폭로한다. 그러면서 그는 (이 세계상 속에서 자신들과 자신들의 이웃들을 인지하는) 독자들로 하여금 하나님의 현존 안에 있는 삶의 온전성에 눈을 돌려 발견케 하고 그리고 사랑받는 자로서 그들의 진정한 집을 찾도록 초청한다. 이 기초적이고 변혁적인 대의 속에서 구조의 단순성을 제시하는 것은 (예를 들어 "삼위"를 제시하는 것은) 하나의 강점이고, 그리고 사변적 물음보다는 성서와 신학을 구속적 답변으로서 제시하는 것은 미덕이다. 위에서 언급되지 않았던 작품들 가운데—예를 들어 『생명징후들』(*Lifesigns*)에서는—생산성에 대한 강박관념과 불임으로 인한 우울증은 모두 매한가지로 생명을 수여하는 예수 그리스도와의 연관성과 열매 맺음의 경험에 밀려 옆으로 밀쳐져야할 막다른 골목들로 모습을 드러낸다.[17] 『창조적 목회』(*Creative Ministry*)에서 우리는 기술에 의존하여 교회 업무의 틀에 박힌 직업적 실천을 따르든지 아니면 이 영적인 사막을 뛰어 넘어 살아계신 그리스도를 따라가는 길로 나아가든지의 선택이 제시되어진다.[18] 이 고전적 장르에 대한 새롭고 일신된 관심이 다른 작가들의 작품들을 평가하는 데에도 역시 도움이 될 것이라고 믿는다.[19] 1960년 대 토마스 머튼이 번역한 소수의 번역 작품들 중에 클레멘트의 『권면』이 있다는 것은 분명코 우연은 아닐 터인데, 그 책은 (머튼의 서언 속에서) "복음의 빛으로 삶을 열어가도록 그리고 그 복음 안에서 희랍 철학이 만족시킬 수 없었던, 심지어 플라톤조차도 결코 충족시킬 수 없었던 모든 적법한 열망들이 달성 되어가는 것을 인지하도록 이방 지성인들을 소환하여 그들에 대한 도전"[20]을 제시한다. 비록 헨리는 클레멘트의 작품과 같은 문학적 모델들의 모방에 착수하지는 못했지만, 그 자신의 독특한 글쓰기들은 유사한 정신과 노력을 표현한다. 나우웬 아카이브는 우리들 다수가 공통의 목적을 표현해 왔음을 벽보로 붙였다: "나는 나의 말들이 사람들이 하나님을 만날 수 있는 공간을 창조하는 말들이 되기를 원합니다."

헨리 나우웬의 전반적인 문학적 접근방식을 권면으로 밝혀내면서, 거짓 교사들로부터 돌이켜, 그리스도 안에서 전일성과 화해를 발견하도록 모두에게 청하면서, 우리는 그의 환대의 포용으로 되돌아와, 그 안에서 초대 기독교인들의 실천의 반향들을 또한 발견한다. 캐롤린 오시크(Carolyn Osiek)같은 학자들은 가장 초대의 기독교 공동체들로서 가정 교회들의 역할을 최근 새롭게 강조하였는데, 헨리는 그처럼 예배와 친교를 위해 무리들을 모이는 일에 기뻐했다.[21] 구스타프 스탈린(Gustav Stahlin)은 『신약 신학 사전』(*Theological Dictionary of New Testament*)에서 이 형성기에 등장하는 환대의 동기들에 대한 자극적인 연구를 제공하는데, 많은 사람들은 방문자들을 환영하며, 이방인으로서 자신의 시절을 기억하는 헨리의 습관을 상기할 것이다.[22] 나우웬의 성찰들은 예전 예일 신학교의 동료 로완 그리어(Rowan Greer)와의 상호작용을 통해 형성된 것인데, 그는 이 환대의 관습에 대한 연구들을 5세기로 끌고 들어가 수행하였다. 예를 들어, 감독이자 주석가였던 요한 크리스소스톰(John Chrysostom)은 "환대해 주어라"(given to hospitality; 롬 12:13; Homily 21)라는 구절은 성 바울이 "그것을 부탁할 사람들을 기다려 그들이 우리에게 올 때까지 보고 있지 말고, 그들에게 달려가 그들을 보았음을 표하라고 우리에게 가르치기 위해" 사용한 구절임을 그리어는 진술한다. 그리어는 또한 병원과 숙박소 같은 기관들이, 바실(Basil)과 닛사의 그레고리가 대표하는 수도원 생활이 그러했듯이, 고대 후기에 기독교적 환대를 제공하기 위해 설립되었다는 사실을 특별히 주목한다.[23] 아마도 가장 영광된 말은 너르시아의 베네딕트(Benedict of Nursia)에게 돌려져야 할 것인데, 그는 "모습을 보여주는 모든 손님들은 그리스도로서 환영받아야만 한다.

왜냐하면 그리스도 자신이 '나는 이방인이었고, 너희는 나를 환영했다'고 말씀하실 것이기 때문이다."[24] 물론 이런 저런 문헌들을 통해 수도원 문화에 대하여 상당한 정보를 제공받았음을 헨리는 삶으로 보여주었다.

이 에세이는 권면자 헨리의 모습에 대한 새로운 평가를 요청한다. 삶과 문학을 통하여 하나의 사제로서(라틴어 어원은 pontifex 인데, 이는 "다리 건설자"를 의미한다) 그는 그 수많은 사람들이 하나님을 만날 수 있도록 "식탁에" 직접 자리를 창조함으로서 그리고 부활하신 그리스도와의 관계를 통하여 변혁되도록 각 사람을 초대하기 위해 예언자적으로 글을 씀으로서 그리스도를 섬겼다. 그는 그 주위의 다양성을 이데올로기적으로가 아니라 (예를 들어, 수정주의나 상대주의를 통하여서가 아니라) 하나님이 사랑하는 백성들의 다양성(예를 들어 전투태세를 갖추고 있는 산디니스타③, 아이티의 어린이들, 지체가 부자유한 성인, 소외된 우크라이나 사람 등)을 인지하고 그들에게 예수의 이름으로 사랑과 삶을 제공하며 존중하였다. 이 속에서 그는 때로 탈 기독교 시대라 불리는 세계에 진정한 증언을 제공하면서 초대 기독교인의 신앙과 형식들에 깊이 의존하였다. 피터 바이스켈(Peter Weiskel)은 동료로서 헨리의 하버드 시절을 다음과 같이 기억한다:

> 그 캐리지 하우스는 헨리에게 자신만의 독특한 환대 스타일을 실천할 수 있는 충분한 공간을 제공했다. 그는 사람들과 빨리 관계를 맺고 인격적 수준까지 나눌 수 있었다. 헨리에 대한 최근의 전기서에서 마이클 오롤린은 내가 항상 느껴왔던 것을 확증해준다—우정과 환대와 공동체에 관한 헨리의 은사(gifts)는 삶에 대한 성만찬적 접근방식에 뿌리를 두고 있다는 것. 우리 삶의 기쁨과 고통과 슬픔과 제약들과 소망들은 그에게 들어 올려져, 축하하고 나누어져야 할 선물들(gifts)이

---

③ 역자 - 1979년 사모사 정권을 무너뜨린 니카라과 민족해방전선의 일원.

었다—그 누구도 배제되지 않는 공동 식탁에서.[25)]

---

1) Henri J.M. Nouwen, *Intimacy: Pastoral Psychological Essays* (Notre Dame, IN: Fides Publishers, 1969), 31.

2) Henri J.M. Nouwen, *Reaching Out: The Three Movements of the Spiritual Life* (New York: Doubleday, 1975), 79.

3) Ibid., 93.

4) Ibid., 109.

5) Henri J.M. Nouwen, *The Road to Daybreak: A Spiritual Journey* (New York: Doubleday, 1988), 1-2.

6) Henri J.M. Nouwen, *The Return of the Prodigal Son: A Story of Homecoming* (New York: Doubleday, 1992), 113.

7) Nouwen, *Reaching Out*, 다음 책에서 재인용 되었다: Christine Pohl, *Making Room: Recovering Hospitality as a Christian Tradition* (Grand Rapids, MI: Eerdman, 1999), 3.

8) Miriam Schulman and Amal Barkouki-Winter, "Strangers into Friends," *Issues in Ethics* 11, no.1 (Winter 2000). Available on the scu.edu website.

9) Martin Marty, *When Faiths Collide* (Oxford: Blackwell, 2005), 124-48.

10) 참고 - John Koenig, *New Testament Hospitality: Partnership with Strangers as Promise and Mission* (Philadelphia: Fortress Press, 1985).

11) James D. Smith III, "From Religious Hostility to Hospitality: A Christian Perspective," presentation at the Religious Extremism and the Responsibility of Mainstream Religions panel, Harvard Club of San Diago (March 21, 2006).

12) Henri J.M. Nouwen, "Introduction," lecture notes for Harvard Divinity School, HDS 2543: "Introduction to the Spiritual Life" (Janunary 31, 1985), 3-5. 필자의 사본.

13) James D. Smith III et al., "A Spiritual Mentor's Lasting Influence," *Harvard Divinity Today 2* (Spring, 2006): 1, 10-14.

14) David E. Aune, "Protreptic literature," in *The Westminster Dictionary of New Testament and Early Christian Literature and Rhetoric*, ed. David E. Aune (Louisville, KY: Westminster John Knox, 2003), 383-84.

15) Ibid., 385.

16) Eric Osborn, *Clement of Alexandria* (Cambridge: Cambridge University Press, 2005), 34.

17) Henry J.M. Nouwen, *Lifesigns: Intimacy, Fecundity, and Ecstasy in Christian Perspective* (New York: Doubleday, 1986), 45-68.

18) Henri J.M. Nouwen, *Creative Ministry: Beyond Professionalism in Teaching, Preaching, Counseling, Organizing, and Celebrating* (Garden City, NY: Doubleday, 1971).

19) 예를 들어, 보스턴 칼리지(Boston College)의 철학자 피터 크리프트(Peter Kreeft)의 저작들은 그러한 성찰을 위한 기회를 제공한다. 이 에세이의 맥락에서 필자는 또한 로날드 롤하이저(Fr. Ronald Rolheiser)의 문학 작품에 대한 학술 회의의 대담들을 재미있게 만끽했다.

20) Eric Osborn, *Clement of Alexandria, Selections from the Protreptikos*, trans. Thomas Merton (Norfolk, CT: New Directions, 1962), 11.

21) Carolyn Osiek and David L. Balch, *Families in the New Testament World: Households and House Churches* (Louisville, KY: Westminster John Knox, 1997), esp. 38-39, 195-214. 보다 최근의 출판물들도 또한 이 주제들을 발전시키고 있다.

22) Gustav Stahlin, "Xenos," in *Theological Dictionary of the New Testament*, ed. Gerhard Friedrich, vol.5 (Grand Rapids, MI: Eerdmans, 1967), esp. 15-25.

23) Rowan Greer, "Hospitality in the First Five Centuries of the Church," Monastic Studies 10 (1974): 29-48. 나우웬이 이 동일한 학술지 같은 호에 기고한 논문들이 그가 곧 『손 내밀기』에서 보다 상술할 주제들을 예감케 해준다는 것은 부가적으로 흥미로운 사실이다.

24) Rule 53.1; 이하에서 재인용 - Timothy Fry, O.S.B., ed., *The Rule of St. Benedict in English* (Collegeville, MN: The Liturgical Press, 1982), 73.

25) Peter Weiskel, "A Spiritual Mentor's Lasting Influence," *Harvard Divinity Today* 2 (Spring 2006): 11.

17

사랑하는 자로 이름되고 주장되어
: 청소년 목회의 영성에 대한 헨리 나우웬의 공헌

– 마이클 헤르닉(Michael Hyrniuk)

헨리 나우웬은 영적 저술가로서 이룩한 많은 공헌들 때문에 기억될 것이다. 그는 영적 생활과 목회 사역과 연관된 많은 중요한 주제들, 예를 들어, 독거, 침묵, 기도 그리고 환대 등의 주제들을 다루었다. 여기서 나의 의도는 헨리 나우웬이 과거 10년에 걸쳐 청소년 목회 분야에 공헌해왔던 방식에 대한 몇 가지 성찰들을 제공하는 것이다. 배경과 맥락으로서 필자는 개인적으로 나에게 미쳤던 헨리의 영향력에 관하여 약간의 언급을 함으로 시작하여, 지난 10년간 나의 주의와 헌신을 사로잡아왔던 청소년 목회와 영성 프로젝트(Youth Ministry and Spirituality Project, YMSP)에 대한 기술로 나아가고자 한다. 바로 이 프로젝트를 통하여 헨리의 목회에 대한 비전은 젊은이들과 그들을 보살피고 있는 사람들의 기독교적 형성에 대한 새로운 접근방법을 형성해 왔다. 헨리가 이 프로젝트에 영향력을 미쳤던 구체적인 방식들을 들여다 본 후에 필자는 목회 일반과 특별히 청소년 목회에 대한 헨리의 생각과 삶의 중요성에 대한 몇 가지 생각들과 물음들로 결론을 맺으려 한다.

헨리와 나: 물음들을 분별하기

나는 내가 헨리 나우웬의 작품을 마주쳤던 처음 순간을 정확하게 기억하지 못한다. 그것은 마치 자전거를 탈수 있게 된 첫날이나 수상 스키를 타고 일어나게 된 첫 순간과 같다. 우리가 그 사건에 대한 분명한 기억을 언제나 갖고 있는 것은 아니다. 단지 그 짜릿함만을 기억한다. 내가 십대에 헨리를 발견한 것은 중요하다고 생각한다. 나는 위니펙(Winnipeg)의 고등학교 학생으로서 『열린 손을 가지고』(*With Open Hands*)의 복사본을 쳐다보던 희미한 기억을 갖고 있다. 아니면 『손 내밀기』(*Reaching Out*)였던가? 확실하지는 않다. 하지만 내가 생생하게 기억하는 것은 토론토의 성 미카엘 대학에 학부생으로 있던 1981년 『마음의 길』(*The Way of the Heart*)를 읽었다는 것이다. 그때 나는 18세였고, 우크라이나 카톨릭 교회에서 사제가 되는 소명을 숙고하고 있던 중이었다. 나는 사막 교부들에게 매료되어, 그와 같은 사람이 되고자 계획하고 있었지만, 정작 나는 아포테그마타(Apothegmata, 교부들의 금언집)의 의미조차 거의 이해할 수 없었던 때였다. 내가 『마음의 길』을 발견했을 때, 그것은 나에게 혁명이었다.

마침내 나는 이 초기 수도원 운동의 의미를 이해하기 시작했을 뿐만 아니라, 더 중요하게도, 그리스도 안에서 영적 삶의 의미와 힘을 이해하기 시작한 것이다. 나는 단지 그것을 귀가(coming home)로 기술할 수 있을 뿐이다. 헨리의 다른 작품들을 탐구하기 시작하면서, 나는 그가 의미와 사랑을 향한 내 마음의 가장 깊은 절규를 알고, 그 울부짖음에 목소리를 부여하는 것처럼 느껴졌다. 그는 내 자신의 고통을 알고 있는 듯했고, 그리고 의심과 두려움들도 알고 있는 듯 했다. 그 자신의 연약함과 솔직함 속에서 그는 내 자신의 불안정성들, 내 자신의 원초적인 상처를 표현해 낼 수 있었다.

헨리는 또한 내가 결코 경험하지 못한 방식으로 하나님의 마음을 아는 것 같았다. 그는 예수의 긍휼(compassion) 안에 담긴 하나님의 처음 사랑과 그의 완전한 표현에 관해서 말했다. 이는 또 하나의 예수로서, 그의 말씀과 행위가 내 삶을 조명하고 구원할 수 있었다. 헨리는 신비스럽고 매혹적인 방식으로 영적 생활에 말을 걸 수 있었다. 그의 독거와 침묵과 기도의 삶에 대한 비전은 치유적이고 고무적이었다. 그는 하나님 추구에 철저할 수 있도록, 성령의 능력에 내가 완전히 개방적이 되게 하여 주었다. 그의 목회에 대한 비전은 내 자신의 사명감을 명확하게 해 주었다. 예수 그리스도의 목회자가 되는 것 즉 파탄난 세상의 한 복판에서 상처받은 치유자가 되고 그리고 하나님의 처음 사랑에 대하여 기도하는 증언자가 되는 것은 내가 할 수 있는 가장 위대한 일이었다. 그의 글이 풍기는 단순하고 조용하고 친밀한 어떤 것이 나에게 나는 반석 위에 집을 짓고 있다는 확신을 주었다. 그것은 마치 그가 거기에 안내자로서 내 바로 곁에 있는 것 같았다.

22세 때 나는 위니펙의 라르슈 공동체에 합류하여, 거기서 도합 5년을 보냈다. 그때 즈음 나는 또한 장 바니에(Jean Vanier)도 발견하였다. 헨리처럼, 그의 말은 나에게 실재적이고 진정한 것으로 느껴졌다. 공동체의 신비에 대한 그의 명확한 표현은 내 자신 스스로 이 경험을 맛볼 수 있도록 나를 독려하였다. 내 친구들과 가족들은 내가 미쳤다고 생각하며, 내 삶을 지체부자유자들에게 허비하고 있다고 생각했다. 그러나 하나님에 관해서 만큼은 난 상당히 철저하려는 성향이 있다. 난 헨리와 내가 라르슈에 함께 합류했다고 생각하고 싶나. 그때가 1983년 이었고, 그리고 그는 트로슬리를 처음으로 방문했는데, 그곳은 바니에가 최초의 라르슈 집을 세운 곳이다. 라르슈는 목회와 목양적 돌봄을 내가 처음으로 경험한 곳이다. 그것은 놀라운 것이지만 그러나 또한 매우 힘든 것이었다. 비록 나는 그를 개인적으로 만난 적이 없지만, 나는 나와 동행하는 헨리를 갖게 되어 기쁘고 감사했다. 왜냐하면 헨리도 역시 라르슈의 선물과 도전들을 발견했기 때문이다. 헨리의 『생명징후들』, 『데이브레이크로 가는 길』과 『탕자의 귀환』을 성찰해 가면서, 내 앞에는 보다 큰 도전이 있다고 느끼기 시작했다. 그와 바니에가 라르슈에서 명확하게 했던 것은 교회와 사회라는 보다 큰 세계와 소통될 필요가 있었다. 나는 이에 대한 부르심을 삶의 사명으로 느낀다.

나는 기독교 영성 분야에서 석사 학위와 박사 학위 공부를 계속해 나갔다. 헨리와 장은 여전히 나의 두 영웅이었고, 그리고 학자와 목회자로서의 나의 소명감은 그들의 증언으로 깊이 양육되었다. 나는 내가 그들에게 배우고 그리고 라르슈에서 경험한 것을 의미있게 체현해 내려면 두 개의 고등 학위가 필요할 것이라고 말하곤 했다. 1996년 9월 박사학위(Ph.D.) 공부를 시작한지 삼 년째가 되면서, 학위과정 자격시험과 박사학위논문 심사위원회를 구성하게 되었다. 며칠 내로 마침내 내 꿈을 이루어, 헨리에게 전화를 걸어 내 학위논문 심사위원회에 참여할 수 있는지 전화할 참이었다. 애틀란타 에모리 대학(Emory University)의 비숍 홀로 걸어 들어가다, 한 친구가 나를 옆으로 불러내 그의 사망 소식을 알려주던 날 아침을 기억한다. 우리 모두는 큰 충격에 빠졌고 그리고 며칠 동안 비통에 잠겨 있었다.

2001년 나는 라르슈 상황에서 영적 변혁에 초점을 맞춘 학위논문을 마쳤다. 제목은 "교제 안의 성장"인데, 이 논문은 장기 협력 보조간사들(long-term assistants)과의 인터뷰와 또한 장 바니에와 헨리 나우웬의 삶과 저작들에 대한 주의 깊은 연구에 기초했다. 이 연구 속에서 나는 두려움과 죄책감과 수치심의 치유에 참여하는 라르슈 협력간사들의 여행 속에서 일어나는 깨달음과 변혁의 과정을 분별하였다. 헨리의 비견키 어려운 작품 『사랑의 내적 음성』을 읽고 또 읽으면서, 나는 이 치유과정이 다른 형태의 목회를 하고 있는 사람들의 영적 생활에도 마찬가지로 중요성을 가질 것이라는 사실을 감지하기 시작했다. 헨리가 기술하고 있는 것은 아주 기본적이면서 아주 강력한 것이어서 나는 그것이 종교 교육, 영적 형성 그리고 목회상담에 종사하고 있는 이들을 위해 해석되어져야만 한다고 느꼈다.

하나님의 섭리로, 2001년 바로 그 일을 할 수 있도록 초청장을 받았다. YMSP의 공동소장(co-director)직을 청탁받았는데, YMSP란 캘리포니아 샌 안셀모에 위치한 샌프란시스코 신학대학(San Francisco Theological Seminary)에 기지를 둔 청소년 목회의 영적 갱신을 위한 전국단위 프로그램이다. 나는 이 프로젝트의 컨설턴트로 3년간 일해 왔었고 그리고 청소년 회중 목회의 핵심에 명상적 영적 형성을 두려고 시도하는 그들의 노력을 지원해 왔다. 그들은 막 또 다른 활동을 위한 기금을 받았고 그래서 나를 그들의 거주 신학자가 되도록 초청하였다. 그들은 자신들의 협력 교회들에게 영적 형성의 신학적 의미를 분명하게 설명해 줄 수 있는 누군가를 원했다. 그들은 젊은이들과 젊은이 사역 목회자들에게 이 길을 밝혀줄 수 있는 방식으로 치유와 회심의 경험을 해석하도록 도와줄 누군가를 원했다. 나는 이 부르심에 예라고 답했고, 그리고 이것이 바로 헨리 나우웬의 증언이 북미 교회에서 청소년 목회의 온전한 새로운 길을 위한 토대가 된 방식이다.

청소년 목회와 사랑받는 자의 여행: 강박으로부터 명상으로

YMSP는 마크 야코넬리(Mark Yaconelli)라는 이름의 젊은 청소년 목회자가 주도하여 형성되었는데, 그는 젊은이들의 영혼을 구원하려는 노력을 기울이다 환멸과 고갈과 소진을 경험했었다. 마크는 수년간 청소년 목회에 관계하였다. 그는 젊고 역동적이고 카리스마가 있으며, 기타를 연주하는 청소년 목회자의 원형이었다. 그의 아버지 마이크 야코넬리(Mike Yaconelli)는 청소년전문사역(Youth Specialities)의 설립자였는데, 이 단체는 청소년 목회 자료들을 보급하는 세계에서 제일 큰 기관들 중의 하나이다. 마크는 청소년 목회 "산업" 속에서 성장했다. 그는 그의 안과 밖을 알고 있었다. 그는 또한 그 모든 아주 짜릿한 이벤트들과 프로그램들과 활동들과 자원들 속에 무언가가 빠져 있음을 알고 있었다. 모튼 켈시(Morton Kelsey)와 함께 영성 퇴수회를 가진 후에 마크는 만일 교회들이 그들의 청소년 목회의 중심에 명상적 영적 형성을 둔다면 어떨까하는 생각을 갖기 시작했는데, 켈시는 그 퇴수회에서 생전 처음으로 일군의 고대의 기도 법들을 접해 보았다. 만일 기도와 분별력이 열광적인 흥분 대신에 목회를 불러일으키기 시작하다면 아이들과 청소년 목회자들과 성인 자원봉사자들과 교회들에게 무슨 일이 일어날까? 릴리 자선재단(The Lily Endowment)은 10개 교단, 26개 협력 교회들과 몇몇 청소년 목회 단체들의 청소년 목회 지도부들과 더불어 이 물음을 연구하기 위해 10년에 걸쳐 3번 연속으로 기금을 조성해 프로젝트를 진행시켰다. 그것은 교단 실행위원들과 단체 실행위원들, 고위급 목사들, 청소년 목회자들, 성인 자원봉사자들 그리고 젊은이들로 구성된 조직을 배태하였다.

YMSP에 있는 우리 모두에게 명백했던 것은 바로 청소년 목회는 두 개의 지표가 되는 어젠다(agendas)에 의해 지배되고 있다는 사실이다. 주류 복음주의 교회들의 주요 어젠다는 재미와 게임들에 기반한 프로그램들을 제공하는 것이었다. 우리는 그 어젠다를 청소년 목회의 엔터테인먼트 모델이라 불렀다. 엔터테인먼트에 대한 강조는 가장 많은 수의 젊은이들을 교회 생활로 끌어올 수 있는 교회 기반의 레크레이션 프로그램들, 이벤트들 그리고 활동들에 주로 주목한다. 이와 유사한 예로서 피자의 밤, 밤새기(lock-in), 영화보기, 스키 위켄드 그리고 미션 트립 등이 있다. "아이들을 위해 무언가를 하려는" 부모들과 담당 사역자들의 호의와 최선의 의도를 인정하긴 하지만, 엔터테인먼트에 대한 강조는 또한 그들의 입장에서 교회는 지루하고 뒤떨어진다는 젊은이들의 불평에 대처하기 위한 걱정스런 관심에 의해 동기 유발되었다. 거기에는 바로 "멋지고," 재미와 흥분을 약속하는 일군의 활동들을 제공함으로서 젊은이들의 삶속에서 레크레이션과 엔터테인먼트의 사교적이고 현란한 편성들과 경쟁하려는 함축적인, 때로는 노골적인, 시도가 있는 것이다. 교회들이 그 젊은이들에게 (따뜻한 피자와 더불어) 매력적인 활동들을 제공할 수 없는 한, 교회들은 세상의 영향력에 젊은이들을 잃고 말 것이라는 두려움이 거기에 있었다.

재미있는 활동들을 제공하는 교회들은 십대들을 끌어들이고 연결할 수 있는 에너지와 역동성과 카리스마를 갖춘 젊은 성인 나이의 청소년 목회자를 통상 고용하고 있다. 우리 프로젝트의 한 청소년 목회자가 표현하듯이, "핵심적 요소는 숫자들이다. 숫자는 주변의 모든 다른 게임보다 재미있고 보다 흥분되고 보다 흥미로운 프로그램을 창출한다."

다른 어젠다는 주로 로마 카톨릭과 동방정교회 교회들에서 (그리고 어느 정도는 성공회 교회들에서) 찾아볼 수 있는데, 그것은 바로 교리문답 교육이다. 여기서 초점은 해당 교회 전통의 믿음들과 도덕적 가치들의 충실한 전달이며, 이는 곧 교리적 지식의 증가를 위함이다. 최우선적인 관심은 정해진 연령의 젊은이들을 위한 성례전 교육이며, 이는 또한 부모들과 교회 당국자들의 입장에서는 (예를 들어 '선한 카톨릭'이 되도록) 제도적 정체성과 충성심 그리고, 비록 명목상일지라도, 정기적 참여의식을 심어주려는 (즉 "정기적인 출석자"가 되게 하려는) 근심어린 시도들인 셈이다. 청소년 목회란 성례전 준비를 위한 교육 프로그램의 교육자 혹은 진행자로 이해되고 있다. 카리스마적 성품은 전통적 믿음들과 규범들과 도덕적 가르침의 올바른 소통에 대한 헌신만큼 중요하지는 않다.

YMSP에 있는 우리들에게 분명했던 것은, 엔터테인먼트에 초점을 두건 교육에 초점을 두건 아니면 그 양자의 어중간한 혼합에 초점을 두건 간에, 북미 청소년 목회의 대부분은 두려움과 불안으로 추동되어지고 있다는 사실이다. 그것은 바로 교회는 젊은이들을 잃고 있고 그리고 젊은이들에 고유한 문화에 매력적이거나 적합하지 않다는 두려움일 것이다. 그것은 바로 젊은이들이 무엇을 믿어야 할지 모른다는 혹은 젊은이들은 도덕적 가치들과 덕목들을 형성함에 보다 많은 지도를 필요로 한다는 두려움일런지도 모른다. 대부분의 경우, 북미의 청소년 목회는, 헨리가 기술해주고 있듯이, “사랑의 집”의 자유 속에서 살아가고 있는 것이 아니라 “두려움의 집”에 살고 있다. 그의 표현을 빌리자면, “우리의 교육적, 정치적 종교적 심지어 사회적 삶이 얼마나 두려움으로 인한 물음들에 대한 답을 찾는데 동조되어 있는지를 고려할 때, 왜 사랑의 메시지가 들려질 기회를 거의 얻지 못하고 있는지를 이해하기란 어렵지 않다.”[1] 청소년 목회는 신앙과 신뢰보다는 오히려 불안으로부터 태동된 물음들에 의해 다스려지고 있는 듯하다. 분별되어져야만 할 필요가 있는 것은 단순히 목회의 형식들이 아니라, 그것들의 태동을 근거하는 “영들”이다. 바로 이 두려움과 불안의 “불결한” 영들이 성령으로 태어나야 할 청소년 목회가 실현되기 어렵게 만들고 있는 것이다.

두려움의 진단은 또한 청소년 목회에 종사하는 많은 사람들에게도 적용된다. 많은 청소년 사역자들은 “강박적 목회자”라는 헨리의 기술에 부합하는데, 이들은 참석해야 할 모임들과 가야할 심방들과 운영해야 할 프로그램들과 조직해야할 이벤트들로 무척 바쁜 사람들이다. 이 사역들이 강박적 목회자를 정의하는 것은 아니다. 강박적 목회자를 정의하는 것은 바로 동기부여(motivation)이다. 헨리는 이렇게 표현한다: “기본적인 물음은 예수 그리스도의 목회자들로서 우리는 우리 자신과 다른 사람들의 치명적 상태를 보지 못하도록 만들어온 우리 어두운 세계의 유혹의 세력들에 의해 너무 깊이 영향을 받아서, 우리 자신의 삶을 헤집고 나아갈 힘과 동기를 상실하지 않았는가 하는 것이다.”[2]

성령 안에서 철저한 거듭남과 예수 그리스도 안에서 하나님과의 지속적인 친밀감의 경험을 향한 복음의 부르심의 빛에서 YMSP의 사명은 불안으로 추동되거나 혹은 강박적인 목회로부터 그리스도 중심적인 성령이 이끄시는 목회로의 변혁으로 나아가도록 청소년 목회자들을 후원하는 것이다. 이 사역은 강박적 충동으로부터 명상으로 전환해 나아가면서 그들을 후원하기를 도모한다. 보다 많은 프로그램이나 보다 충실한 교리교육을 선호하는 젊은이들과 그 부모들의 소비자 심리에 근심스럽게 반응하기 보다는 오히려 이 사역은 성령을 분별하면서 하나님의 임재를 경청하고 그리고 젊은이들을 예수의 길로 동행시키는 기독교 공동체들을 육성함으로서 그의 사명을 완수하기를 추구한다. 이 사명은 청소년들의 영적 형성 뿐만 아니라 청소년 목회자들의 영혼들에도 초점을 맞추었다.

청소년 목회에 대한 명상적 접근방법을 구체적으로 구상해 낼 때 우리의 핵심 물음들 중 하나는 다음과 같은 것이다: 예수의 젊은 제자들이 영적인 삶 속에서 성장한다는 것은 경험적으로(*experientially*) 무엇을 의미하는가? 우리는 우리의 방향성들을 헨리 나우웬으로부터 직접적으로 취했는데, 그는 영적 삶을 "사랑받는 자 되어가기"(becoming the Beloved)의 과정으로 강력하게 언표한다. 헨리에겐 하나님의 첫 사랑이 언제나 출발점이다. 이 출발점은 (예수의) 세례와 변용에서 가장 충만하게 계시되어지는데, 바로 거기서 성부는 성자를 그의 사랑하는 자로 기름 붓고 축복한다. 세례 받고 물 밖으로 나올 때 보았던 예수의 비전(vision)을 기술하는 마가복음 이야기의 표현들을 상기해보라: "곧 물에서 올라오실 새 하늘이 갈라짐과 성령이 비둘기 같이 자기에게 내려오심을 보시더니 하늘로부터 소리가 나기를 너는 내 사랑하는 아들이라 내가 너를 기뻐하노라 하시니라" (1:10-11; 개역개정).

헨리에게처럼 우리에게도 이 사건의 내적 의미가 결정적이다. 그것은 바로 하나님이 기뻐하시는 하나님의 사랑하는 아들로서 이름되어지고 주장되어지는 예수의 경험이다. 그것은 성부의 포옹 속에서 무조건적으로 사랑받고 그리고 유일무이하게 아름답고 가치 있는 자로서 그의 핵심적 정체성에 대한 예수의 각성이다. 예수가 기름부음을 받은 자로서, 즉 그리스도로서 자신의 정체성을 전적으로 자각하게 되었던 것과 마찬가지로, 그 예수를 따르는 사람들도, 젊었든지 늙었든지 간에, 우리를 강박적으로 추동해 나아가는 거짓된 정체성을 탈피하고 그리고 하나님의 자녀들의 평화와 영광스런 자유 안에서 살도록 부름받은 자로서 점차 성령에 의한 동일한 기름부음을 받도록 초대받는다고 믿는다. 사랑받는 자로서 자신을 아는 것은 자신의 세례 받은 정체성과 소명을 시작하는 것이다. 그것은 그리스도-의식(Christ-consciousness)에 대하여 각성케 되는 것이다.

만일 그리스도의 세례가 우리 자신의 원형(archetype)으로 간주된다면, 헨리의 작품 속에서 청소년들과 청소년 목회자들을 위해 우리가 듣는 초청은 그들이 이 성례전의 치유하는 능력에 경험적으로 입문하는 것이다. 『사랑받는 자의 삶』(*Life of the Beloved*)에서 헨리는 그의 친구 프레드(Fred)에게 다음과 같이 적는다:

> 사랑받는 자가 되는 것은 우리가 일구어내야 할 위대한 영적 여행이다. ... 사랑받는 자가 되는 것은 우리의 사랑받음의 진리가 우리가 생각하고 말하고 행동하는 모든 것 속에서 구체적인 살을 입는 것을 의미한다. 그것은 전유(appropriation) 혹은 보다 나은 표현으로 성육신의 길고 고통스런 과정을 수반한다.[3)]

YMSP 즉 우리의 청소년 목회와 영성 프로젝트에서 우리는 "사랑받는 자 되어가기"의 이 과정 이야기를 듣고 우리 눈으로 보아왔다. "난 지난 20년 간 청소년 담당목사였지만 이런 식으로 설교되는 복음을 듣거나 느껴본 적이 없었다"고 우리에게 고백하는 윌(Will)과 같은 증언을 들어왔다. 혹은 입양아로 성장하여 그녀의 삶의 모든 시간동안 외로움과 수치와 분노로 가득찼던 사라와 같은 경험들을 들어왔다. 우리 청소년 행사에 그녀와 같이 참석했던 그녀의 어머니는 우리에게 다가와 이렇게 말했다: "올 여름 저 밖에서 무슨 일이 있었는지 전 모르지만, 우리 딸은 다른 사람이 되었습니다. 이건 거의 전율스런 일이예요. 딸 애는 지금 평화로워 보이고 그리고 내게는 분노와 경멸 대신 오직 친절과 감사로 대하고 있어요." 우리 프로젝트 참가자들로부터 받은 다른 증언들을 몇몇 아래에 열거해 보자면:

"난 은혜의 말씀들을 배웠습니다: 너는 나의 사랑하는 자다. 넌 충분하다." — 왈라스(Wallace), 청소년 목회자 & 교단 지도자.

"난 성령이 내게 말씀하시는 것을 들었습니다 — 내가 네게 호흡을 주었다. 너는 내것이다. ... 받아들이고, 그대로 살아내라, 두려움없이." — 로리(Laurie), 성인 자원봉사자

"나이가 들어가면서, 하나님은 나에게 가장 깊은 하나님의 아름다움을 드러내게 할 기회를 주셨습니다." — 시드(Sid), 목사 & 교단 지도자.

"맞습니다, 맞습니다, 맞습니다! 물론 바로 이것이 그것이 이루어지는 방법입니다. 사랑받고 축하받고 — 포옹받고 그리고 소중히 여겨지고. 내가 머리로 알고 있던 것, 예전에 내 마음으로 잠시 느꼈던 것이 이제 내 뼈속으로 각인되고 있는 중입니다. 난 그 속에 잠겨, 내 인생동안 그토록 자주 내가 굴복해야 했던 '맞습니다, 그러나 ....'라는 유혹과 맞서 싸움없이 그것을 충만히 만끽했습니다." — 폴, 목사.

"이것이 내 삶을 바꾸었습니다. 내가 내 삶을 예수에게 의탁하기를

기피해 왔다고 말할 수는 없겠지만, 그러나 나는 내가 불가능하다고 생각했던 사랑을 드디어 느끼게 되었습니다."—나단, 청소년.

우리는 윌과 사라와 YMSP의 다른 지체들이 성령이 언표하시는 그들의 가장 깊은 이름을 듣고, 그 음성을 신뢰하고 그리고 사랑받는 자의 부활한 삶을 살도록 자유롭게 되었다고 믿는다. "사랑받는 자가 되면서," 그들은 자신들의 핵심적 정체성의 변혁(transformation)을 경험하는 중이다.

헨리 나우웬은 "사랑받는 자 되어가기"라는 이 과정을 용납받고, 축복받고, 깨어지고 그리고 주어지는 과정들을 통해 성례전적 방식으로 접근한다. 우리는 그와는 약간 다른 방식으로 그 과정에 접근하여, 예수의 삶과 목회 속에 드러나는 세 가지 중추적인 나아감들을 통하여 하나님의 사랑받는 자로서 그리스도의 여행을 따르고자 한다. 실체 상, 이 나아감들은 헨리의 기술과 거의 동일한 것들이다. 그 나아감들은 기독교적 회심의 핵심에서 사랑의 주고 받음을 표현한다. 앞에서 기술했듯이, 첫 번째 나아감 속에서 예수는 요단 강가에서 사랑받는 자로 이름되어진다. YMSP의 형성 사건 과정들 속에서 우리는 나우웬의 『마음의 길』(*Way of the Heart*)에 의지하여, 독거와 침묵과 기도와 안식을 위한 공간을 창출하도록 우리를 안내하여, 그 안에서 우리를 하나님의 사랑받는 자로 이름하는 "사랑의 내적 음성"을 듣도록 돕는다. 이는 그들의 내적 아름다움과 그들의 고유함과 그들 안에 계신 하나님의 현존에 대한 각성 과정이다. 그것은 심판하고 처벌하시는 하나님의 이미지들을 내어 버리고, 안전케 하실 뿐만 아니라 우리 안에서 기뻐하시는 분으로서 하나님을 탐구하도록 하는 초대이다.

두 번째 나아감 속에서 예수는 사막에서의 유혹을 통하여 그의 정체성을 온전하게 주장한다. 여기서 사탄은 예수의 하나님 한분만을 향한 욕망을 흩어 딴 데로 돌리고자 시도한다. 그는 세례 때 예수에게 주어진 이름을 모호하게 하고 왜곡하고자 시도한다. 그는 사랑받는 자로서 자신의 정체성을 기적들이나 볼거리들을 통해 입증하기를 시도하도록 부추기거나 권력의 약속을 가지고 그를 유혹하고자 시도한다. 청소년 목회에 종사하고 있는 우리들은 헨리가 『예수의 이름으로』에서 아주 명민하게 해석한 유혹들과의 투쟁을 잘 알고 있다.[4] 청소년 목회자들은 적합하고 극적이고 강력한 청소년 목회에 대한 이상적인 이미지들과 표준들, 즉 아이들을 그리스도에게로 데려올 수 있는 모든 알맞은 자질들과 도구들을 갖춘 "힘을 부여받은" 혹은 "완전한 준비가 된" 목회자의 이상과 표준들에 따르도록 유혹받는다. 청소년들은 또한 그들 나름의 방식대로 인기 있고 강력해야 한다는 동료집단의 압박감들에 의해 지속적으로 유혹 받는다. YMSP의 형성 행사들 가운데 우리는 우리 동역 교회들의 지체들이 그들 자신 안에서, 그들 교회 안에서 그리고 하나님의 사랑받는 자로서 그들의 정체성을 유혹하고 교란하기를 도모하는 그들의 문화 속에서 음성들을 식별하도록 돕는다. 우리는 나우웬의 유혹 치료법을 사용하여, 그들의 삶과 목회들 가운데 작용하고 있던 영들을 분별하고 그리고 그들의 가치를 인격이나 목회로 증명하도록 부추기는 "고발자"(accuser)의 음성으로부터 자유를 찾도록 돕는다. 이름되어지고 주장되어지는 나아감들은 헨리가 『사랑받는 자의 삶』에서 용납 받고 축복받고 깨어지는 것으로 기술한 것에 거의 일치한다. 그것들은 사랑받는 자로서 우리 자신을 아는 경험이고 또한 이 사랑을 우리 안에서 거절하거나 저항하는 힘들에 의해 유혹받는 경험이다. 우리를 언제나 축복하시고 "되찾으시는" 분의 음성에 주의를 기울이도록 우리는 우리의 목회자들을 독려한다: "너는 두려워하지 말라 내가 너를 구속하였고 내가 너를 지명하여 불렀나니 너는 내 것이라" (사

43:1; 개역개정).

사랑받는 자의 여행 속에서 세 번째 나아감은 보내짐의 운동이다. 이 나아감은 누가복음서 4장에서 찾아볼 수 있는데, 거기서 예수는 나사렛의 자기 동네 회당에서 치유와 해방의 사명을 선언함으로서 자신의 공적 목회를 시작한다: "주님의 영이 내 위에 임하셨다. 왜냐하면 그분이 나를 기름부어, 가난한 자들에게 복음을 전하도록 하셨기 때문이다. 그분은 나를 보내시어 사로잡힌 자들에게 풀려남을 그리고 눈 먼 자에게 시력의 회복을 선포하도록 하였다" (눅 4:18ff; 사 61:1ff). 하나님의 사랑받는 자로서 이름되고 주장되는 경험 이후에, 사막에서의 시험과 유혹 이후에, 그는 성령으로부터 다른 사람들을 사랑받는 자로 이름하고 주장하도록 보내심을 받는다. 그는 나사렛의 그 자신의 공동체와 이 "좋은 소식"(good news)을 나누라는 부르심(the call)에 자연스럽게 그리고 자발적으로 응답한다. 세례로 하나님의 사랑받는 자로 이름되고 주장되는 경험 속에서 목회자들을 형성한 후에, 우리는 헨리를 따라 성령의 힘에 청소년 목회를 기초하도록 했는데, 바로 이 성령이 하나님의 사랑받는 자로서 다른 이들과—특별히 젊은이들과—이 좋은 소식을 나누고 기름을 부으도록 예수의 제자들을 부르시고 보내시기 때문이다. 『사랑받는 자의 삶』 속에서 헨리는 이 나아감을 성만찬적인 주어짐(being given)의 의미로 가리킨다: "사랑받는 자들로서, 우리의 가장 큰 실현은 세상을 위한 빵이 되는데 놓여있다. 그것은 우리 자신들을 서로에게 내어주려는 우리의 가장 깊은 욕망에 대한 가장 친밀한 표현이다."[5]

헨리 나우웬과 청소년 목회에 대한 명상적 접근방법

헨리 나우웬은 사랑받는 자에 대한 그의 신학과 영성을 우리 청소년 목회와 영성 프로젝트에 알려주고 그리고 우리의 활동을 독려해 왔다. "바쁜 전문가"의 정체성을 넘어서서 하나님의 자유와 평화 안에 기초한 정체성을 향하여 나아가라고 목회자들을 초대하면서 그는 우리의 활동에 특별한 공헌을 해 주었다. 비록 그의 언어는 우리의 언어와 다소 다르지만, 목회자가 자신을 사랑받는 자로서 앎으로인해 흘러넘치는 깊은 내면의 기쁨과 평화에 대한 살아있는 증인이 될 때, 가장 풍성한 열매를 맺는다는 그의 원리적 확신을 우리는 우리의 영적 형성 속에서 따랐다.[6] 이 마지막 부분에서 필자는 우리의 특정한 프로젝트 뿐만 아니라 청소년 목회 일반에 대한 그의 공헌을 바라보는 나의 요약적 성찰들을 전개하면서 마치고자 한다.

헨리의 삶과 증언은 세 가지 방식으로 청소년 목회의 부흥을 독려하였다. 첫째, 하나님과의 관계 속에서 그 자신의 내밀한 여행 이야기를 말해 줌으로서, 그는 청소년 목회에 종사하는 이들이 아이들에게 점점 더 큰 흥분을 야기하는 활동들과 프로그램들과 교육과정들과 이벤트들의 창출 뿐만 아니라, 그 아이들 안에서 그리고 그들을 통해 작용하는 하나님의 사랑의 힘을 경험하기 위해 그들 자신의 삶 속에서 공간을 창출하는 일에도 자신들의 에너지를 다시 집중하도록 초대하였다. 그가 『마음의 길』에서 그토록 웅변적으로 표현하듯이, "우리의 첫째가는 그리고 최우선의 과제는 내면의 불을 충실하게 보살펴, 그것이 참으로 필요할 때, 길을 잃은 여행자들에게 온기와 빛을 제공할 수 있도록 하는 것이다."[7] 자기 자신의 내적 여행에 대한 그의 열린 마음 그리고 인간 마음 속의 가장 깊은 갈망들을 명확히 표현해 내는 그의 천재성은 청소년 목회자들이 독거와 침묵과 기도 속에서 자기 자신과의 싸움을 시작하도록 도와주었다. 자기 자신의 가장 깊은 자아 속에서 하나님의 현존과 능력을 사실적으로 경험한다는 개념은 특별히 주류 개신교와 복음주의 교회들의 많은 청소년 목회자들에게 놀랍도록 새롭고 그리고 때로는 위협적이었다. 자아와의 교전 그리고 자기-이해 속에서의 성장은 이 목회자들의 삶 속에 심연에 대한 새롭고 심오한 경험을 열어주면서 또한 그들의 목회가 기도와 공동체와 영적 안내 속에서 "다시-뿌리를 찾도록"(re-source) 돕는다. 자신 안에 하나님이 거하시는 자리로부터 말할 수 있는 헨리의 능력과 다른 이들을 그 자리로 인도할 수 있는 그의 능력이 많은 청소년 목회자들과 젊은이들이 처음으로 그리스도 안에서 자신들의 내적 삶을 경험할 수 있도록 인도하는데 도움을 주었다. 하나님-안의-자아(self-in-God)라는 이 심층 차원을 발견하는 것은 청소년 목회자들이 젊은이들에게 제공할 수 있는 가장 큰 선물이지만, 그러나 그들이 그것을 스스로 먼저 경험했을 경우에만 그들은 그렇게 할 수 있다.

헨리의 두 번째 공헌은 자신의 개인적 투쟁들과 깨어짐에 대한 그의 정직성과 취약성이다. 그는 청소년 목회에 종사하는 이들에게 자기 자신들과, 서로 서로와 그리고 그 젊은이들과 함께 실재가 되라는 허락을 제공하였다. 그는 그들에게 안전을 제공하여, 그들 자신의 고통과 어둠을 소유하도록 하고 그리고 그것을 하나님과 서로에게 치유를 위해 바치도록 하였다. 상처입은 치유자에 대한 헨리의 이미지와 그의 약함의 신학은 청소년 목회에 특별히 도움이 된다. 특별히 젊은이들은 정체성을 향한 탐구가 극도로 중요한 시기이다. 그들은 극단적으로 자의식적이고 그리고 그들의 선배들에 의해 규정되고 확증 받고 격려받기를 추구한다. 그들은 자신들이 가치와 진가를 지녔는지, 이 점차 복잡해져 가고 경쟁적이 되어가는 세계 속에서 그들을 위한 자리와 미래가 있는지, 그리고 자신들이 집과 학교의 경계 너머 바깥에 있는 누군가 혹은 다른 공동체에 의해 유일무이한 것으로 안전하게 주장되고 사랑받고 있는지 궁금해 한다. 비통과 불안정과 수치와 자기-회의와 더불어 씨름하는 헨리 자신의 투쟁은 청소년 목회자들에게 그들 자신의 깨어짐에 직면하여 자신들을 안내하고 지탱할 수 있는 언어를 주었다.

그것은 또한 스스로의 어둔 밤 속에 빠져있는 젊은이들을 동행할 때 위대한 선물이었다. 다음과 같은 말을 할 때, 그의 말은 청년 목회자들과 그들이 돌보고 있는 젊은이들의 가슴에 직접적으로 말한다:

> 바로 여기에 내 영적 투쟁의 핵심이 놓여있다: 자기-거절, 자기-경멸 그리고 자기-혐오에 저항하는 투쟁 ... 그러나 진짜 죄는 하나님의 나를 향한 첫 사랑을 부인하는 것, 나의 본래적인 선함을 무시하는 것이다. 내 자신을 위한 그 첫 사랑과 그 본래적 선함을 주장함이 없기 때문에 나는 내 진정한 자아와의 접촉을 상실하고, 내 아버지(Father)의 집에서나 찾아볼 수 있을 것들을 잘못된 사람들과 잘못된 자리에서 파괴적으로 탐색하는 과정에 착수한다.[8)]

"사랑받는 자가 되는 것"이 무엇을 의미하는지에 대한 헨리의 명확한 설명은 청소년 목회자들이 자신들의 인성이 담지한 아름다움과 상처에 편안해 지고 그리고 자신들은 충분하다는 신뢰 가운데 그 자리에서 목회할 수 있는 가능성을 열어주었다. 그것은 젊은이들을 자유롭게 하여, 인생의 궤적이 하나님의 사랑에 대한 경험과 그 능력에 의해 완전히 변화받는 발달적 순간에 자신들의 삶 속에서 정체성의 핵심 의미를 받아들이도록 해주었다.

마지막으로 헨리는 단지 청소년 목회뿐만 아니라 모든 목회의 명상적 부흥을 일으키기 위해 작용하고 계시는 성령의 보다 큰 움직임이라는 맥락 속에서 교회의 목회에 대해 언급해 왔다. 우리가 YMSP에서 우리의 첫 번째 정식 형성을 시작한지 오래지 않아서, 우리가 가르치고 있는 모든 것은 청소년 목회에 뿐만 아니라 자신들이 몸담고 있는 공동체들의 모든 목회에 적용될 수 있다는 의견을 우리 협력 교회들의 일부 목사들과 사제들은 피력하기도 했다. 청소년 목회에 대한 이 명상적 접근 방법은 자신의 교회에서 그리고 그 교회가 아이들과 성인들과 병자들과 노인들에 대한—말하자면 모든 이들에 대한—목회를 이해했던 방식에서 전체적인 패러다임 전환을 수반할 것이라고 한 사람이 언급했다. 우리는 흡족한 만족감으로 고개를 끄덕였다. 우리가 그들에게 내세우는 것은 바로 숫자와 돈과 결과들을 지향하며 과도하게 활동적이고, 불안을 통해 추동되는 목회를 벗어나 인간 관계들 속에 현현하시는 하나님의 사랑에 대한 경청과 분별과 반응에 기반한 성령이 인도하시는 목회로 나아갈 수 있는 선택이었다. 이 새로운 패러다임 속에서 훌륭한 목회에 대한 판단기준은 생산성이 아니라 우리 자신과 우리 서로와 하나님과의 친밀한 관계를 통하여 경험되는 "열매맺음"이었다. 우리는 헨리의 교회에 대한 비전을 단지 순진한 이상주의의 산물로서가 아니라 실재적인 가능성으로 제시하였다. 헨리 스스로 표현하듯이:

> 훈련과 공동체와 기도와 침묵과 보살피는 현존과 단순한 경청과 사모함과 깊고 지속적인 우정이 얼마나 중요한지. 우리 모두는 그것을 무척이나 원하고 있지만, 여전히 그 모든 것은 환상이라고 주장하는 힘은 얼마나 강력한지. 그러나 우리는 힘을 얻기 위한 싸움을 성령을 위한 공간을 창조하는 싸움으로 대치해야만 한다.[9)]

특별히 청소년들에게 삶의 가장 중요한 차원은 관계성이라는 것은 주지의 사실이다. 젊은이들은 아주 짜릿한 행사들이나 확신 준비를 통해서가 아니라 독거와 공동체 속에서 이루어지는 깊은 만남의 순간들을 통하여 하나님을 경험한다고 우리에게 말한다. 자신들의 교회를 진정성과 관계로 다시 돌아오도록 부르짖는 젊은이들의 외침 속에 숨겨진 선물이 있다고 우리는 자주 교회 지도자들에게 말한다. 숫자들이나 교회 청소년-목회 프로그램들의 외형적 "성공"은 성령의 열매들이 그 젊은이들 속에서 태동되어지지 않는다면 전혀 소용이 없다. 이는 교회의 다른 목회들에도 동등하게 적용된다. 우리는 목회적 효율성에 대한 진정한 척도로서 친밀감(intimacy)과 풍성한 창조력(fecundity)과 신비합일(ecstasy)로 구성된 헨리의 "생명징후들"(lifesigns)에 대한 비전을 지속적으로 참조한다. 만일 기독교인들이 예수와 팔복의 길로 그들을 동행하기를 도모하는 교회들과 연관하여 자신들의 삶 속에서 이 열매들을 경험할 수 있는 능력 가운데 성장하지 않는다면, 그렇다면 그들은 하나님의 성령 안에서 형성되지 않고 있는 것이다. 만일 우리의 신부들과 목사들이 자신들의 일 속에서 겪는 불안감과 좌절감과 고립감으로 탈진되고 있다면, 그렇다면 그들은 성령이 인도하시는 목회를 실천하지 않고 있는 것이다. 헨리 나우웬은 목회자들로서 필수적인 한 가지를 이해하고 살도록 우리를 도와주었다—우리 삶 속에서 하나님의 사랑하시는 현존에 귀를 기울이고 그리고 동일한 일을 하도록 사람들을 형성하기.

사막 교부들의 영성과 라틴 아메리카의 교회들과 라르슈에 계시된 마음의 변화를 재해석하려는 헨리의 욕망은 다른 주요한 기도와 목회의 교사들이 말하는 증언과 공명한다. 토마스 머튼(Thomas Merton), 토마스 키팅(Thomas Keating), 존 메인(John Main) 조앤 치티스터(Joan

Chittister) 그리고 도로시 데이(Dorothy Day)는 우리 마음 속에 계시는 하나님의 현존에 대한 깊은 명상적 경험에 기반하는 목회와 공동체로 전 교회를 다시 부르고 있는 현대의 또 다른 예언자들이다. 결국 이 운동에 대한 헨리 나우웬의 고유한 공헌은 그가 말하는 사랑받는 자의 신학과 영성이었다. 결국 그가 저술들 속에서 나누고 있는 "사랑받는 자가 되어 가기"의 여행이 청소년 목회에 헌신하고 있는 사람들과 교회 일반에게 그들 자신의 삶 속에서 신성한 사랑의 내적 음성을 듣도록 그리고 또한 젊은 사람들이 그 음성에 동조하도록 도움을 주었다. 그 자신의 유산에 대한 무의식적 증언 속에서 헨리는 다음과 같이 적는다:

> 내가 가장 말하고 싶은 것은 우리 일상적 삶의 전체성이 "위로부터" 즉 세상으로 보내진 사랑받는 자로서 살아질 때, 우리가 만나는 모든 사람과 우리에게 일어난 모든 일이 죽음에 정복당할 수 없는 삶을 선택할 유일무이한 기회가 된다는 것이다.10)

바로 이 하나님의 첫 사랑이 담지한 치유적 능력에 대한 그의 증언이 하나님이 기뻐하시는 하나님의 사랑하는 딸들과 아들로서 우리 자신이 누구인지를 아는 신비적 합일 속에서 살아가도록 우리 모두를 초청한다. 바로 그의 이 증언이 그 사랑을 다른 이들에게 드러내도록 우리를 독려하고 우리를 목회로 파송한다.

1) Henri Nouwen, *Lifesigns: Intimacy, Fecundity, and Ecstasy in Christian Perspective* (New York: Doubleday, 1986), 17.

2) Henri Nouwen, *The Way of the Heart: Desert Spirituality and Contemporary Ministry* (New York: Seabury Press, 1981), 21.

3) Henri Nouwen, *Life of the Beloved: Spiritual Living in a Secular World* (New York: Crossroad, 1997), 39.

4) Henri Nouwen, *In the Name of Jesus: Reflections on Christian Leadership* (New York: Crossroad, 1993).

5) Nouwen, *Life of the Beloved*, 89.

6) Ibid., 103.

7) Nouwen, *The Way of the Heart*, 55.

8) Henri Nouwen, *The Return of the Prodigal Son: A Story of Homecoming* (New York: Doubleday, 1992), 107.

9) Henri Nouwen, *The Road to Daybreak: A Spiritual Journey* (New York: Doubleday, 1988), 184.

10) Nouwen, *Life of the Beloved*, 108.

18

사랑받는 목사의 삶: 교회 목사의 치유를 위한 자원

– 크리스토퍼 케이힐 목사(Rev. Christopher Cahill)

4반세기 전에 헨리 나우웬은 다음과 같은 관찰을 남겨 주었다:

> 목회에서 압박감은 막대하고, 요구들은 증가하고, 만족감은 줄어든다. 우리가 어떻게 창조적 활력으로, 하나님의 말씀을 향한 열정으로, 섬김을 향한 욕망으로 그리고 우리의 대체로 무감각한 회중들에게 의욕을 불어넣으려는 동기유발로 계속해서 충만하기를 기대할 수 있는가? 우리는 어디서 양육과 힘을 찾을 수 있는가? 우리는 어떻게 우리 자신의 영적인 굶주림과 갈증을 완화시킬 수 있는가?[1)]

여러 가지 면에서, 미국 개신교 교구 목회를 감당하는 목사들은 여전히 엄청란 양의 스트레스 하에 있다. 예를 들어, 듀크 대학의 강단과 회중 프로젝트(the Pulpit and Pew project)에 의한 최근 연구에 의하면 목사들이 지역 교구목회를 본의 아니게 떠나게되는 여러 이유들 중 가장 비율이 높았던 것은 회중들이나 교단 임원들과의 갈등이다.[2] 루터교(미조리 노회)의 목사들 가운데서 시행된 또 다른 연구는 이 교단 목사들의 많은 비율이 탈진하기 직전이어서, 곧 목회를 떠날 준비를 하고 있다는 결론을 내려주고 있다.[3] 앨번 연구소의 탁월한 출판물인 『성직자 자기 관리』(*Clergy Self-Care*)가 이러한 관심사들 중 일부를 제기하긴 하지만, 대체로 그러한 책들은 찾아보기 힘들다.[4]

때로 탈진과 우울증의 벼랑 끝 가에서 분투하고 있는 이 교구 목사들에게 이상에서 언급한 저자들의 작품들은 헨리 나우웬의 작품 『사랑 받는 자의 삶』(*Life of the Beloved*)만큼 마음 깊이 만족감을 주며 답을 주고 있지는 못하다.[5] 이번 장은 고통을 겪고 있는 교구목회자들의 치유를 위한 자원으로서 나우웬이 제안한 모델의 함축성들을 탐구한다. 수난절에 행한 예수의 행위들과 성만찬 때 집전자의 행위에 기반하여 작성된 나우웬의 개요를 따라 가면서, 필자는 목사들이 하나님의 사랑받음(Belovedness)을 포용하는 것이 무엇을 의미할지를 검토하고, 그리고 난 후 이 사랑받음이 하나님에 의해 선택받고 축복받고 상처받고 그리고 교회에 주어진 사람들로서 살아가야 할 목사들에게 무엇을 의미할지를 고려해 보고자 한다.

교구 목사들이 하나님으로부터 사랑받는다는 사실을 받아들이는 것은 그들에게 무엇을 의미할 것인가? 아주 흔히 목사들은 하나님의 종, 말씀의 종 혹은 회중의 종으로서 간주된다. 루터교 예식문에서 집단 사면을 위한 공식은 "이 당신의 고백 위에 말씀의 종(*servant of the Word*)으로 부름 받고 안수 받은 나는 하나님의 은혜를 당신 모두에게 선언합니다"라는 문구를 담고 있다. 우리가 이 말을 하는 것은 곧 예수는 섬김을 받으러 온 것이 아니라 섬기기 위해 왔다는 사실을 우리가 알고 있기 때문이고 그리고 우리는 우리의 목사들이 이 모범을 따를 것을 기대한다.

종으로서 목사 개념이 문제가 없는 것은 아니다. 극단적으로 말해서, 목사들은 회중에게 돈을 받으며 고용되어, 교회 당회의 변덕을 섬기는 이들로 간주될 수 있다. 그보다 덜 극단적인 표현으로, 목회는 단순히 일련의 과제들의 달성 혹은 성과로 간주될 수도 있다. 목회적 과제들이란 때로 특정 회중의 회칙과 조례를 통해 부여된다; 목회적 성과란 대개 그 조례들에서 요구되어지는 것 이상으로 그것을 상회해서 특별히 달성된 성과를 말한다. 목회에 대한 이 관점은 성과 지향(performance orientation)으로 나아간다; 일부 회중들에서는 목회자들이 자신들의 일자리를 보존하려면 그 조례들이 기술하고 있는 성과의 일정 수준을 유지해야 할 필요가 있다. 다른 회중에서 구성원들은 그 어떤 문서에도 기술되어있지 않는 목회적 서비스를 기대한다; 그러한 곳에서 이 표현되지 않은 기대치들을 충족시키지 못한 실패는 또한 (고용계약의) 조기 종결로 귀결될 수도 있다.[6)]

2006년 토론토 나우웬을 기리는 모임 주제인 '돌아가는 수레 바퀴'의 은유와 연관하여 언급하자면, 내가 여기서 말하고자 하는 것은 소위 수레 바퀴의 테에 집중된 이목이다. 조례들이 약술하는 목회적 의무들과 기대들은 수레 바퀴 테두리에서 "바퀴 고무가 도로를 접하는 곳"이다. 이는 차가 부드럽게 나아가지 않을 때 사람들이 제일 먼저 쳐다보는 곳이고, 그래서 회중 사이에 고민거리가 있을 때, 사람들은 제일 먼저 목사가 직무의 의무들을 수행하고 있는 방식을 쳐다본다. 수레바퀴에서 다음으로 이목이 집중되는 곳은 바퀴 살이다. 이는 성직자를 돌보는 것을 주제로 하는 책들이 대부분 초점을 두고 있는 곳이다. "당신의 육체적, 감정적, 정신적 건강을 보살피라"는 말을 우리는 듣는다. "하루 쉬세요/ 무언가 다른 일을 하세요/ 당신 목회의 우선순위를 다시 정하세요"라는 말을 우리는 듣는다. 이 모든 말들은 중요하다. 왜냐하면 완전히 무너져 내리기 전에 우리는 금이 간 바퀴 살들의 문제를 제기해야 할 필요가 있기 때문이다. 거의 어느 누구도 축에 주의를 기울이도록, 즉 목사의 하나님과의 개인적 관계에 주의를 기울이라고 주장하지 않는다. 사실, 우리는 바퀴가 축에 붙어 있기 때문에 어떤 것도 틀어질 수 없다고 가정하는 듯하다.

그러나 목사들이 자신들에게 하나님에 은혜로 주어지는 사랑받음을 주장하지 못한다면 상당히 많은 것들이 틀어진다. 그때 목회의 바퀴들은 성공과 인기와 권력과 같은 결함있는 베어링들로 돌아간다.[7] 이 베어링들은 결함이 있다. 왜냐하면 그것들은 흔히 경쟁심에 사로잡혀 있거나 자기-거절과 외로움이 자아내는 긴장감 아래서 부수어지기 때문이다. 하지만 목사들이 자신들의 사랑받음을 주장한다면, 그들의 목회는 달라진다. 목사의 진정한 정체성은 성공과 인기와 권력에 기초해 있는 것이 아니라 오히려 이 핵심 진리에 근거해 있다: "너는 내 사랑하는 자다!" 바로 이것이, 세상의 나머지 모든 사람들이 그들을 바라보는 방식이 어떻든지 간에 상관없이, 목사의 진정한 정체성이다.[8] 이것이 소위 말하자면 영원한 진리, 즉 목사들은 예수가 성부 하나님의 사랑하는 자였고 그리고 언제나 그러한 것과 동일한 방식으로 성부 하나님의 사랑하는 자들이라는 영원한 진리와 더불어 진정한 목회를 시작하는 것을 가능케 만들어 주는 것이다.[9] 이 진리는 우리가 목회를 바라 볼수 있는 방식을 변화시킨다. 예전에 우리가 기존 사회의 경쟁이라는 관점으로부터 목회를 바라보던 곳에서 우리는 이제 그것을 하나님의 긍휼의 관점으로부터 본다.[10] 예전에 우리가 불안정성의 내적 관점으로부터 목회를 바라보던 곳에서 우리는 그것을 용서의 봉헌(offering)이라는 외적 관점으로 바라볼 수 있다. 예전에 우리가 외로움이라는 인간상호관계의 입장에서 목회를 바라보던 곳에서 우리는 이제 목회의 주요 초점은 서로 간의 사랑받음으로 인사하는 것임을 본다.[11] 우리가 목사로서 우리 자신의 사랑받음을 주장할 때, 목회란 더 이상 "내가 너보다 낫다, 그러나 나는 외롭고 불안하다"고 말하는 목사들의 성품을 드러내지 않게 된다는 사실을 이해할 수 있다. 그 대신, 목회는 "성부 하나님의 사랑받는 자여, 연민과 용서와 성부의 축복 속에서 우리가 함께 할 수 있는 자리로 오신 것을 환영합니다!"라고 말하는 목사들로 성품을 드러낼 수 있다.[12]

제자들과 나누던 수난절 식사에서 예수는 빵을 취했다(*took bread*). 따라서 성만찬에서 첫 번째 행동은 "취하기" 혹은 "선택하기"이다. 교구 목사들이 예수에 의해 자신들이 선택됨(chosenness)을 포용함으로서 "사랑받는 자가 된 것"을 축하한다는 것은 무엇을 의미할 것인가?

최근 한 퇴수회에서 참여자들은 '거룩한 독서'(*lectio divina*)① 훈련 중에 요한복음 13장을 숙고하도록 요청받았다. 이는 예수가 배신당하던 날 밤에 그의 제자들의 발을 씻기시는 장면을 담고 있는 장이다. 이 이야기가 나에게 무엇을 의미할 지를 숙고하던 때에 나는 내 자신을 제자들 중

---

① 역자 – '거룩한 독서'란 성경 독서와 함께 하는 기도의 한 방법으로서, 'lectio'(독서) + 'divina' (신의 혹은 하나님의)라는 말의 번역인데, 이 용어는 고대 교회 교부였던 오리게네스가 제자들에게 권면했던 기도의 방법이다. 번역어로는 '성독,' '신독,' 혹은 '영적 독서기도'라고 다양하게 번역되어 오다, 최근 '거룩한 독서'라는 번역이 용례를 많이 얻고 있다.

하나로 보아서는 안되며 또한 내 자신을 예수로 보아서도 안된다는 것이 분명해졌다; 그 대신 "나는 대야이고 그리고 나는 수건이다"는 것을 깨달았다. "나는 대야다"는 것은 회중들 속에서 나는 예수의 종이 아니라는 것을 의미한다. 그 대신 나는 예수가 사용할 용기(容器)이고 그래서 (나의 사용을 통해) 예수는 그 백성의 종이 될 것이고, 그리고 그가 나를 은혜로 채워 그들 가운데 그의 의지를 성취하시기를 기도한다. "나는 수건이다"는 예수가 자신 가까이 나를 둘러매고 있을 때 그는 나를 다른 사람을 섬기는 도구로 사용하시기를 내가 기도한다는 것을 의미한다.

나는 이 깨달음을 상기시켜주는 대야와 수건을 갖고 있다. 그것들은 특별한 것들이 아니다—대야는 코닝 공장의 조립 라인에서 만들어진 코렐(Corelle) 상표의 대야이고 그리고 수건은 월마트 상품 선반에 진열되어 있는 다른 상품들과 진배없는 것이다. 그들의 고유성은 그것들을 선택하는 사람으로부터만 도래하는 것이고, 그리고 내가 그들을 사용하는 법으로부터 유래하는 것이다. 목사로서 나의 고유성은 나와 전혀 관계가 없고 오히려 이 목회를 위해 나를 선택하신 분과 전적으로 관계가 있는 것이다: 예수. 목사로서 나의 고유성은 내가 성취할 수 있다고 생각하는 것과 전혀 관계가 없고 오히려 예수가 그의 백성들 사이에서 성취하시기를 원하는 것과 전적으로 관계가 있다.[13] 일부 사람들에게 이는 굴욕적인 생각들이 될지도 모른다. 내게 이것은 겸손한 생각이다 왜냐하면 나의 초점은 이제 그 선택을 행하시는 분(the One)에게 있고 그리고 이 직무를 감당할 나의 특별한 자격조건들에 있지 않기 때문이다. 나는 그러한 위대한 설교자와 목사이기 때문이 아니라 예수가 그의 백성을 사랑하고 그리고 그는 나를 사랑하기 때문에 예수에 의해 그 목회로 "부름 받았고 안수 받았다." 목회는 나의 것이 아니다, 그것은 그의 것—그의 비전, 그의 생각들, 그의 목표들—이다. 그가 그의 백성들 가운데 행하는 그의 목회 안에서 나로 하여금 나눌 수 있도록 해주실 만큼 나를 사랑하신다는 사실이 나는 기쁘다.

그가 선택한 사람의 목회는 어떻게 보여야 할 것인가? 한 가지 분명한 것은, 그것은 감사드림의 삶으로 나의 선택받음을 축하하는 목회가 되어야 할 것이다. 내가 행한 모든 것 속에서 그리고 나에게 일어난 모든 일 속에서 이 목회를 위해 하나님이 나를 선택하셨다는 사실을 감사하기를 나는 소망한다. 선택받음의 목회는 세계의 표면 아래에서 세상을 감염시키는 죄의 진실을 볼 수 있는 눈을 갖고 있다; 그 목회는 이 죄를 드러내어 그를 치유할 은혜의 향을 바르는 손을 갖고 있어야 할 것이다; 그리고 이 선택받음의 목회는 그 진리를 말하면서, 어둠을 빛 속으로 가져올 뿐만 아니라 복음의 빛을 어둠 속에서 다소 움츠려 들었을 수도 있는 자리들에 비추어야 한다.[14)]

수난절 식사에서 예수는 빵을 취하여 그것을 축복하셨다. 이것이 성만찬에서 이루어지는 두 번째 행위이다. 목사들은 하나님이 그들에게 주신 축복을 어떻게 포용할 수 있을 것인가?

만일 사람들이 나를 위해 해주었던 여러 다른 일 만큼이나 또한 나를 축복해 주었더라면, 가장 갈등스럽던 시절이 무척 달랐을 것이라고 나는 이따금 생각한다. 사람들은 나를 위해 기도하고, 나에게 귀 기울여주고, 나를 지지해 주고 그리고 그 이상의 것들을 했지만 그러나 만일 그들이 나를 축복했었다면 어땠을까하는 생각을 나는 이제야 해 본다. 헨리 나우웬은 탕자뿐만 아니라 나이 많은 아들도 포용하는 아버지가 되어야 한다고 적었다.[15)] 그는 또한 다른 사람을 축복으로 둘러 감아, 자신의 옷 주름 속에 그 사람을 피신시켜야 할 것이라고 적었다.[16)] 그러나 그 포옹하는 아버지는 누가 축복하는가? 누가 목사와 사제들을 포옹하여 다른 사람들을 감싸는 방식으로 그들을 감쌀 것인가?

요즘 미국 복음주의와 개신교에서 유행하는 용어는 책임 동역자들(*accountability partners*)이다. 이런 저런 이유로 목사들이 자발적으로 책임을 맡길 수 있는 누군가를 갖고 있어야만 한다는 개념은 단지 회중들에게 뿐만 아니라 목사들에게도 매우 감동적일 것으로 생각된다. 내가 알고 있는 몇몇 목사들은 자신들의 "책임 그룹들"(accountability groups)과 그들이 그 집단 구성원들과 맺고 있는 강력한 관계성에 대해 흥분하며 이야기했다. 내가 생각하기에 책임(*accountability*)이란 용어는 축복 없는 고백을, 그리고 아마도 심지어는 용서없는 책임을 의미한다. 우리 목사들은 축복받음을 추구함 속에서 보다 더 자신감을 가질 필요가 있고 그리고 아마도 축복들을 베푸는 데 보다 신속할 필요가 있다고 생각한다.

목사 안수식과 취임식은 여기서 목회자의 삶에 매우 중요할 수 있다(루터교에서 취임식은 목사 안수식과 유사하고, 목사가 새로운 교구를 맡을 때마다 시행된다). 형식적 절차들이나 예식들 이상으로 목사 안수식과 취임식은 교회의 주님이 이미 이 특별한 자리에서 이 직무를 수행하도록 이 사람을 축복하셨다는 확증이다. 루터교회 예식은 다른 목사들과 참석한 감독들이 손을 얹어 안수하는 것을 포함하고, 그리고 그것은 아마도 명시적으로 진술된 회중에 의한 환영의 축복을 또한 포함한다 (그것은 예배식과 통상 그 뒤에 이어지는 파티나 만찬에 함축되어 있다). 아마도 회중 구성원들도 또한, 성직자들이 하듯이, 새로운 목사를 축복하기 위해 그에게 안수할 것이다. 그럼에도 불구하고, 사람들이 목사를 그들의 축복으로 물리적으로 포옹하는지 안하는 지는 예수가 그 목사를 또한 축복했는지를 아는 것보다 더 중요할 수 없는데, 이는 안수식과 취임식의 흥분 속에서 흔히 잊혀 지는 사실이면서 또한 그 뒤를 따라 이어지는 일상의 목회 업무들 속에서 흔히 망각되는 사실이다.

그렇다면 목사는 어떻게 예수가 제공하는 축복을 주장할 수 있는가? 아마도 가장 자명한 방법은 그것을 구하는 것이다. 한 데이브레이크의 거주인이 헨리 나우웬에게 축복을 구하고는 결국 나우웬이 입고 있는 예복의 넘실대는 소매 자락에 푹 감싸 안기게 되었다는 이야기를 난 좋아한다.[17] 이 장면은 놀라운 장면이지만, 그러나 이것은 그녀가 축복을 구함으로서 시작되었다. 물론 그녀는 그에게 그녀가 마음 속에 갖고 있는 것을 설명해야 했지만, 그러나 그는 이해가 무척 빠른 사람이었다. 아마도 목사가 예수가 제공하는 축복을 구한다면, 해야 할 최우선적인 일은 그것을 먼저 설명하고, 그리고 그것을 구하는 것이다. 우리 목사들은 너무나 많은 것들을 우리의 사람들에게 가르치지만, 그러나 축복의 주고 받음은 그 목록에 없는 것 같다. 만일 우리가 축복을 가르치고, 실천하고 그리고 정기적으로 행했다면 우리는 아마도 구하지 않아도 될 것이다—그리고 우리는 언제나 축복을 받을 것이다.

하지만 이 몸으로 하는 축복의 행위를 우리가 언제나 이용할 수 있는 것은 아니다. 예수의 축복을 주장하는 일은, 심지어 그 순간에 우리를 감싸안아줄 그 누군가가 거기 없을지라도, 우리가 쉽사리 활용하기 원하는 어떤 것이다. 헨리 나우웬은 우리가 기도와 현존의 이중적 실천을 통하여 예수의 축복을 주장할 수 있다고 제안했다.[18] 이 이중의 실천 속에 예수는 우리와 더불어 현재하신다; 그 이중의 실천 속에 우리는 그의 축복을 구한다; 그 이중의 실천 속에서 그는 우리를 포옹하여 감싸 안으신다. 이 상황에서 나는 내 어린 손자들을 생각한다. 때로 세 살짜리 손자가 특별한 어떤 것을 나에게 원할 때, 그는 내 무릎을 타고 올라와 뒹굴고는 자신이 원하는 것을 부탁한다. 그것이 기도다. 때로 그가 원하는 것이 아무것도 없을 때, 그 녀석은 그저 내 무릎위로 올라와 뒹굴면서 아무것도 청하지 않는다—그는 단지 내 무릎위에 있고 싶은 것이다. 그것이 현존(presence)이다. 이 두 행위들 속에서 그 손자는 내 무릎에 앉아 뒹구는 동안 그에게 도래하는 축복을 주장하는 것이다. 기도와 현존 속에서 우리는 예수가 우리에게 제공해야 하는 축복을 주장한다. 니의 손사에게 이 행위들의 핵심은 내 무릎 위에 잠깐 올라와 있는 동안만큼 그가 하고 있는 일을 멈추는 것이다. 목사로서 나에게 핵심은 기도 속에 혹은 예수의 현존 속에 잠시 있을만큼 충분히 오래 내가 하고 있는 일을 멈추는 것이다 왜냐하면 그때는 바로 내가 시간을 내어 예수가 나에게 주시기를 원하는 축복을 주장하는 일에 집중하는 것 이외에 다른 아무 일도 하지 않을 때이기 때문이다. 그러면, 기도와 현존 속에 축복을 주장하면서, 나는 그 축복으로 다른 사람들을 자유로이 감싸 안을 수 있다.

예수는 빵을 취하여 축복하신 후, 그것을 찢으셨다(broke it). 이것이 성만찬에서 이루어지는 세 번째 행위이다. 목사들은 어떻게 자신들의 찢겨짐(brokenness)을 다른 이들을 치유하고 변혁시키는 목회로 변혁해 나갈 수 있는가? 나는 여기서 예수에 의해 깨진 목사와 회중에 의해 (혹은 특정 개인들에 의해 혹은 단지 스트레스로) 깨진 목사를 구별하기를 원한다.[19]

요즘 목회적 깨짐(pastoral brokenness)에 관한 수많은 책들을 찾아 이용할 수 있는데, 아주 재미있는 제목들을 달고 있어 소개하자면, 『전환기의 목사들: 왜 성직자들은 지역 교회 목회를 떠나는가』(*Pastors in Transition: Why Clergy Leave Local Church Ministry*), 『상처 입은 목사』(*The Wounded Minister* – 헨리 나우웬의 『상처 입은 치유자』로부터 구별된 방법으로 접근하려는 제목), 『위기의 목사들』(*Pastors at Risk*) 그리고 『월요일에만 아프다』(*It Only Hurts on Monday*) 등이다. 이 책들은 현대의 목사들이 목회와 연관된 스트레스로 인해 고통 받는 무수한 방식들을 제시한다. 스트레스가 많고 고통스런 상황들을 제시하고 방지하기를 도모하는 다른 책들도 있는데, 예를 들면 『지속력 있는 리더들』(*Leaders That Last*), 『당신의 사랑하는 목사를 지키는 법』(*How to Keep the Pastor You Love*) 그리고 『당신 교회의 담임목사를 후원하라』(*Support Your Local Pastor*) 등이 그것들이다. 대부분 이 책들은 회중들과 함께 일하는데서 유래하는 목회와 관련된 스트레스가 목사들로 하여금 자신들의 목회란 무익하게 되었다고 믿도록 만든다는 사실을 지적한다. 이는 목사들을 한편으로는 방어적 자세로 이끌고, 다른 한편으로는 모든 사람들을 행복하게 만들어야 할 필요성으로 이끈다. 이들 대부분의 책들은 이러한 류의 깨짐 상태를 방지하기 위한 심리적 사회학적 해법들이나 아니면 일단 그것이 발생한 이후 그 깨짐 상태를 고칠 것을 약속하는 다량의 해법들을 제시한다. 이 책들 중의 그 어느 것도 예수가 초래한 깨짐 상태(brokenness)를 다루거나 혹은 예수가 야기한 깨짐 상태를 사랑하는 목사들이 목회의 통합적 부분으로 주장하는 것이 바람직하다는 점을 다루지 않는다.[20] 만일 우리가 『사랑받는 자의 삶』에서 제안된 패러다임을 따라야 한다면, 우리는 예수가 그의 사랑하고 선택하고 축복한 목사들을 깨뜨려, 그들을 회중의 삶을 위해 내어주던 방법들을 찾아야만 한다. 목사들은 '예수는 나를 무엇으로부터 깨뜨리셨는가?' '그는 아직도 나를 무언가로부터 깨뜨려 그를 보다 친밀하게 닮을 수 있도록 하려 하시는가?' 그리고 '그 백성에 대한 선물로서 내가 축복의 이름 하에 가져오도록 하는 방식으로 예수가 가져다 주는 깨짐 상태에 내가 어떻게 응답하는가?' 등과 같은 물음들을 목사들은 스스로 물어 보아야 한다.

개인적으로 예수는 많은 목사들에게 공통적인 몇몇 거짓말들의 영향력으로부터, 즉 우리의 목회를 철저히 위장하는 거짓말들로부터 나를 깨뜨리셨다. 이 거짓말들 중 하나는 다른 사람을 즐겁게 하려는 왜곡된 욕구였다. 나의 가장 고통스러운 목회 경험들 중 일부는 내 목회 목표들 중 하나가 모든 사람을 행복하게 만드는 것이었기 때문에 도래하였다. 이를 언제나 행하는 것은 전혀 가능하지 않다. 사실 상, 내가 무엇을 하든지 결코 행복하지 않는 사람들이 있었지만, 그러나 나는 그들을 끌어들이기 위해 계속 노력하였다. 예수는 또한 가치와 성과를 등가 시키는 거짓말로부터 나를 깨뜨리셨다. 이는 미국 개신교 목사들이 대처해야 하는 특별히 어려운 거짓말이다 왜냐하면 "보다 큰 교회는 보다 성공적인 목회와 등가한다"는 형식으로 교회 안에 스며든 성공지향의 사회적 태도가 있기 때문이다. 이 거짓말은 세 번째 거짓말로 즉 거의 언제나 발생하는 방어적 자세로 나아간다 왜냐하면 나는 그 크기에도 불구하고 내 회중의 중요성을 방어해야만 한다고 생각했기 때문이다. 이 세 번째 거짓말은 자부심과 자기-인정에 뿌리를 두고 있으며, 그러한 거짓말이 깨어지는 과정은 아주 고통스러울 수 있다.

그 거짓말들을 품는 것에 대한 대안은 예수가 그 사랑하는 목사들에게 초래하는 깨짐을 포용하는 것이다. 나는 큰 성찬 빵을 떼며 모두가 나누는 성만찬을 사랑한다 왜냐하면 그 빵이 떼어질 때 하나님의 백성들은 그것이 가져오는 은혜와 축복 속에서 나눌 수 있기 때문이다. 마찬가지로, 목사들이 자신의 깨짐을 포용할 때에만 그들은 예수가 그의 백성들을 위해 의도하는 은혜와 축복의 근원이 될 수 있다.[21] 나는 이러한 생각의 흐름을 따르는 일이 어렵고 어떤 면에서 인기 없는 방향으로 나아갈 수도 있다고 목사들에게 주의를 주고 싶다. 첫째, 목사들; 자신의 깨짐을 포용하는 사람은 점점 더 하나님의 사랑에 의존하게 된다.[22] 우리는 통상 그러한 목사들에 관하여 알기를 원치 않는다: 우리는 오히려 가장 큰 회중들을 사역하는 목사들의 성공적인 이야기를 듣고, 그 성공의 비밀을 알기 원하며 그래서 아마도 우리는 그것들을 우리 자신의 목회에 복제할 수 있기를 바란다. 깨짐을 포용하는 것은 우리가 자존심(self-importance)과 성취들과 인정과 성과들에 대한 모든 의존성을 절대적으로 포기하고 오로지 하나님의 사랑에만 전적으로 의존하게 되는 것을 의미한다.[23] 예수의 깨짐을 포용한다는 것은 목사들이 그들의 회중들에게 통제 보다는 고백의 자세로 다가가면서, 자신들로부터 언제나 용서의 선포를 찾는 이들에게 용서를 구한다는 것을 의미한다.[24] 우리는 흔히 성공적인 그래서 웍샵에서 강의를 하고 책들을 저술하고 텔레비전 목회를 하는 목사들을 보기 원하지만, 그러나 예수의 깨짐을 포용하는 것은 목사들이 소명에 대한 새로운 관점을 갖게 될 것을 의미한다. 목회로의 소명은 나약함, 부적합성 그리고 겸손으로의 부름이다—이것들이 광야에서 힘과 적합성과 인기로 유혹받을 때 자기 자신의 소명에 대한 예수의 확증들이었다는 사실을 우리는 기억한다.[25] 예수가 초래하는 깨짐을 포용하는 목회는 세상에 목사들은 힘없고, 부적합하고, 비천하고 그리고 용서의 필요 가운데 있는 사람으로—그러므로 가장 복음의 성육이 될 수 있는, 즉 회중의 삶을 위한 하나님의 선물이 될 사람으로—보여진다는 것을 의미한다.[26]

마지막으로, 빵을 취하여, 축복하시고, 그것을 떼신 후 예수는 그것을 그의 제자들에게 주었다. 바로 이 '줌'(giving)이 성만찬 예식의 네 번째 행위이다. 어떤 방식들을 통해 목사들은 자신들이 섬기는 회중들에 대한 하나님의 '증여'(giving)로서 기능할 수 있는가?

나는 목사란 회중들에게 주어지는 하나님의 선물이라는 사실을 깨닫게 되었다. 내가 여기서 말하고 있는 것을 오해하지 않기를 바란다. 나는 "자신이 여성들에 대한 하나님의 선물이라고 생각하는" 마초 타입의 특별히 교만한 사람에 관하여 말할 때와 같은 방식으로 이것을 말하는 것이 아니다. 목사가 회중들에게 주어지는 하나님의 선물이라고 말할 때, 교만의 영으로가 아니라 겸손의 영으로 말하는 것이다. 이러한 선물의 의미는 선물의 내재적인 가치가 아니라 주는 자와 받는 자 사이의 관계를 강조한다. 나는 내 자신 나름의 가치를 갖고 있다 왜냐하면 나는 하나님의 사랑받는 자이기 때문이다. 기독교 회중을 섬기는 각 목사들은 하나님의 사랑받는 사람이다—그 어떤 것도 이 사실을 바꾸거나 축소시킬 수 없다. 그러나 그것은 하나님의 사랑받는 자로서 하나님에 대한 나의 가치 때문에 내가 목사로서 하나님에게 가치를 갖고 있는 것이 아니다. 만일 내가 목사로서 하나님에게 가치를 갖고 있다면, 그것은 하나님이 이 회중을 사랑하시기 때문이다. 그 하나님은 그 회중을 격려하고 권고하기 위하여, 개인들의 신앙이 성장할 수 있도록 돕기 위하여 그리고 교회가 하나님의 몸으로서 성장하도록 돕기 위하여 그의 진리의 말씀을 그 회중에게 준다. 하나님은 개인들에게 죄의 용서와 보증을 위한 성만찬들과 그리고, 몇 번이고 되풀이하여, 영원한 생명에 대한 하나님의 약속을 주신다. 그러나 하나님은 이 은혜의 수단들을 그 사람들의 무릎 위로 던져 놓고는 돌아서면서, 말씀하시기를 "이것을 네가 의지하는 것으로 만들어라"고 말씀하시지는 않는다. 하나님은 또한 부드럽고 사랑스럽게 이 사람에게는 치유의 약을 바르고, 다른 사람에게는 기쁨의 오일로 기름을 붓고 그리고 또 다른 사람에게는 축복의 잔을 쏟아 부을 수 있는 목사를 그들에게 주신다. 이것이 바로 회중들에게 안수식과 취임식이 갖는 중요성이다; 이 예식들은 하나님이 그 회중을 무척이나 사랑하셔서, 그들 가운데 예수를 상기시킬 수 있는 살아있는 사람을 제공해 주신다는 확증이다.

사랑받는 자인 목사는 회중들의 욕구들을 충족시켜주기 위해 하나님이 회중들에게 주신 것이다—그러나 지도자, 행정가 혹은 총무를 갈망하는 회중의 욕구가 아니라 용서와 치유와 축복을 향한 회중의 핵심적 욕구들을 위해서이다. 특정한 장소에 모인 사람들은 그리스도의 의에 굶주리고 그래서 갈망한다; 사랑받는 목사는 복음의 성육(the gospel incarnate), 즉 하나님이 그들에게 준 세상의 빵이어서, 그들은 하나님이 자신들을 먹여 주신다는 것을 안다. 사랑받는 목사는 절망에 빠져 있는 세상에 대한 하나님의 사명의 선물이다. 매 주일마다 사람들은 온다 왜냐하면 절망과 자포자기가 통치하지 않으며, 자신들의 마음이 양육 받고 하나님이 주시는 선물에 대한 감사로 채워질 수 있는 곳이 한 곳 있다는 것을 그들이 알기 때문이다.[27]

회중들에게 주는 하나님의 선물인 목회는 무엇과 같을까? 그것은 회중들의 예산 규모나 예배 때 채워진 자리 수로 측정되는 목사의 성과들 같아 보이진 않을 것이다. 회중들에게 주는 하나님의 선물인 목회는 그의 백성들 한 복판에서 그들을 먹이시며 그들에게 희망을 주시며 성부 하나님의 눈에서 그들 자신의 사랑받음을 축복하고 확증하는 예수의 현존 같아 보일 것이다.[28]

사랑받는 목사의 목회는 무엇처럼 보일까? 자신들의 사랑받음을 주장하지 않는 목사들의 목회가 무엇처럼 보일지를 간략하게 개괄함으로 시작해 보자. 목회가 목사는 하나님의 사랑받는 자란 확실한 지식에 근거하지 않을 때, 그 목회는 연약함과 외로움과 자기-거절이라는 특징들을 드러낼 수 있다. 이러한 형질들의 외적인 현현이 경쟁심리(competitiveness)가 될 수 있는데, 이는 다양한 방식으로 전개된다. 그것은 "성공하려는"

충동—더 많은 일을 하거나 더 큰 회중으로 성장하거나 혹은 동료들과 회중들 사이에서 보다 중요한 사람으로 여겨지려는 충동—으로 나타날 수도 있다. 이 목표들 중 어느 것도 달성되지 않을 때, 질식할 만큼 엄청난 실망과 우울증으로 나타날 수도 있다. 그러한 목회의 기반은 축복의 주고 받음이 아니라, 오히려 "상호적 책임"(mutual accountability)에 대한 강조일 것이다. 결국, 이 유형의 목회를 실행하는 목사들은 예수에 의해서기 아니라 다른 사람들에 의해 깨진 자기 자신들을 발견하게 될 것이다. 그러한 목사들은 그 백성에게 하나님에 의해 주어진 자가 되기를 추구하기 보다는 그들이 섬기고 있는 사람들의 인정 속에서 혹은 그들이 일군 성과물들 속에서 그들 자신에 대한 자부심을 확증하고자 추구하면서, 내내 방어적 자세를 취함으로써, 회중에게 진정한 하나님의 선물이 되지 못한다.

자신의 사랑받음을 주장하는 목사들은 그와 전혀 다른 목회를 한다. 먼저, 이 목사들은 긍휼과 용서를 가지고 자신의 회중의 사람들에게 인사하면서, 바로 성부 하나님의 긍휼과 용서가 하나님으로 하여금 목사들을 사랑하는 자로 불려질 수 있도록 한다는 것을 안다. 그러한 목사들은 자기들 자신의 사랑받음이 비교된다는 두려움 없이 그들 주변 사람들의 사랑받음을 확증할 수 있다. 이 목사들과 회중들의 목회는 책임감에 의한 것이 아니라 오히려 사랑받음의 상호적 나눔과 주장으로 특징을 드러낸다. 두 번째, 목사들이 성부 하나님이 제공하시는 사랑받음을 주장할 때, 자신들의 목회는 회중에 의한 투표나 감독의 승인에 기초한 것이 아니라는 사실을 그들은 이해한다; 목회는 그 대신 성부 하나님의 선택에 근거해 있다. 바로 그 성부가 그들을 선택하셨기 때문에 이 목사들은 사랑 속에서 진리를 자유롭게 말하며, 세상의 유혹들을 폭로하고 그리고 그들 모두를 향한 하나님의 은혜에 대한 감사로 사람들을 이끌어갈 수 있다. 사랑받는 목사들의 목회는, 대속을 구하며 찾아오는 모든 탕자들 위에 부어지는 성부 하나님의 축복을 확증하면서, 축복의 행위들로 넘쳐날 수 있다. 왜냐하면 사랑받는 목사들은 스스로 탕자들이었으며 그래서 또한 성부 아버지의 사랑의 축복을 알기 때문이다. 매일 마주치는 목회의 실제적 업무들 중 일부는 사랑받는 목사들에게 어려울 수도 있고, 그리고 회중의 특정 구성원들은 때로 덜 협조적일 수 있을지라도, 사랑받는 목회자들은 목회의 진정한 결실이 열매맺는다는 사실을 알 수 있다. 왜냐하면 예수는 교만과 이기심과 야망으로부터 그들을 깨뜨렸기 때문이다. 사랑받는 목사들은 진정으로 열매 맺는 목회란 목사들이 자신들을 부적합하고 무능하다고 여기는 자리들 가운데 도래한다는 것을 알 수 있다. 성만찬의 [빵을] 뗌이 참여한 이들을 향한 하나님의 사랑의 신호이듯이, 그러한 거룩한 깨짐으로부터 흘러나오는 겸손은 사랑 속에서 현현한다는 사실을 그들은 안다. 결국, 사랑받는 목사들의 목회는 축적하기 보다는 주는 목회이고 그리고 경쟁보다는 긍휼의 목회이다. 분노와 좌절과 자포자기로 가득 찬 세계 속에서 사랑받는 목사들의 목회는 모든 사람들이 자신들의 사랑받음을 주장하기 원하시는 하나님에 대한 감사를 독려하는 희망의 사명이다.

1) Henri J.M. Nouwen, *The Way of the Heart: Desert Spirituality and Contemporary Ministry* (San Francisco: HarperSanFrancisco, 1991),

12-13.

2) 참고 - Dean R. Hoge and Jacqueline E. Wegner, *Pastors in Transition: Why Clergy Leave Local Church Ministry* (Grand Rapids, MI: Eerdmans, 2005).

3) 참조 - Alan C. Klaas and Cheryl D. Klaas, *Clergy Shortage Study* (Smithville, MO: Mission Growth Ministries, 1999).

4) 참고 - Roy M. Oswald, *Clergy Self-Care: Finding a Balance for Effective Ministry* (Herndon, VT: The Alban Institute, 1997).

5) Henri J.M. Nouwen, *Life of the Beloved* (New York: Crossroad, 1992).

6) 루터교 목사 돈 압돈(Don Abdon)이 채취한 루터교회들의 회칙과 조례들 속에 목사들에 대한 첫 번째 중요한 언급이 5조 '회중 질서'(Discipline in Congregation)에 나와 있는데, 이는 목사를 업무에서 면직하는 조항들을 다룬다: 목사를 면직하는 충분한 근거들은 ... 거짓된 교리에 대한 완고한 고수, 추문이 얽힌 생활 그리고 공식 업무들에 대한 고의적 태만이나 성무 기능을 수행하기에 부적합한 명백하고 장기적인 무능력이어야 할 것이다 (Don Abdon, *Organizing around the Great Commission* [Indianapolis, IN: Parish Leadership Seminar Inc., 1977], 10). 그가 제시하는 조항들 속에서 압돈은 목사 직의 의무들을 다음과 같이 열거한다: "회중에게 ... 하나님의 말씀을 그 온전한 진리와 순수성으로 ... 선포하는 일; ... 그들의 신성한 제도에 따라 성례전들을 집전하는 일; 회중의 모든 구성원들에게 목회자의 직무를 쏟아 붇고 그리고 복음적인 방식으로 그들의 영혼을 보좌하는 일 ...; 회중들 중 어린 구성원들과 성례전에 참석할 자격을 준비하고 있는 성인 구성원들의 복리를 안전하게 지키는 일; 교회의 신성하게 제정된 규율을 적용하여 회중을 인도하는 일; 회중 내 교육 기관들과 다양한 성인 및 청소년 조직들에서 영적인 지도력과 감독능력을 제공하는 일; 기독교인의 행실에 따라 모범으로 섬기고 그리고 회중의 발전과 하나님 나라의 진척을 위해 가능한 모든 일을 하는 일"(ibid., 15). 각 개별 조례조항들은 상담이나 교회에 다니지 않는 사람들 중에서 새 신자를 만드는 일 등을 포함한 부가적인 목회적 의무들을 담고 있을 수 있다. 압돈은 목사의 개인적인 영적 생활을 관심하는 회중 회칙이나 조항들을 거의 보지 못했다. 회중들이 목사들은 강건한 개인적 영적 생활을 할 것이라고 가정했다고 보는 것도 가능한 일이긴 하지만, 이 문서의 언어들을 참고한다면, 목사는 연약하고 태만한 영적 삶을 살수도 그래서 거의 영적 삶을 유지하지 않지만 그럼에도 불구하고 여전히 직무를 이행할 수 있다고 결론을 내릴 수도 있다.

7) "우리의 짧은 인생동안 우리 행위의 대부분을 예인하는 물음은 이것이다: '우리는 누구인가? 비록 우리가 그 물음을 공식적인 방식으로 거의 제기하지는 않겠지만, 우리는 매일 매일의 결정들 속에서 아주 구체적으로 그것을 따라 살아간다. 우리가—필연적으로 주어지는 것은 아니지만—일반적으로 따라 사는 세 가지 답변들은 이렇다: '우리는 우리가 하는 일이다, 우리는 다른 사람들이 우리에 관해 말하는 것이다,

그리고 우리는 우리가 갖고 있는 것이다, 혹은 다른 말로 표현하자면: '우리는 우리의 성공이다, 우리는 우리의 인기이다, 우리는 우리의 권력이다.' 그 성공과 인기와 권력이 의존하고 있는 삶의 연약함을 깨닫는 것이 중요하다. 이러한 연약성은 이 세 가지 모두 우리가 제한된 통제력만을 발휘할 수밖에 없는 외부적 요인들이라는 사실로부터 유래한다" (Henri J.M. *Nouwen, Here and Now: Living in the Spirit* [New York: Crossroad, 1994], 188).

8) "우리가 우리 자신을 위해 우리의 사랑받음의 진리를 주장할 때 마다, 우리의 삶은 넓어지고 심화된다. 사랑받는 자로서 우리의 삶은 우리의 출생과 죽음의 경계들을 훨씬 넘어 확장되어진다. 우리는 단지 출생함으로 인해 사랑받는 자가 되고 그리고 죽음으로 그 사랑받고 있음이 중단되지도 않는다. 우리의 사랑받음은 영원하다. 하나님은 우리에게 말씀하신다: '나는 영원히 계속되는 사랑으로 너를 사랑한다.' 이 사랑은 우리의 아버지들과 어머니들이 우리를 사랑하기에 앞서 거기에 있었고, 그리고 우리 친구들이 우리를 보살피고 난 오랜 후에도 거기에 있을 것이다. 그것은 신적인 사랑, 영원히 계속되는 사랑, 영원한 사랑이다" (ibid., 194).

9) 예수가 세례 받을 때, 성부의 음성이 말했다, "이는 내가 사랑하는 아들이요, 내가 기뻐하는 자다" (마 3:17; 막 1:11; 눅 3:22). 세례에 대한 성례전적 관점은 믿는 자의 세례를 예수의 세례와 연관시키고 (롬 6:3-4) 그리고 예수에 대한 성부 하나님의 선언을 마찬가지로 믿는 자에게 적용한다.

10) "우리가 우리 자신을 비판적으로 바라볼 때, 긍휼(compassion)이 아닌 경쟁이 우리 삶의 주요 동기라는 사실을 인지해야만 한다. 우리는 모든 종류의 경쟁에 깊숙이 가담하고 있는 우리 자신을 발견한다. 자아에 대한 우리의 전체적인 의식은 우리가 우리 자신을 다른 사람들과 비교하는 방식에 그리고 우리가 입증할 수 있는 차이들에 의존해 있다" (Henri J.M. Nouwen, Donald P. McNeill and Douglas A. Morrison, *Compassion: A Reflection on the Christian Life* [Garden City, NY: Doubleday, 1982], 19).

11) "그렇다면 공동체는 외로움으로부터 성장할 수 없고, 이제 자신의 사랑받음을 인지하기 시작한 사람이 다른 사람의 사랑받음을 보고 인사할 때 도래한다. 내 안에 살아계신 하나님이 당신 안에 거주하시는 하나님에게 인사한다" (Henri J.M. Nouwen, *Turn My Mourning into Dancing: Finding Hope in Hard Times*, ed. Tim Jones [Nashville,TM: Word 2001], 83).

12) "예수의 마음에 대한 앎은 그 마음에 대한 앎이다. 그리고 우리가 그 앎과 더불어 세상 속에 살아갈 때, 우리는 우리가 어디를 가든지 치유와 화해와 새 삶과 희망을 가져오는 것 이외에 다른 일을 할 수 없다. 시대에 부응하고 성공하고 싶은 욕망은 점차 사라질 것이고, 그리고 우리의 유일한 욕망은 우리의 온 존재와 더불어 인류의 우리 형제와 자매들에게 '당신은 사랑받는 사람입니다'라고 말하는 것이 될 것이다" (Henri J.M. Nouwen, *In the Name of Jesus: Reflections on Christian Leadership* [New York: Crossroad, 1989], 41).

13) "아주 부드럽게 [예수는] 우리들 중 어떤 이들을 선택하신다—선택받은 이들은 그들의 엄청난 연약함이라는 면에서 다른 인간 존재들보다 더 나은 점이 없다. 그는 어떤 이들을 선택하여, 용서의 목회를 주시면서, 이렇게 말한다, '너는 나의 이름으로 죄를 용서할 것이다; 너는 용서의 성례전 속에서 나를 대표할 것이다' " (Jean Vanier, *Befriending the Stranger* [Grand Rapids, MI: Eerdmans, 2005], 81-82).

14) 우리의 선택받음을 주장하려는 투쟁 가운데 나우웬의 지침들은 이와 같다: "무엇보다도 당신은 당신을 둘러싼 세계를 벌거벗겨 그 세계의 다음과 같음을 드러나게 해야만 한다: 교묘하고, 통제적이고, 권력에 굶주렸고 그리고, 장기적으로, 파괴적인 세계. ... 둘째, 당신은 당신의 진리가 말하여 질수 있는 곳과 당신에게 선택받은 자로서 당신의 가장 깊은 정체성을 주지시켜 줄 수 있는 자리들과 사람들을 계속 갈망해야만 한다. ... 셋째, 당신은 당신의 선택받음을 끊임없이 축하해야만 한다. 이는 당신을 선택하심에 대해 하나님께 '감사합니다'라고 말하는 것을 의미하고, 그리고 당신의 선택 받음을 당신에게 상기시켜 주는 모든 사람에게 '감사합니다'라고 말하는 것을 의미한다. ... 나에게 [이 지침들은] 선택받은 자로서 나의 삶을 위한 영적 훈련들이다" (Nouwen, *Life of the Beloved*, 62).

15) Henri J.M. Nouwen, *The Return of the Prodigal Son* (New York: Image Books, 1994), 122.

16) Nouwen, *Life of the Beloved*, 69ff.

17) Ibid.

18) Ibid., 75.

19) 『사랑받는 자의 삶』에서 나우웬은 우리의 깨짐이 그 자체로 깨뜨려져 있고 그리고 다른 이들을 깨뜨리려는 성향을 갖고 있는 세계 안에서 살아감의 결과가 야기되는 방식들을 열거한다. 성만찬에서 빵을 찢는 것은[깨부수는 것은] 세상이 아니라 예수다. 이 부분은 나우웬의 토론이 제시하는 성만찬 모델을 보다 가깝게 따르고자 노력한다.

20) 유진 피터슨(Eugene Peterson)의 다음의 언급들은 목회 자체에 관한 것이 아니라 성찬 토론의 맥락에서 이루어진 것이지만, 그러나 그 언급들은 핵심을 지적하고 있다: "우리의 은사(gifts)는 우리가 일으킨 것에 머무르지 않는다. 너무나 자주 우리는 우리의 최선의 매너와 결코 무너지지 않을 자족함의 새침한 자세를 가지고 성찬 테이블로 나아온다. 우리는 모두 껍데기이고 모두 역할이고 그리고 삶의 게임 속에서 세련되고 침착한 연기자들이다. 그러나 우리를 구원하시는 예수는 우리 안에 있는 것에 다가가서, 우리의 내면들을, 우리의 부적합성들을, 우리의 '가면들'을 폭로해야 할 필요가 있다. 성찬 테이블에서 우리는 자기-폐쇄적(self-enclosed)이 되도록 용납되지 않는다. 우리는 자족적이 되도록 용납되지 않는다. 우리의 긍지와 자기-긍정의 파괴가 나쁜 것은 아니다; 그것은 우리를 새로운 삶으로, 구원하는 행위로 열어준다. 우리는 겉껍질로 덮여, 우리 자신을 공고히 해왔다. 우리는

이내 하나님은 우리 깊은 곳에서, 우리의 표면적 거짓말과 태도들 아래에서 새 삶을 가져오기 위해 활동하고 계시다는 사실을 발견한다. 우리는 이 제단 위에서 자기-폐쇄적으로 머무를 수 없다: '깨져서 회개하는 마음을, 오 하나님, 당신을 경멸하지 않으실 것입니다' (시 51:17): 깨진 몸, 흘러내리는 피" (Eugene Peterson, *Christ Plays in Ten Thousand Places: A Conversation in Spiritual Theology* [Grand Rapids, MI: Eerdmans, 2005], 209-10).

21) "우리는 어떻게 우리의 깨짐을 살아낼 수 있는가? 예수는 십자가를 포용하고 그리고 우리 사명의 일부로서 그것을 살아가면서 우리로 하여금 우리의 깨짐을 포용하도록 우리를 초청한다. 그는 우리의 깨짐을 우리의 죄성을 상기시키는 하나님으로부터의 저주로서 거절하지 말고, 그것을 받아들여 우리의 정화와 성화를 위한 하나님의 축복 아래에 놓기를 요청한다. 따라서 우리의 깨짐은 새로운 삶으로 나아가는 통로가 될 수 있다" (Henri J.M. Nouwen, *With Burning Hearts: A Meditation on the Eucharistic Life* [Maryknoll, NY: Orbis Books, 1997], July 15).

22) "나의 인간관계에 대한 중독을 내 마음의 가장 깊은 욕망들을 성취하실 사랑하는 하나님에 대한 전적인 투항의 필요성에 대한 표현으로서 경험토록 도움을 받은 그 순간부터 나는 나의 의존적 성향을 철저하게 새로운 방식으로 살아가기 시작했다. 수치와 당혹 속에서 그것을 살아가는 대신 나는 그것을 내 자신을 향한 하나님의 무조건적 사랑, 내가 두려움 없이 의존할 수 있는 사랑을 주장하라는 긴급한 초청으로 살아갈 수 있었다" (Nouwen, *Life of the Beloved*, 100).

23) "지속적으로 사람들을 비교하고, 그들을 지성의 다소에 따라, 매력의 다소에 따라, 성공의 다소에 따라 순위를 매기는 세계 속에서 그와 동일한 것을 행하지 않는 사랑을 실재로 믿기란 쉽지 않다" (Nouwen, *The Return of the Prodigal Son*, 103).

24) "미래 지도자들이 명상 기도 속에 깊이 잠긴 신비가들이어야만 하는 것과 마찬가지로 그들은 그들 자신의 깨짐을 고백하고 그리고 자신들이 목양하고 있는 사람들로부터 용서를 구할 준비가 언제나 되어있는 사람들이어야만 한다" (Nouwen, *In the Name of Jesus*, 64).

25) Ibid.

26) "미래의 지도자들은 현대 세계에서 자신들의 부적합성을 신성한 소명으로 감히 주장할 수 있는 사람들이 될 것인데, 이때 소명이란 그들이 휘황찬란한 모든 성공의 아래에 놓여있는 고뇌와 깊은 연대로 들어갈 수 있도록 하여, 거기서 예수의 빛을 가져오도록 하는 것이다" (ibid., 35).

27) "성례전적으로 살아진 삶은 항상 사명의 삶이다. 우리는 상실로 끙끙대는 세계 속에 살고 있다: 사람들과 그 나라들을 파괴하는 무자비한 전쟁들, 전체 인구를 죽이는 굶주림과 기아 그리고 수백만의 남자와 여자와 어린 아이들을 두려움에 떨게 만드는 범죄와 폭력. 수많은 사람들의 몸을 파괴하는 암과 에이즈, 콜레라, 말라리

아 그리고 많은 다른 질병들; 지진, 홍수 그리고 교통사고. ... [이것들은] 신문과 텔레비전 화면을 채우는 일상의 이야기이다. 그것은 끝없는 상실의 세계이고 그래서 우리 동료 인간존재들의, 전부는 아닐지라도, 다수는 이 행성 표면 위를 얼굴을 내리깔고 걸어간다. 그들은 이런 저런 방식으로 이렇게 말한다: '.... 우리는 희망을 잃었다.' 바로 이것이 우리가 성례전적으로 살도록 보내진 세상, 말하자면, 불타는 가슴과 열린 귀들과 열린 눈으로 살아가도록 보내진 세상이다" (Nouwen, *With Burning Hearts*, 88).

28) "이것은 성례전적 삶을 사는 이들의 경험이었고 계속해서 그래야 할 것이다. 그들은 분노 대신에 감사를 그리고 절망 대신에 희망을 선택하도록 그들의 동료 여행자들에게 지속적으로 도전하는 일을 그들의 사명으로 본다. 그리고 이 도전이 불과 몇 번 밖에 받아들여지지 않더라도 그들의 삶은 충분히 살만한 가치가 있는 것이 된다. 눈물을 뚫고 미소를 보는 것은 기적—기쁨의 기적—을 증언하는 것이다" (ibid., 91).

19

헨리의 유산

– 로렌 나우웬(Laurent Nouwen)

네덜란드의 헨리 나우웬 묵상 센터는 힐버섬 시 근처의 예전의 거대한 군 기지였던 숲 속에 위치해 있는데, 10년 전 헨리는 이 도시에서 죽었습니다. 잘 나가던 시절 탄약 창고로 쓰이던 험상궂은 창고 건물들 중 하나는 이제 묵상 센터로 활용되고 있습니다. 이 센터는 제한적인 안락함만을 허락합니다; 물도, 화장실도, 난방기도 없습니다. 그러나 거기에는 아주 크고 매끄러운 콘크리트 바닥과 지게차와 또한 얼지 않는 한 작동하는 커피 자판기가 있습니다. 무얼 더 바랄 수 있겠습니까? 센터에 오는 사람은 누구나 당장에 일을 시작합니다. 거기에는 많은 할 일들이 있는데, 예를 들면 세탁, 정리, 짐싸기, 계산하기 그리고 저장하기와 같은 일들입니다. 그 센터는 오직 일하는 사람만 있습니다. 거기의 "묵상자들" 중 몇몇을 소개하고자 합니다.

빠짐없이 참석하는 사람은 알프레드(Alfred)인데, 그는 이제 막 60을 넘겼습니다. 알프레드에 따르면, 그는 혼돈스런 20년의 공무원 경력을 뒤로하고 조기 은퇴한 이래로 평생 집행유예 중입니다. 그는 한 가지 문제만 제외한다면 언제나 좋은 기분으로 기쁨으로 가득 차 있습니다. 그는 아주 본의 아니게 독신남성입니다. 센터의 일하는 사람들은 자신의 위대한 사랑을 찾는 법과 문제없이 관계를 유지하는 법에 관해서 실속 있지만 모순적인 조언을 알프레드에게 제공합니다.

버스 개표원으로서 자신의 일이 끝나면 언제나 시엠(Siem)은 우리 활동들에 참석합니다. 그의 주특기는 속 채우기입니다. 그는 언제나 도울 준비가 되어 있기 때문에 성서의 소외된 인물 시몬의 이름을 따서 구레네의 시몬(Simon of Cyrene)이라는 별명으로 불립니다. 논쟁거리는 시몬이 자발적으로 십자가를 지고 도와주었는가 아니면 로마병정들에 의해 그렇게 하도록 강요받았는가 하는 것입니다. 시엠은 결코 교회 내부를 본적이 없었고 그래서 그렇게 성서의 주변적 인물로 불리는 것을 기꺼워하지는 않았습니다. 그러나 한번은 폴란드에서 우리는 교회 문지방으로 데려가, 벽을 따라서 십자가의 길을 걸었습니다. 우리는 시엠에게 실재 시몬이 누구였는지 그리고 그가 무엇을 했는지를 설명해 주었습니다. 이제 시엠은 시몬이 된 것을 자랑스러워 합니다.

그 다음으로 키이스(Kees)가 있는데, 그는 신사이며, 주야로 도움을 베풀 준비가 되어있습니다. 그는 예전에 네덜란드에서 가장 큰 은행에서 인

사부 전문가였습니다. 키스는 언제나 그의 힘든 일을 중단하고는 센터 운영 스타일에 대한 가치있는 전문가적 비평을 건네주곤 합니다. 그의 성품이 훌륭하다는 것은 그의 모든 비평들을 무시하는 우리를 그가 용납하는 데에서 증명됩니다.

우리 모두는 데니스(Denis)를 그리워하고 있습니다. 그가 눈에 보이는 소용이 있어서가 아니라, 그는 언제나 에너지가 가득해서 평화로운 위기관리자처럼 소란을 일으키곤 했습니다. 작년에 남부 아래쪽에서 있던 카니발에 간 이래로 그는 돌아오지 않았습니다. 최근 그는 우리에게 문자메시지를 보냈는데, 그는 지금 남부 어딘가에 살면서, 코르샤코프 증후군①을 앓고 있는 마리지(Marije)를 보살피고 있다고 했습니다.

센터의 이 핵심 "묵상자들" 다음으로는 모든 물품들을 정리하는 일에 자원봉사하고 있는 많은 다른 남녀들이 있습니다. 센터에서 우리는 말을 많이 하지 않습니다. 실제로는 짧은 차 마시는 휴식시간 동안에만, 커피 자판기가 작동한다면, 말을 합니다. 대화들은 아주 현실적인 것으로서, 결코 하나님에 대하여 직접적으로 거론하지 않지만, 그러나 우리가 그 모든 것을 가질수는 없다고 생각합니다. 가장 심각한 질문은 아마도 이런 것일 것입니다, "이 모든 것에 대해서 헨리는 어떻게 생각했을까?" 우리는 그의 서품 카드에 적힌 말 마태복음 9:38을 인용합니다: "그러므로 추수하는 주인에게 청하여 추수할 일꾼들을 보내 주소서."

이것이 추수인가요?

마침내 트럭에 짐을 가득 싣고, 큰 뒷문을 닫자 마자, 우리는 작은 가족처럼 기적을 축하합니다. 어떻게 우리처럼 완전히 서투른 사람들의 무리

---

① 역자 – 기억력에 장애가 생기는 병으로 시간과 공간 의식이 떨어져 상황판단을 내리거나 짐작을 하지 못하여날자를 잊어먹거나 식사내용, 면회자 등 일상적인 내용들을 망각한다.

가 함께 이것을 가능케 할수 있었을까요? 바퀴가 굴러가고, 우크라이나로 향하는 먼 길을 떠날 때 우리 모두는 행복합니다.

내 형제 헨리의 삶을 추모하는 학술회의에 초청받아서 나와 가족은 매우 영광스럽게 생각합니다. 내 형제 폴(Paul)과 그의 아내 모니끄(Monique)가 나와 함께 하고 있어서 매우 행복합니다. 내 아들 라파엘(Raphäel)—눈 먼 토비야의 치유자 이름—이 지금 내 옆에 있어서 난 하늘에 있는 기분입니다. 이 아들은 내 눈을 삶의 선함으로 열어주었습니다. 각 사람이 헨리에게는 형제와 자매 같을 여러분들 모두와 함께 하게 되어 너무 좋습니다. 데이브레이크로 되돌아오는 것은 집으로 돌아오는 것 같은 느낌을 줍니다. 헨리가 우리에게 남겨준 집과 가족 말입니다. 여러분들 중 많은 분들이 헨리를 개인적으로 아실 것이고, 다른 분들은 아마도 그의 글들을 통해 아실 터이지만, 그러나 우리 모두는 그의 삶을 영감을 불러일으키는 선물로 공유합니다. 본질적으로 우리는 그의 삶을 우리를 향한 진정한 선물로 봅니다. 그가 우리 자신의 삶을 위대한 선물로 보고 살아가도록 우리를 일깨웠기 때문입니다. 우리 자신의 삶을 선물로 경험하는 것은 세상이 우리에게 말하고 있는 것이 아니며, 심지어는 교회 제도들이 우리에게 말해주고 있는 것이 아닙니다.

수레바퀴를 돌리기 추모학술회의에서 연설을 하라는 초청은 괜찮았지만, 그러나 그것이 기조연설이었다는 점은 끔찍합니다. 『마음의 길』(*The Way of the Heart*)에서 헨리는 "우리의 말많은 세계"와 우리의 의미론적 실존에 대하여 회의적입니다. 그는 침묵과 연결되어 살고 그리고 침묵으로부터 말하도록 우리에게 조언합니다. 우리는 한편으로 거침없이 말하는 사람들에 대하여 우리의 작은 세계가 말하고 적어놓은 말들의 양과 다른 한편으로 말 못하는 것의 방대한 세계 속에서 침묵당하는 고통과 가난과 기본 필수품들의 결핍의 양 사이의 엄청난 틈을 아주 잘 인식하고 있어야만 합니다.

"주님 그저 한 말씀만 해주시면 내가 치유될 것입니다"라고 말했던 복음서의 사람을 기억하지 않습니까? 바로 그 한 마디를 듣기 위해 내 입을 다물어야 하지 않습니까? 우크라이나 국경을 향해 동쪽으로 트럭을 운전하고 오면서 나는 자주 헨리에게 이야기를 했습니다. 사실 대부분의 시간 동안 나는 그에게 불평을 털어놓았습니다. 만약에 자신의 시들을 종이 활자로 옮겨줄 전통타자기를 필요로 하는 뇌성마비의 친구가 거기 있다고 헨리가 우크라이나 일지에 적지 않았더라면, 우리의 삶은 달랐을 것입니다. 우리는 중고 컴퓨터와 담요와 학교 비품과 의복들과 신발들과 휠체어들과 기관의 주방 장비들과 세탁기들과 헨리가 그의 일기에 언급하기를 잊어먹었지만 결국은 요긴한 것으로 판명된 모든 것들을 끌고 동쪽으로 가지는 않았을 것입니다. 헨리는 유용한 물건들을 한데 모아 트럭 한 대에 실어 나르는 것이 어떤 어려움이 있을지 전혀 몰랐습니다.

헨리, 들으세요: 우크라이나 국경에서 24시간 이상을 기다리며, 내 여권에서 이미 10불이나 꺼내간 세관원에게 그럼에도 불구하고 골탕먹는 일은 나에게 특별히 사랑받는 자의 인생을 산다는 느낌을 주지 않습니다. 난 헨리에게 소리칩니다: "다음 번엔, 당신이 직접 하세요, 형제여. 당신은 거룩함에 가까운 사람일지 모르지만 난 실용적인 사람으로서, 그러나 다음 번엔 이 반대로 해요."

그러나 완전히 자기 일이 아니라는 듯이, 헨리는 계속 저 멀리 떨어져 있습니다.

우크라이나의 이 친구가 이 타자기를 필요로 한다고 적어준 것에 대해 나는 헨리에게 깊이 감사합니다. 만일 그가 이것을 언급하지 않았다면,

알프레드와 구레네의 시몬이라는 별명을 갖게된 시엠과 키즈와 더불어 이 헨리 나우웬 묵상 센터가 없었을 것이고, 그리고 우리는 데니스를 그리워할 일도 없었을 것입니다.

아주 훌륭한 대학의 학문의 전당에서 헨리의 삶을 기념하여 함께 모였다는 사실에는 약간의 역설이 있습니다. 만일 헨리가 자신의 죽음 10주기를 기념했다면, 우리를 어디로 초대했을까 궁금합니다. 그는 여러분의 자리, 여러분의 식탁에서 그날을 지내며 여러분과 식사를 나누기로 초대했을 것이라고 저는 확신합니다. 언제나 분주했던 사람 헨리는 다급하게 다음과 같은 질문들을 물었던 적이 있습니다: 이것이 내가 살도록 부름 받은 삶인가? 하나님, 당신은 내가 어떤 사람이기를 원하십니까? 이 물음들에 답을 구하고자 그는 온 세계를 돌아다니며 또 다른 삶을 살고자 노력했습니다. 다소간 그 모든 것은 헛된 노력이었던 것 같습니다. 결국 그는 헨리 나우웬의 쉽지 않은 삶을 살도록 부름 받았습니다.

우리는 데이브레이크에서 특별한 보살핌이 필요한 사람들과 함께 살기 위해 자신의 위대한 학문적 경력을 내버리고 떠나는 헨리 자신의 하향 이동적인 여행에 깊은 인상을 받았습니다. 이 하향적 발걸음과 더불어 헨리는 자신의 하나님을 향한 탐색이 가져올 귀결을 받아들였기 때문에 우리는 깊은 인상을 받았습니다. 그는 거기서 자신이 도움이 될것이라고 생각했지만, 그러나 상황은 정반대임을 알게 되었습니다. 헨리는 데이브레이크 공동체에서 자기 자신의 특별한 부족함들의 용납을 발견하게 되었습니다. 그는 그곳의 핵심 지체들을 하나님에게 보다 가깝게 데리고 간다는 생각으로 시작했지만, 그러나 헨리는 오히려 그 핵심지체들이 자신을 하나님께 가까이 데리고 가고 있음을 서서히 깨닫게 되었습니다.

우리가 하나님을 이 세계의 핵심 지체들에게 데려오고 있다고 여전히 믿으면서 나는 혹은 우리는 말씀과 능력의 세계 속에 있는가, 아니면 나는 그리고 능력의 세계는 우리가 지적으로 영적으로 그리고 실천적으로 아래쪽으로 내려가야만 한다는 사실을 믿고 있는가 그리고 우리는 이 핵심지체들이 하나님을 우리에게 데려오도록 용납하고 있는가?

우크라이나에서 폴란드 국경을 넘는 그 특별한 여행은 예상보다 빨리 진행되었습니다. 나는 프제미슬(Premysl)에서 한 시간의 휴식을 가졌습니다. 난 동방정교회로부터 로마가톨릭교회에 이르기까지 고대 교회들로 가득 찬, 하지만 지금은 보드카와 담배 밀수입으로 바쁜 중심지로 변모한 그 국경마을을 한 동안 돌아다녀보았습니다. 그러다 샌 강을 따라 있는 하얀 건물의 수도원을 방문하기로 했습니다. 네덜란드 사람들은 언제나 튤립에 예민합니다. 손님으로 머물고 있는 바바라 수녀님이 그 묵상 시설의 정문을 열어주었습니다. 완전한 전투복을 착용하고 있는 이 수녀를 보면서, 나는 서구 세계가 부르카를 입고 있는 이슬람 여인에 반대하는 것이 무엇인지에 대해 의아해하지 않을 수 없었습니다.

바바라 수녀님과 나는 대략 50개 정도의 단어들과 2백여 개의 몸동작과 다양한 형태의 서투른 모방들로 구성된 공통의 어휘들을 나누었습니다. 자라나고 있는 튤립에 관하여 긴 대화를 나눈 후에 동유럽의 믿을 수 없는 가난과 나중에는 헨리의 삶과 책들에 관하여 토론하였습니다. 내가 키릴 문자의 우크라이나 말로 새롭게 번역된 헨리의 책 『아담』을 그녀에게 건네줄 때 수녀님은 무척 행복해 하셨습니다. 우리가 서구 신학의 상황과 새롭게 임명된 교황에 대해 토론할 때, 수녀님은 그 주제들을 아주 부적절하다고 하시면서 넘기셨습니다. 그러면서 돌연히 아주 확신에 차서 말씀하셨습니다, "그리스도는 살아계십니다." 그분은 이 말을 계속 반복하시면서, 내 눈을 뚫어져라 쳐다 보셨습니다: "그리스도는 살아 계십니다." 마치 그것만이 유일하게 적합한 실재인 듯이 말입니다.

수녀원에서 걸어 나오면서 나는 바바라 수녀님의 "그리스도는 살아 계십니다"는 신앙고백을 이해하려고 노력했습니다. 아마도 그분에게는 이것이 진실일수 있고, 그 수도원 안에 살아가는 분들에게는 진실일수 있지만, 그러나 그것이 나에게 그리고 이 도시의 거리들을 살아가고 있는 사람들에게도 혹은 실재 세계에 살아가고 있는 많은 사람들에게도 실재일까? 비록 내가 편안하게 받아들이지는 못했지만, 그분의 말씀 "그리스도는 살아 계십니다"는 내 안을 맴돌고 있었습니다. 난 그것을 숙고해야 했습니다.

헨리처럼 우리도 우리의 쉽지만은 않은 삶 속에서 동일한 질문을 대면합니다: 이것이 내가 살도록 부름 받은 인생인가? 바로 이 물음이 우리의 추모학술회의에 사명선언을 작성하도록 했습니다: "헨리 나우웬과 우리의 하나님을 향한 탐색." 우리 모두는 인생을 통해 그 물음을 붙들고 씨름합니다. 그 "우리의 하나님을 향한 탐색"은 단지 개별적이고 개인적인 물음만을 제기하지는 않습니다. 기본적으로 그것은 각 개인을 위한, 각 집단을 위한 그리고 각 문화를 위한 가장 핵심적 이슈입니다. 본질적으로 "우리의 하나님을 향한 탐색"은 우리 삶의 의미와 느낌에 관한 즉 우리는 무엇을 위해 살아가고 있는지, 인생은 도대체 무엇인지에 대한 우리의 탐색입니다. 그러나 하나님을 향한 우리의 탐색이 담지한 진정한 가치란 무엇입니까? 영적 여행의 도정에 있다는 것은 마치 열기구 여행처럼 국민스포츠인 듯이 들립니다. "오, 얼마나 놀라운가! 당신은 영적 여행 중에 있군요. 글쎄, 저는 프랑스 요리에 빠져있어요." 흔히 우리의 탐색은 내향적 여행이 되어, 우리 자신의 고정된 지시체계들과 또한 도덕성에 대한 사유들과 판단들과 규칙들로 구성된 폐쇄 시스템 속에 갇혀 있을 수 있습니다. 우리가 발견하는 하나님이 진정한 놀람으로 다가와 우리의 삶을 전복하지 않는 한에서만 우리는 이 탐색과 여행을 우리는 받아들입니다.

모든 의미의 하나님, 즉 우리 탐색의 최종적 결과가 되시는 하나님을 찾으려는 우리의 생래적 욕구는 위험할 수 있습니다. 하나님을 파악할 수 없는 우리의 무능이 하나님에 대한 우리 자신의 이미지 그래서 결코 우리를 실망시키지 않을 이미지를 창조해 내도록 우리를 추동할 수 있습니다. 그래서 우리는 결국 "제 눈에 맞는"(in the eye of the beholder) 하나님, 우리의 생활양식에 적합한 하나님, 우리의 문화를 섬기는 하나님, 우리 경제를 위험에 빠뜨리지 않으실 하나님 그래서 9.11 사건 이후 국가안전보장이라는 문제에 전혀 위해가 안되는 하나님에 이르게 됩니다.

우리는 역사를 통하여 인류가 창조한 금 송아지들의 비참한 귀결들을 경험해 왔습니다. 우리는 거듭해서 "하나님은 우리 편이시다"고 믿는 신자들이 초래한 야만적 결과들과 "우리가 하나님을 발견했다"는 종교제도에 의한 질식들을 목격합니다. 우리는 지구촌 도처에서 수백의 종교들과 수백 수천의 교회들과 모스크들과 성지들과 수도원들이 연출하는 야생적 다양성을 보게 되는데, 그 각각은 다른 신들을 섬기며 경쟁하고 있습니다. 그 모든 신들이 우리를 더욱 더 멀어지게 몰아가는 것은 분명합니다. 하지만, 우리가 인류에 시선을 주목하게 된다면, 우리는 하나님 즉 한분이시며 유일한 하나님을 알지 못하여 결코 하나님을 움켜쥐지 못하는 하나의 범세계적인 교회 안에 연합되어 있다는 사실을 깨달아야만 합니다. 바로 이 교회 안에서, 제 생각에, 카톨릭 사제였던 헨리는 살다 갔습니다.

헨리가 자신의 하나님을 향한 탐색이 역효과적임을 발견했다는 사실을 깨닫는 것은 각성 효과가 있습니다. 헨리의 하나님을 향한 과민한 탐색은 그에게 아무런 소용이 없었고, 오히려 그 정반대의 물음을 대면하도록 했습니다.

그는 적습니다:

> 내 삶의 대부분 동안 나는 하나님을 찾고, 하나님을 알고, 하나님을 사랑하고자 분투해 왔다. 나는 여러 번 실패했었지만 그러나 언제나 다시 시도했고, 심지어 내가 절망의 끝가에 섰을 때도 그랬다.
>
> 이제 그 모든 시간 동안 하나님이 나를 찾으시고, 나를 아시고 그리고 나를 사랑하시려고 노력하셨다는 것을 내가 충분히 깨달아야 하는 것은 아닌지 생각하게 된다. 물음은 "내가 어떻게 하나님을 찾아야만 하는가?"가 아니라 "어떻게 그분이 나를 찾도록 내 자신을 위탁해야만 하는가?"이다.[1)]

"내가 어떻게 하나님을 찾아야만 하는가?"라는 물음을 "어떻게 그분이 나를 찾도록 내 자신을 위탁하는가?"라는 물음으로 문구를 고쳐 말하는 것은 곧 하나님을 지배하려는 절망스런 시도로부터 우리 자신의 전적인 투항으로 즉 하나님에 의해 지배받도록 우리 삶을 고쳐 말하는 것 입니다.

우리 삶의 진정한 이슈는 "나는 하나님을 믿고 신뢰하는가?"라는 물음에 성공적으로 그리고 신뢰성 있게 대답할 수 있는가에 관한 것이 아닙니다. 이것이 적합한 물음입니까? 그렇지 않습니다. 근원적인 도전은 무엇보다도 그리고 결국 하나님이 우리를 믿으시고 그리고 하나님이 그의 신뢰를 우리 안에 두셨다는 내면으로부터의 놀랍고 기적적인 영감과 음성을 가지고 감히 살아가는 것입니다. 하나님이 요단 강가에 서있는 나사렛 출신의 그 사람에게 주셨던 바로 그 동일한 신뢰 말입니다. 헨리의 서커스 신학으로 표현해 본다면: 하나님을 잡으려는 우리의 탐색을 포기하고, [공중그네를 타며] 날아가는 그리스도의 삶을 온전하게 살라. 당신이 원하는 하나님을 붙잡으려고 시도하지 말고, 그 놀라운 살토 모탈레(salto mortale) 즉 필사의 도약을 시도해서 하나님이 보고 즐겁도록 만드십시오.

우크라이나의 리브비(L'viv) 지역의 쿨파르키브스카(Kulparkivska) 정신 병원의 1600명이 넘는 정신과 환자들은 낡아빠진 침대에 기거하고 있는데, 오줌에 절은 매트리스라도 가질 수 있다면 행운입니다. 이 병원은 한 세기 전에 수용인원 350명 정도의 규모로 지어졌습니다. 이제 그곳은 도시 외곽의 미어터질 듯이 꽉 찬 인간 고통의 하치장이 되어버렸습니다. 일부 환자들은 차가운 침대 프레임에 천 싸개로 손목과 발목이 묶인 채 지냅니다. 윤기없고 푹 들어간 눈은 불운했던 과거로부터 어떤 곳을 응시하고 있습니다. 바로 이곳에서 시간은 완전히 멈추어 있습니다. 중얼거리는 소리는 소름끼치도록 사나운 외침으로 중단됩니다. 난 우크라이나 전역에 산재해 있는 많은 비슷한 곳들의 형편들이 궁금해집니다. 이와 같은 곳들이 얼마나 많이 동 유럽의 숲속에 숨겨져야만 했는지 궁금합니다. 난 오렌지 색 작업복을 입고 수갑을 찬 채 그 숨겨진 감옥들 속에서 쇠 사슬로 묶이거나 고통받는 익명의 사람들이 궁금합니다. 이 세계의 얼마나 많은 곳에서 당신과 제가, 우리의 형제들과 자매들이, 우리의 아버지들과 어머니들이, 우리의 아들과 딸들이 그렇게 절망 속에 구금되어 있는지 궁금합니다. 이 세상의 얼마나 많은 곳들이 그렇게 질병과 폭력과 굶주림과 강간과 고통과 부정의의 지옥이 되어 있는지 궁금합니다. 십자가 처형은 계속되고 있습니다. 마태와 마가에 따르면 예수님의 마지막 말은 오늘날 세계 도처에 있는 많은 이들이 동일하게 묻고 있는 물음입니다: "나의 하나님, 나의 하나님 어찌하여 나를 버리셨나이까?"

바바라 수녀님, "그리스도는 살아 계십니다"는 말은 무엇을 의미하십니까?

맞습니다, 헨리는 부단히 하나님을 향한 탐색 중에 있었습니다. 그에게 해줄 적합한 충고는 이런 것일 것입니다: "헨리, 약간의 휴식 시간을 가지면서 나우웬이 쓴 책 좀 읽어봐요." 그가 그랬을지는 의문입니다만, 그가 또 다른 책을 썼을 것이라는 사실은 확신합니다.

자신의 모든 생애에 걸쳐서 하나님을 탐색하면서 헨리는 말미에 자신이 하나님을 완전히 잃어버렸음을 깨닫게 되었습니다. "난 기도에 관하여 강의를 하지만, 기도할 시간이 없다. 침묵에 관하여 말하지만, 난 결코 침묵하지 않는다. 연대와 영성에 관한 모든 것을 가르친다. 그 때문에 나는 학문의 성당에서 경쟁력 있는 상위를 차지할 수 있었고 그리고 그것이 나를 하나님에 관한 강연자로 만들어 주었다. 그러나 이 모든 것은 결국 내가 필사적으로 다가가기를 원했던 곳으로부터 더욱 더 멀리 멀어지도록 만들고 말았다."[2] 하버드를 떠나 데이브레이크에서야 그는 일에, 진정한 일, 아마도 처음으로 헨리가 언젠가 해야만 하는 진정한 일에 착수할 수 있었습니다. 그는 한 사람을 보살펴야 했는데, 이 사람에게 음식을 주고, 옷을 입히고, 그를 안전하게 지키는 일이었습니다. 헨리는 이렇게 알려줍니다: "이 사람, 내가 보살피고 있는 이 사람, 말할 수 없어서 침묵으로 살아가는 그리고 심한 장애가 있어서 자신의 삶을 나에게 의존하고 있는 이 사람, 아담은 나에게 하나님이 누구이신지를 계시해 준다. 하나님은 그리스도에 현재하셨듯이 아담에게도 현재하신다. 아담이 내 인생길로 인도된 것은 곧 하나님이 나를 찾을 수 있도록 하기 위함이다."[3]

아담은 그리스도가 최후의 만찬에서 그랬듯이 우리 공동체의 핵심입니다. 아담은 그 주변의 우리가 화해하고 함께 그를 섬기지 않는다면 살아갈 수가 없습니다. 아담 안에서 그리스도는 다시금 위험에 처해있습니다.

아담은 헨리에게 거의 한 마디도 제대로 못했지만, 그를 통해 헨리를 "치유"했습니다. 세상에는 우리가 보살펴야 할 많은 남자와 여자와 어린이들이 있습니다. 말하지 못하고 침묵 속에 숨겨진 형제와 자매들의 온 세계가 거기에 있습니다. 장애를 지니고 있어서 우리에게 생존을 의존해야만 하는 많은 사람들이 우리 곁에 있습니다. 우리는 그들이 살아가도록 화해하고 있습니까, 아니면 우리가 평화롭게 살기 위해 전쟁을 벌이고 있습니까? 주변에 많은 아담들이 있습니다. 우리의 개별적인 그리고 집단적인 삶의 길로 보내져 하나님이 누구이신지를 우리에게 드러내는 아담 말입니다. 하나님은 그리스도 안에 현재하셨듯이 우리 주변의 그 아담들 안에도 현재하십니다. 우리는 아담과 더불어 앉아 빵을 나누고 잔을 나누도록 초대받았습니다. 우리는 우리의 첫 번째 진정한 일, 그 아담들을 먹이고, 입히고, 안전하게 지키는 일을 하도록 초대받았습니다.

바바라 수녀님, "그리스도는 살아 계십니다"는 당신의 말의 의미를 내가 서서히 보기 시작하는 것입니까?

시제나니 호스피스 병동의 하얀 침대 시트들 사이에서 남아프리카 출신의 젊은 흑인 청년이 백인을 보고 미소를 짓습니다. 그 젊은 흑인 청년은 거의 뼈만 남았습니다. 그는 온갖 고통을 겪으면서, 태아처럼 무릎이 말려버렸습니다. 우리는 레타비셍 군구에서 활동하는 엘레나 매트세이크(Elena Matseke)의 활동을 후원합니다. 아무런 설명도 없이 그녀는 이 사람을 방문하도록 나에게 청했습니다. 나는 침대 가에 머무르며, 당혹스럽게 그를 쳐다 보며, 필사적으로 해 줄 말을 찾았습니다.

그가 선수를 칩니다. "네덜란드에서 왔어요?"라고 그가 물었습니다.

"네 맞아요"라고 대답해습니다.

"나아지게 되면, 아약스에서 축구를 할겁니다,"라고 말하면서, 우리 네덜란드는 튤립 외에 축구로 유명하다는 사실을 내게 주지시켜 주었습니다.

"아약스는 잘하지 못하고 있어요. 그 팀이 당신을 필요로 할거예요,"라고 나는 그에게 말했습니다.

다시 한 번 그는 나에게 그의 노란 이들을 드러내 보여줍니다. 그는 자신의 침대에서 온 세계만큼이나 떨어져 있는 팀에서 활약하고 있는 11명의 모든 선사들 이름들을 열거합니다. 다음날 난 침대가 비어있음을 보게 됐습니다. 그 젊은 흑인 청년은 수천 광년이나 먼 곳으로 갔습니다. 난 그 젊은이가 아약스에 합류하게 되는 꿈을 꾸고 싶습니다. 매일 사하라 남쪽에서 5천명의 젊은 남녀가 HIV/AIDS로 엄청난 고통을 겪으며 죽어가고 있습니다.

난 아직 또 다른 십자가 처형을 목격합니다; 나는 다시 여기서 "그리스도는 살아 계십니다"는 말보다 "왜 나를 버리셨나이까"를 더 설득력 있게 듣습니다.

"왜 당신은 나를 버리셨습니까?" 하나님은 그리스도에게 대답하지 않았습니다. 하나님은 십자가로부터 그리스도를 구출하지도 않으셨습니다. 침묵이 흘렀고, 아주 정적이 흐르고, 그리고 그리스도는 진짜, 진짜 홀로 죽어갔습니다.

하나님의 대답은 그리스도의 계속적인 부활 속에, 그 사랑하는 자의 계속적인 부활 속에, 그 십자가를 살아남은 축복 속에 도래합니다.

거듭해서 하나님의 축복, "너는 나의 사랑하는 자다"라는 축복을 우리가 손과 마음을 열어, 우리의 일과 영을 열어 받아들이고, 주장하고, 체현할 때, 하나님이 우리를 그런 모습으로 발견할 수 있을 때, 그리스도는 살아 머무십니다. 당신의 여행으로부터 돌아와, 마음을 가다듬고, 그 축복을 향해 돌진하십시오. 당신의 손과 마음이 사랑받는 자(the Beloved)의 손과 마음이 되도록 하십시오.

그리스도는 우리의 삶으로, 우리 형제들과 자매들의 삶으로, 아담을 위한 단순한 보살핌으로 그리고 그 모든 아담들을 위한 보살핌으로 일어나십니다.

사랑받는 자는 은하수들 너머 어느 곳엔 가에 있는 하늘 혹은 우주 공간 어느 곳에 있는 하늘로 현기증 날만큼 높이 상향 이동하기 위해서 과거 한 순간의 사건에서 죽음으로부터 일어나시지 않으셨습니다. 그 사랑받는 자는 여기 그리고 지금의 우리 세계에, 모든 심장 박동 속에, 모든 호흡 속에, 그 모든 찰나에 현재하시기 위해 내려오시는 하향 이동 속에서 일어나셨습니다. 그리스도의 부활은 오늘날의 세계 한 복판에 하나님 나라를 데려 오시고, 그리고 그것은 어제나 내일의 꿈 나라가 아닙니다. 시간의 처음이나 시간의 끝이 아니라 시간의 복판 지금 이 당장에, 돌아가는 수레바퀴의 그 축 속에서 하나님은 사랑받는 자를 부활시키도록 우리를 초청하십니다.

우크라이나 삼림들 가운데 위치한 잘루치아(Zaluchia) 고아원의 아이들은 정말 상태가 좋지 않습니다. 그들은 모두 정신적으로 그리고 육체적으로 장애가 있다는 진단을 받았습니다. 소비에트 시절이었다면 그들은 분류 번호 4로 간주되는데, 이는 가장 낮은 실존 범주입니다. 질서를 유지하기 위해 가슴에 철판을 깐 감시인들은 잘루치아의 아이들을 로프로 탁자 다리에 혹은 라디에이터에 혹은 변기로 사용하는 양동이에 몇 시간 동안이나 묶어 놓습니다. 나의 하나님, 나의 하나님, 왜 당신은 그들을 버리셨습니까?

세인트 빈센트 드 폴(Saint Vincent de Paul)의 엔젤-블루를 차려입은 세명의 수녀들이 그 고아원에 방문자로 허가를 받기까지는 참 많은 시간이 걸렸습니다. 그분들은 이 극단적인 곳 가까이 살기 위해 왔고, 이 고아원 옆 불편한 집에 자신들의 조그만 수녀원을 차렸습니다. 그것은 구 체재의 표준 규칙이었습니다: 분류범주 4는 방문 불허를 의미합니다. 통탄스럽게도, 구 체재가 더 이상 존재하지 않는다는 사실을 그곳의 책임자가 인식하기까지 10년이 걸렸습니다. 자신 말고는 그 누구도 이것이 표준규칙이라고 발할 사람이 없다는 사실을 그 책임자가 인식하는데 또 몇 년이 걸렸습니다. 이제 세 수녀님들은 들어갈 수 있는 허가를 받았습니다, 비록 하루 몇 시간에 불과하지만 말입니다. 그들은 이 끔직스런 상황 속에서 많은 것들을 바꿀 수는 없었습니다. 아이들은 여전히 그들 자신들이 지닌 장애들 때문에 고통을 겪습니다. 그러나 수녀님들은 아이들을 가르쳤습니다. 그분들은 그들을 마룻바닥에서 들어 올렸습니다. 그들을 안아 주었습니다. 기적들이 일어났습니다. 아이들 중 한 명이 미소 짓기 시작했고, 또 다른 아이는 똑바로 몸을 세워 곧 바르게 앉기 시작했습니다. 그 아이들 중 한 명은 심지어 걸으려는 노력을 시작하게 되었습니다. 그리스도는 살아 계십니다.

영적 영감의 중심은 우리의 자주적인 하나님 탐색이 아니라, 저 선택받고 상처받고 축복받고 맡겨진 모든 아담들 안에 현재하는 사랑받는 자라는 사실을 온전히 받아들이기란 어렵습니다. 그들은 바로 하나님이 우리에게 그의 대답을 전하여 주기 위해 택하신 사람들입니다: 나는 너를 버리지 않았다; 나의 사랑하는 자는 살아 있다. 내 사랑하는 자를 보고 그저 보살펴 주어라, 내 사랑하는 자에게 음식을 주어라, 내 사랑하는 자를 옷 입혀 주어라 그리고 내 사랑하는 자에게 안정과 평화를 마련해 주어라; 내 추수지에서 일하라.

헨리 나우웬 묵상 센터에서 일하는 또 다른 사람은 우리의 젊은 친구 비탈리(Vitaliy)입니다. 그는 네덜란드에서 트럭의 짐 싸는 일에는 참석할 수 없었습니다. 왜냐하면 국경 너머, 기회들이 넘실대는 국경 너머, 우크라이나 리브비에 살고 있기 때문입니다. 비탈리는 거기서 헨리 나우웬을 실천하는 책임을 떠맡았습니다. 현재 그는 정신 병원에서 환자들과 또한 직원들의 상황을 인간적으로 만들어 가기 위해 일하고 있습니다. 그는 낡은 기득권과 부패한 구조들과 더불어 투쟁하고 있습니다. 마음가짐을 변화시키고 환자들의 삶을 개선하려는 그의 동기로 인해 그는 환영받지 못하고 있습니다. 그는 병원 홀들을 청소하거나 쓰레기를 치우라는 명령을 받으며 일하고 있습니다. 그러나 그는 그 모든 것을 잘 인내하면서 병동마다 쇄신해 나가면서, 더 좋은 침대들과 변기에 사용할 물 양동이들과 레크레이션 활동들을 위한 작은 공간들을 제공하고 있습니다. 아주, 정말 아주 천천히 약간의 처음 빛줄기가 어두운 장소로 스며들었습니다. 우리가 그 아주 작은 원룸 아파트에서 그의 가족과 함께 하게 될 때에 우리는 정말 진실된 삶을 살아갈 것입니다. 비탈리는 만일 서구로 넘어가 값싼 노동력을 제공하는 불법체류 노동자로 일하는 수백만의 우크라이나 젊은이들의 대열에 합류했더라면 보다 나은 형편에서 살아갔을 것입니다. 그러나 그것은 논점이 아닙니다. 우리는 잘루치치아(Zaluchchia)의 어린이들과 정신 병원의 환자들과 감옥에 갇혀있는 사람들을 위해 무엇을 할 것인지를 숙고합니다. 우리는 오렌지 혁명과 아침 6-9시만 나오는 물 문제에 대하여 이야기합니다.

비탈리는 헨리가 14년 전 우크라이나를 방문했을 때, 그를 만나지 못했습니다. 그는 나에게 자주 헨리는 어떤 사람이었는지를 묻습니다. 나는 그에게 말합니다: 헨리는 아담의 친구가 되어준 사람입니다. 비탈리는 농

담을 합니다: 헨리는 우크라이나에서, 이 세계에서 그리고 그 모든 도처에서 우리에게 많은 아담을 주었습니다.

그는 나에게 묻습니다: 묵상센터는 다음 트럭을 언제 준비하지요?

우리가 헨리의 무덤에서 돌아오면 그리고 토론토에서 250명의 참가자들과 더불어 진행되는 이 헨리 나우웬 추모회의가 끝나는 대로 돌아오면, 각자의 아담에게로 달려갈 250명의 트럭 운전사들이 있을 것이라고 나는 약속했습니다.

그리스도는 살아 계십니다 그리고 유일하게 살아 계십니다.

---

1) Henri Nouwen, *The Return of the Prodigal Son: A Story of Homecoming* (New York: Doubleday, 1992), 106.

2) 이는 1993년 네델란드에서 The Company Media Produkties가 제작 방송한 텔레비전 영상물 시리즈 *Overal et Nergens*에서 나우웬이 인터뷰한 내용을 발췌해 번역한 것이다.

3) Ibid.

20

헨리 나우웬의 사회목회적 측면들

– 필립 그릭스비 목사(Rev. Philip N. Grigsby)

헨리 나우웬의 책들 중 한권을 들여다보고 싶을 때마다 나는 통상 종교 분야 목록의 영성이나 영감이라고 분류된 구획을 들여다보곤 한다. 현대적 이유들이나 사회 정의를 주제로 분류한 구획을 쳐다보지 않았다. 하지만 헨리 나우웬은 이 두 분야에서 의심의 여지없이 깊은 은사를 간직한 사람으로서 영성적이고 영감적이었다. 그의 유산은 이론의 여지가 없는 것은 아니지만 지난 세기 가장 심오한 영적 지도자들 중 하나로 자리매김 되고 있다. 사회 정의 분야에 대한 그의 통찰들은 그의 신앙에 절대적으로 필수불가결한 부분이라고 나는 믿는다. 그의 신앙과 저술들은 언제나 그를 "사대문 밖" 어딘가로 혹은 (히브리 말로) 예수와 더불어 "수용소 바깥으로" 이끌어 갔다. 헨리는 본래 사회 활동가는 아니었지만, 그러나 긍휼(compassion), 포용성(inclusivity) 그리고 열매 맺기(fecundity)의 주제들을 반복적으로 저술하며 살았고, 그것은 그나 다른 사람들이 사회정의를 위해 일하도록 가차 없이 몰아갔다. 그는 사회적 긍휼(social compassion)이 무엇과 같을 지에 대한 암시를 남겼다. 그러나 그의 임종 시 준비 중이던 평화 만들기(peacemaking)를 주제로 하는 책은 여전히 출판되지 않은 상태였고 그리고 사회적 긍휼에 대한 그의 생각들은 겨우 접근방법을 모색하던 초기였기 때문에, 이 일은 다른 사람들에게 넘겨져 연구되고 삶으로 살아져야 할 과제로 남겨지게 되었다. 이 에세이는 헨리의 작품 속에서 사회 목회와 사회 정의와 연관된 핵심 주제들에 대한 겸손하지만 그러나 도발적인 편집과 설명과 성찰의 시작이 될 것을 소망하여 기획되었다. 이것은 내가 개인적으로 그리고 집단들과 더불어 유익하다고 생각하는 소재이다. 완결된 작업은 아니다. 난 학자가 아니라 활동가이면서 조직가이기 때문이다. 그러나 내가 회중들과 만날 때, 바로 내가 실천하고 가르치도록 부름 받은 영성은 그 "사대문들"을 넘어 그리고 "수용소 바깥으로" 나아갈 공간을 제공해 줄 수 있다. 야고보가 헨리와 우리에게 주지시키듯, "행함이 없는[활동이 없는] 믿음은 죽은 것이다."

관점과 경험

나는 이 주제를 개인적인 대면이나 서신 왕래를 통한 헨리와의 인격적 경험에 의해 진술하지만, 다른 사람들은 이보다 더 풍성하게 채워갈 수 있을 것이라 믿는다. 헨리 나우웬의 삶과 작업이 담지한 이 측면들에 대해 경험을 갖고 있고 보다 풍성한 통찰을 제공해 줄 수 있는 분들의 기여를 환영한다. 하지만 나의 경험은 다소 제한적이다. 나는 헨리가 예일에 재직하는 동안에 알았다. 난 서부 아프리카의 시에라리온(Sierra Leone)에서 있었던 평화봉사단(the Peace Corps) 해외봉사활동을 마치고 돌아와, 도시 목회에 집중하기 시작했다. 나의 아내와 나는 다행스럽게도 다양한 유형의 공동체 목회를 하고 있거나 그를 위한 훈련을 받고 있던 사람들이 포함된 성찰 모임에 참여할 수 있었다. 나보다 더 철저하게 사회정의 활동을 펼치던 학급 동료들 중에는 아트 래핀(Art Laffin)과 딘 해머(Dean Hammer)도 포함되어 있었다. 1970년대 중반 헨리는 에큐메니컬(교회일치운동의) 성만찬을 거행하였는데, 당시로선 일반적인 일이 아니었다. 난 이 예식들에 참석할 수 있는 행운이 있었다.

커네티컷 주 노르워크(Norwalk)에서 공동체 목회 프로그램의 첫 번째 스탭으로서의 부르심을 완수한 이후에 나는 헨리가 재정적으로 후원했던 뉴헤이븐(New Haven)의 기독교 공동체 활동(Christian Community Action)을 이끌었다. 『노화』(*Aging*)을 공동저술했던 월터 게프니(Walter Gaffney)가 한때 이곳에서 일했었다. 우리 성찰 모임은 파라과이로 여행하는 월터와 그의 아내를 후원하였다. 우리 모임은 또한 조엘 필라티가(Joel Filartiga)가 파라과이에서 벌이는 활동과 투쟁에 대한 지지를 얻기 위해 뉴헤이븐을 방문했을 때, 초대하여 격려하기도 하였다. 나는 헨리와 함께 조엘의 현존이 어떻게 중앙 아메리카와 남 아메리카에 대한 의식의 증대와 부르심으로 인도되어 나갔는지를 목격하였다. 특별히 예술가로서의 조엘의 증언은 헨리에게 강력한 호소력을 지니고 있었다.

심지어 뉴헤이븐에 있는 시절 동안 나는 그토록 넓은 범위의 사람들에게 헨리가 현재할 수 있었다는 사실에 충격을 받았다. 그는 매우 보수적인 로마 카톨릭 수도회들에서 연설하도록 초청을 받기도 하지만, 그러나 동시에 그는 (존 디어John Dear의 『평화로 가는 길』[*The Road to Peace*]에 잘 예시되어 있듯이) 급진적인 행위에 가담하는 집단들에게 목사로 남아 있었다.

초기의 사회 목회/사회 정의의 주제들.

우리 모두는 온갖 모순들 위를 걸어가지만, 그러나 헨리 나우웬은 대부분의 우리들보다 훨씬 더 심했다. 그는 비범한 은사들과 재능들과 관심들을 폭넓게 조합해 내었다. 그를 그려내는 모든 전기서들은 각자의 다양한 관점들을 가지고 이 조합의 광대한 범위를 훌륭히 기술해 내고 있다. 헨리는 1964년 셀마(Selma)를 방문하라는 그리고 1968년 마틴 루터 킹 주니어(Martin Luther King, Jr.)의 장례식을 방문하라는 부르심을 느꼈다고 그것들은 말한다 (『평화로 가는 길』 참조). 셀마를 뒤돌아보면서, 그는 적는다: “그 한주는 일 년의 공부보다 더 깊이 내 영혼을 어루만졌다. 그리고 내 차가 밤길에 속력을 더하면서, 나는 새롭게 발견된 기쁨을 느꼈다.”[1] 그는 장례식을 상당히 동일한 방식으로 반추한다: “그리고 여기서 계속 노래하고 기도하는 사람들에 의해 이끌려가며, 평안함을 느끼고 그리고 나의 소진으로부터 새로운 신앙, 즉 비폭력적 사랑의 가능성에 대한 신앙이 성장할 수 있다는 것을 알게 되었다. 그리고 그들이 그의 시신을 짊어지고 가면서 나로부터 멀어져 가는 동안, 난 새로운 기쁨을 느꼈는데, 그것이 내게 내일은 새로운 약속과 더불어 새로운 날일 것이라는 것을 재확인시켜주었다.”[2]

헨리의 초기작 『창조적 목회』는 교회를 보다 더 염두에 두고 기획되었지만, 후기에 명확하게 표현하던 사회 정의에 관한 주제들 중 일부는 여기서 처음으로 명확하게 설명되어지고 있다. "조직하기"라는 장에서 헨리는 그 당시 우리가 "사회적 변화의 작인"이라 부르던 것을 반추하고 있다. 그는 진술하기를, 급진적 기독교 개혁들도 오순절 성령파도

> 우리 사회의 문제들을 해결할 수 없다. 목회자의 위대한 업무는 그렇다면 그 양자 사이의 긴장을 살아가는 것 그리고 그것들의 종합을 위한 탐구 속에 살아가도록 도움을 주는 것이어야 한다. 사회 변화의 기독교적 작인은 사회 개혁가가 되라는 그리고 구체주의(concretism)의 유혹에 빠지지 않는 사람이 되라는 부르심을 듣는다. 그는 그의 작업의 결과들에 대하여 걱정하지 않는다. 왜냐하면 그는 하나님이 그의 약속들을 이행하실 것과 유일한 유혹은 정확이 이것이 일어 날 것이라는 사실을 알기를 욕망하는 것이다.3)

헨리는 기독교적 응답을 세속 사회가 활용하는 보다 유력한 사회 변화의 수단들과 대비시켰다:

> 다른 사람들의 도움을 이끌어내기 위한 최선의 방법이 책과 사진들을 통하여 저 사람들이 얼마나 비인간적으로 살아야만 하는지를 보여주는 것이라고 우리가 여전히 믿고 있다는 것을 보는 것이 슬프다. 분명코 그러한 일은 자신들의 지갑들을 열어 소정의 돈을 내도록 하는데 충분한 죄책감을 창조해주고 그리고 그럼으로써 잠시 동안 자신들의 양심을 어루만져준다. 그러나 이것은 기독교적 응답이 아니다. 불행에 노출되는 것은 동정심뿐만이 아니라 호전성도 불러일으킨다는 사실은 집단 수용소들에서, 비아프라(Biafra)에서 죽어가는 어린이들에 대한 영화에서 그리고 TV와 라디오와 신문으로 보이는 여위고 수척한 신체들에서 아주 분명해진다. 우리의 부유함에 대해 죄책감을 느끼기 때문

에 우리가 다른 사람들의 조건을 변화시키기 원하는 한, 우리는 여전히 힘의 놀이(power game)를 하면서 감사로 보답받길 기다리고 있는 중인 셈이다. 그러나 우리가 여러 가지 방식으로 우리는 가난하고 그리고 우리의 도움을 받는 이들은 부유하며 오히려 나눠줄 많은 것들을 갖고 있음을 발견하기 시작하면, 그 어떤 진정한 사회적 작인들도 힘의 유혹에 굴복하지 않을 것이다. 왜냐하면 그는 그의 과제가 무거운 짐이나 용감한 희생이 아니라, 자신이 만나고 싶어 하는 분(Him)의 얼굴을 더욱 더 볼 수 있는 기회임을 발견하게 되기 때문이다.4)

얼마 지나지 않아서, 역시 교회를 위해 저술한 책 『상처입은 치유자』에서 헨리는 "신비의 길"과 "혁명의 길"을 대조시킨다:

제삼의 길, 기독교적인 길이 있는가? 예수 안에는 신비의 길과 혁명의 길이 대립적인 것이 아니라, 경험적 초월이라는 동일한 양식의 두 측면들로 존재한다는 확신이 내 안에서 점증하고 있다. ... 기독교인에게 예수는 경험적 초월을 위한 인간의 아픔 속에서 혁명과 회심은 분리될 수 없다는 사실을 현현시키는 사람이다. 우리들 가운데 그의 출현은 인간의 마음을 바꾸는 일과 인간 사회를 바꾸는 일은 분리된 별도의 과제들이 아니라 십자가의 두 기둥처럼 상호연결된 것이라는 사실을 부정할 수 없이 분명하게 만들어준다. 예수는 혁명가였지만, 극단주의자가 되지는 않았다. 왜냐하면 그는 이데올로기를 드린 것이 아니라, 바로 그(분)자신(Himself)을 드렸기 때문이다. 그는 또한 신비가였지만, 자신이 속한 시대의 사회적 악들을 회피하기 위해 하나님과의 친밀한 관계를 활용하기는 커녕, 오히려 반역자로 처형되는 지경까지 이름으로서 모든 이들을 충격에 빠뜨렸다.5)

동일한 작품에서 헨리는 처음으로 긍휼(compassion)이라는 주제에 한 섹션을 전체적으로 할애했다. "긍휼은 권위의 핵심이고 심지어 본성이 되어야만 한다"[6]고 그는 적고 있다. 결론부에서 헨리는 "잘못된 이유들로 사람들이 고통받지 않도록 방지하는"[7] 목회자의 역할에 대해 성찰한다. 나우웬은 고통을 통해 "환대는 공동체가 된다 왜냐하면 환대는 우리의 기본적 깨짐에 대한 공유된 고백과 공유된 희망에 근거하여 통일성을 창조하기 때문이다"[8]고 그는 적어두고 있다.

이 초기 작품들과 경험들은 후기의 중요 주제인 사회 목회를 위한 토대를 제공한다.

헨리는 기본적으로 사회 활동가였는가?

존 디어(John Dear)는 사회 목회라는 주제와 연관된 헨리의 수많은 작품들을 수집하여, 헨리의 사망 이후 얼마 지나지 않은 1999년에 그것들을 묶어 출판하였다. 『평화로 가는 길』에서 "여기 이 콜렉션에 수집된 평화와 정의에 관한 에세이들은 그의 위대한 저술집에 부가적인 관심사들이거나 사후에 덧붙여지는 각주가 아니다. 이 글들은 그의 가장 영적인 통찰들의 일부를 제시한다. 이 글들은 그의 사상의 핵심에 서있다."[9]

드아드르 라누에(Deidre LaNoue)는 『헨리 나우웬의 영적 유산』에서 이를 거절한다. "그 글들이 그의 사상의 핵심에 서 있는"지 혹은 아닌지에 관해 언급하면서 그녀는 이렇게 적고 있다: "난 동의하지 않는다. 나우웬 사상의 핵심은 하나님과의 인격적인 관계이다. 그러한 관계가 사회적 활동을 통해 표현되어 질수 있음을 그가 믿고 있었던 것은 분명하지만, 그러나 이것이 그의 사상과 활동의 핵심은 아니었다. 하나님을 사랑하는 것 그리고 자신만큼 타인들을 사랑하는 것이 그의 활동의 중심에 놓여 있다. 사회적 활동은 이 관계성들이 작용하고 있음을 나타내는 단지 하나의 표현일 뿐이었다."[10]

학자라기보다는 사회 활동가에 보다 더 가까운 나로서는 헨리의 사회적 활동을 절대적으로 필수불가결한 부분으로 본다. 셀마와 아틀란타로의 그의 초기 부름을 고려할 때, 사회 정의의 차원에 대한 고려 없이 헨리를 이해할 수는 없다. 그러나 그는 기본적으로 사회 활동가는 아니었다. 그러나 칼 바르트(Karl Barth)처럼, 그는 한손엔 신문을 그리고 다른 한 손에는 성경을 들고 있었다. 그의 신앙은 "양쪽 모두"(both/and)였다. 기도는 가담으로 나아가고, 그리고 가담은 다시 기도로 돌아온다.

물론 다른 점은 그가 저술한 시기들과 그 시대들이 변화한 방식들이다. 1960년 대 후반과 1970년 대에 뉴 헤이븐은 활동가들의 장소였다. 작고한 윌리엄 슬러언 코핀 주니어 목사(William Sloane Coffin, Jr.)는 베트남 전쟁과 징병모집에 대한 시민 불복종을 이끌었다. 뉴헤이븐은 (미국 내 흑인과격파인) 흑표범단(the Black Panthers) 재판의 고향이었다. 내가 이끌던 그룹 CCA(기독교 공동체 활동)는 "도회지 만남들"을 가졌었는데, 거기서 백인 교외거주자들은 흑표범단들을 비롯한 여러 사람들을 만나게 됐고, 이 만남은 극적인 변화로 이어졌다. 현재 내가 스키넥터디(Schenectady)에서 지도하는 그룹은 "도시를 구하고" 그리고 "교회의 자원들을 도시의 인간적 필요들에 관계시키"려는 시대의 소동으로부터 출현했다.

그 시절의 걱정과 도전은 사회적 활동과 보조를 맞추는 것이었다. 활동가들은 바빴다; (그들이 구현하려는) 나라는 임박했다; 교회는 그에 부응해야 할 필요가 있었다. 우리는 세계가 교회를 위한 의제(agenda)를 설정해야 하는가를 놓고 논쟁했었다. 그때, 나의 멘토였던 노르워크의 핸크 요돈(Hank Yordon)은 목회자들은 기도를 찾고 시위를 떠나라고 말하곤 했다. 시대는 정적주의와 절약의 시대로 바뀌었다. 활동가들에게 기도가 활동의 본질적 근거라는 사실을 주지시켜줄 필요도 없었다. 왜냐하면 활동가들의 숫자가 계속해서 줄어들었기 때문이다.

나우에는 사회적 활동을 기술하는 부분에서 다음과 같이 희망적으로 결론을 맺는다

> 1980년대와 1990년 대 많은 미국인들을 특징짓는 자기-중심적인 영성은 오늘날의 미국 기독교인들 중 일부는 일종의 근대적 영지주의를 실천하는 수준에 위험스럽게 근접해 있다는 사실을 가리켜 주고 있는 듯이 보이는데, 이 형태의 영지주의에서는 하나님을 알고 그분을 경험하려는 욕망이 타자들을 사랑하고 보살피라는 자신의 의무를 망각하거나 그에 대해 무지하려는 성향으로 귀결되고 있다. 사회적 활동주의에 대한 나우웬의 사상은 그에 부합하고 그리고 성서의 가르침들과 기독교 교회사를 통한 많은 모범들과 발을 맞추고 있는데, 바로 그러한 메시지를 미국 교회들은 필요로 한다.[11]

그래서 비록 헨리는 기본적으로 사회 활동가는 아니었을지라도, 사회정의에 대한 함축성들은 필수불가결하며, 시대를 고려해 볼 때, 본래 제안된 때보다 지금 더 필수적이고 긴급하다.

개인적인 것과 사회적인 것 사이의 연결성

주제1: 긍휼(compassion)

자신의 말과 글 모두에서 헨리는 자신의 신앙이 담지한 개인적 차원과 사회적 차원 사이를 왕래 했는데, 이를 『자비를 향한 외침』(*A Cry for Mercy*)에 등장하는 짧은 묘사가 다음과 같이 그려주고 있다:

오 주님, 우리 당신의 백성을 호의로 보아 주시고 그리고 당신의 사랑을—관념이나 개념으로서가 아니라 살아있는 경험으로서—우리에게 전하여 주십시오. 우리는 당신이 먼저 우리를 사랑해 주셨기 때문에 서로 사랑할 수 있을 뿐입니다. 그 첫 사랑을 알고 그래서 우리가 모든 인간의 사랑을 그 보다 큰 사랑의 반영으로, 조건이나 제약이 없는 사랑으로 볼 수 있도록 해 주시기 바랍니다. ....

만일 내가 성만찬의 성례 속에서 당신을 인지할 수 있다면 나 또한 많은 굶주린 남자들과 여자들과 아이들 속에서 당신을 인식할 수 있어야만 합니다. 만일 내가 빵과 포도주의 겉 모습 아래로 임하는 당신의 현존에 대한 신앙을 세상을 향한 행동으로 번역할 수 없다면, 난 여전히 불신자(unbeliever)일 것입니다.[12)]

다른 많은 글들에서처럼 이 인용문에서 헨리는 첫 사랑으로부터 직접 이웃 사랑을 지향하는 사랑으로 나아간다.

헨리는 많은 저술들 속에서 긍휼(compassion)이라는 주제를 발전시켰다. 초기 저술 『긍휼』(*Compassion*)은 그것이 보여주는 보다 거대한 성서적 그리고 신학적 초점과 예술 작품으로 인해 두드러진다. 내가 고전적 헨리라고 생각하는 모습 속에서 그와 그의 동료들은 세 섹션에서 일련의 세 항목들을 명확하게 상술했다. 참을성 없는 활동가라면 마지막 장을 제일 먼저 읽어야 할 것이다!

헨리는 후기 작품들 중 하나인 『여기와 지금』(*Here and Now*)에서 긍휼을 둘러싼 핵심 주제들 중 많은 것들을 반복한다. 예를 들어, 그는 경쟁으로부터 긍휼로, 사랑받는 자가 되는 것으로, 하향 이동으로, 다른 사람들과 더불어 고통받는 것으로 그리고 자기-대면(self-confrontation)으로 나아가는 것에 관하여 적고 있다.[13)]

후기에서처럼 그 초기 작품에서도 헨리는 (우리의 정상적인 접근방식인) 경쟁을 (비정상적인) 긍휼과 대비시킨다 (사실 누가 다른 사람의 고통을 함께 겪기 원하겠는가?). 우리는 고통을 피하는 경향이 있다. 복음은 곧 하나님은 우리의 고통과 세상의 고통을 짊어지시는 '우리와-함께-하시는-하나님'이라는 사실이다. 성서의 도전적인 통찰은 예수가 "그들에게 (동정이 아니라) 긍휼을 품으셨거나 긍휼로 움직이셨음"을 말하는 구절들에 대한 검토를 통해 도출된다. 그리스어로 그 (긍휼이라는) 용어는 내장이나 소화기관을 지시한다는 사실을 헨리는 지적한다. 그는 계속해서 더 나아가 언급하기를:

> 예수가 느꼈던 긍휼(compassion)은 분명코 슬픔이나 공감의 피상적이거나 지나가는 느낌과는 상당히 다르다. 오히려 그 긍휼은 그 존재의 가장 취약한 부분으로 연장된다. 그것은 긍휼에 해당하는 히브리어 단어 라차민(rachamin)과 관계되는데, 이 단어는 야웨의 자궁을 가리킨다. 참으로 긍휼은 예수 안에 그처럼 깊고 핵심적이며 강력한 감정으로서, 오직 하나님의 자궁의 움직임으로서만 기술되어질 수 있는 그런 것이다. 거기서 그 모든 거룩한 다정함과 점잖음은 숨겨진다. 거기서, 하나님은 아버지와 어머니이고, 형제와 자매이고, 아들과 딸이다. 거기서 모든 느낌과 감정들과 정서들은 신적인 사랑 안에서 하나이다. 예수가 긍휼로 움직여 나아갔을 때, 모든 삶의 근원은 떨며, 모든 사랑의 근거는 활짝 열리고, 그리고 하나님의 광대하고 다함이 없으며 깊이를 헤아릴 수 없는 다정함의 심연이 스스로를 드러낸다.[14)]

그러므로 긍휼은 신앙의 선택적 요소가 아니다. 그것은 당신이 남는 일부 시간이나 에너지를 가질 때 행할 수 있는 어떤 것이 아니다. 그것은 신앙의 핵심과 관계하고, 그것은 우리 신앙에 중심에 있다 (비록 통상적으로 헨리는 이에 대한 각주나 전거를 게재하지는 않고 있지만 말이다).

이 책은 헨리가 어느 다른 곳에서 명확하게 설명했던 자발적 퇴거 (voluntary displacement; 후에는 이 퇴거라는 단어를 이동성[mobility]이라는 말로 사용하였다)에 대한 완전한 설명을 주고 있다. 자발적 퇴거는 자신의 일상적 자리를 떠나 우리 주를 따르는 것을 말한다. 그것은 극적이거나 혹은 단순한 내적 단계들을 의미할 수도 있을 것이다. 헨리는 다음과 같이 결론짓는다:

> 따라서 자발적 퇴거는 기독교인 각자의 삶의 일부이다. 그것은 일상 본연의 자리들로부터 이끌려 물러나는 것으로서, 이는 다른 사람들에 의해 주목받을 수도 그렇지 않을 수도 있다; 그것은 길을 함께 가는 동료 여행자로서 서로에 대한 인정으로 나아가고 그래서 공동체를 창조한다. 마지막으로 자발적 퇴거는 긍휼(compassion)로 나아간다; 우리를 우리 자신의 부서지고 깨어짐으로 가까이 데려가서 긍휼은 우리 눈을 열어, 우리의 위안과 위로를 찾는 동료 인간 존재들을 향하게 한다.15)

헨리는 기도와 인내에 근거하지 않는 혹은 감사를 반영하지 않는 활동주의에 대해 경고한다. 하지만, 결국, 긍휼은 행위로 나아간다. 때로 그러한 행위는 대면을 포함해야만 한다:

> 우리는 긍휼을 상처들을 치유하고 고통들을 덜어주는 행위들과 연관하여 연상하려는 성향이 있다. 그러나 많은 사람들이 더 이상 인권을 발휘할 수 없고, 수백만의 사람들이 굶주리고 그리고 전체 인류가 핵 파멸(nuclear holocaust)의 위협 아래 살아가는 시대에 긍휼하는 행위는 고통 받고 있는 사람에게 도움을 제공하는 것 이상을 의미한다. 악의 힘은 개인들 안에서 뿐만 아니라 그들의 삶을 지배하는 사회 구조들 속에서도 너무나 명백하게 드러나고 있어서 강력하고 명확한 대면 이외의 다른 것이 요구되지 않는다. 긍휼은 대면을 배제하지 않는다. 오히려 그와 반대로 대면은 긍휼의 필수불가결한 부분이다. ... 우리가 그 사람들과 빈곤을 야기하는 시스템들을 대면하려는 의지가 없

을 때, 우리는 가난한 사람들과 더불어 고통을 나눌 수 없다. 우리가 그 (해결의) 열쇠를 갖고 있는 이들을 대면하기 원치 않을 때, 우리는 포로된 자들을 자유롭게 해 줄수 없다. 우리가 압제자들을 대면하려하지 않을 때, 우리는 억압받는 자들과 우리의 연대를 선포할 수 없다. 대면 없는 긍휼은 무익한 감상적 동정으로 재빠르게 변질되어 사라져 버리고 만다.16)

이 글을 마치 어제 쓰여진 글 같다! 이것은 분명코 보다 더 급진적인 관점이다. 『긍휼』에 책을 위한 삽화를 그렸던 예술가 조엘 필라티가(Joel Filartiga)의 내력을 조금 알게 된다면, 그 책이 그 안에 게재된 삽화와 그것이 성찰하고 있는 것을 보다 날카롭게 이끌어 낼 것 같다. 필라티가의 예술은 가난한 사람들과 함께 일하면서 그가 경험했던 실재의 비극과 고통을 통해 태어났는데, 그의 삶은 중산층 혹은 중상류층 출신의 사람이 감행한 자발적 퇴거 자체였다. 그가 겪은 고통은 비밀 경찰의 손에서 저질러진 조엘의 아들의 죽음에서 가장 첨예하게 느껴진다.

1977년 출판된 평행 논문에서 헨리는 긍휼을 영적 리더쉽에 연결시킨다. 이따금씩 바보들의 나라에 관하여 언급하면서 인용하던 수피 이야기로 시작하면서 그는 긍휼하는 지도자와 긍휼함이 없는 지도자를 대조시킨다. 그는 연대성, 퇴거 그리고 제자도의 주제들을 활용하여 영적 리더쉽을 위한 긍휼의 실천을 기술한다. 헨리는 그 논문 말미에서 기도와 행위의 "양쪽 모두"적 본성을 연계시킨다:

우리의 긍휼을 향한 부르심은 세상의 마음 속에서 하나님을 찾도록 노력하라는 부르심이 아니라, 하나님의 마음 속에서 세상을 찾으라는 부르심이다. 바로 이것이 바울, 베네딕트, 프란시스, 이그나티우스, 아빌랴의 테레사, 마틴 루터, 요한 웨슬레와 교회사에 등장하는 모든 영적 지도자들의 길이었다. 그들 모두는 우리의 제자정신이 심화되어 갈수록, 우리는 고통 받는 세계와의 연대로 더 깊이 들어간다는 사실을 알고 있었다. 이것에는 낭만적이거나 쉽고 달콤한 어떤 것도 없다. 이것을 탈출—심지어는 타협—이라고 생각하는 사람들은 예수 그리스도의 마음을 갖는다는 것이 무엇을 의미하는지를 모른다. 그리스도와의 제자도로 들어가는 사람은, 어느 정도로 들어가든지 간에, 세상의 고통을 회피하지 않을 뿐만 아니라 오히려 그 중심으로 관통해 들어간다. 이것이 바로 기도의 삶이 가장 친밀한 방식으로 세상의 삶과 우리를 연결시키는 이유이고 그리고 긍휼의 삶은 결국 신비적 삶—즉 예수 그리스도와의 연합으로 살아가는 삶—인 이유이다.[17]

주제2: 포용성(inclusivity)

긍휼이라는 주제에 대한 이상의 검토를 통해 분명해지는 것은 긍휼은 포용성이라는 주제와 관련이 있고 불가분리하게 연결된다는 사실이다. 긍휼은 신앙의 삶을 살아가는 우리를 모든 사람들과 (뿐만 아니라 모든 피조물들과) 연결시킨다. 헨리의 사상과 접근방법은 그 모든 한계들과 경계들을, 아마도 한계점까지 확장한다. 그 중 하나가 바로 철저한 포용성인데, 이는 우리 신앙을 기존의 어떤 한계들조차 넘어 확장시켜주고 있다.

아카이브를 돌아보며 "새로운 마음"(The New Mind)이라는 제목의 초기의 사적인 글을 찾다가 깊은 인상을 받았는데, 그 글은 긍휼과 포용성 모두를 제기하고 있었다. 그 논문은 어쨌든 복잡하긴 했지만, 새로운 마음과 예전의 마음 간의 근본적인 대비를 가지고 시작한다. 새로운 마음의 은사는 긍휼이다. 우리는 새로운 마음으로 살아갈 회심이 필요하다; 기독교인이 된다는 것은 새로운 마음을 갖는 것이다 (참조 롬2;16, 12:2).

예전의 마음(the old mind)은 정복하고 획득하려는 마음이다. 이는 새로운 마음과 대조를 이루는데, 새 마음에서 우리의 진정한 자아는 하나님

안에서 발견되어진다:

> 우리의 정체성은 획득되거나 도달되거나 정복되어지는 것이 아니라 주어지는 것이다. 우리는 우리가 획득할 수 있는 무엇이 아니라 하나님에 의해 값없이(freely) 주어지는 것이다. ... 우리는 하나님 안에 있다. 우리의 존재는 하나님 안에 있다. 새로운 마음은 하나님을 마주보고 서있는 자아가 아니라 모든 자아성의 근원이신 하나님 안에서 스스로를 발견하는 자아이다.
>
> 새로운 마음은 긍휼하는 마음이다 왜냐하면 그 안에서 다른 사람들은 더 이상 "저 편에"(over there) 있어서 손이 미치기 어려운 곳에 있는 사람들이 아니라, 그들은 하나님 안에서 우리와 함께 있는 사람들로 다가오기 때문이다. 하나님 안에서는 "이 편"과 "저편"이 없고, 오직 (하나님을) 원하는 '나'와 ... (하나님에) 저항하는 '저들'이 있을 뿐이라는 사실을 우리 영혼의 정지점(the still point)에서 우리가 깨달을 때 진정한 회심이 일어난다.
>
> 마치 우리가 갈라진 사람들을 연합해야 하는 듯이, 마치 저 사람들 사이에는 앞선 결속이 존재하지 않는 듯이 우리가 일하는 한, 우리는 우리가 누구인지를 망각하고, 불가능한 짐을 어깨에 짊어진 꼴이 된다. 긍휼로 부르심에 의해 우리에게 주어진 과제는 사람들 사이의 통일성을 창조하는 일이 아니라, 그 모든 차이들의 기초에 놓여있는 기본적 통일성을 드러내고 확증하는 일이다. 우리의 일은 모든 인간 존재들과 더불어 고통받는 것이 아니라, 모든 인간의 고통들로 인해 하나님 자신도 고통 받고 있는 실재를 우리의 구체적 행위 속에서 가시적으로 만들어주는 일이다. 예전의 낡은 마음 속에서는 바로 우리가 그 모든 일을 행하기 원하는 사람이었다. 새로운 마음 속에서 우리는 하나님의 온후한 손길을 따라 인도되어 나가며, 그분의 긍휼은 우리 모두가 기대할 수 있는 모든 것을 넘어선다.[18)]

또한 아카이브에는 커네티컷 스탬포드의 노로톤 장로교회에서 있었던 헨리의 강연 테입이 있다. 거기서 그는 자신이 기독교인으로서 삶의 진정한 속성들이라 믿는 바에 대해 집중적으로 말하고 있다: 포괄성과 긍휼. 하나님은 우리가 함께 오라는 "계약"을 창조하시고 도입하셨다. 하나님의 초기 계약은 아브라함과 노아와 다윗과 그 외 사람들과 세우신 계약이었다. 그 후 하나님은 새로운 계약을 창조하셨는데, 하나님의 유일한 아들을 보내심으로서 모든 사람을 위한 새로운 계약이었다. … 그 계약은 포괄적이어서, 모든 곳들과 모든 사람들과 모든 인종들과 모든 연령을 포함한다. 예수의 십자가 안에서 모든 인류는 예수 자신에게로 드높여질 것이다. 새로운 계약의 핵심은 모두가 함께 속한다는 것이다. 모두가 형제와 자매들이라는 진리를 우리는 어떻게 살아낼 수 있을 것인가? 삶이란 영원성의 훼방(an interruption of eternity)이다. 포용성이란 하나님의 마음을 가지고 모든 사람들과 더불어 함께 사는 것이다; 그 누구도 배제하지 않는다.

분명코 헨리는 그 모든 경계들을 확장시켰다.

주제3: 열매 맺기(fecundity)

헨리는 오래된 용어들을 개선하여 통찰을 제공하는 일을 즐겼던 것 같다. 긍휼과 포용성의 결과들은 열매 맺기 혹은 결실이다. 사람들은 목회의 과제를 충실하는 것(be faithful)이라고 보려 할지 모르지만, 헨리는 '열매 맺는'(fruitful) 혹은 '열매들을 맺다'(to bear fruits)는 용어를 사용했을 것이다. 그는 1986년에 출판된 『생명의 징후들』(*Lifesigns*)에서 이 주제를 상세하게 발전시켰다. ("내 안에 머무는 자들은 그들 안에 있는 나와 함께 있는 것이고, 그들은 많은 열매를 맺으리라"는 내용의) 요한복음 15:5절과 더불어 시작하면서, 그는 "'다산능력'(fecundity)이라는 단어가 일상의 대화 속에서 자주 사용되어지지는 않지만, 그러나 그것은 개선해서 사용할 가치가 있는" 단어임을 인정한다. "왜냐하면 그 단어는 우리로 하여금 생명을 낳게 할 우리의 가장 깊은 인간적 잠재성과 접촉하도록 만들어 주기 때문이다."[19] 『생명의 징후들』에서 헨리는 자신의 또 다른 핵심 주제를 명확하게 하는데, 이는 두려움의 집에서 사랑의 집으로 나아가는 것에 관한 것이다. 그는 열매 맺는 삶을 세 관점을 갖는 것으로 기술한다: 취약성(vulnerability), 감사 그리고 보살핌.[20] 열매 맺는 삶은 주고 받음 모두를 의미하는데, 그래서 우리 문화를 살아가는 우리들에게는 (실천하기) 어렵다. 감사에 관한 복음서의 본래 이야기는 바로 빵과 물고기가 계속 나온다는 이야기이다.

나는 이 이야기에 기초하여 감사를 주제로 작성된 헨리의 설교를 읽고, 복사본을 가질수 있는 행운을 누렸다 (이 설교는 1980년 뉴헤이븐에서 추수감사절에 선포된 것이다). 다른 곳에서처럼, 그는 희소성의 경제를 하나님의 풍성함의 경제와 대비시켰다. 이 설교는 영원하다:

> 우리는 감사의 삶을 살도록 부름받았습니다. 그리고 형제 자매들이여 이것은 우리에게 아주 아주 어렵습니다. ... 그리고 이 불확실성들 속에서 생존해 나가는 것이 더욱 더 어려워질 것입니다 ... 그리고 다가오는 시대에 실업과 인플레이션과 보다 더 큰 문제들과 보다 더 큰 두려움과 보다 더 큰 불확실성들을 안고 생존해 나가기가 더욱 더 어려울 것입니다. ... 그래서 최소한 생존이라도 하기 위하여 우리가 갖고 있는 것에 매달려 살아가고픈 마음이 또 다른 실재적인 유혹이 될 것입니다. 우리의 소명의 힘은 정확히 말해서 위기의 시대에 우리가 갖고 있는 것을 내놓는데 있습니다. ... 위기의 시점이 하나님은 희소성의 하나님이 아니라 풍성함의 하나님이라는 진리를 선언하는 초대가 되도록 ... 그래서 우리가 갖고 있는 지식, 사랑, 재산 즉 우리가

> 나눌 수 있는 것은 무엇이든지 계속해서 줄 수 있도록, 그럼으로써 모든 것은 선물이라는 사실이 알려질 수 있도록 합시다.[21]

그의 마지막 논문들 중 하나인 "독거, 공동체 그리고 목회"("Solitude, Community and Ministry")에서 헨리는 산꼭대기로 올라가, 제자들을 불러 모으고 그런 다음 섬김을 위해 세상으로 나아가는 예수의 길을 묘사한다; 그 분은 다른 사람에게로 흘러 넘친다; 예수의 길은 독거(solitude)나 공동체에 멈추지 않고 목회로 나아간다. 그는 목회를 열매 맺음(fruitfulness)으로 기술한다.

헨리는 결코 어느 특정한 형태의 행위를 기술하지 않았다. 도회지 목회에 관여하게 되면, 거기에는 다양한 접근방식들이 있다: 봉사, 증언, 지지, 공동체, 경제적 발전, 조직 등등. 각각은 그의 장점과 단점을 갖고 있다. 목회는 항상 어딘가로 나아간다:

> 당신의 삶과 나의 삶에서 고려되어져야 할 것은 성공들이 아니라 열매들이다. 당신은 당신 삶의 열매들을 당신 자신으로 보려하지는 않을 것이다. 당신 삶의 열매들은 대체로 당신의 아픔 속에서 당신의 나약함 속에서 그리고 당신의 상실들 속에서 태동된 것들이다. 당신 삶의 열매들은 쟁기가 당신의 땅을 갈고 지나간 후에야 도래한다. 하나님은 당신이 열매 맺기를 원하신다. ... 우리의 보잘 것 없는 삶은 작고 인간적인 삶이다. 그러나 우리를 사랑하는 자로 부르시는 분의 눈으로 보자면, 우리는 위대한다—우리가 살아왔던 시절들보다 위대하다. 우리는 열매들을 맺을 것이다. 당신과 내가 이 땅에서 보지 못할 열매들을 말이다. 우리는 그것을 신뢰할 수 있다. 독거, 공동체 목회—이 훈련들은 우리가 열매 맺는 삶을 살도록 돕는다. 예수 안에 머물러라: 그분이 당신 안에 머무르신다. 당신은 많은 열매를 맺을 것이고, 당신은 위대한 기쁨을 누릴 것이고 그리고 당신의 기쁨은 충만하

게 될 것이다.[22)]

사회적 긍휼

헨리는 최소한 두 개의 글을 통해 사회적 긍휼(social compassion)이란 개념을 제시한다. 가장 처음의 것이자 보다 초기의 것은 1984년 틸덴 에드워즈(Tilden H. Edwards)가 편찬한 『종말과 더불어 살아가기』(*Living with Apocalypse*)에 나오는 짧은 인터뷰이다. 두 번째 글은 『생명의 징후들』(1986)에 "신비합일"(Ecstasy)이라는 장에 실려있다. 그 둘 모두 예시적이다.

그 인터뷰에서 헨리는 사회적 긍휼을 위한 가장 기초적인 자원은 가난한 자인데, 그들은 우리에게 "하나님의 신비 안에서 살아가는 실존의 은혜로움(giftedness)"[23)]를 주지시켜주기 때문이다. 우리는 예수가 항거의 한 복판에서 세상을 극복했다는 사실을 기억하고 믿을 필요가 있다. 평화의 중재자들(peacemakers)은 희소성의 태도로부터 하나님의 풍성함을 기억하는 마음가짐으로 나아가야만 한다. 그 어떤 증언도 인도하고 지지하는 영적인 훈련들에 초점이 놓여있어야만 한다. 우리는 근심하거나 과도하게 염려할 필요가 없다; 영적인 삶의 가치는 참여하는 사람들의 숫자나 규모에 관한 것이 아니다. 하나님은 창조적 소수자들을 부르시어, 심지어 박해의 순간에도 충실하게 하신다. 우리의 희망과 확신은 하나님이 고통받는 모든 사람들과 더불어 고통 받으신다는 사실이다.

두 번째 글이 실린 책의 장에서 헨리는 다시금 하나의 용어를 되살려 "신비적 합일과 새로운 국제 질서"라는 제목의 장에서 확장하여 사용한다. 그 확장된 용례는 결정적이다:

창조적 국제 관계들을 잠식하는 "권력들과 나라들"을 무시하는 모든 신비합일적 삶은 도피주의자의 삶이 되고 만다. 전체 민족들과 사람들을 감염시키고 있는 악의 세력들은 대개 숨겨져 있고, 복잡하고 그리고 교묘하다 할지라도, 기독교인들로서 우리는 사랑의 하나님의 이름으로 그것들의 가면을 벗겨내고 쫓아내도록 부름 받았다. 바로 그것이 우리가 규모면에서 지구적인 기독교 영성 그리고 국제 관계 차원에서 작용하고 있는 어두운 세력들을 심각하게 받아들이기를 두려워하지 않는 기독교 영성을 계속 추구해야만 하는 이유이다.[24]

지구적 관계들에 이 원리를 적용하는 것은 순진한 것으로 비추어질수 있다는 사실을 나우웬은 인지하고 있었다. 그러나 우리의 집단적 생존이 거기에 달려있다: "우리는 죽음의 소망들과 죽음의 위협들이 넘실대는 자리를 빠져나와, 민족들로서 국제적 화해와 협조와 보살핌의 길들을 추구해야만 한다."[25]

그것은 대담한 발걸음들을 요구한다:

이렇게 말하는 것은 위대한 꿈들을 꿈꾸는 것이다; 그것은 새로운 교향곡을 작고하는 것과 같아서, 일단 완성되면, (모두) 비슷한 것처럼 들린다. 베토벤의 5번 교향곡은 이제 그것이 언제나 있어왔던 것처럼 들린다. ... 그것은 별들의 세계 속에서 쓰여진 것이 아니라, 그것은 만들어져야만 했다. 그와 마찬가지로, 범지구적인 축제 속에 민족들의 통일성을 고양할 수 있도록 그리고 신비합일적이고 기쁜 노래로 창조주를 찬양할 수 있도록 새로운 길들이 모색되어져야만 한다. 많은 사람들은 그러한 평화가 가능하리라는 생각을 자포자기한다. 그들은 낡은 방식들에 매달려, 평화를 위한 위험들을 감수하면서 야기되는 불안정보다는 전쟁을 준비함으로써 제공되는 안전성을 선호한다. 그러나 평화의 새 노래를 감히 부르기를 마다하지 않는 소수의 사람들은 우리 시대의 새로운 성 프란시스이다. 그들은 낡은 세계의 폐허로부터 태어

나는 새로운 질서의 모습을 순간적으로 포착해 보여준다.[26]

1990년 대 헨리는 기도와 저항과 공동체로 표현되어질 수 있는 평화 작업의 주제에 관하여 계속해서 말했을 것이다. 이 주제에 관한 미출판 원고들이 1983년 쓰여 2005년 존 디어(John Dear)의 머리말과 함께 출판되었다.[27] 헨리는 그 원고들을 평화를 만들어나가는 영성(spirituality of peacemaking)을 발전시키려는 목적 하에서 평화중재자들을 위한 영적 자료로서 작성하였다:

> 이 책의 주요 논제는 그리스도로의 전적인 귀속은 세상으로부터의 도피가 아니라, 평화중재자들로서 세상 속에 있는 것뿐이라는 것이다. 그리스도에게 속함으로서만, 오직 그분에게만 속함으로서만, 말하자면, 예수의 형제들과 자매들로서 그리고 하나님의 아들들과 딸들로서 살아감으로서만 우리는 악의 파괴적인 권력들에 진정으로 저항하고 그리고 이 세계 속에서 집단 자살을 회피하도록 함께 협력해 나갈 수 있다.[28]

존 디어가 언급하듯이, 두려움의 집에 대한 헨리의 이미지는 여전하고, 통탄스럽게도 적절하고 그리고 우리 시대에 들어맞는다. 우리의 상황은 더욱 나빠졌다; 그러므로 사회적 긍휼에 대한 대화의 필요성은 더 긴급하고 필수적인 것이 되었다. 그러나 우리는 도래할 시대의 빛 속에서 살고 그리고 하나님은 평화와 화해를 욕망하신다는 사실을 믿고 신뢰하기 때문에, 우리는 그 확신과 기쁨 속에서, 심지어 "모든 것이 엉망인" 이 시대의 한 복판에서 조차, 그 평화를 위해 살고 일하기를 계속해 나갈 수 있다.

긍휼에 대한 헨리의 통찰들을 가르치면서 나는 여러 집단들과 공동체들이 이 긍휼의 의미를 공동체와 교회연합적 상황들 혹은 그 너머로 확대해 나가고자 애쓴다는 사실을 알게 되었다. 이 개념은 더 나아갈 수 있는가? 1984년에 쓴 "미국인들의 그리스도"라는 도전적인 논설에서 헨리는 최후 심판의 비유를 개인들과 공동체들에게 뿐만 아니라 민족들에게도 적용하도록 촉구하였다.[29] 평화/전쟁 이슈와 에너지 이슈의 급박함과 더불어, 시대는 다시금 사회적 긍휼에 관한 토론뿐만이 아니라 전반적인 작업과 진보를 위한 때로 진입하고 있다고 믿는다. 우리의 생존이 바로 거기에 달려있다.

---

1) Henri Nouwen, *The Road to Peace*, ed. John Dear (Maryknoll, NY: Orbis Books, 1998), 95.

2) Ibid., 105.

3) Henri J.M. Nouwen, *Creative Ministry* (Garden City, NY: Image Books, 1971), 82-83.

4) Ibid., 84.

5) Henri J.M. Nouwen, *The Wounded Healer* (New York: Image/Doubleday, 1971), 19-21.

6) Ibid., 40.

7) Ibid., 93.

8) Ibid.

9) John Dear, "Introduction," in Nouwen, *The Road to Peace*, xxix.

10) Deidre LaNoue, *The Spiritual Legacy of Henri Nouwen* (New York: Continuum, 2000), 134.

11) Ibid., 139.

12) Henri J.M. Nouwen, *A Cry for Mercy: Prayers from the Genesse* (New

York: Doubleday, 1981), 84, 109.

13) Henri J.M. Nouwen, *Here and Now* (New York: Crossroad, 1994), 116-32.

14) Henri J.M. Nouwen, Donald P. McNeill, and Douglas A. Morrison, *Compassion: A Reflection on the Christian Life* (Garden City, MY: Doubleday, 1982), 16-17.

15) Ibid., 74.

16) Ibid., 123-24.

17) Henri J.M. Nouwen, "Compassion: The Core of Spiritual Leadership," *Occasional Papers, The Institute for Ecumenical and Cultural Research* 2 (March 1977): 1-6.

18) Henri J.M. Nouwen, "The New Mind," Nouwen Archives, box 178, 2118.

19) Henri J.M. Nouwen, *Lifesigns: Intimacy, Fecundity, and Ecstasy in Christian Perspective* (New York: Image/Doubleday, 1986), 43.

20) Ibid., 88.

21) Henri J.M. Nouwen, "The Mystery of Gratitude," unpublished sermon preached at Center Church, United Church of Christ, New Haven, Connecticut, November 27, 1980.

22) Henri J.M. Nouwen, "Moving from Solitude to Community to Ministry," *Leadership* (Spring 1995): 87.

23) "A Conversation with Henri J.M. Nouwen," in *Living with Apocalypse: Spiritual Resources for Social Compassion*, ed. Tilden H. Edwards (New York: Harper and Row, 1984), 15.

24) Nouwen, *Lifesigns*, 106-7.

25) Ibid., 113.

26) Ibid., 113-14.

27) Henri J.M. Nouwen, *Peacework: Prayer, Resistance, Community* (Maryknoll, NY: Orbis Books, 2005).

28) Nouwen, *The Road to Peace*, 124.

29) Henri J.M. Nouwen, "Christ of the Americans," *America* 150, no. 15 (April 24, 1984).

21 헨리 나우웬의 목회 신학에 나타나는 패러다임의 개관들

– 필 자일라(Phil Zylla)

목회의 도전은 아주 구체적인 상황들 속에 있는 사람들 — 질병 중에 있는 사람들이나 슬픔에 빠져 있는 사람들, 육체적이거나 정신적인 장애를 갖고 있는 사람들, 가난과 압제로 고통받는 사람들, 세속의 제도 혹은 종교 제도들의 복잡한 연관망들 속에 사로잡혀 살아가는 사람들—이 자신들의 (삶의) 이야기를 하나님이 세상 속에서 펼쳐 가시는 계속적인 대속의 작업으로 보고 경험하도록 돕는 것이다.

– 헨리 나우웬 『살아있는 상기자』(*The Living Reminder*)

헨리 나우웬과 나와의 처음이자 유일한 개인적 만남은 캐나다, 알베르타, 에드몬톤에서 있었는데, 거기서 그는 그의 신랄한 핵심 주제들 중 하나인 "분노로부터 감사로"라는 제목의 강연을 하기로 일정이 잡혀 있었다. 아직도 나는 우리를 성 패트릭의 "흉갑 기도"(Breastplate prayer)의 번역으로 이끌어가던 그의 모습을 기억한다:

나와 함께 하시는 그리스도
내 앞에 계신 그리스도

내 뒤에 계신 그리스도
내 안에 계신 그리스도
내 아래 계신 그리스도
내 위에 계신 그리스도
내 우편에 계신 그리스도
내 좌편에 계신 그리스도 …

헨리 나우웬의 영적 그리고 목회석인 통전적 통찰이 가져다 준 결코 잊을 수 없는 인상은 그 강연 후 그와 이야기를 나누기 위해 많은 다른 사람들과 더불어 얌전히 줄서고 있을 때 아주 심오한 방식으로 더 강렬하게 되었다. 난 그에게 나 역시 목회와 목회 신학과 통전성을 향한 그의 열정을 공감한다고 열렬히 말하고 싶었다. 나는 나의 2살 반된 나의 딸 첼시 때문에 느끼는 깊은 슬픔에 대해 나에게 그가 무언가를 말해주기를 소망했는데, 내 딸은 척추 피열(spina bifida)를 안고 태어났고 그래서 나는 극심한 고통을 느끼고 있었다. 그는 마치 방 안에 나 혼자밖에 없다는 듯 나를 향해 돌아서서 첼시는 나의 소명이라고, 자신의 책 『상처입은 치유자』를 다시 읽고 그 딸에 관해 그리고 내 고통들에 관해 하나님의 도우심을 통해 선한 것으로 대속하시려는 방식으로 말하기를 배워야 한다고 말했다. 바로 이것을 나는 목회자로서 그리고 지금은 학문 공동체의 목회 신학자로서 내 자신의 일 가운데 행하려고 노력해 왔었다. 바로 이 고난 받는 모든 사람들을 향한 그의 인자한 관심을 배경으로, 감사의 빚으로부터, 나는 헨리 나우웬의 목회 신학 속에서 패러다임이라는 것의 개략들이라 할수 있는 것을 명확하게 설명하고자 시도한다.

목회신학에 대한 정의

목회 신학 분야의 핵심에는 모든 기독교 목회는 영혼들에 대한 신실한 보살핌에 뿌리를 두고 있다는 인식이 있다. 목회 신학에서 이 일을 하도록 부름받은 우리들 모두는 목회의 실천으로부터 유래하는 통찰들을 우리 각자의 신앙 전통들 속에 뿌리를 두고 있는 신학적 탐구에 대한 보다 심층적인 성찰과 더불어 통합할 수 있는 길들을 계속해서 모색중이다. 목회신학 학회는 이 분야에 대한 자신의 이해를 그 홈페이지에 사명 선언을 통해 정의해 왔다:

> 우리는 목회 신학을 개인들과 가족들과 공동체들에 대한 종교적 보살핌에 초첨을 둔 구성적이고 실천적이고 신학적인 기획으로서 이해한다. 그 자체로 목회신학은 고전적 신학 전통과 현대의 신학적 전통들로부터 성장해 나온 학제적 방법들에 의존한다.

이는 인터넷의 『카톨릭 백과사전』의 "목회 신학"에 대한 정의와 양립적인데, 이 분야를 비슷한 언어로 소개하고 있다:

> 목회 신학은 영혼들의 보살핌에 관한 학문이다. ... 목회 신학은 실천 신학의 한 분과이다; 그것은 본질적으로 실천 과학이다. 이론적이든 신학적이든 간에, 모든 신학 분과들은 이런 저런 방식으로 사제들을 "그리스도의 목회자들로 그리고 하나님 신비의 대리자들(dispensers)"로 만들려는 목적을 갖고 있다 (고전 4:1). 목회 신학은 다양한 분과들을 전제하고; 기독교 학자들이 도달한 변증적, 교리적, 주석적, 도덕적, 사법적, 금욕적, 예전적인 결론들을 수용하고, 그리고 이 다양한 결론들을 과학적으로 사목에 응용한다.

나우웬은 그의 깊은 목회적 그리고 성직자적 헌신과, 인간 상호작용의 역동성에 대한 깊은 이해와 그리고 목회신학과 영성 신학에 대한 지속적인 통합적 비전을 가진 그래서 현대 목회 신학의 핵심적 목소리들 중 하나로서 독보적인 입장을 갖고 있다. 우리가 헨리 나우웬의 독보적인 음성에 끌려갈 때, 그의 저술들 안에 담지된 여러 지층들의 통전성에 깊은 인상을 받기가 쉽다. 하지만, 비록 이것이 그의 천재성을 보여주는 것이긴 하지만, 그것은 또한 내가 패러다임의 개관들이라 부르는 것과 연관하여 다른 모든 것과 구별되는 독특한 그의 공헌을 나타낸다. 이 에세이는 목회신학에 대한 헨리 나우웬의 중요한 공헌을 예우하고 그리고 그의 작업이 그 모든 복잡성과 깊이와 기회와 약속들을 가지고 삶에 뿌리를 둔 목회신학에서 지속적인 노력들을 고무할 수 있는지를 이해하려는 시도이다. 목회신학은 언제나 인간 삶의 심연들로 진입하여, 이해하기 위해 씨름하기를 욕망한다. 그러므로 목회 신학의 본성을 정의하는 것은 다소 복잡한 과제이다. 브라질의 신학자 후벰 아우베스(Rubem Alves)는 이를 내 생각과 가깝게 표현해 주고 있다고 생각한다:

> 하나님과 삶의 의미는 부재들, 우리가 갈망하는 실재들, 희망의 선물들이다. ... 공중그네 예술가들이 그 심연을 건너 도약하면서, 모든 지지점들을 포기해야만 하듯이, 종교적 영혼 또한 그 심연을 건너 느낌들의 증거를 향해, 즉 사랑의 음성의 그리고 희망의 제안들의 증거들을 향해 도약해야만 한다.[1)]

나우웬의 공중그네 묘기에 대한 사랑은 널리 유명한데, 이는 분명히 그의 광대한 신학적 목회적 비전과 관계가 있었다. 그는 언제나 세계 내 하나님의 현존과 부재의 언표 할수 없는 신비와 또한 그 하나님이 우리에게 나누라고 요청하신 삶에 대한 참여로 되돌아가는 듯 하다. 목회 신학은 그 뿌리에서 이 심오한 신비들에 대한 성찰에 사로잡혀 있다. 왜냐하면 이 신비들이 일반적인 기독교인들의 삶과 그들이 충실하도록 부름받은 신앙 공동체들 안에서 작용하고 있기 때문이다. 나우웬의 목회신학이 담지한 고유한 개관은 세상을 바라보는 방식 속에 확고하게 자리잡고 있는 것으로 이해될 수 있는데, 이를 패러다임이라는 것(the paradigmatic)으로 기술하는 것이 가장 적절할 것이라 여겨진다. 이 개관들에 이르기 위해 목회 신학에서 개념화의 네 수준들을 약술함으로서 시작하고자 한다.

목회 신학에서 개념화의 수준들

첫 번째 수준은 개념화의 지각적 수준이라 불릴 수 있을 것인데, 이는 모든 다른 수준들의 기초로서 이해되어야만 한다. 지각적 수준에서는 핵심 원리들 혹은 지각 표상들(percepts)이 지속적으로 응용되는데, 지각적 응용의 습관이 목회적 상황의 부분으로서 배어들어가기까지 이루어진다. 목사나 목회하는 사람은 설교 소재에서, 사례 보고들에서 그리고 목회적 발전에 관한 다양한 중요 소통과정들 속에서 지각적 수준을 표현한다. 지각적 개념화는 다른 사람들이 비판적 관념들에 다가갈 수 있도록 하는 방식으로 목회를 이끌어 나간다.

그 다음 개념적 수준은 목회적 모델들의 개발이다. *모델들은 실천된 지각 표상들로부터 개발되는데*, 이 실천된 지각 표상들은 일관된 구조 속에 자리 잡고 있어서 다른 사람들에게 설명될 수 있는 지각표상들을 말한다. 시간이 흐르면서 모델들은 시행착오를 통해 삶의 실재들 속에서 시험을 받게 되는데, 다른 사람들이 사용하거나 모방할 수 있는 반복 가능한 패턴이나 지속력 있는 결과가 기술되어질 수 있을 때까지 계속된다. 하지만 모델들은 다른 상황들로 거의 이전될 수 없다. 왜냐하면 그것들은 대개 그것들이 유래한 상황적 실재들 속에 뿌리를 두고 있기 때문이다. 목회적 모델들은 목회의 상황적 역동성이 변해감에 따라 끊임없이 수정되고, 투명하게 되고 그리고 (최신의 것으로) 갱신되어지는 중이다.

문화에서 일어나는 변동들이 목회적 상황에 계속해서 영향을 미침에 따라, 보다 미묘하고 유연한 구조가 그 복잡성을 흡수하기 위해 요구되어진다. 이는 목회 신학의 세 번째 수준으로 우리를 인도해 가는데, 바로 패러다임이다. *패러다임들은 핵심적 확신들의 유연하지만 고정된 집합들로서*, 애매함과 더불어 살아가는 데서, 전치를 실천하는데서 그리고 복잡하고 흔히 경쟁적인 정보군들을 관리하는데서 유래한다. 역설과 단순성이 영속성의 느낌을 담지한 살아낸 실재에 대한 통렬한 기술 속에서 결합된다. 패러다임들은 어린아이도 납득할 수 있는 단순성을 갖고 있지만, 그러나 심오한 상징적 이해들로 중층화되어 있고 그리고 존재론적 수준에서 기능한다.

대부분의 목회 신학은 패러다임적 수준을 넘어 개념화의 네 번째 수준인 구성으로 나아가지 않는다. *구성물들(constructs)은 시험된 패러다임들의 존재론적 압축이다.* 구성적 수준에서 패러다임적 개념화의 실천은 시간을 통해 걸러지고 (분별되고) 그리고 보편적 맥락들 속에서 제시될 수 있다고 여겨지는 고정된 확신들로 나아간다. 구성물들은 문화교차적(cross-cultural)이고, 세대-초월적(trans-generational)이며 핵심적인 통찰들로서, 패러다임들을 함께 엮어, 장기간에 걸쳐 일군의 사유가 고정된 방향성을 유지하도록 한다.

패러다임이라는 것의 네 개관들

내가 패러다임(the paradigmatic)이라는 용어를 사용하는 방식은 더 이상의 해명을 요구한다. 어메리칸 해리티지 사전(*the American Haritage Dictionary*)은 패러다임을 "특별히 지적 분야에서 그를 공유하는 공동체이 실재를 바라보는 방식을 구성하는 가정들과 개념들과 가치들의 집합"이라고 정의한다. "바라보는 방식"으로서 패러다임은 공동체의 맥락 내에서 만들어진 모든 소여 혹은 가정들의 미묘한 통합을 요청한다. 패러다임은 "의미 구성"(sense making)의 방식으로 기능하면서, 아주 복잡한 이슈들과 관념들을 취하여, 그것들을 실재를 보거나 구성하는 방식으로 접어넣는다. 나우웬은 패러다임적 마음을 갖고 있었다. 그는 자신의 근원적 개념들을 다른 사람들이 자신의 세계와 삶의 영적 차원들을 바라보는 방식에 참여할 수 있는 방식으로 조직화했다.

공동 목회 실천에 대해 성찰하면서 나는 보다 분명한 대조를 담지하고 있고 복잡한 개념화의 다음 단계인 패러다임적 수준보다는 오히려 모델들의 사용을 선호하는 현상에 대하여 호기심이 발동하였다. 포스트모던적 상황은 특별히 목회 신학에 대한 패러다임적 표현과 접근방식을 요구한다고 나는 확신한다. 헨리 나우웬은 명백히 자신의 시대를 앞선 사람이었고, 그리고 나우웬 사상의 패러다임적 개관을 따라감으로서 우리는 이 접근방식이 어떻게, 21세기적 목회 신학적 기획을 수행할 때, 유용하게 확장되고 발전될 수 있는지를 볼 수 있다고 확신한다. 그러므로 간략하게나마 내가 사용하는 패러다임의 네 가지 핵심 차원들을 기술할 것인데, 이 패러다임이 헨리의 저술들 속에 담긴 목회 신학적 주제들 속에서 논증되어질 것이다.

1. 패러다임은 접근가능하기도 하고 접근불가능하기도 하다. 패러다임의 핵심에는 과도한 단순화가 아닌 접근성이 있다. 패러다임들은 그들의 단순성 때문에 접근가능하다; 패러다임들은 그들이 표현하는 복잡성들과 모호성들로 다른 사람들이 진입할 수 있도록 허용하지만, 그렇다고 그 자신들이 가리키는 실재들의 모든 측면들을 "해결"하지는 않는다. 그러나 패러다임들은 (다른 한편으로) 그것들이 주장하는 제어불능의 (흔히 경쟁하는) 지식 지체들을 기술하는 능력 면에서 접근불가하다. 이 패러다임들은 겉으로 보여지는 것보다 더한 것을 포함하고 있고 그리고 많은 경쟁하는 요소들에 직면하여 신비와 깊이와 복원력의 요소들을 갖추고 있다.

- 하나의 패러다임은 단순성을 담지하고 움직이지만 그러나 극단적으로 단순화(simplistic)하지는 않는다.
- 패러다임적 이해는 점증하는 통찰력과 확장된 성찰을 감안한다. 나우웬 자신의 개념들은 진척된 확증과 더불어 대개 심화되고, 확대되고 그리고 완성되었다. 그가 핵심 관념들을 포기하거나 내려놓는 경우는 거의 드물었다.

2. 패러다임들은 살아낸 실재로서 역설이 표현되도록 한다. 한 수준에서 패러다임적 개념화는 하나의 통합하는 매트릭스로서 기능한다. 패러다임들은 "이치에 맞지 않는" 요소들을 담지할 만큼 충분히 애매하지만, 그러나 살아낸 실재와 더불어 동조할 만큼 충분히 완결적이다.

- 패러다임은 흔히 외견상 덜 중요한 통찰들을 핵심으로 간주하는 한편, 그것이 뿌리를 두고 있거나 근거하고 있는 관념을 결코 설명해 주지 않는다.
- 패러다임적 목회 신학은 핵심 개념들 사이의 상호작용을 고려한다.
- 목회신학에 대한 패러다임적 접근방식의 뿌리에는 기본적 통찰들에 대한 신뢰가 있는데, 이 기본적 통찰들은 외견상 보다 정교해 보이는 판단들 때문에 포기되어지지는 않는다.

이 마지막 요점과 관련하여 디히트리히 본회퍼(Dietrich Bonhoeffer)는 패러다임적 성찰을 명쾌하게 설명하는 핵심적 구별을 제시한다. 그는 살아낸 경험에 뿌리를 둔 윤리적 언어와 추상적 관념을 따르는 윤리적 언어간의 근본적 차이를 다음과 같이 기술한다:

> 무시간적이고 무공간적인 윤리적 담론은 모든 진정한 담론들이 요구하는 구체적 보증을 결여한다. ... 추상과 일반화의 과정과 더불어 혹은 발전된 이론들과 더불어 오류를 발견하기란 흔히 불가능하지만, 그러나 그것들은 [필요한] 특정의 중력을 갖고 있지 못하다. ... 말들은 옳지만 그러나 그 말들은 무게가 없다.[2)]

3. 패러다임들은 우리에게 물음들과 더불어 살수 있는 능력을 준다. 영적인 깊이의 차원은 그 문제의 결론을 제시하기에 앞서 겸손함을 가지고 잠시 멈추라는 부름으로서, 흔히 "기다려," "그와 더불어 살아"라고 말한다.

- 삶의 복잡성에 따라 패턴을 갖추면서, 목회신학에 대한 패러다임적 접근방식은 관념이 심화되어, 이해의 다양한 층위들로 나아가도록 해준다.
- 이런 의미에서 패러다임이라는 것은 삶의 영적인 언어외적 함축성들과 깊이 연루되어 있으며, 그 핵심에서 신비를 붙잡을 준비가 되어있다.

4. 패러다임들은 삶의 뒤얽힘들과 복잡성들에 주목하며 깊숙이 뿌리를 내리고 있는 틀로서, 요약적이지만 그러나 유연한 틀이다.

- (기본적으로 그 자신의) 영적 삶의 뒤얽히고 내적인 움직임들에 대한 주의깊은 묵상을 수반하는 나우웬의 접근방식은 교회와 학원과 사회에 대한 여러 경험들에 대한 그의 목회적 관찰들로부터 추론되었다.

- 나우웬의 목회 신학 속에서 패러다임적 사유는 그의 관념들에 다가갈 수 있는 막대한 기회들을 창출하였다. 그의 저술들은 핵심 개념들에 뿌리를 둔 수천의 지류들을 담고 있는데, 그 각각은 사고의 한 흐름 즉 통합적 패러다임을 지향하여 다른 통찰을 엮어내고 있다. 이는 그의 작품을 자신들의 삶의 상황을 성찰하는데 관심을 갖고 있는 사람들이 용이하게 이용가능토록 만들어 주고 있다.
- 패러다임적 접근방식은, 비록 나우웬에게서만 그런 것은 아니지만, 기독교 신학 담론과 목회 신학을 틀 짓는 그만의 선호하는 방식이었다. 그것은 그의 심층적 차원이 적절히 신비적이고 교묘하면서도 또한 동시에 하나님의 자녀로서 우리에게 주시는 하나님의 은혜와 긍휼의 반응 영역 속에서 그것을 획득할 수 있도록 해주고 있다.

헨리 나우웬의 목회 신학에서 패러다임적 전환

헨리 나우웬의 글들 속에는 보다 광범위한 신학적 성찰이 이루어지도록 하는 "패러다임적 전환들"("the paradigmatic turns")이 있다. 이러한 대목들 대부분에서 그는 확고한 상식적 이해로 고정되어 온 것으로 여겨지는 문제들을 향하여 보다 통합적인 자세를 요청한다. 그렇게 고정된 관념들을 더 나아가 조명할 때, 새로운 조망 혹은 패러다임적 전환은 불가피하다고 나우웬은 확신했다. (하지만) 일상적 통찰을 무시하지 않음으로서 나우웬은 유연하고 잠재력 높은 패러다임들로 자라날 씨앗들을 모았다.

나우웬에게서 패러다임적 전환의 훌륭한 예는 『열린 손과 더불어』(*With Open Hands*)로부터 찾아볼 수 있다. 이 책의 주제는 기도이다. 그는 다른 형태의 기도들에 대한 일상적인 언급을 한다: 청원 기도, 감사 기도 그리고 찬양. 우리는 흔히 "[청원 기도를] 감사 기도보다 덜 고결한 것으로 그리고 찬양의 기도보다는 분명히 덜 고결한 것으로 간주한다"3)

고 그는 언급한다. 이 언급은 결론적 언급으로서 대화를 종료하려는 것이 아니라, 오히려 다른 형태의 기도하기에 대한 상식적 성찰을 열어 전개하고자 함이다. 이 형태들의 기도에 관하여 생각하면서 독자는 기도에 대한 이러한 상식적 개념화가 실제 기도의 모습들에 대하여 다소 고정된 견해라고 생각하게 될 것이다. 청원 기도는 이기심을 다루기 때문에 기도 형식들 중 가장 덜 고결한 기도로 간주되어지는 한편, 찬양 기도는 직접적으로 하나님의 진정한 성품에 관계하기 때문에 가장 고상한 기도 형식으로 간주된다.

그런 후 나우웬은 기도 유형들에 대한 다소 고정되고 상식적인 신념들을 취하여 패러다임적 전환으로 이끌고 나아간다. 그는 신선한 결론으로 우리의 이해를 다시 구성해 준다:

> 따라서 모든 청원 기도는 감사 기도일 뿐만 아니라 찬양 기도가 된다. 왜냐하면 그 기도는 바로 희망의 기도이기 때문이다. 청원의 소망어린 기도 속에서 우리는 하나님의 약속 때문에 하나님께 감사를 드리고 그리고 우리는 하나님의 신뢰로 인해 하나님을 찬양한다. 우리의 수많은 부탁들은 우리가 하나님의 선하심의 온전함을 신뢰한다고 말하는 구체적 방식이 된다.[4)]

이 예문에서 그는 새로운 신학적 범주, 희망을 사용하여, "모든 기도는 희망의 표현이다"[5)]라고 진술하면서, 기도 생활에 대한 통합적 비전을 도입한다. 청원 기도는 가장 낮은 형태의 기도로서 이바지 하는 것이 아니라 오히려 희망의 기도로 다시금 소개되어지고 있다. 이는 하나님에 대한 신뢰를 논증하고, 그러므로 감사의 기도와 찬양의 기도와 더불어 나란히 선다. 이 패러다임적 전환은 희망이라는 신학적 개념 제하에서 세 가지 형태의 기도를 단일한 범주 즉 희망의 기도로 아우를 수 있도록 하는데, 그는 희망을 "당신이 더 이상 만사를 지금 있는 그대로서 받아들이지 않고, 아직 도래하지 않는 것을 향하여 내다 볼 때"[6]라고 정의한다.

따라서 희망은 기도의 삶을 위한 신학적 나침반이 된다. 기도의 모든 범주들은 이 희망이라는 제목 안에서 재 구성되어진다. 이 특별한 경우에서 우리는 나우웬이 기도 형식들에 대한 고정 개념들을 독지들로부터 벗겨내려고 노력하는 것이 아니라 오히려 기도가 무엇인지를 보고 행위하고 믿는 새로운 길을 열어주려고 노력하고 있음을 보게 된다. 이는 그들의 고정 개념들이 더 고차원적인 개념적 틀, 즉 희망이라는 신학적 범주로 통합되어질 수 있도록 해준다. 바로 이것이 나우웬의 패러다임적 전환의 핵심에 놓여있다. 만일 그의 저술들을 주의 깊게 들여다본다면, 이것은 목회 신학을 실천하는 그의 가장 구체적인 방법들 중 하나라는 사실을 주목하게 된다. 그는 이 방법을 초기에 『열린 손과 더불어』에서 진술한다:

> 기도는 침묵과, 허용과, 희망과, 긍휼과 그리고 심지어 혁명과 관계한다는 사실을 깨닫게 되었다. 그런 후, 나는 내가 경험했던 것 혹은 내가 경험하고 싶어 했던 것들을 표현하는 개념들과 이미지들을 주의 깊게 찾았다.[7]

비유적으로 보는 방식과 패러다임

『탕자의 귀환』에서 나우웬은 귀향을 개괄하기 위해 탕자의 귀환이라는 풍성하고 복잡한 비유로 하강한다. 이 이야기를 그려주고 있는 렘브란트의 그림의 내적 비전과 병렬하여 나우웬은 우리가 세계 안에서 우리의 자리를 보고 이해하는 다양한 뉘앙스들을 조명함으로써 우리의 삶과 사명의 개략들을 해석하며 나아간다. 예수의 형성적이고 비유적인 말하기 방식이 21세기의 우리가 목회신학적 성찰을 수행하는 방식에 여전히 중요하다는 사실을 나우웬은 논증한다. 나우웬의 저술들이 보여주는 패러다임적 구조는 예수의 가르침 속에서 비유적 말하기 방식과 평행한다.

『시인의 재능』(*The Poet's Gift*)에서 목회 신학자 도날드 캅스(Donald Capps)는 목회와 비유적 말하기 방식 간의 연관성들을 기술해 주고 있다. 그는 현대 시인들의 시적인 조어 형식과 예수의 비유적 조어 형식 간의 유사성들을 개괄하면서, 다음과 같은 점들을 주목한다:

> 비유처럼 그 시는 연장된 은유로서, 그의 의미를 시 자체에 의해 표현한다. 비유처럼, 우리는 그 시의 "요점"을 파악하기 위해 시 바깥을 찾지 않는다. 왜냐하면 시가 요점이기 때문이다. 역시, 비유처럼, 시는 필연적으로 열린 결말을 갖고 있다. 시의 목표는 소설처럼 전체 이야기를 말하는 것이 아니라, 흔히 표면적으로 중요하지 않은 혹은 다소 둔감한 눈치들이 간과할 수 있는 삶의 에피소드를 사용하여 독자들이 삶을 다른 방식으로 바라보도록 고무하거나 심지어는 찔러보는 것이다. 예수의 비유들처럼, 시들은 통상, 급진적은 아닐지라도, 비정통적인 것으로 간주되는데, 이는 바로 시들이 삶의 경험들을 지각하고 구성하는 우리의 통상적이고 일상적인 방식들에 도전하면서, 삶의 경험들을 다른 각도와 관점에서 바라보도록 우리를 부추기고 있기 때문이다.8)

나우웬의 날카로움의 핵심에는 바로 시적 혹은 비유적 조어 형식과의 명백한 연결고리가 놓여있다. 이는 단순히 나우웬이 비유의 해석학적 구조를 이해했다는 것이 아니라 (비록 그는 『탕자의 귀환』에서 이를 논증해 주고 있기는 하지만), 오히려 자신의 작품들의 내적 구조 속에서 세계를 바라보는 비유적 방식을 모사하고 있음을 의미한다. 이것이 바로 나우웬의 목회 신학 속에서 패러다임이라는 것을 기술하는 또 다른 방식이다.

세계를 바라보는 비유적 방식처럼, 패러다임이라는 것은 관념들의 심연을 탐색하고, 말 그대로 그것들의 머리를 뒤집어, 그 관념들이 함축하고 있는 지역을 탐험할 것을 요구한다. 이 비유적 방식을 사용함으로써 나우웬은 시인처럼 삶의 가능성들을 열어, 그의 생각 속에서 신선한 어떤 것이 확고해 질 때까지 그 심연을 파헤쳐 볼 수 있었다.

세계를 구성하는 이 비유적 방식의 한 예로서 『탕자의 귀환』에 나오는 귀향과 출가의 관념에 대한 나우웬의 언어 놀이를 살펴보자:

> 이 "귀환"에 함축된 것은 떠남이다. 귀환은 집을 떠난 이후의 귀향, 즉 멀리 간 이후에 되돌아오는 것이다. 그의 아들을 집에서 환대하는 아버지는 무척 기쁘다 왜냐하면 이 아들은 "죽었다가 살아 돌아왔기 때문이다; 그를 잃어버렸다가 찾았다." 잃었던 아들을 다시 환대하면서 누리는 엄청난 기쁨은 예전에 있었던 엄청난 슬픔을 숨겨준다. 발견은 그 배경에 잃어버림을 지니고 있고, 귀환은 그 망토 아래 떠남을 담고 있다. 사랑스럽고 기쁨으로 충만한 (아들의) 귀환을 쳐다보면서 나는 그에 앞선 슬픔의 사건들을 감히 맛보아야만 한다. 집을 떠나는 것이 무엇을 의미하는지를 심도 있게 탐색할 용기를 가졌을 경우에만 나는 '귀환'의 참된 이해에 이를 수 있다.[9)]

이렇게 "집을—떠남"의 이면에 비추어 나우웬은 귀향을 성찰한다. 이 방식을 통해 그는 "집"이라는 살아있는 실재 주변을 어슬렁거리는 성찰과 통찰의 파편들을 그의 모든 복잡성 속에서 집어들 수 있었다. 그것은 다음과 같은 통찰들로 되돌아간다: "집으로 가는 길은 멀고 고되다"[10)]; "나는 나의 내적 삶이 이와 같은 류의 이야기들로 얼마나 가득 차 있는지를 첨예하게 인식하고 있다 [부재하는 동역자들과의 긴 대화]"[11]; "나의 많은 일상적 집착들은 내가 하나님보다는 세상에 더 귀속되어 있음을 암시하고 있다"[12]; "하나님이 거주하시는 곳으로부터 더 멀리 내가 달아날수록, 나는 나를 사랑하는 자로 부르시는 음성을 더욱 더 들을수 없고, 그리고 내가 그 음성을 듣지 못하게 될수록, 나는 세상의 조작들과 권력 게임들에 더 얽매이게 된다"[13]; 그리고 "영적 삶의 가장 큰 도전들 중 하나는 하나님의 용서를 받는 것이다."[14]

비유의 근본적 구조는 목회신학적 성찰의 패러다임적 설계를 제공한다는 사실을 나우웬은 이해하고 있었다. 따라서 그는 영적 삶의 이면 혹은 보다 심층적인 개관에 "이르기 위해" 비유적 조어 형식의 해석학적 정수를 사용한다. 패러다임적 전환은 예수의 비유들 속에 깊이 간직되어 있는 방식 즉 세상을 바라보는 비유적 방식을 모방한다. 나우웬의 저술들 속에서 패러다임은 예수의 가르침 속에서 세상을 구성하는 비유적 방식과 유사한 방식으로 기능했다. 다음 도표는 비유적 세계관과 나우웬의 목회 신학 속에 담긴 패러다임이라는 것 사이의 연관성을 보다 완전하게 기술한다:

비유	패러다임
뒤집어서 보는 관점	시간적 실재로부터의 관점
(하나님) 나라 관념 혹은 개념	핵심적 통찰 혹은 핵심 개념
놀람	돌연한 전환 혹은 복귀
삶에 대한 신랄한 해석	삶을 이해하기 위한 길
단순한 아이디어	뿌리 관념 혹은 내적 핵심 관념
이야기 속으로 나가는 다수의 방식들	여러 출구 혹은 출입 지점들

헨리 나우웬과 뿌리 개념들의 분별

목회신학에 대한 패러다임적 접근방식은 패러다임을 배태하는 뿌리 관념들과 연관하여 우리가 내리는 결정들에 의존되어 있다. 헨리 나우웬은 분별(discernment)이라는 자신만의 고유한 재능을 지니고 있었는데, 분별은 "체를 통해 거르다"(sift through)를 의미하는 라틴어로부터 유래한다. 그의 목회신학적 비전의 핵심에는 모든 다른 관념들을 배태할 수 있는 혹은 그 모든 관념들을 상관시킬 수 있는 뿌리 관념(the root idea)으로 나아가려는 진지한 시도가 있었다. 브라질의 신학자이자 철학자인 후벰 아우베스(Rubem Alves)는 그러한 모든 핵심적 사유는 급진적임을 우리에게 주지시켜 주면서, "우리는 급진주의자들이 되기를 원하지 않는다—실로 이 말은 거의 외설적인 함축성을 습득했다; 급진적인 된다는 것은 단순히 사물들의 뿌리에로 가는 것을 의미한다는 사실을 우리는 망각했다"고 진술한다.[15]

이러한 의미에서 목회신학에 대한 패러다임적 접근방식은 삶에 뿌리를 두고 있는 핵심 개념들 주변에서 매우 통합적으로 작용한다. 나우웬의 책들 중 『손 내밀기』(*Reaching Out*)보다 이를 더 강력하게 표현한 책은 없다. 이 책에서 나우웬은 "예수 그리스도의 성령 안에서 삶을 살아간다는 것은 무엇을 의미하는가?"라는 서론적 물음을 던지고 탐구한다.[16] 이 기초적 탐구의 개괄에 "이르기 위해" 나우웬은 우리 삶의 상황을 세 운동들 속에서 제어하는 양극성들을 탐구한다: 외로움으로부터 독거로 나아가는 운동; 적대감으로부터 환대로 나아가는 운동; 그리고, 마지막으로 가장 중요한, 환상(illusion)으로부터 하나님과 더불어 살아가는 삶의 핵심인 기도로 나아가는 운동. 이 개념들이 다른 기초적 개념들과 대립적임을 그는 어떻게 발견하게 되었는가?

사이몬 웨일(Simon Weil)에 따르면, 언어의 기능은 "사물들 사이의 관계를 표현하는 것"[17]이다. 만일 우리가 우리 삶 속에서 그리고, 나우웬의 목회신학의 핵심에 놓여있는, 우리의 신앙 공동체들의 삶 속에서 하나님에 대한 보다 심층적인 경험들을 의미 있게 말하고자 한다면, 우리는 언어가 어떻게 우리의 탐구가 담지한 보다 심층적인 개괄들을 표현할 수 있을지에 대해 세심한 주의가 필요하다.

이 뿌리 언어의 수용력, 심층 차원에 대한 명확한 표현 그리고 어떤 개념들이 생명의 기원에 있는지를 분별할 수 있는 판단력은 헨리 나우웬 사상이 미치는 효과에 핵심적이었다. 이러한 관점에서 우리는 나우웬이 선택한 "진 북"(true north) 개념들의 발견이 어떻게 성취되었는지를 물을 수도 있을 것이다.

나우웬의 패러다임적 이해의 뿌리 깊은 곳에는 궁극적 실재에 대한 지속력있고, 구속력 있고 그리고 심오한 참여가 놓여있었다. 폴 틸리히(Paul Tillich)는 궁극적 실재에 뿌리를 둔 존재의 필연성을 기술하면서, 다음과 같이 진술했다: "존재론은 회심, 눈 뜨기, 계시적 경험을 전제한다. 그것은 초연한 관찰과 분석 혹은 가설의 문제가 아니다."[18] 궁극적 실재에 관하여 말을 할 수 있는 기초로서 존재론의 근접성과 "눈 뜨기"(an opening of the eyes)를 틸리히가 주장하고 있는 대목을 주목하자. 공식적 학문으로서 신학에서 우리 언어의 대부분은 우리를 잠들도록, 말하자면 "우리의 눈을 감도록" 달래고 있는 듯하다. 초연한 관찰, 계산적인 분석 그리고 무미건조한 가설을 돌파하는데 실패한다. 필요한 것은 바로 가리키고 있는 실재에 참여하는 조어 형식들, 즉 실재의 심층적 차원을 표현하고 그리고 영혼을 열어주는 조어 형식들이다. 그처럼 의미 있는 표현들을 제공하기 위해서는 궁극적 실재 안에 잠겨들어야만 한다. "궁극적 실재에 관여하는" 사람들만이, 즉 "궁극적 실재를 실존적 관심의 문제로" 대면한 사람들만이 "그에 관하여 의미 있게 말하려고 시도할 수 있음"[19]을 틸리히는 주장한다.

사실상, 이것은 나우웬이 명시하고 있는 목회 신학적 패러다임들 중 가장 큰 노력을 요하는 훈련이다. 그는 궁극적 실재와의 내변과 그리고 가슴과 몸과 마음의 전일적인 통합을 진술하기 위해 신학적 성찰(*theological reflection*)이란 용어를 사용했을 것이다. 나우웬에게 신학적 성찰이란 성령 안에서의 삶을 깊이 살아가는 것과 그 삶을 계속적인 분별을 통해 용기 있게 성찰하는 것이었다. 그래서 그는 『예수의 이름으로』에서 다음과 같이 진술한다:

> 기도가 우리를 첫 사랑과 계속 연결해 주듯이 그리고 고백과 용서가 우리의 목회를 공동체적이고 상호적으로 유지시켜 주듯이, 강건한 신학적 성찰은 우리가 어디로 인도되어가는 지를 비판적으로 분별할 수 있도록 해준다. 신학적으로 사유하는 목회자들과 사제들은 거의 없다. ... 그리스도의 마음을 가지고 진정으로 신학적 사유를 해 나가는 일은 목회의 실천 현장 속에서 거의 찾아보기 어렵다. ... 기독교적 리더십의 미래에 관하여 생각하면서, 나는 그러한 리더십은 신학적 리더십이어야 할 필요가 있다고 확신하게 되었다. 이러한 일이 일어나려면, 신학교들과 신학부들에서 많은 일이—아주 많은 일이—일어나야만 한다. 신학교들은 시대의 징후들에 대한 참된 분별을 훈련받는 센터들이 되어야만 한다. 이것은 단지 지적인 훈련일 수 없다. 그것은 전체 인격—몸, 정신, 그리고 가슴—을 동반하는 깊은 영적 형성을 요구한다.[20]

헨리 나우웬의 통합적 비전은 궁극적 실재 안에서 살아가고 그리고 참여를 요구하는 기본적 혹은 뿌리 개념들을 주의 깊게 분별할 수 있는 이 고유의 역량을 갖고 있다. 나우웬은 이를 『상처입은 치유자』에서 "예민한 명시"(sensitive articulation)로 언급했는데, 이는 그의 목회 신학을 뛰어넘어 그의 저술 방식의 핵심과 그의 사유 속에 담지된 패러다임적 전환들을 위한 구조적 받침대로 나아가는 개념이다. 예민한 명시는 나우웬의 목회신학적 패러다임들의 참된 축이었다. 그는 명시라는 결정적인 개념을 다음과 같이 진술한다:

> 여기서 핵심 단어는 명시(articulation)이다. 자신의 내적 삶의 운동들을 명시하고, 그의 다양한 경험들에 이름들을 부여할 수 있는 사람은 ... 자신보다 더 큰 가슴을 지니시고, 자신보다 더 많은 것을 볼 수 있는 눈을 지니시고 그리고 자신보다 더 많은 것들을 치유할 손을 지니신 그분(Him)을 위한 공간을 창출해 낼 수 있다.[21)]

이 공간을 창출해 내려면, 목회하는 이들은 삶과 그 삶의 실존이 담지한 보다 심층적인 모습들에 참여하여, 자신만의 여행 중에 있는 다른 사람들이 앞으로 지향해 나아갈 수 있는 방식으로 이 경험들의 본질을 예민하고 주의 깊게 명시하기를 배워야만 한다. 나우웬은 궁극적 실재의 이 핵심적 참여를 다음과 같이 기술한다:

> [궁극적 실재의 참여란] 한 사람이 그 자신의 믿음과 의심, 그 자신의 희망과 절망, 그 자신의 빛과 어둠을 다른 사람의 손에, 즉 혼동을 뚫고 나아갈 길을 찾아 삶의 견고한 핵심을 접하기 원하는 다른 사람들의 처분에 맡길 수 있는 심오한 인간적 대면[이다]. 이러한 맥락에서 설교란 한 전통을 물려주는 것 이상을 의미한다; 그것은 오히려 공동체 안에서 벌어지고 있는 것에 대한 주의 깊고 예민한 명시로서, 그것을 들은 사람이 다음과 같이 말할 수 있도록 하는 것이다: "당신은

내가 짐작하고 있던 바를 말하고, 내가 애매하게 느끼고 있던 바를 표현하고, 내가 마음 뒤편에 두렵게 간직하고 있던 바를 전면으로 가져왔습니다. 그렇습니다, 맞습니다—당신은 우리가 누구인지를 말하고, 당신은 우리의 조건을 인지하고 계십니다."[22)]

목회의 영성과 패러다임

헨리 나우웬 속에서 기독교적 영성에 뿌리를 두고 있는 살아있는 영적 비전을 그의 다소 비판적인 목회적 통찰과 그의 목회 신학 일반으로부터 분리하는 것은 사실상 불가능하다. 『살아있는 상기자』(*The Living Reminder*)에서 그는 영성과 목회 사이의 통합적 연관성에 대한 자신의 가정들을 진술한다:

> 우리는 영성과 목회를, 기도와 예배를 분리하려는 유혹에 빠져들었다. 우리의 악마가 말하기를, "우리는 너무 바빠서 기도할 수 없어; 우리는 너무나 많은 것들이 필요해서 참석할 수 없어, 사람들이 너무 많아서 일일이 대응해 줄 수 없어, 너무나 많은 상처들이 있어서 치유해 줄 수 없어 ... 그러나 이런 방식으로 생각하는 것은 해롭다. ... 예배와 기도는 결코 분리되어질 수 없다. ... 이 책에서 나는 목회와 영성 간의 연결 관계를 탐구하고 그리고 예배가 어떻게 기도이고 기도가 어떻게 예배인지를 보여주기를 원한다.[23)]

헨리 나우웬에게 목회를 위한 통전적 통찰은 기도의 삶이라고 말하는 것이 과장된 진술은 아닐 것이다. 하나님과 거하고, 하나님과 교재하고 그리고 하나님의 현존 안에 머무르는 것은 삶의 진정한 핵심 그 자체에 놓여 있는 것이다. 기도의 삶은 하나님의 음성에 주의를 기울이는 사람으로서 세계 안에 존재하는 방식이다. 나우웬에게 이것은 모든 믿는 자들이 받은 소명의 핵심이다. 『손 내밀기』에서 그는 "내밀기"(reaching out)라는 패러다임적 개념을 세 가지 양극성들로 엮고 있는데, 그중 가장 중요한 양극성은 "우리의 하나님과의 관계를 구조화하는"[24] 양극성으로서, 말하자면 환상과 기도 사이의 양극성이다. 삶의 변천들 속에서 우리는 이 양극성들을 따라 움직여 나아가지만, 그러나 그 핵심에는 기도의 삶이 있다. 나우웬은 자신의 패러다임적 도식 속에서 이 양극성이 감당하고 있는 역할을 다음과 같이 기술한다:

> 우리는 우리의 연약하고 유한한 실존의 한계들을 훌쩍 뛰어 넘어 모든 생명이 닻을 내리고 있는 우리의 사랑하는 하나님을 향하여 (손을) 내밀(reach out) 의지와 용기를 필요로 한다. ... 독거와 환대는 그것들에게 생명력을 전해주는 보다 광범위하고 보다 심층적이고 보다 고차원적인 실재 안에 깊숙이 박고 있을 때에만 내구성 있는 열매들을 맺을 수 있다. ... 독거와 환대는 영적 삶의 가장 기본적인 운동에 뿌리를 두고 있는데, 이는 환상으로부터 기도로 나아가는 운동이다. 바로 이 운동을 통하여 우리는 하나님, 우리 하나님, 영원히 실재하시고 그리고 모든 실재를 도래케 하시는 분을 향해 (손을) 내어 뻗는다.[25]

앞에서 비유적 조어 형식에 관하여 언급한 내용을 넘어서, 나우웬의 많은 뿌리 개념들의 연결점으로서 지각력있고 패러다임적인 성서 사용을 언급하고자 한다. 빌립보서 2:1-8의 케노시스 본문, 마태복음 4장의 예수의 유혹, 요한복음 20장의 베드로의 복권 그리고 요한복음 15장의 포도나무 은유와 같은 본문들은 모두 헨리 나우웬의 목회 신학의 구조 속으로 정교하게 엮여져 들어가 있다.[26] 이는 그의 작업에 결정적인 측면이다. 왜냐하면 이 때문에 모든 전통에 속한 기독교인들이 기독교 성서들이라는 공통의 견지에서 나우웬의 신학적 성찰이 전개되어 나가는 길들에 참여할 수 있기 때문이다. 이러한 요소들에 대한 해석들이 지속적으로 그의 영혼 속에 삽입되어졌고 그리고 그의 작품들을 통하여 예리하게 명시되어졌다. 하지만 나우웬의 패러다임적 접근방법은 성서에 깊이 뿌리를 두고 있다는 사실이 언급되어야만 하고, 그리고 이렇게 검증된 개념들이 그의 목회신학적 통찰과 하나의 동조를 형성하는데, 이 통찰은 비범하고 포괄적인 영적 비전으로서 그가 저술하는 모든 것을 조명하고 그리고 그의 작업이 담지한 패러다임적 구조를 위한 안내자로서 이바지한다.

결론적 통찰들

글을 맺으면서 필자는 헨리 나우웬이 도입한 목회 신학에 대한 패러다임적 접근방법이 21세기 목회 신학의 미래를 어떻게 형성해 나갈지에 대하여 간략한 언급을 하고자 한다.

■ "탈근대적 전회"(the postmodern turn)는 우리 삶의 기초를 형성하는 모호성과 심연과 보편적 경험들에 계속적으로 주의를 기울일 것을 요구한다. 나우웬은 그의 패러다임적 접근방법과 더불어 목회 신학의 기본 주제들을 탐구할 수 있는 방법을 제공해 주었다.

■ 신학적 통전은 각 분야들 사이에서 그리고 신학적 체계들 사이에서 성숙한 대화를 허용할 수 있는 유연한 패러다임들을 요구한다. 패러다임이라는 것은 이 학제간 기획에도 마찬가지로 유용하다.

■ 패러다임적 사유는 뿌리 인식이 삶에 대한 결정론적인 교리들이나 합리주의적 해석의 도움 없이 "예민하게 명시"되어질 수 있도록 해준다.

■ 목회적이고 영성적인 신학은 의미와 이해와 통전성을 향한 인간의 욕구로 인해 추동되어 나간다. 헨리 나우웬은 이를 본능적으로 알았고, 그리고 그가 맺은 열매가 그로부터 자극받아 목회신학을 계속

가르칠 우리들에게 영감을 불러 일으킬 것이다.

■ 나우웬 사상의 패러다임적 구조는 목회적이고 영성적인 신학 작업에 헌신하고 있는 우리 같은 이들에게 존재에서 행위로 나아갈 수 있는 길을 주었다; 이는 가장 위대한 열매를 맺을 접근방법이다. 생산성(productivity)이 아니라 열매 맺기(fecundity)가 21세기에 효과적인 목회 신학을 위한 판단기준이다.[27]

헨리 나우웬에 의해 도입되어 완전해진 목회신학에 대한 패러다임적 접근방법은, 우리가 영적 삶의 보다 깊은 의미들을 분별해 나감에 따라, 미래 세대에서 이루어질 작업을 계속해서 일깨우는 역할을 감당할 것이다. 분명히, 나우웬의 유산은 그의 본래적 통찰에 뿌리를 두고 있는 분야들에서 계속 이어질 것이다. 우리 신학 분야에 이처럼 창조적인 마음으로 영감을 고취해주었음에 작게나마 감사를 표하며 글을 마치고자 한다.

---

1) Rubem Alves, *What Is Religion?* (Maryknoll, NY: Orbis Books, 1984), 90.

2) Dietrich Bonhoeffer, *Ethics* (Minneapolis: Fortress Press, 2005), 270,

3) Henri J.M. Nouwen, *With Open Hands* (New York: Ballantine Books, 1972), 39.

4) Ibid., 46.

5) Ibid., 37.

6) Ibid.

7) Ibid., xi. 강조체는 첨부된 것이다.

8) Donald Capps, *The Poet's Gift: Toward the Renewal of Pastoral Care* (Louisville, KY: Westminster/John Knox Press, 1993), 2.

9) Henri Nouwen, *The Return of the Prodigal Son: A Meditation on Fathers, Brothers, and Sons* (New York: Doubleday, 1992), 34.

10) Ibid., 51.

11) Ibid.

12) Ibid., 42.

13) Ibid., 47.

14) Ibid., 53.

15) Rubem Alves, *Tomorrow's Child: Imagination, Creativity, and the Rebirth of Culture* (New York: Harper and Row, 1972), 5.

16) Henri J.M. Nouwen, *Reaching Out: The Three Movements of the Spiritual Life* (Carden City, NY: Doubleday, 1975), 14.

17) Simone Weil, *Gravity and Grace* (London: Routledge and Kegan Paul, 1952), 3.

18) Paul Tillich, *Theology of Culture* (New York: Oxford University Press, 1964), 65.

19) Ibid.

20) Henri J.M. Nouwen, *In the Name of Jesus: Reflections on Christian Leadership* (New York: Crossroad, 2002), 85-86, 90.

21) Henri J.M. Nouwen, *The Wounded Healer* (Garden City, NY: Image Books, 1979), 38.

22) Ibid., 39.

23) Henri J.M. Nouwen, *The Living Reminder: Service and Prayer in Memory of Jesus Christ* (New York: Seabury Press, 1977), 12-13.

24) Nouwen, Reaching Out, 18.

25) Ibid., 112-13.

26) 참조 - Henri J.M. Nouwen, Donald P. McNeill, and Douglas A. Morrison, *Compassion: A Reflection on the Christian Life* (Garden City, NY: Doubleday, 1982), chap.2; Nouwen, *In the Name of Jesus*, 12; 그리고 Henri J.M. Nouwen, *Lifesigns: Intimacy, Fecundity, and Ecstasy in Christian Perspective* (Garden City, NY: Doubleday, 1986), 55ff., 85ff.

27) "나는 존재(being)가 행위(doing)보다 더 중요하다는 이론적 통찰에 이르게 되었을지 모르지만, 그러나 거의 아무것도 할 수 없는 사람들과 그저 함께 있기를 요청받았을 때, 내가 이 통찰의 실현과 얼마나 동 떨어져 있는지를 깨닫게 되었다. 그러므로 그 지체장애우들은 나의 선생이 되어, 생산성은 열매 맺기와는 다른 어떤 것임을 여러 다른 방식으로 내게 말해주고 있었다. 우리들 중 일부는 생산적이고, 다른 일부는 그렇지 못할 것이지만, 그러나 우리 모두는 열매를 맺도록 부름 받았다; 열매 맺음은 사랑의 진정한 속성이다" (Nouwen, *Lifesigns*, 64).

22 볼 땐, 직통으로 봐라: 우리의 통찰을 선명하게 하기 위하여 수레바퀴를 돌리기

– 존 모개브개브(John S. Mogabgab)

편집자 주: 이 연설은 2006년 5월20일 '수레바퀴를 돌려라' 추모회의 마무리 행사에서 행해진 것이다. 추모회의에 대한 언급들은 수정 없이 그대로 게재되었다.

우리는 오테로(Otterlo)의 크룁러-뮬러 박물관의 빈센트 반 고흐 전시회를 보러 네덜란드 교회지역을 지나 돌진하고 있었다. 대기는 전날 밤 내린 비로 푹푹하면서 무거웠다. 물이 도로 위에 더덕더덕 흩뿌려져 있어서 변덕심한 물 웅덩이를 만들어내고 있었다. 헨리는 운전을 하면서 언제나 동승한 사람들과 길가를 지나는 사람들에 주의를 기울이고 있었다. 멀리서 옆길에 있던 차 한 대가 우리가 지나가는 도로와의 교차로로 천천히 다가오고 있었다. 갑자기 헨리는 마치 다른 차량과의 급작스런 충돌을 회피하려는 듯이 핸들을 왼쪽으로 꺾으며, 브레이크 페달을 힘껏 밟았다. 다시 말을 내뱉을 만큼 충분한 호흡을 회복하고 침착함을 회복하고선, 헨리에게 왜 그랬는지를 물었다. 그는 다가오는 차가 아주 가깝게 느껴졌고 교차로에서 멈출 것 같아 보이지 않았다고 설명했다. 게다가 결빙된 도로는 만일 브레이크를 밟고 왼쪽으로 방향을 틀지 않았다면 사고가 정말 일어났을 것임을 말해주고 있었다. 여전히 숨을 고르면서, 나는 위협적으로 다가오는 것처럼 보이는 차는 도로 저 멀리 아래쪽에 떨어져 있었고 그리고 결빙된 것처럼 보이는 것은 사실 물이었다고 지적했다. 그러자 헨리는 자신의 시력에 문제가 있어서, 사물이 실제보다 더 가까워 보인다는 사실을 고백했다.

헨리의 눈은 그에게 사물을 실재보다 가깝게 보이도록 만들어 주었다. 이 때문에 헨리는 가끔 운전석에서 비정상적인 경계 행위를 하게 된다. 그러나 반 고흐 전시회로 가던 길에 잠재적 문제로 나타났던 것은 하나님과의 친밀함으로 나아가는 길에서 나를 항상 놀랍게 만들었던 아주 멋진 선물이 되었다. 헨리의 마음의 눈에 하나님은 대개 다른 사람에게 나타날 때보다 더 가깝게 나타나셨다. 헨리가 거주하는 영적 풍경은 (하나님) 나라의 비유들로 가득 차 있었는데, 그를 통하여 헨리는 아주 많은 사람들을 인도하였다.

후일 『희망의 씨앗들』을 편집한 밥 더박(Bob Durback)이 방문하던 날 나는 예일 신학부의 헨리 연구실에서 일하고 있었다. 그 몇 년 전 헨리가 자신의 사명에 대한 분별력을 통해 밥에게 도움을 주었던 때부터 그들은 친구 사이였다. 한번은 적십자가 신학부 휴게실에서 헌혈 캠페인을 벌이고 있었는데, 헨리는 그 행사에 참여키 위해 거기 갔던 중이었다. 우리는 휴게실 방 끝 쪽 침대에 누워있는 헨리를 발견했다. 밥은 애절하게 환자 침대에 누워있는 헨리에게 다가가, 아무런 설명 없이, 외쳐댔다, "넌 볼 때, 직통으로 본다!" 분명히 이 독특한 인사의 배후에는 이야기가 있었다.

난 결코 그 이야기를 들은 적이 없었지만, 그러나 밥이 그 말들을 내뱉은 이래로 그 말들은 나에게 도전과 생기를 주었다. 내가 보기에 그 말들은 헨리의 영적인 유산에 관하여 깊고 영구적인 어떤 것을 표현해 주고 있다. 아마도 그 말들은 또한 우리가 이 추모회의를 마치고 떠날 때 우리를 향한 헨리의 초대장에 음성을 부여해 줄 것이다. 이 유산과 초대장은 영적인 시각의 함양에 관한 것이고, 그리고 그것을 세 제목들 하에서 간략하게나마 탐색해 보고자 한다: 주목하기, 돌아서기 그리고 사랑하기.

주목하기

다음과 같은 오래된 농담이 있다: "내 친구들은 내가 잘 잊는다고 말한다. 재밌네, 난 어떤 것을 잊어먹은 적이 있는지 기억하지 못하는데." 이와 같은 어떤 일이 우리의 보는 능력과 더불어 일어날 수 있을까? "재밌네, 난 어떤 것을 본다는 것을 주목하지 못했는데." 최근 나는 바그다드 그린존의 벽돌 파편들이 흩뿌려진 마당에서 일광욕을 즐기고 있는 미군의 사진을 보았다. 거대한 콘크리트 바람벽이 그 마당을 둘러싸고 있었다. 그 벽의 높이와 두께는 확실히 그 병사가 그 주변의 도시 거반을 보지 못하게 만들고 있었다. 우리는 때로 세상을 바람벽처럼 관통할 수 없는 것, 우리와 실제로 벌어지고 있는 일 사이에 어마어마하게 서 있는 문화적 혹은 종교적 전제들과 심리적 투사들의 두꺼운 덧층으로 덧입혀진 벽, 크고 작은 비극과 고난과 분노로 견고해진 벽으로 경험하지 않는가하고 나는 생각한다. 우리는 진정으로 무엇을 주목할 수 있는가?

"보라," 하나님이 그 백성을 부르시기를, "내가 새 일을 행하리니 이제 나타낼 것이라 너희가 그것을 알지 못하겠느냐?" (이사야 43:19). 성서는 보라는 부르심으로 가득 차 있다: "보라! 내가 온 백성에게 미칠 큰 기쁨의 좋은 소식을 너희에게 전하노라" (누가복음 2:10); "보라! 내가 너희에게 비밀을 말하노니!" (고전 15:51).[1] 성공회 은자인 매기 로스(Maggie Ross)는 보라는 부르심이 성서에서 얼마나 중심적인지를 지적했다: "그것은 변화하는 관점, 즉 극단적으로 다른 관점들의 결합 혹은 심지어 융합을 신호한다. ... 일상적 문제들에 대한 우리의 고정된 계산방식은 빛이 우리에게 놀연히 나타나면서 산산히 부서져 아무것도 아닌 것으로 추락하게 된다."[2]

"보라," 라고 헨리는 외친다, "저 편에 구걸하는 여인이 있다!" 우리는 빈센트 반 고흐의 이야기를 그의 형제 테오의 음성을 통하여 이야기하는 레오나드 니모이(Leonard Nimoy)의 일인 극을 보러 가는 길에 보스턴 커먼 공원을 가로질러 걸어가던 중이었다. 그 여인은 내게 상당히 멀리 떨어져 있는 것으로 보였지만, 헨리에게 그녀는 그의 가슴만큼이나 가까웠다. "봐요," 헨리는 우리들 각각에게 말했다, "당신은 하나님의 사랑하는 딸이고, 그리고 당신은 하나님의 사랑하는 아들이예요!" 이는 헨리에게 우리에 관한 첫 번째 진실로서, 우리의 정체성을 둘러싸고 축적된 모든 생물학적 문화적 심리적 진실들을 넘어선 진리였다. 이는 헨리에게 인간의 얼굴을 가리우는 모든 고통과 슬픔과 분노와 피로를 뚫고 빛을 발하는 심오한 진리이며, 인간 공동체의 공공 광장을 헤매며 주목받고 확증받기를 요청하는 고대의 진리였다.

헨리는 세계 안에서 하나님을 보는 사람이 되도록 우리에게 청한다. 이는 우리를 흐릿하게 봄으로부터 투명하게 봄으로 나아가는 운동에 참여시키는데, 이를 그는 『로마의 광대놀이』(*Clowing in Rome*)에서 기술하고 있다.[3] 그 책과 이번 추모학술회의에서 헨리가 우리에게 주는 위임은 "모든 시대 동안 숨겨져왔던 신비"(골 1:16)①를 보고 그리고 다른 사람들이 그를 볼 수 있도록 돕고, 그리고 그 신비가 현현하도록 만드는 하나님의 작업에 참여하는 것이다. 하지만 이 일에 참여하는 것은 돌아서기를 요구한다.

돌아서기

수레바퀴 돌리기는 이 추모회의의 제목이다. 차의 운전대를 잡고 있는 헨리를 생각할 때, 그 당시 그가 운전대를 꺾어야 할 두 가지 이유들이 있었을 것이라는 사실을 깨달았다. (실재의 혹은 상상의 충돌을 피하기 위해 운전대를 확 꺾은 것까지 계산한다면 세 가지 이유라고 해야 할 것이다!). 내가 우선적으로 생각하는 두 가지 이유는 첫째, 어떤 것에 대한 새롭고 보다 의미 있는 조망을 얻기 위해 운전대를 돌리는 것이다. 둘째, 헨리는 또한 어떤 것에 다가가기 위해 운전대를 돌렸을 수 있고 그래서 아마도 그가 주목한 것과 관계를 맺었을 수도 있다. 신선한 조망과 새로운 관계—이것들은 영적 시각의 계발이라는 측면들인데, 헨리는 우리의 시선을 항상 이쪽으로 끌고갔다. 이것들은 21세기를 위해 헨리의 유산이 남긴 궤적들의 일부이다. 이것들에 대해서 조금 더 설명해 보도록 하자.

헨리가 자주 되돌아가는 신약 성서 본문들 중 하나는 로마서 12장2절이다: "너희는 이 세대를 본받지 말고 오직 마음을 새롭게 함으로 변화를 받아 하나님의 선하시고 기뻐하시고 온전하신 뜻이 무엇인지 분별하도록 하라"(개역개정). 이 길지 않은 문장이 헨리의 가르침이 담지한 여러 측면들을 상당히 요약해주는데, 세상 안에 살지만 그러나 세상을 따라 살지는

① 역자 – 개역개정판 한글 성경은 "만세와 만대로부터 감추어졌던" "비밀"이라고 번역되어 있다.

않으려는 그 자신의 투쟁을 상당히 요약해 주고 있다. 여기서 바울이 우리 앞에 제시하는 위대한 물음은 오직 이것이다: 만일 우리가 단지 세상의 눈으로만 볼수 있다면, 어떻게 우리가 진실로 새로운 어떤 것을 주목할 수 있겠는가? 만일 우리의 시각이 세상에 의해 형성된다면, 그렇다면 우리는 단지 세상이 보는 것만을 볼 것이다. 그리고 그 세상은 그 모든 것을 보아왔다. "이미 있던 것이 후에 다시 있겠고 이미 한 일을 후에 다시 할지라. 해 아래에는 새 것이 없나니 무엇을 가리켜 이르기를 보라 이것이 새 것이라 할 것이 있으랴 우리가 있기 오래 전 세대들에도 이미 있었느니라" (전도서 1:9-10). 이는 지치고, 환멸스러운 세계의 음성이다. 내가 인정하고 싶은 것보다도 훨씬 더 자주 그것은 나의 음성이 되었다. 아마 당신도 역시 그 음성과 친숙할 것이다. 이 음성은 미묘하게 마음과 혀의 환심을 사, 우리가 그것을 인지하기 전에, 우리의 시각은 직통으로 볼(see direct) 능력을 즉 세계의 고통과 환멸의 소음 벽을 관통하여 우리가 생각하는 것보다 더 가까운 하나님의 심오한 신비를 들여다 볼 능력을 상실했다.

세상에 대한 순응에 저항하려면 수레바퀴를 돌려야만 한다는 사실을 헨리는 간파하고 있었다. 그는 세상이 말끔하게 포장하고 방향 표시들로 색칠한 도로를 벗어나 운전해야 했다. 그래서 그는 자발적 퇴거와 하향 이동에 관하여 글을 쓰기 시작했고, 그러면서 그 훈련들을 살아내기 시작했다. 제네시의 트라피스트 대수도원에서 몇 번이나 자신의 체류를 연장한 일, 생애 후기 페루 리마의 스페인어 지역에 몰입했던 일, 서커스단과 함께 체류하면서 플라잉 라드레이의 공중 곡예에 매료된 일 그리고 라르슈 데이브레이크에서 보낸 그의 마지막 시간들 모두 정의하기 어렵고 수수께끼 같은 하나님의 흔적들에 대한 신선하고, 진정하고, 변혁적인 조망을 얻기 위해 이 (세상의) 도로를 벗어나 달려야 하는 여행의 표현들이었다.

어느 날 밤, 긴 여행의 하루를 보낸 후, 헨리와 나는 뉴 헤이븐의 거의 인기척을 찾을 수 없는 공항 주차장에 밤늦게 도착해서는 거의 영화 스타워즈에 등장하는 안드로이드들인 R2D2와 3CPO와 같은 복장을 한 채 주변을 어슬렁거리는 어슴푸레한 형체들을 발견하게 되었다. 나는 가급적 드러내지 않고 신속하게 차에 올라타려고 했지만, 그러나 그렇게나 긴 하루를 보낸 후에도 엄청난 흥분과 열광을 뿜어댄 채 헨리는 재촉했다: "이봐, 저쪽에 가보자. 무슨 일이 있는지 잘 볼 수 있게!" 헨리는 여전히 오늘의 우리에게 유사한 어떤 것을 외치고 있다고 믿는다. 그의 초청은 세계 안에서 우리의 익숙해진 자리를 벗어나, 왼쪽 혹은 오른 쪽으로 수레바퀴를 돌리라는 것이다. 이 추모학술회의를 떠나면서, 우리는 대안의 경로를 암시하는 몸짓, 즉 이미 우리 가운데 거하는 하나님 나라의 풍경 속에서 우리가 주목해야할 새롭고 중요한 어떤 것을 드러낼 신선한 전망을 의식하게 될 것인가?

돌린다는 것은 곧 새로운 각도의 비전을 가능케 만든다. 그것은 또한 그 이상의 것을 수반한다. 만일 우리가 주목해 왔던 것을 향하여 방향을 돌린다면, 우리는 그것이 우리에게 주장하는 요구에 대해 준비되어 있어야만 할 것이다. 실로 우리는 우리가 기대하거나 심지어 원하지 않았던 관계의 가능성을 열어두어야만 한다. 이는 곧 길가에 쓰러진 부상당한 사람을 향하여 방향을 틀었던 선한 사마리아 사람의 경험이었다. 그 이야기 속에서 세 사람—바리새인, 레위인 그리고 사마리아인—이 상처 입은 유대인을 보았지만 그러나 오직 한 사람만이 그를 주목하였다. 본다는 것은 여기서 그들의 눈앞에서 벌어지고 있는 어떤 것 그래서 그들의 이목과 관심이 주장하고 있는 것을 주목하는 것과 비극적으로 분리되어 있다. 이 이야기를 숙고하면서, 나는 너무 바빠서 너무 두려워서 혹은 너무 부적합해서 어떤 관계를 시작하는 위험을 감수할 수 없다고 믿었기 때문에 얼마나 자주 사람으로부터, 상황으로부터, 가능성으로부터 혹은 문제로부터 돌아섰을까 하고 생각하게 되었다.

그 사마리아인은 부상당한 유대인과 관계 맺는 위험을 감수할 준비가 되어 있었다. 그는 여기에 자신의 도움을 필요로 하는 한 사람이 있다는 사실을 주목했다. 게다가 그는 차별 없이 주목한다. 자신은 사마리아 사람이고 그리고 타자는 유대인이라는 사실 즉 그 당시 엄청난 의미를 담지하고 있는 이 구별이 긍휼(compassion)로 인해 무색해 진다.

헨리는 밤이 어떻게 끝나고 아침이 어떻게 오는지를 말할 수 있는 지를 제자들에게 묻던 나이든 랍비의 이야기를 좋아했다. "멀리 떨어져 있는 나무를 보고 그것이 무화과나무인지 복숭아나무인지를 말할 수 있으면 아침입니까?"라고 한 제자가 물었다. "아니"라고 랍비는 말했다. "한 동물을 쳐다보고 그것이 양인지 개인지 말할 수 있으면 아침입니까?"라고 제자들이 물었다. "아니,"라고 랍비는 대답했다. "그럼, 무엇이 해답입니까?"라고 제자들은 물었다. 랍비는 잠시 멈추었다가 곧 대답하기를, "여러분들이 한 남자나 여자의 얼굴을 쳐다보고 거기에 형제의 얼굴이 있는지 자매의 얼굴이 있는지 보게 될 때가 아침이다. 만일 여러분이 그럴 수 없다면, 그렇다면 그때가 몇 시인지는 상관없이 여전히 밤이다." 여리고로부터 예루살렘으로 가는 길을 따라 그날 아침이 신선하고 맑게 밝아왔다. 긍휼의 태양은 사마리아 사람으로 하여금 한 유대인의 얼굴에서 형제의 얼굴을 주목할 수 있었다. 볼 때에는 직통으로 봐라!

헨리는 그 자신의 인간성 중에서 상처 입은 측면들을 향하여 몸을 돌이

켰고 그리고 그것들을 품에 안았다. 그의 여러 저작들 중에서, 특별히 『상처 입은 치유자』 속에서 그는 "우리가 우리의 고통들을 도피하지 않아도 된다는 사실을 인지하게 될 때, 그러나 우리가 그 고통들을 생명을 향한 공통의 탐구로 동원할 수 있음을 인지하게 될 때, 바로 그 고통들은 절망의 표현으로부터 희망의 징후들로 변혁된다"[4]는 사실을 인식하도록 우리에게 촉구하였다. 자신의 개인적인 무너짐을 수용하고 인정하려는 헨리의 자발적인 마음은 또한 상처 입은 다른 사람들을 자신의 두 팔로 껴안을 수 있도록 해 주었고, 또한 부활한 그리스도와의 세례에 의한 연합을 통하여 자신의 상처 입은 가슴으로 상처 입은 세계 전체를 포용할 수 있도록 해 주었다. 우리가 이 모임을 마치고 집에 돌아갈 때, 우리는 긍휼어린 눈길로 우리가 주목한 것을 향해 방향을 돌릴 준비가 더 되어 있을 것인가? 우리가 사랑의 눈길로 대면하는 많은 취약하고 상처 입은 사람들을 포용할 준비가 되어 있을 것인가?

사랑하기

"너는 나를 사랑하느냐?" 예수는 디베랴 바닷가 해변에서 아침을 먹은 후 베드로에게 이 질문을 진지하게 한번 뿐만이 아니라 세 번씩이나 물었다 (요 21:15-17). 예수가 베드로에게 물어볼 때마다 우리는 예수의 편에서 이루어지는 심오한 사랑의 행위를 목격한다. 이 질문을 반복할 때마다 베드로는 예수가 체포되던 날 밤 자신이 행한 부인들 하나 하나를 무효로 만들 기회를 갖게 된다. 예수는 베드로의 마음을 보고 그리고 베드로가 이 물음을 듣고 진심으로 그에 대답할 필요가 있음을 알고 있다. 헨리는 요한 복음의 이 본문으로 자주 돌아갔다. 이것은 그에게 성서의 시금석이 되는 구절이었다. 왜냐하면 베드로를 향한 예수의 물음은 또한 우리들 각자를 향한 예수의 물음으로서 우리로 하여금 과거의 실패들과 배신들로부터 벗어나 자유를 주장할 수 있도록 해주고, 그리고 사랑의 너저분한 불확실성을 준비할 수 있도록 해주기 때문이라고 나는 믿는다. “내가 진실로 진실로 네게 이르노니 네가 젊어서는 스스로 띠 띠고 원하는 곳으로 다녔거니와 늙어서는 네 팔을 벌리리니 남이 네게 띠 띠우고 원하지 아니하는 곳으로 데려가리라”고 예수는 베드로와 우리에게 말씀하신다 (요 21:18). 사랑할 수 있는 자유는 때로 누군가 우리 삶이라는 수레의 방향을 돌려서, 우리의 사랑을 가장 필요로 하는 곳으로 우리를 인도해 갈 수 있도록 하는 자유를 의미한다.

“너는 나를 사랑하느냐?” 예수의 물음은 그 옛날부터 울리면서, 세상의 소음과 부산함과 절망의 한 복판에서 그의 긴급한 초청을 속삭인다. “그는 우리에게 미지의 사람으로 다가온다”[5]고 알버트 슈바이처는 말한다. 그 초청은 모든 고통의 가면들을 뒤집어 쓴 그를 사랑하라는 것, 그리고 그를 사랑하면서 어떻게 그를 주목하고 그리고 어떻게 언제나 기꺼이 그를 향하여 돌아설 수 있는지를 배우라는 것이다. 마이클 도우니(Michael Downey)는 사랑하는 것과 보는 것 사이의 관계를 즉 헨리의 영적인 유산이 우리로 하여금 발전시키고 심화시키라고 촉구하는 관계를 다음과 같이 잘 기술해 주고 있다: “우리의 선물과 할 일은 매일 새롭게 보는 법을 배우는 것, 어떻게 보는지를 배우는 것이다. 기독교 신앙은 전체적인 삶의 길로서 사랑함으로 보는 방식이다. 우리가 더 보게 되면 될수록, 우리는 더욱 더 사랑하게 된다. 우리가 더욱 더 사랑할수록, 우리는 더욱 더 보게 된다. 우리의 눈을 정제하고 정화함으로써 우리는 각자와 모든 사람을, 모든 만물과 모든 살아있는 피조물들을 깊이 바라볼 수 있게 된다.

세계와 그 안에 있는 모든 것을 사랑으로 읽기 위하여."[6]

볼 때에는 직통으로 봐라!

---

1) 모든 성서 인용은 New Revised Standard Version에서 따온 것들이다; 역자 - 여기 성서 인용은 한글판 개역개정을 인용하였다.

2) Maggie Ross, "Barking at Angels," *Weavings* 21:1 (January/February 2006): 15.

3) Henri J.M. Nouwen, *Clowning in Rome* (Garden City, NY: Doubleday /Image Books, 1979).

4) Henri J.M. Nouwen, *The Wounded Healer* (New York: Doubleday, 1972), 93.

5) Albert Schweitzer, *The Quest of the Historical Jesus*, trans. W. Montgomery (London: A. and C. Black, 1910), 403.

6) Michael Downey, *The Heart of Hope: Contemplating Life, Awakening Love* (Boston, MA: Pauline Books and Media, 2005), 57.

23 부르심과 축도: 추모학술회의을 마감하는 성찰

-수 모스텔러(Sue Mosteller)와 고드 헨리(Gord Henry)

편집자 주: 이 연설은 2006년 5월20일 '수레바퀴를 돌려라' 추모회의 마무리 행사에서 행해진 것이다. 추모회의에 대한 언급들은 수정 없이 그대로 게재되었다.

고드 헨리(Gord Henry)

헨리와 나는 좋은 친구였습니다.
헨리는 내게 아버지와 같았습니다.
우리는 함께 여행했고 함께 이야기를 나누었습니다.
때때로 나는 내 인생에 대해 헨리에게 이야기했습니다.
그는 내가 유혹들을 이겨내도록 도와주었습니다.
그는 나를 위해 테입을 만들어 주었습니다.
내가 기도하러 방으로 들어갈 때, 헨리가 준 테이프를 틉니다.

헨리는 고마운 사람, 무척이나 고마운 사람입니다.

무엇 때문에 나는 헨리를 좋아할까요? 그는 나를 축복하였습니다.

수 모스텔러(Sue Mosteller)

우리 라르슈 데이브레이크 공동체의 남자들 중 한 사람인 데이빗은 "직통으로 보는" 사람입니다. 그는 본 것을 그대로 말하고 그리고 정확히 맞는 말을 말할 줄 아는 놀라운 재주를 지녔습니다. 어느 날 밤인가 데이빗과 거실에 앉아 있을 때, 난 녹초가 되어 말하기를, "데이브①, 나 너무 진이 다 빠져 버렸어. 위층 침대로 나를 날라 줄 수 있어?" 데이빗은 잠시 생각하더니 손으로 무릎을 치면서 대답하기를, "할수 있어요, 그런데 기중기가 필요해요!"

또 다른 때 펜실베니아 이리에서 있을 모임에 참석키 위해 사람들을 가득 태우고 가는 차 안에서 우리는 긴 시간 침묵을 지켰습니다. 말문을 열기 위해, 나는 "와! 내 기타를 다른 차에 실을 수 있어 기쁘다. 모임에서 기타칠 수 있겠는데"라고 입을 열었습니다. 아무도 말대꾸하지 않았고, 그래서 난 계속했습니다. "그거 알아, 거기 사람들이 내게 연주를 부탁하면 모임을 위해 연주를 할수 있을지도 몰라!" 침묵. 난 더 밀어붙였습니다. "그 사람들이 부탁하면, 그거 알아, 난 무대 위에 올라갈 거고 그리고 거기 모든 사람들이 내게 박수를 보낼거야." 백미러로 난 데이브를 볼수 있었고, 그는 내가 말한 모든 것을 이해하고 있었습니다. 마침내, 난 그때 겨우 기타를 배우고 있던 참이었기 때문에 이렇게 말했습니다, "그거 알아, 나 'Long Long Ago' 연주할 수 있다." 데이브는 단숨에 힘주어 대꾸했습니다, "맞아! 그리고 그거 멀리, 아주 멀리 연주해야 해!"

---

① 역자 - 데이빗(David)을 애칭으로 부르는 말이다.

추모학술회의는 이제 막을 내리는 중이고, 그리고 떠나기에 앞서 이 행사의 의미가 무엇일지를 "직통으로 보는" 시간입니다. 나는 기조 연설자들로부터 몇 가지 보석들을 모아, 절정을 위해서가 아니라 철저한 제자도를 향해 지향된 몇 가지 소중한 통찰들이 가져다주는 선물을 주지시키고자 합니다.

이 추모학술회의는 무엇보다도 헨리 나우웬이나 여기서 발표를 맡았던 많은 분들에 관한 어떤 것이 되도록 의도되어지지 않았습니다. 추모회의는 하나님을 향한 탐색 중에 있는, 즉 우리의 하나님을 찾고, 우리의 삶으로 복음을 선포하기 위한 열정을 새롭게 일신하려는 여러분과 나를 위한 그리고 여러분과 저에 관한 것이었습니다. 그렇기에 우리를 더한 것으로 부르시는 음성을 "직통으로 보고" 확인하려는 노력을 시도해 보려 합니다.

캐롤 베리(Carol Berry)는 두 아름답고, 용기 있고 그리고 유약한 사람, 빈센트 반 고흐와 헨리 나우웬의 삶을 우리에게 가리켜 주었습니다. 그 두 사람은 엄청난 괴로움으로 고통을 겪었고, 그리고 그 두 사람은 상처입은 치유자들이 되었습니다. 그러나 그들은 고통이 그들의 열정을 압도하거나 혹은 피해자인 척하며 괴롭게 살기를 선택하지도 않았습니다. 오히려 그들은 그들의 괴로움이 그들의 천재성을 발현시키도록 했고, 그리고 그들은 내적인 불꽃, 그들 안에서 작용하고 있는 내적인 영에 매달렸습니다. 그들의 삶은 그들과 다른 사람들이 동질감을 느끼게 하고 그래서 두려움을 넘어 그들의 선생 아닌 선생들 속에서 아름다움과 용기와 사랑을 발견하도록 만드는 매력을 드러내고 있습니다.

우리가 우리 자신의 삶 속에서 유사한 길을 포용하고 있는지를 스스로 물어보아야만 합니다. 그 두 사람은 인생이란 추수의 때가 아니라 씨를 뿌리는 때라는 사실을 알고 있었습니다. 여러분과 저는 어떻습니까? 우리의 내적 염원들이 이 두 형제들에 의해 영감을 얻도록 그래서 우리가 어디 있든지 우리 주변에 사랑의 씨앗들을 뿌리러 앞으로 나아갑시다. 치유되기를 기다리지 말고, 사랑을 기다리는 세계 속에서 상처 입은 치유자들로서 손을 내밉시다. 가장 가당치 않을 우리의 고통이 우리의 재능을 위한 자양분이 될 수 있기를 소망합시다.

> 우리는 살아계신 하나님의 사랑하는 딸들과 아들들로서, 더욱 더 사랑받는 어머니와 아버지가 되도록 부름 받아, 다른 사람들을 사랑하고 모두에게 연민을 느끼며 용서해야할 책임을 지도록 부름 받았습니다. 우리는 여기에 훌륭한 모임과 훌륭한 연설의 소비자로 있는 것이 아닙니다. 우리는 사랑받는 자로서 이 복음을 다른 사람들과 나누도록 부름 받았습니다.

로렌 헨리(Laurent Henry)는 우리로 하여금 예수와 함께 "나의 하나님 나의 하나님 어찌하여 우리를 버리셨나이까"라고 말하도록 유혹받고 있는 사람들을 접하게 해 주었습니다. 우리는 우크라이나 리비브의 정신병원의 상상할 수조차 없는 조건 속에서 매트리스나 존중이나 존엄성이 말살된 채 수감된 수감자들을 만났습니다. 우리는 어떻게 (그곳에) 현재할 수 있을까요? 동부 유럽 숲 속 고아원들에서 라디에이터나 침대 기둥에 묶인 채 살아가는 아이들은 외로움과 고통에 초췌해져 가며, 사랑과 보살핌을 달라고 어떻게든 우리에게 울부짖고 있습니다. 그리고 우리는 남아프리카에서 에이즈로 죽어가고 있는 젊은이의 인생을 접했는데, 그는 외롭게 홀로 지내며 후원과 사랑과 기도와 긍휼을 필요로 하는 수많은 형제들과 자매들을 대표하고 있습니다.

로렌의 응답은 현재하는 것, 후원을 제공하는 것 그리고 네덜란드의 헨리 나우웬 재단으로 다른 사람들을 부르는 것인데, 그 재단에서는 가구와 욕실과 부엌 살림살이들 및 다른 유용한 품목들을 수집하도록 협력하고 있습니다—그리고 이것들을 우크라이나에서 도움을 필요로 하는 이들에게 차로 실어 나르고 있습니다.

여러분과 제가 그것에 관해 아는 것만으로는 충분치 않습니다. 그들도 존엄성과 사랑과 후원을 필요로 하는 인류 가족의 우리 형제와 자매들입니다. 우리가 난민들과 테러행위로 부상당한 이들과 노숙자들과 학대받은 자들과 폭력의 희생자들의 소식에 귀 기울이고 있다는 것만으로는 충분치 않습니다. 우리들 각자는 다음과 같이 묻도록 강력한 부름을 받았습니다, "내 삶의 상황 속에서 내가 어떻게 현재하고, 후원하고, 다른 사람들과 관계를 맺어 나갈 수 있을까? 하나님의 사람이 되려는 열정 속에서 나는 어떻게 성장해 나갈 수 있을까?"

> 우리는 살아계신 하나님의 사랑하는 딸들과 아들들로서, 더욱 더 사랑받는 어머니와 아버지가 되도록 부름 받아, 다른 사람들을 사랑하고 모두에게 연민을 느끼며 용서해야할 책임을 지도록 부름 받았습니다. 우리는 여기에 훌륭한 모임과 훌륭한 연설의 소비자로 있는 것이 아닙니다. 우리는 사랑받는 자로서 이 복음을 다른 사람들과 나누도록 부름 받았습니다.

마이클 히긴스(Michael Higgins)는 우리가 우리 자신의 사적이고 기업가적인 영적 생활을 갖고 있지 않음을 "직통으로 보고" 우리에게 직설적으로 말했습니다. 우리의 삶은 보다 크고, 훨씬 더 크고 그래서 도처의 많은 사람들과 연결되어 있습니다. 헨리의 음성을 반영하면서, 마이클은 우리가 그 내적 상처와 더불어 무엇을 해야만 하는지를 물었습니다. 그는 맹렬한 자기-계시에 투명해지도록 그리고 그것을 두려워하지 말도록 우리를 불렀습니다.

여러분과 제가 토마스 머튼, 도날드 니콜, 헨리 나우웬 그리고 그 외 많은 이들로부터 그 내적 상처를 야기하는 파괴적 세력들의 힘을 빼앗아, 상처 입은 치유자들이 되기로 선택하는 법을 배운다는 것이 가능한 일입니까? 우리의 실패들과 암울함과 용서할 수 없는 무기력과 울분과 압도적인 중독늘과 분노들을 가슴에 안은 채 우리는 무엇을 해야 합니까? 마이클은 그 길을 가리켜줍니다. 그는 헨리가 보았던 방식처럼 그 상처를 "위장한 선물"(a gift in disguise)로서 그리고 "내 구원의 통로"로서 보고 받아들이기를 노력할 것을 우리에게 주지시켜 주었습니다.

> 우리는 살아계신 하나님의 사랑하는 딸들과 아들들로서, 더욱 더 사랑받는 어머니와 아버지가 되도록 부름 받아, 다른 사람들을 사랑하고 모두에게 연민을 느끼며 용서해야할 책임을 지도록 부름 받았습니다. 우리는 여기에 훌륭한 모임과 훌륭한 연설의 소비자로 있는 것이 아닙니다. 우리는 사랑받는 자로서 이 복음을 다른 사람들과 나누도록 부름 받았습니다.

마지막으로 메리 조 레디(Mary Jo Leddy)는 우리의 사적인 삶이 방해받지 않도록 우리가 하나님을 입맛에 맞는 크기로 잘라내어 작게 만들어내기를 원하는 문화 속에서 살아가는 것이 담지한 도전을 우리에게 주지시켜 주었습니다. 그녀는 우리가 하나님이 하나님 되시도록, 뜻밖의 하나님이 되시도록 해야 한다고 촉구하였습니다. 그녀는 우리가 우리의 가장 주된 정체성의 진리—하나님의 사랑하는 자—를 주장하도록 촉구했습니다. 그녀는 문 두드리는 소리가 어떻게 들리는지 그리고 "도와주세요"

라고 부탁하는 난민을 그녀가 어떻게 대면하는지를 기술하여주었습니다. 그녀는 현장을 알고 있었고 그래서 자신들과 다른 사람들에게 자행되는 부정의한 체제를 그 사람이 혹은 그녀 자신이 돌파해 나갈 개연성이 거의 없다는 사실을 알고 있었습니다. 그러나 그녀는 강제추방을 막기 위해 혹은 이미 여기 와 있는 사랑하는 사람들의 배우자들이나 자녀들의 입국을 가능케 하기 위해, 귀를 기울이고 또 다른 노력, 또 다른 전화를 시도합니다. 그녀는 우리에게 "삶이란 당연시 될 수 없다. 당신의 삶은 중요하고, 비중 있고, 인과적이다"고 말하면서, 그녀의 열정과 동기를 나누어주고 있습니다.

> 우리는 살아계신 하나님의 사랑하는 딸들과 아들들로서, 더욱 더 사랑받는 어머니와 아버지가 되도록 부름 받아, 다른 사람들을 사랑하고 모두에게 연민을 느끼며 용서해야할 책임을 지도록 부름 받았습니다. 우리는 여기에 훌륭한 모임과 훌륭한 연설의 소비자로 있는 것이 아닙니다. 우리는 사랑받는 자로서 이 복음을 다른 사람들과 나누도록 부름 받았습니다.

그래서, 친구들이여, 우리는 영감을 받았고 부름받았습니다. 그에 대한 응답은 우리 손에 달려있습니다.

데이브레이크의 내 친구 데이빗은 전화벨이 울릴 때 응답하고 싶어합니다. 그는 아주 친절하고 그래서 전화하신 분에게 많은 질문을 드립니다. 만일 어떤 사람이 "수와 통화 좀 하게 해 주세요"라고 부탁하면, 데이브는 아마도 "수를 어떻게 만났어요?"라고 대답할 지도 모릅니다. 그 물음으로부터 시작해서, 그 분이 어디 사는지 무엇을 하는지 그리고 마침내 그분이 나와 무엇에 관하여 말하기를 원하는지를 알려달라고 요청합니다. 어느 날 데이브레이크의 보조원인 조(Joe)가 주말에 보스턴을 가게 됐는데, 자신이 여행 계획이 바뀐 것을 우리에게 말하기 위해 집에 전화를 걸었습니다. 데이브가 그 전화에 대답했고 그리고 전화교환원이 "조라는 사람이 거기 있는 아무하고나 통화하길 원하는 수신자 요금지불 전화가 있습니다. 요금지불을 승인하시겠습니까?"라고 말했습니다. 데이브는 "아니요 조는 여기 없어요"라고 대답했습니다. 잠시 후 전화교환원은 다시 실명하고자 했습니다. "잘 들으세요. 조라는 분으로부터 거기 있는 누군가와 통화하길 원하는 수신자 요금 지불 전화가 왔습니다. 요금지불을 승인하시겠습니까?" 데이브는 잠시 생각하고는 "아니요, 조는 지금 보스턴에 있습니다. 그는 여기 없습니다"라고 말했습니다. 이 잠시 간의 시간 동안 조가 직접 끼어들어 급히 데이빗에게 "데이브, 그냥 '예'라고 말해"라고 이야기했습니다. 교환원이 즉각 제지를 하며 "제발 선생님. 이 전화 요금을 물고 싶지 않다면, 상대방에게 말씀하시면 안됩니다!"라고 말했습니다. 잠시 긴 침묵이 이어졌습니다. 마침내 데이브는 "오, 조, 여기 당신 찾는 전화가 있어요. 내가 무엇을 해야 하지요?"라고 말했습니다.

데이빗처럼 우리는 부름을 받고 있습니다. 우리가 받은 모든 것은 단지 우리를 위한 것이 아니라 다른 사람들—우리 형제와 자매들—을 위한 것 그리고 우리의 세계를 위한 것입니다. 데이브처럼, 우리의 부르심은 수신자 부담입니다. 왜냐하면 우리의 삶은 뿌리는 때이지 추수하는 때가 아니기 때문입니다.

우리는 살아계신 하나님의 사랑하는 딸들과 아들들로서, 더욱 더 사랑받는 어머니와 아버지가 되도록 부름 받아, 다른 사람들을 사랑하고 모두에게 연민을 느끼며 용서해야할 책임을 지도록 부름 받았습니다. 우리는 여기에 훌륭한 모임과 훌륭한 연설의 소비자로 있는 것이 아닙니다. 우리는 사랑받는 자로서 이 복음을 다른 사람들과 나누도록 부름 받았습니다.

이 놀라운 소식에 우리가 응답하도록 돕기 위해서 고드 헨리가 저희에게 축도해 주시기를 원하십니다. 그리고 심지어 이 축복의 기도조차 단지 우리를 위한 것이 아니므로, 우리의 마음과 가슴을 다해 우리 주위에 우리가 사랑하는 사람들을 모으도록 합시다. 그리고 과거에 기쁨으로 그리고 고통으로 우리 삶을 접해왔던 이들을 생각하도록 합시다. 그들을 여기 여러분의 가슴으로 데려오도록 하십시오. 우리가 넘어가서, 인류 가족의 모든 우리 형제와 자매들을 모아 우리와 함께 지금 이 순간으로 데려오도록 하십시다. 이 축복의 기도가 여러분을 통해 인생의 여행을 함께 걸어가도록 부름 받은 모든 이들에게 흘러가도록 합시다.

고드 헨리: 축도

하나님이 나를 사랑하신다는 것을 압니다.
하나님이 내 마음을 열라고 부탁하실 때, 그것은 내가 하나님에게 보다 가까이 다가가야 한다는 것을 의미합니다.
그래서 성부와 성자와 성령의 이름으로 여러분을 축복합니다.
돌아가 감사로 충만하십시오.

결론

조나단 벵손(Jonathan Bengtson)과 가브리엘 언쇼(Gabrielle Earnshaw).

영적 삶을 기술하려는 평생의 노력 속에서 헨리 나우웬은 다양한 창조적 기술 장치들을 활용하였다: 렘브란트의 그림들, 빈센드 반 고호와 토마스 머튼의 삶, 선불교 선사들과 사막 교부들의 이야기들, 성서와 그 외 전통들 그리고 그네와 어릿광대 같은 시적 은유들. 아마도 그중 가장 많이 활용된 것은 여행 모티브일 텐데, 적어도 1974년 이후부터 1996년 사망하기 한 달 전까지 저술했던 글들 속에서 줄 곧 찾아볼 수 있다. 그의 책 제목들은 빈번히 여행하는 삶을 가리키며(『데이브레이크로 가는 길』, 『안식여행』, 『여행을 위한 양식』, 『예수와 함께 걷기』 그리고 『길을 보여주세요』들이 그 예증이다), 그는 영적 삶을 자주 한 상태에서 다른 상태로 나아가는 것 — 그의 저술들에서 몇 가지만 예를 들어 보자면, 외로움에서 고독으로, 분노로부터 감사로, 두려움의 집으로부터 사랑의 집으로 나아가는 것 — 으로 묘사했다. 수레바퀴는 나우웬에게 특별히 풍성한 이미지였는데, 그는 이 이미지를 자신의 영적 삶을 찾아가는 물음들에 근거하여 기독교적 영성의 다른 측면들을 전달하는데 사용하곤 하였다. 초기에 이 심상의 사용은 『나이 먹기』(Aging)에서 유래한다. 그는 적기를: "이것이 바로 큰 수레바퀴가 ... 우리에게 ... 가르쳐주는 것이다. 그 바퀴살의 어느 하나도 다른 바퀴살 보다 더 중요한 것이 아니라, 그 살들이 함께 완전한 원을 이루어 바퀴축을 그 힘의 핵심으로 드러낸다."[1] 앞으로 출판될 책들의 전조를 드러내는 이 문장에서 나우웬은 수레바퀴를 영적 삶의 세 측면들을 기술하기 위해 사용한다: 삶은 (직선적 시간에 근거한 직선과 대립되는) 하나의 원이다;

젊었거나 늙었거나 혹은 정상이거나 장애가 있어나, 우리 모두는 하나님의 세계 안에서 동등한 자리를 점유한다; 그리고 기쁨만큼이나 슬픔도 인생에 의미와 온전함을 부여한다. 나우웬의 문구들은 에머슨(Ralph Waldo Emerson)의 문구를 반영하는데, 에머슨은 자신의 에세이에서 "원들"을 설명한다: "우리 삶은 진리의 수련생 같아서, 모든 원 주위에 또 다른 원이 그려질 수 있다; 자연 속에 종말은 없지만, 모든 '끝'은 또 다른 시작이다; 한낮이면 항상 또 다른 새벽이 달려오는 중이고, 그리고 모든 심연에는 그보다 더 깊은 심연이 열린다."[2]

1994년『여기 그리고 지금』(*Here and Now*)에서 나우웬은 수레바퀴의 이미지를 다시 사용하는데, 이번에는 명상 생활의 역설적 성격에 관하여 설명하기 위해서이다: "수레바퀴는 전혀 미동도 하지 않고 있는 것처럼 보이는 때 조차도 바퀴 축이 모든 에너지와 운동의 중심이라는 사실을 보여준다. 하나님 안에서 모든 활동과 모든 휴식은 하나이다."[3]『여기 그리고 지금』에서 이 성찰을 진척시켜 나가면서, 그는 바퀴 이미지에 자신이 끌리게 된 경위를 설명하면서, 중심으로부터 살아가는 삶을 보다 강조하기도 한다. 그는 적기를: "널찍한 크기로, 튼튼한 살들을 달고, 거대한 축을 돌아가는 이 마차의 수레바퀴들은 언제나 나를 끄는 묘한 매력이 있다. 이 수레바퀴들은 중심으로부터 살아가는 삶의 중요성을 이해하도록 해준다. 내가 그 바퀴의 테두리를 따라 움직일 때는 바퀴살을 하나씩 만나게 되지만, 내가 축 중심에 머무를 때는 바퀴살 모두를 한꺼번에 접하게 된다."[4] 이 고전적인 문장에서 나우웬은 바퀴 축을 그 자신의 심장에 그리고 하나님의 마음에 그리고 세계의 심장에 비유하면서, 오직 그 자신의 중심에 머무름으로서만 세상과 교감을 느낄 수 있고, 중심을 벗어나 다른 사람들을 도울 에너지를 찾을 수 있다는 말을 되풀이한다.

헨리 나우웬이 수레바퀴에 부여한 풍성한 의미를 고려할 때, 우리 컨퍼런스의 이름과 이제 본서의 제목에 그것이 적합한 핵심 이미지가 된다고 생각된다. 이 안에 담겨진 글들을 통해 많은 영감을 얻었을 것으로 기대한다. 우리의 신실한 욕망은 여기 세인트 미카엘 대학에 쌓여있는 헨리의 노트들과 에세이들과 서신들과 녹취들과 사본들이 헨리가 우리 모두에게 남겨놓은 유산의 생기와 호흡을 점차 연장시켜 주고, 그리고 당신 자신의 삶 속에서 이를 새롭고 창조적인 방식들로 진척시켜 나가는 일이 당신에게 맡겨져 있음을 같이 느끼는 것이다. 이를 이루기 위해, 우리는 나우웬이 고취한 영적 중심에 참여하여, 수레바퀴의 살들처럼 사람들을 함께 모아, 사랑의 하나님에 대한 신앙을 새롭게 하고, 공동체를 구축하고, 희망과 용기를 길러, 다른 사람들을 향해 손을 내밀어 돌볼 가능성을 모색하는 중이다.

2006년 9월21일 방영된, 사망하기 전에 했던 한 마지막 인터뷰에서 나우웬은 수레바퀴를 손으로 그려, 영적인 삶을 기술하는데 다시금 사용했다. 이 스케치가 현재 아키브에 보관 중인데, 그것을 그린지 10년이 지났음에도 불구하고, 그 위에서 우리는 자신의 의자 쪽으로 기대어 인터뷰하는 사람에게 그 수레바퀴를 내보이며, 어렵게 획득한 자신의 통찰을 전하기 위해 확신과 열정으로 불타오르는 그의 눈과 모습을 볼 수 있다. 수

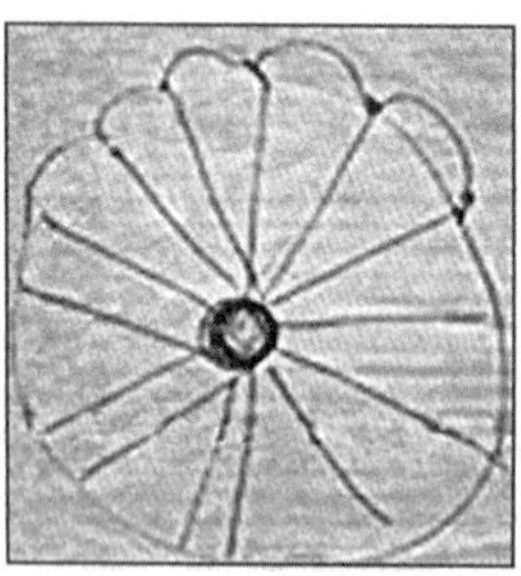

레바퀴의 축 중심을 극적으로 그리고 강조를 위한 몸짓으로 꿰뚫어 가면서, 그는 말할 것이다, 아시겠어요? 아시겠어요? 중심으로부터 우리는 바퀴살들을 접촉하기 위해 나아갈 에너지와 용기를 찾게 되고 그리고 우리의 공통된 인간성을 찾게 된다는 사실을 말입니다. 그

것은 오늘을 살아가는 우리가 여전히 들을 필요가 있는 메시지이다.

---

1) Henri Nouwen and Walter Gaffney, *Aging: The Fulfillment of Life* (New York: Doubleday, 1974), 13.

2) Ralph Waldo Emerson, *Essays: First Series* (New York: T.Y. Crowell and Co., 1891), 220.

3) Henri Nouwen, *Here and Now: Living in the Spirit* (New York: Crossroad, 1994), 26.

4) Ibid., 25.

기고자들

네이든 벨(Nathan Bell)은 현재 헨리 나우웬 유산 신탁자선단체(Henri Nouwen Legacy Trust)의 이사이다. 그는 계획과 개발 분야에서 헨리 나우웬 학회를 후원하고 그리고 라르슈 캐나다 재단의 전무이다. 그는 오랜 시간 동안 라르슈 데이브레이크 공동체의 구성원으로 있으며 헨리 나우웬과 10년이 넘게 우정을 나눈 친구이기도 했다. 그는 토론토 인근에서 아내와 네 자녀들과 살고 있다.

조나든 벵슨(Jonathan Bangtson)은 2004년 이후로 토로토 대학 산하 성 미카엘 대학 존 켈리 도서관의 수석 사서이다. 그 이전에 그는 미국과 영국의 대학과 연구소에서 그리고 비영리 도서관들에서 다양한 고위직을 갖고 있었다.

크리스토퍼 캐힐 목사(Rev. Christopher Cahill)는 25년 이상 루터교 미주리 노회의 목사이며 또한 오하이오 로디의 크라이스트킹 루터 교회에서 16년 이상 담임자로 섬기고 있다. 그는 목회자들의 영적 형성에 초점하여 영적 형성을 전공으로 애쉬랜드 신학교(Ashland Theological Seminary)에서 목회학 박사를 받았다.

가브리엘 언쇼(Gabrielle Earnshaw)는 헨리 나우웬 아카이브와 연구 수집물 센터의 문서보관 담당자이면서 성 미카엘 대학 존 캘리 도서관의 특별 소장품을 담당하는 큐레이터이다. 퀸즈 대학에서 역사를 전공으로 학사를 받았고, 브리티쉬 컬럼비아 대학으로부터 석사(M.A.S.)를 받았다. 가브리엘은 헨리 나우웬 구전사 프로젝트와 더불어 구전사 인터뷰를 진행하는 팀의 일원이다. 그녀는 의결권이 없는 구성원으로서 나우웬 유산 자선단체에 참여한다. 그녀는 토론토에서 남편과 아들, 하이코(Heiko)와 살고 있다.

캐쓰린 피셔(Kathleen M. Fisher)는 매사추세츠 우스터의 어점션 칼리지의 신학 담당 조교수로서, 거기서 성서, 교회사 그리고 중세 기독교 문학 분야의 과목들을 가르치고 있다.

콘스탄스 조안나 게퍼트(Constance Joanna Gefvert)는 캐나다의 성공회 수도원 공동체인 세인트존디바인 수녀원의 공인된 지체이다. 그녀는 문학 분야 학사, 석사, 박사 학위를 갖고 있고, 토론토 신학교의 위클리프 컬리지에서 신학박사학위을 받았다. 10년 넘게 그 수녀원의 선출직 지도자로서 섬기고 있다. 현재 그녀는 수녀원의 개발 담당자로 섬기고 있으며, 위클리프 컬리지에서 시간 강사로 있으면서 영적 지도를 하고 퇴수회들을 인도한다. 캐나다 성공회 교회에서 사제 안수를 준비중이다.

필립 그릭스비 목사(Rev. Phillip N. Grigsby)는 그리스도 연합교회(the United Church of Christ)의 목회자이면서, 예일 신학부 졸업생이다(학교에서 그는 헨리 나우웬과 집단 경험을 공유하고 있다). 1986년 이래로 "교회의 자원들을 도시의 인간적 필요성들에 상관시키기" 를 추구하는 58개 회중단체들의 교회연합단체인 (뉴욕) 스키넥터디 도심지 목회(the Schenectady (NY) Inner City Ministry)의 도심 에이전트/책임자로 섬기고 있다. 그는 다양한 환경에서 헨리 나우웬에 관한 세미나를 열고 있는데, 부분적으로는 릴리 장학재단에서 후원을 받고 있는 활동이다.

윌 에르난데즈 박사(Wil Hernandez, Ph.D.)는 영적 형성과 리더십 개발을 통합하는데 초점을 둔 초교파적 조직인 리더십 연구소(the Leadership Institute)와 협동한다. 그는 또한 영적 형성 동맹(Spiritual Formation Alliance)에 소속되어 있는데, 거기서 그는 남 캘리포니아 코디네이터로 섬기고 있다. 윌은 훌러 신학교(Fuller Theological Seminary)의 외래 교수로서 헨리 나우웬의 영성에 관한 과목을 정기적으로 가르치고 있다. 그는 *Henri Nouwen: A Spirituality of Imperfection* (Paulist Press, 2006)의 저자이다.

마이클 헤르닉 박사(Michael Hryniuk, Ph.D.)는 기독교 영성과 명상 형성 분야의 신학자이며 작가이자 교사이고 컨설턴트이다. 1997년부터 2004년까지 그는 청소년 목회와 영성 프로젝트(YMSP)의 조형적 심사자이면서 공동 책임자로 섬겼다. 이 프로젝트는 샌프란시스코 신학교에 기지를 둔 전국적으로 연구와 수업을 촉진하는 개신교 주류와 복음주의 그리고 카톨릭 교회들 사이에 청소년 목회 분야에 명상적 영성을 촉발시켰다. 최근에는 헨리 나우웬 학회의 전무로 섬기도록 임명받았다.

그레고리 젠센 목사(Rev. Gregory Jensen)는 피츠버그 희랍정교회 메트로폴리스의 사제이다. 그는 직업적으로 종교심리학자로서 인간적이고 기독교적인 영적 형성에 특화된 인물이다. 그 아내와 함께 현재 피츠버그에 살면서 피츠버그 대학과 카네기 멜론 대학에서 그리스정교회 대학교목으로 섬기고 있다. 파라마스 연구소(Palamas Institute)에 소속된 학자/연구자로서 그는 광범위한 기독교 공동체들을 위해 영성, 영적 형성, 교리문답 그리고 목양적 목회 분야의 상담 서비스를 제공하고 있다.

폴 요한슨(Paul Johansen)은 (스카버러) 굳 세퍼드 커뮤니티 교회의 목사인데, 그는 이 공동체를 15년 이상 섬겨오고 있다. 그는 토론토 대학에서 틴데일 신학교에서 그리고 휘튼 칼리지 대학원에서 종교와 신학을 공부했다. 그는 헨리 나우웬을 자신에게 가장 영향을 끼친 영적 목회적 멘토들 중 하나로 기술하고 있다. 폴은 헨리를 1980년 대 후반에 우연하게 개인적으로 만날 기회를 가졌었다.

이강학(KangHack Lee)은 캘로포니아 버클리의 연합신학대학원(Graduate Theological Union)에서 기독교 영성 분야를 전공으로 공부하는 박사과정 학생이다. 그는 샌프란시스코 신학대학에서 영적 삶과 리더십 프로그램과 영적 감독의 기술 학위과정의 직원으로 일하고 있다. 그는 한국의 대일장로교회 부목사였고, 현재 버클리에서 아내와 두 자녀와 더불어 살고 있다.

피터 나우스(Peter Naus)는 캐나다 온타리오 워털루에 위치한 세인트제롬 대학의 총장이다. 그는 1973년부터 1996년 은퇴시 까지 대학에서 심리학을 가르쳤다. 이전 그의 임지들은 노틀담 대학과 네덜란드 네이메헨에 있는 카톨릭 대학 (지금은 래드버드Radboud 대학)이었다. 그는 카톨릭 대학에서 심리학 분야의 훈련을 받았고 헨리 나우웬과 친구 사이가 되었다. 피터는 또한 *Befriending Life: Encounters with Henri Nouwen* (Doubleday, 2001)의 기고자들 중 하나인데, 헨리의 친구들과 관계자들이 헨리를 회고하면서 쓴 글을 모은 책으로서 Beth Porter가 편집하였고 Doubleday에서 출판하였다.

마이클 오로린(Michael O'Laughlin)은 하버드 대학 시절 헨리 나우웬의 조교들 중 한명이었다. 거기서 그는 신약과 교회사를 전공으로 박사학위를 취득했다. 그는 나우웬의 책 *Jesus: A Gospel* (Orbis Books, 2001)의 편집자이다. 그는 나우웬과 그의 유산에 관하여 많은 논문들을 썼을 뿐만 아니라 나우웬의 전기서 두권 *God's Beloved*(Orbis Books, 2004)와 *Henri Nouwen: His Life and Vision*(Orbis Book 2005)을 저술하였다. 오로린은 메사츄세츠 알링턴의 치유 센터의 사무실에서 영적 감독자이다.

안나 온지(Anna St. Onge)는 전에 헨리 나우웬 아카이브 및 연구 수집물 센터에서 아카이브 보조원으로 일했었고, 쉐일라 왓슨 페이퍼스의 프로젝트 문서보관인으로 일했다. 현재 그녀는 세인트미카엘 컬리지의 나우웬 아카이브의 특별 소장품들 큐레이터로서 그리고 문서보관인으로서 임시적으로 일하고 있다. 그녀는 토론토 대학의 Faculty Studies와 메세이 컬리지(Massey College)의 the Book History and Print Culture의 협동 프로그램에서 아카이브 연구로 석사학위를 받았다.

에밀리 파듀(Emily Pardue)는 침례교에서 안수 받은 목회자이자 JAIA Sister Ministries, Inc의 설립자이다. 그녀는 Ashland Theological Seminary에서 신학 석사와 목회학 박사를 받았고, 현재 거기서 겸임교수로 가르치고 있다. 그녀의 초점은 영적 형성이고 그리고 그녀는 *The Drama of Dance in the Local Church* (Xulon, 2005)의 저자이다.

제임스 스미스(James D. Smith III)는 헨리가 마지막 강의를 하던 해에 하버드 대학 신학부에서 조교로 섬겼다. 그는 Bethel Theological Seminary에서 교회사 부교수로 있으며, 샌디에고와 세인트 폴 캠퍼스에서 "기독교적 영적 삶: 헨리 나우웬" 과목을 가르친다. 그는 또한 University of San Diago에서 시간강사로 그리고 College Avenue Baptist Church에서 care pastor로서 목회를 하고 있다.

조앤 포드 왓슨(JoAnn Ford Watson)은 오하이오 애쉬랜드의 Ashland Theological Seminary의 H.R. Gill Family 교수이며, 헨리 나우웬 학회의 지체이다. 미국 장로교회(the Presbyterian Church USA)의 안수받은 목회자이며, 프린스턴 신학교에서 석사(M.Div.)를 노스웨스턴 대학(Northwestern Univ.)에서 박사학위(Ph.D.)를 받았다.

캐롤린 휘트니-브라운(Carolyn Whitney-Brown)과 그녀의 가족은 1990년부터 1997년 까지 라르슈 데이브레이크 공동체의 일원이었다. 캐롤린은 브라운 대학에서 박사학위(Ph.D.)를 받았고, 웨일즈의 세인트 부에노(St. Beuno)에서 이그나치온 전통 하에 그리고 (캐나다) 온타리오의 Loyola House에서 영적 지도 훈련을 받았다. 작가이자 예술가인 캐롤린인 캐나다 워터루의 세인트 제롬 대학(St. Jerome's University)에서 종교 연구를 그리고 토론토의 세인트 미카엘 대학(St. Michael's College)에서 평생교육 과정을 가르쳐 왔다. *Remembering Henri* (Orbis Books, 2006)에 헨리 나우웬에 대한 글을 기고하기도 했다. 휘트니-브라운 가족은 밴쿠버 섬에 살고 있다.

제레미 위비(Jeremy Wiebe)는 McGill University의 박사과정 학생이다. 맥길 대학에서 윤리 분야의 강의를 해오고 있으며 현재 New Brunswick의 St. Stephen's University에서 철학을 가르키는 강사진 중 하나이다. 본래 전공 영역은 종교 윤리, 대륙 철학 그리고 폴 리꾀르이다.

필 자일라(Phil Zylla)는 온타리오 해밀턴의 McMaster Divinity College의 학장이자, 목회신학을 가리치는 부교수이다. 그에 앞서 그는 랭글리(Langley, B.C.)의 트리니티 웨스턴 대학 산하 Associated Canadian Theological Schools의 회장직을 섬겼다. 그는 또한 캐나다 여러 지역에서 회중 목회자로 17년간 사역하였다. 온타리오 앤캐스터에 아내와 두 딸들과 함께 살고 있다.

기조연설자들

칼 베리(Carl Berry)는 현재 버몬트 도셋의 유명한 롱 트레일 학교(Long Trail School)에서 예술을 가르치고 있다. 2002년 이래로 캘리포니아 버클리의 신학대학연합(Graduate Theological Union) 산하 the Pacific School of Religion과 the Center for Arts in Religious Educaton에서 시각 예술 분야의 겸임교수로 있다. 베리는 스위스에서 태어나 30년 전에 미국으로 이민했다. 미조리 대학에서 학사 학위를, 노드릿지(Northridge) 캘리포니아 주립대학에서 예술 교육 전공으로 석사를 취득하였다. 캐롤은 예일대학에서 헨리를 만났었는데, 거기서 빈센트 반 고흐의 연민을 주제로 한 헨리의 수업에 참여했었다. 지난 10년간 베리는 빈센트 반 고흐의 작품들과 그것들이 헨리 나우웬의 삶에 미친 충격 그리고 헨리와 빈센트 반 고흐의 연민의 길이 오늘을 살아가는 우리에게 어떻게 이를 수 있는지에 대한 그녀의 이해를 가다듬어 왔다.

고드 헨리(Gord Henry)는 18세때까지 온타리오 포트크레딧(Port Credit)에서 누이와 두 형제와 함께 집에서 살았다. 그러다 1972년 라르슈 데이브레이크 공동체로 이사하였다. 그는 수백명의 가사 도우미들(house assistants)를 환영하고 공동체로 받아들였으며, 그들에게 자신이 갖고 있는 확신과 사랑과 기도를 주었다. 고드는 공동체에서 지난 35년 동안 위상이나 지혜에서 성장을 거듭해 왔다. 고드는 경험많은 연사로서 헨리 나우웬과 여러 번 여행을 같이 하면서 헨리의 담화나 강연을 도왔다. 고드는 현재 우더리(Woodery)로 알려진 데이브레이크의 나무공예 가게에서 일하고 있다. 고드는 색감좋은 진짜 명작을 설계하고 장식하는 일을 맡은 장인 노동자였다.

마이클 히긴스(Michael Higgins)는 뉴브룬스윅(New Brunswick), 프리더릭튼(Fredericton)에 위치한 세인트토마스 대학(St. Thomas University)의 총장이다. 전국적으로 성공적인 학자이자 교사로서, 여러 권의 책들을 저술했는데, 여기에는 *Heretic Blood: The Spiritual Geography of Thomas Merton* (Stoddart, 1998)과 *The Muted Voice: Religion and the Media* (Novalis, 1999)가 포함된다. 그의 가장 최근 저술은 *Stalking the Holy: In Pursuit of Saint-Making* (Anansi, 2006)인데, 동일한 이름으로 시리즈물을 방영하는 CBC Ideas와 함께 동시에 출판되었다. 히긴스는 CTV's Canada AM 뿐만 아니라 CBC's Sunday Edition에 정기적인 기고자이다. 또한 지난 12년간 *Grail: An Ecumenical Journal*의 편집자였다. 히긴스는 세이트 제롬 대학(Saint Jerome University)의 전임 총장이었다.

메리 조 레디(Mary Jo Leddy)는 토론토 대학에서 종교철학 분야 박사학위를 받았고, 리지스 대학(Regis College)의 객원교수이다. *The Catholic New Times*라는 신문의 주 편집자를 역임했고 지금은 다양한 인권과 평화 단체들에서 활동 중이다. 레디는 8권의 책을 저술하거나 공저했는데, 그 중 전미 카톨릭 기자연합(the Catholic Press Association of America)로부터 1등상을 수상한 *Reweaving Religious Life* (Twenty-Third Publications, 1990)와 *Radical Gratitude* (Orbis Books, 2002)가 있다. 로메로 하우스 난민 공동체(Romero House Community for Refugees)의 책임자로 있으면서, 그녀는 수많은 상과 장학금을 수여받았는데, 이중 총독 동메달(the Governor General's Bronze Medal), "1978년을 빛낸 탁월한 여인"(Outstanding Woman of 1978)이라는 이름으로 수여

되는 캐나다 대학 총장 상(Canadian University President's Award), 이다 누델 인권상(the Ida Nudel Human Right Award), 기독교인과 유대인의 인간적 관계를 위한 캐나다 협의회 상(the Canadian Council of Christians and Jews Human Relations Award), 그리고 가장 최근에는 the Order of Canada를 수여받았다. 또한 레디는 다섯 개의 명예박사학위를 받았다.

존 모가브가브(John S. Mogabgab)는 다락방 선교회(Upper Room Ministries)의 출판물인 *Weavings: A Journal of the Christian Spiritual Life*의 주편집자이다. 예일대학 신학부에 다닐 때 헨리 나우웬의 수업 조교와 연구 조교였고, 현재 헨리 나우웬 학회의 이사진으로 섬기고 있다.

수 모스텔러(Sue Mosteller)는 50년 동안 토론토의 세인트 조셉 수녀회(the Sisters of St. Joseph)의 지체이다. 초기 캐나다 라르슈에 파송되어, 30년 이상을 토론트 인근 라르슈 데이브레이크에서 살면서 일하며, 리더십을 발휘했고, 라르슈 국제연합(the International Federation of L'Arche)을 이끌었다. 장 바니에와 테레사 수녀를 주제로 다룬 *My Brother My Sister* (Griffin House, 1972)를 출판하기도 했다. 1986년 헨리 나우웬이 라르슈 데이브레이크 공동체에 합류할 때 그를 환영한 사람들 속에 있었다. 또한 헨리가 라르슈 데이브레이크 공동체 사역의 안식년을 가질 때 담임사제직을 수행하기도 했다. 1996년 *A Place to Hold My Shaky Heart* (Crossroad)를 저술했는데, 이는 기독교 공동체 안에서 살아가는 그녀 자신의 경험을 기술하는 책이었다. 모스텔러의 최근 작품은 *Light Through the Crack: Life after Loss* (Doubleday, 2006)이다. 현재 데이브레이크에 살면서 헨리 나우웬의 출판된 글들과 미출판된 작품들과 더불어 씨름하고 있다.

로렌 나우웬(Laurent Nouwen)은 헨리 나우웬의 동생이다. 법조계에서 30년을 종사하다, 헨리의 사망 이후 이내 네덜란드에서 헨리 나우웬 재단(Henri Nouwen Foundation)을 설립했다. 이 재단은 연례 영성 강연 시리즈를 조직하고, 영적 사본 대회를 후원한다. 기독교 영성이란 실천으로 물화되어질 경우에만 의미를 지닌다는 확신을 가지고 헨리 나우웬 재단은 네덜란드와 우크라이나와 남 아프리카에서 사회의 가난하고 소외받는 이들의 삶의 조건들을 인간화 할 것을 목표로 다양한 프로젝트들을 가동하고 있다. 우크라이나에 남겨진 헨리의 족적들을 따라서 재단은 교도소 선교와 정신병원 여건 개선과 지체부자유자들의 보살핌을 위해 실속있는 물질적 재정적 후원을 제공한다.

폴 나우웬(Paul Nouwen)은 헨리 나우웬의 형이다. 네덜란드의 라이덴 대학(University of Leiden)에서 법을 공부했고, 1958년 학위를 받았다. (후일 ING와 합병된) 당시 네덜란드에서 가장 큰 보험회사인 Nationale-Nederlanden에서 일하면서 책임자로 27년간 근무하였다. 1987년 전미 자동차 협회(the American Automobile Association)와 유사한 왕립 네덜란드 여행자 협회(the Royal Dutch Touring Club)의 사무총장을 부탁받았다. 은퇴 후에는 정부 기관들과 화시들과 여러 기관들을 위한 경영 자문 사업을 하고 있다. 폴은 몇몇 자선단체들의 이사인데, 자선 사업을 위한 특별히 교도소 선교를 위한 기금을 모금하는 무시(Musea)의 이사이다. 그와 아내는 로테르담(Rotterdam)에서 살고 있다.

헨리 나우웬의 하나님 찾기
: 생명의 수레바퀴를 돌려라

2011년 10월 20일 초판인쇄
2011년 10월 25일 초판발생

• 역 자 조나단 뱅손 가브리엘 언쇼
• 번 역 박 일 준
• 발행인 최 국 주
• 발행처 동 명 사

경기도 파주시 교하읍 문발리 535-10 파주출판단지 30블록 4롯트
전 화 : 031) 955-7200(代), 955-7201~4, 7203 (편집부)
팩시밀리 : 031) 955-7205
출판등록 : 1950년 11월 1일(제1-76호)
E-mail : dms723@chol.com
홈페이지 : www.dmsbook.com

정가 19,000원

ISBN 978-89-411-4129-7 03230